U0463622

千年运河
润京城

上

北京文化艺术传承发展中心———组织编写

王卫华 等———著

团结出版社

图书在版编目（CIP）数据

千年运河润京城 / 王卫华等著；北京文化艺术传承发展
中心组织编写 . -- 北京：团结出版社，2022.11
　　ISBN 978-7-5126-9854-3

Ⅰ . ①千… Ⅱ . ①王… ②北… Ⅲ . ①大运河 - 旅游
业发展 - 研究 - 北京 Ⅳ . ① F592.71

中国版本图书馆 CIP 数据核字（2022）第 216763 号

项目主持：赵广宁
项目执行：张振胜　杨　亮
责任编辑：张　茜
营销编辑：时晓莉　刘宝静
整体设计：孙　鉴
绘　　画：杨　涛　陈政宇　杨　震

出　　版：团结出版社
　　　　　（北京市东城区东皇城根南街84号　邮编：100006）
电　　话：（010）65228880　65244790（出版社）
　　　　　（010）65238766　85113874　65133603（发行部）
　　　　　（010）65133603（邮购）
网　　址：http://www.tjpress.com
E-mail：zb65244790@vip.163.com
　　　　　tjcbsfxb@163.com（发行部邮购）
经　　销：全国新华书店
印　　装：河北印之杰印刷有限公司

开　　本：170mm×240mm　16 开
印　　张：42
字　　数：540 千字
版　　次：2022 年 11 月　第 1 版
印　　次：2022 年 11 月　第 1 次印刷

书　　号：978-7-5126-9854-3
定　　价：298.00 元（全两册）
　　　　　（版权所属，盗版必究）

《千年运河润京城》编委会

主　　任：杨　烁

副 主 任：林　亮

委　　员：张　迁　姜婷婷　李琳琳

编　　辑：杨慧艳　杨　亮　张　茜

序

"一河越千载，一河览古今"，中国大运河是世界上最长的人工运河，从时间上看延伸两千多年，上限可以追溯到公元前486年，即我国历史文献有确切记载的第一条人工运河邗沟的开凿年代；从空间上看绵延数千里，从南到北，途径浙江省、江苏省、安徽省、河南省、山东省、河北省、天津市、北京市，横跨钱塘江、长江、淮河、黄河、海河五大水系，全长实测距离为1794千米，是中华民族的伟大水利工程，与万里长城一横一竖出现在中国版图上，是世界奇迹。2014年6月22日，在卡塔尔多哈召开的联合国教科文组织第38届世界遗产委员会上中国大运河正式列入《世界遗产名录》。世界遗产委员会认为，中国大运河是世界上最长的、最古老的人工水道，也是工业革命前规模最大、范围最广的工程项目，它促进了中国南北物资交流，有利于领土统一管辖，反映出中国人民高超的智慧、决心和勇气，以及东方文明在水利技术和管理能力方面的杰出成就。

中国大运河分若干段落，其中北京段涉及河道有北运河、通惠河，还有汇入北运河的温榆河、潮白河、坝河、凉水河等；大运河文化带北京段规划建设涉及北京市通州区、顺义区、朝阳区、东城区、西城区、海淀区、昌平区。运河沿线物质和非物质文化遗产不仅众多，而且叠加，内容极为丰富，是北京全国文化中心建设的重要组成部分。

中国大运河北京段特点：北京城位于中国大运河北端，是元、明、清三朝的首都，中国大运河上的船只、人员、货物始终沿着运河水系向着北京城流动、汇集，然后又折返各地。这是中国大运河运行最显著的特点。

这样的流动在古代社会被称为"漕运"，不仅使江南的米粮汇集到京城，同时还将各地人员、生活习俗、文化思想、土特产品带到北京，助力北京国家都城建设。北京自春秋以来就是北方军事重镇，辽、金时成为少数民族政权的都城，元、明、清又成为全国的都城。大运河一直是各地与北京进行货物运输、商贸往来、人员交流、思想文化融合的纽带。由此，大运河不仅是中国南北经济的大动脉，还发挥着将各地文化向北京荟萃，又将经过北京都市文化的融化、酿造、提升的地方文化，沿着运河返回各地，乃至辐射海外的独特功能。

2017年6月，习近平总书记明确指出，大运河是祖先留给我们的宝贵遗产，是流动的文化，要统筹保护好、传承好、利用好。大运河文化带不仅被列入北京全国文化中心"一城三带"建设之中，同时又被列入大运河国家文化公园建设，初步建设目标分为2021年、2023年、2025年三个时间节点。2021年大运河国家文化公园建设管理机制全面建立，北运河通州段实现全线游船通航，为全面推进大运河国家文化公园建设创造良好条件；到2023年大运河沿线文物和文化资源保护传承利用协调推进局面基本形成，大运河国家文化公园建设保护任务基本完成；到2025年大运河各类文化遗产资源保护基本实现全覆盖，生态环境显著改善，文化旅游品牌影响力显著提高，沿线区域协同发展更加深入，大运河国家文化公园成为标志性的文化符号。为此，北京市将推进大运河河道、水源、闸、桥梁、古遗址、古建筑等大运河物质文化遗产与周边环境风貌、文化生态的整体性保护，打造文化保护传承与创新的典范，规划建设大运河源头遗址公园，保护修复八里桥，加快推进通州古城核心区、张家湾古镇等文物保护修缮，建设路县故城考古遗址公园。同时，北京市还将促进大运河沿线文旅融合发展，创建通州大运河国家 5A 旅游景区，建设台湖演艺小镇，建设大运河博物馆、城市副中心剧院和图书馆等重大公共文化设施，推动通惠河部分河段、潮白河部分河段实现游船通航功能。由北京文化艺术传承发展中心组织编写的《千年运河润京城》就是通过呈现大运河文化带所形成的各种各类文化资源，以推动大运河文化带文物保护、文脉传承、活化利用而编辑出版的一套图书。这套图书分上、下两册，总计八章，通俗易懂、图文并茂地叙述中国大运河的历史文化，特别是北京段的物质和非物质文化遗产，以文兴旅，以旅彰文。这套图书改变了以往叙述大运河的惯例，采取专题形式，以讲故事的手法，将丰富多彩的大运河及北京段的历史文化遗存、知识点娓娓道来。

这套图书与其他论述运河文化图书不同的是对大运河文化带非物质文化遗产进行了广博收集，丰富荟萃了大运河流动的京味儿文化。在大运河五河交汇的通州区以及北京老城，不仅有码头、仓储、皇木厂、金砖场等各种类型的遗址、遗迹，还有开漕节、庙会、龙灯会、运河号子、民间民俗演出、掐丝珐琅、团花剪纸、烤鸭、贴饼子烧鲇鱼、大顺斋糖火烧、万通酱等非物质文化遗产。通过书中线路提示和知识点，读者可沉浸式体验大运河文化，更深刻地感受到大运河是流动的河，有着生生不息的文化，"游"在运河，"乐"在运河。书中提到的非物质文化遗产不仅生动、具有趣味性，而且有人间烟火气，是我们民族生生不息的文化遗产，是北京这座城市的记忆与淡淡的乡愁。这些出现在大运河文化带上的传说、地名、戏曲、传统技艺、礼俗活动等与大运河物质文化遗产一同助力北京作为全国文化中心的建设。这套书为大运河国家文化公园建设提供了百科知识式的解读，同时也为关注大运河文化带建设的读者提供了一种全景式的科普体验。

李建平

北京史研究会名誉会长、研究员

2022 年 11 月

目　录

引言

2014 年 6 月 22 日，在卡塔尔多哈进行的第 38 届世界遗产大会宣布，中国大运河成功入选世界文化遗产名录，成为中国第 46 个世界遗产项目。中国大运河是世界上最长的运河，也是世界上开凿最早、规模最大的运河。在中华民族发展史上，大运河不但沟通了南北方之间的政治、经济和文化，而且以其强大的凝聚力和向心力，为铸牢中华民族共同体意识、为中华民族文化的全面发展做出了巨大贡献。

中国大运河从公元前 486 年始凿，至公元 1293 年全线通航，前后共持续了 1779 年，至今已有 2500 余年的历史。中国大运河是京杭运河、隋唐运河、浙东运河的总称。京杭大运河北起北京，南至浙江杭州，是历史上南北交融的大动脉；隋唐运河在承接南北运河的基础上向西深入中原腹地；浙东运河从钱塘江开始，经曹娥江、姚江和甬江汇入东海。大运河是我国中东部地区的巨大水路系统。它自北向南跨越了北京、天津、河北、山东、安徽、河南、江苏、浙江八个省、直辖市，沟通了海河、黄河、淮河、长江、钱塘江五大水系；沙漠丝绸之路与海上丝绸之路也通过大运河连成一脉。

在大运河的开凿和工程建设中，产生了众多因地制宜、因势利导的宏伟工程实践。河道、湖泊、配套设施、管理设施、古建筑群、历史文化街区等是大运河在发展过程中留下的物质遗产，它们分布在 8 个省市的 31 个遗产区中，涉及 27 段河道和 58 处遗产点，共计 85 个遗产要素。

大运河北京段的世界文化遗产包括河道两段，分别是玉河故道、通惠河通州段；遗产点 3 个，分别为什刹海、澄清上闸（万宁桥）、澄清中闸（东不压桥）。什刹海位于北京城区内，包括前海、后海、西海三个自西北向东南连续排列的弓形湖泊。元代时，什刹海作为大运河北方终点，是北京城内重要的漕运码头。玉河故道是从什刹海向东延伸至澄清中闸的运河故道，始建于元代初期；明代，通惠河部分河道被围入皇城城墙内，自什刹海开始的一段通惠河失去航运功能，时称"玉河"。为了调节通惠河的水位落差，在通惠河通行初期就设有澄清上闸与澄清中闸。通州段的通惠河是连接通州与北京城的重要河段，西起永通桥，向东至通州北关闸汇入北运河。除此之外，北京境内的澄清下闸、燃灯塔等也是重要的运河遗产点，只是在申报时没有被纳入世界文化遗产项目之中。

近年来，为了统筹保护和充分利用历史文化资源，北京市着力推进运河文化带、西山永定河文化带和长城文化带的文化建设工作，该项工作于2016 年写入北京市"十三五"规划纲要，2017 年《北京城市总体规划（2016年—2035 年）》将"三大文化带"列为北京历史文化名城保护体系的重要内容。2019 年，中共中央办公厅、国务院办公厅印发了《大运河文化保护传承利用规划纲要》，纲要进一步明晰了作为国家级区域发展战略的"大运河文化带"概念，明确了大运河文化带辐射区涵盖包括北京在内的 8 个省市。北京的运河文化带建设属于中国"大运河文化带"的一部分。在国家和北京市各部门及各界人士的共同努力下，北京运河沿线生态环境充分改善，历史遗迹得到妥善保护，运河流域内的非物质文化遗产亦得以传承。北京的运河文化正焕发出勃勃生机。

第一章

大运河与北京文脉

　　京杭大运河又称南北大运河，是我国古代劳动人民创造的一项伟大工程。大运河有着悠久的发展史，它肇始于春秋时期，形成于隋唐，发展于元明清，其开凿与演变可分为三个阶段：第一阶段的运河主要表现为局部地区性的开凿。出于军事与政治需要，春秋时期吴王夫差开凿了邗沟以通江淮，战国魏惠王开凿鸿沟进一步连接河、济。第二阶段是隋唐时期全国性运河体系的初步形成。隋代先是开凿通济渠沟通了黄河与淮河的交通，又相继开凿永济渠、江南运河等河段，疏浚邗沟，为后世运河的发展奠定了基础。第三阶段是进一步加大人为干预力度的运河，即更多凭借主体的认识能力、科学技术和主体创造的发挥而引导运河发展。同时第三阶段也是运河大放异彩的阶段，原本弓形走向的河道因政治中心的转移而裁弯取直，变成了南北走向，高低、深浅、流速不一的河道上布满了闸坝。这一时期运河治理的理念和实践以及制定的漕运制度等无不彰显出我国古代卓越的航运工程技术与水运治理文化。

　　经过漫长的发展与积淀，明代已经大致形成了今日所见之运河。明代的京杭大运河由南到北分为浙漕、江漕、湖漕、河漕、闸漕、卫漕、白漕、大通河八段，大致对应江南运河、里运河、中运河、鲁运河、南运河、北运河以及通惠河。浙漕与江漕分别为江南运河浙江段与江苏段，并称作江南运河，该河段贯通了钱塘江、长江两大水系，连接了太湖和东海两大水域，流域内河网密布，航道发达。湖漕指里运河段，此段沟通了江苏南部的长江与江苏北部的淮河，里运河流域地势低洼，湖荡相连，水网稠密，东为里下河平原，西有洪泽湖、白马湖、高邮湖、邵伯湖等湖泊，因此名为湖漕。河漕为淮安到台儿庄的中运河段，因古代曾借黄河行运，故名河漕。闸漕为山东会通河段，因运道地势中间高而两边低，只有修闸方能通行，得名闸漕。卫漕因利用卫河通行而得名，大致为山东临清至天津段的运河，清代就被称作南运河。白漕为北运河段，这段运道是利用通州以下的白河之水，故称白漕。明代所言的大通河是被皇宫宫墙截断后的通惠河，为元代郭守敬开凿的通惠河的下游河段，衔接了大通桥与通州城两端。元代之后，白漕与大通河是漕粮及南方物资进京的主要通道，极大地促进了京城的经济与文化发展。

北京是京杭大运河的北端点，也是运河上南方北运物资的终点。北京辖区内的运河主要有通惠河与北运河。这两条河流及其支流所构成的北运河水系覆盖了北京市的主要城区，并与北京永定河、潮白河、沟河、拒马河四个水系相互沟通。北京的五大水系中，只有北运河水系肇始于北京城内，且勾连了东城、西城、海淀等毗邻皇权的区域。了解北京水系的基本情况，有助于我们深入认识运河所蕴含的文脉特征。

南北运河的开通使得江南、湖广、云贵等南方各地的商品与物资通过漕运，北上进入北京。元代之前，北上的船只主要承担帝国边疆军事建设的责任。在未成为金陪都之前，北京一直是封建王朝的边疆重镇，隋炀帝、唐太宗等皆利用当时已有的运河条件向北部边疆输送辎重兵马。自北京升为陪都之后，其政治地位愈来愈高，最后成了全国性的政治中心。与此同时，运河另一端的长江中下游地区愈加富庶，成了全国的经济中心。一方面，国家越来越依靠江南的财富来维系帝国的正常运行；另一方面，崇高的政治地位也吸引了大批学子、官宦、使臣、商贾等人员北上。政治中心与经济中心之间的良性互动既带动了北方的经济发展，也促进了南北文化的交融与交流，相应地衍生出了一系列与运河相关的物质文化与非物质文化。时过境迁，留下来的物质文化成为了历史文化遗存，非物质文化仍然在运河两岸百姓的生活中传承发展。

中国大运河示意图

北京

天津

石家庄

济南

卫河

焦作

微山

郑州
开封
洛阳

通济渠

商丘

淮安

扬州

镇江

上海

杭州

宁波

南运河

会通河

大运河"第一锹"——邗沟

在扬州西北部的蜀冈一带，埋藏着大运河诞生的秘密。春秋末期，吴王夫差下令筑邗城，开邗沟，在扬州挥起了运河开凿的第一锹。从此，大运河在中华大地上生根、蔓延，逐渐发展成为纵贯我国南北的交通命脉，并一直流淌至今。

一、通邗一时，惠泽万世

邗沟，又名邗溟沟、邗江、韩江、中渎水、渠水，位于江苏省苏中平原西部。南起扬州市南长江北岸，北至淮安市清浦区淮河南岸。《左传·哀公九年》记载："秋，吴城邗，沟通江、淮。"意即公元前486年，吴国于邗地筑城挖沟，连通长江与淮水。据此，邗沟被认为是我国有史记载的最早的运河，也是中国大运河确切的历史起点。

公元前494年，吴王夫差为报父仇，于夫椒之战中大败越国，奠定了吴国的霸业。此时夫差雄心勃勃，意欲北上伐齐，称霸中原。吴国的主要兵力是舟师，然而长江与北上必经的淮河之间并无水路可走，于是夫差决定利用两河间湖泊密布的自然条件，就地度量，局部开挖，打通江淮之间的航道，以便向北运输兵粮。《水经注·淮水》记载："昔吴将伐齐，北霸中国，自广陵城东南筑邗城，城下掘深沟，谓之韩江，亦曰邗溟沟。""邗"本是西周时期由淮夷所建立的部落方国，位于今扬州蜀冈地区，后为吴国所灭。邗城即筑于江北邗国故地之上，邗沟亦得名于此。公元前484年，吴邗沟开凿完毕，史称"邗沟东道"。据《水经注》记载，吴邗沟南引长江水，自邗城城下北流，经武广、陆阳两湖之间入樊良湖，转向东北入博支、射阳两湖，又折向西经夹耶到末口入淮河。同年，夫差即利用邗沟水道联合鲁国兴师伐齐，重创齐军。

为了最大限度地利用自然湖泊，吴邗沟屈曲东向绕行射阳湖后入淮。这虽然减少了开凿河道的工作量，但却使运道弯曲漫长、通行不便。东汉建安二年（197），陈登出任广陵太守，下令对邗沟进行改道。《水经注》引《三州论》曰："淮湖迂远，水陆异路，山阳不通，陈登穿沟，更凿马濑，百里渡湖。"新的邗沟运道截弯取直，从樊良湖向北穿渠至津湖、白马湖，不再东绕博支、射阳二湖而直抵末口入淮，缩短了江淮之间的航运距离，因位于吴邗沟西侧，史称"邗沟西道"。邗沟东道迂回，且所经射阳湖有风浪之险，西道虽避开射阳湖，但其南北两端地势较高，而中部高邮、宝应等处地势低洼，导致运路水浅难行，《水经注疏》曰："路可通淮，而水不通淮也。"由此形成了邗沟东、西两道相辅并用的局面，一直延续至唐宋。除此之外，西汉时期，吴王刘濞也曾开凿过一条"邗沟"。《宋史》记载："汉吴王濞开邗沟，通运海陵。"此"邗沟"实则为运盐河，西起扬州茱萸湾，经海陵仓，东至如皋蟠溪，因与扬州古邗沟相连，故亦称为邗沟或邗沟支道。

邗沟的开凿，沟通了长江与淮河，奠定了大运河的基本走向，同时也

古邗沟

将内陆运输与海上运输相连，使扬州兼得江、河、海运之便，成为第一座"因运而兴"的运河城市。夫差开凿邗沟，原为军事需要，却无意间开启了大运河时代，可谓是通邗一时，惠泽万世。

二、"不尽邗沟水"

明代张萱有诗云："不尽邗沟水，微茫日夜流。"邗沟水日夜湍流，历经多个朝代、数次改道，却仍一直存在，见证着千年大运河的发展变迁。

《隋书》记载，文帝开皇七年（587）四月，"于扬州开山阳渎，以通运漕"。隋统一中国后，文帝为征伐南陈，基本依循东道重开邗沟。因将北端由末口移至山阳（今淮安），并对山阳县附近运道进行集中改造，故改称为"山阳渎"。又据《大业杂记》记载，隋大业元年（605），"发淮南诸州郡兵

京杭大运河

夫十余万，开邗沟，自淮起山阳至于扬子入江，三百余里”。隋炀帝继位后，在原邗沟西道的基础上对其进行拓宽取直，并开凿了新的入江渠口，改由扬子（今扬州南扬子桥附近）入江，奠定了后世里运河的基本格局。

　　唐代对邗沟的治理主要在于开凿伊娄运河。早在晋代，扬子与京口之间的江中沙渚已露出水面，被称为瓜洲。唐代沙涨北移，瓜洲与北岸相连，原先的入江口被堵塞。江南漕粮渡江北上，需先运至瓜洲，再转运至扬子，耗时费力。唐开元二十六年（738），在齐浣主持下，开通了连接瓜洲与扬子镇的伊娄运河，被李白赞曰：“齐公凿新河，万古流不绝。丰功利生人，天地同朽灭。”开成二年（837），据《新唐书》记载，“夏，旱，扬州运河竭”，邗沟首次被称为扬州运河。五代十国时期，由白马湖向北抵山阳的邗沟线路经常淤塞不通。至宋代，邗沟改道，由白马湖过黄浦溪，后入射阳湖达山阳。北宋时期，邗沟被称为“运河”“官河”，其上减堰利漕，并建有数十处闸、坝等附属工程，还出现了世界上最早的船闸——复闸，通航条件得到改善。

元代始开凿京杭大运河，邗沟遂成为其中的一段。宋元时期，邗沟自樊良湖入新开、氾光、清水诸湖，穿城入宋泾河，后入白马湖。至明代，邗沟由清水、氾光诸湖直接汇入白马湖，而不再经宋泾河。相对于黄河、淮河等外河，邗沟在这一时期被称为"里河"，清代更名为"里运河"。又由于邗沟一线主要利用湖泊行运，故被称为"湖漕"。为避免借湖行运的运河受到风浪影响，明代逐步在各个湖中筑堤、修建越河，并将各段越河相连，将河湖分开。洪武二十八年（1395），朝廷自槐角楼至界首湖外筑堤，开宝应直渠，从此运道不再经新开湖。至万历年间，由于黄河夺淮，洪水加剧，邗沟成为黄淮洪水走廊，亟须修筑越河。万历十三年（1585），由王廷瞻主持修建越河，御赐名曰"弘济河"，从此运道不再经氾光湖。万历十六年（1588），潘季驯整治邗沟，培筑西堤，截湖为河，使运道不再经白马湖。万历二十六年（1598），刘东星议开界首越河十余里，运道不再经界首。至此，邗沟运道完全与湖分开，形成了里运河的格局。

三、财富之河润一方

新中国建立初期，里运河（古邗沟）部分河段河道窄、水位低，航运基本瘫痪。1959 年，政府对里运河原淮阴、淮安段开展截弯取直工程进行治理，1961 年对扬州段航道进行清淤拓宽，并改道城市东侧直接与长江相连，由此形成了里运河与新辟大运河并存的局面，航道运输能力大大提升。

扩建后的京杭大运河淮扬运河段成为一条以航运为主、综合经济效益良好的多功能渠化河道。2021 年，京杭运河扬州段船舶通过量达到 4.2 亿吨、货物通过量达到 3.1 亿吨，相当于 5 条京沪高速（江苏段）、10 条京沪铁路（江苏段）的运量。近 5 年来，船舶通过量连续 5 年超 3 亿吨，持续创造了全

国内河船闸年通过量的新高。从历史上的"南粮北运"、"盐运"通道到现在的"北煤南运"干线、"南水北调"东线的输水河道，古邗沟运道始终在南北水运的国家战略中发挥着重要作用，协调着资源的跨区域调配。以南水北调工程为例，东线工程规划从扬州附近的长江干流引水，运用京杭运河江苏段及与其平行的河道输水，对邗沟运道进行了活化利用。

京杭运河航道的外移也使古河道两侧珍贵的历史文化资源得以保全。近年来，淮安市大力建设里运河文化长廊，分别打造清江浦景区、漕运城景区、山阳湖景区和河下古镇景区，力图重现里运河上的漕运盛景。扬州市则重点开发古邗沟故道，包括运河沿线的古邗沟遗址、吴王夫差广场、大王庙、禅智码头等。

古邗沟遗址位于扬州竹西街道黄金坝以西至螺丝湾桥之间，中段架有"邗沟桥"。沟畔曾建有一座"大王庙"，供奉夫差、刘濞二王。昔日两位吴王所开凿的邗沟为扬州人民带来了财富，大王庙因而被附会为财神庙。据《扬州画舫录》记载，"是庙灵异"，在康乾年间曾出现过殿前石炉香灰化银、借沙还银和元宝借一还十的传说，甚至还可求子得子。每年农历正月初五"财神日"，大王庙内外热闹非凡，邗沟两岸香客云集，成为旧时扬州有名的"财神胜会"。2007年，扬州政府于原址东北重建邗沟大王庙，殿前四根抱柱上有两副楹联：一曰"曾以恩威遗德泽，不因成败论英雄"；二曰"遗爱成神乡俗流传借元宝，降康祈福世风和顺享太平"，饱含着当地民众对两位吴王开凿运河、为民众带来财富的感念之情。

北宋秦少游的《邗沟》一诗写道："霜落邗沟积水清，寒星无数傍船明。菰蒲深处疑无地，忽有人家笑语声。"秋日的夜晚在寒冷朦胧的清水畔，诗人原以为两岸是茭蒲之地，没有人家，

江苏苏州盘门古邗沟景色

不曾想忽然传来乡居人家的笑语声。这不禁令人感叹运河对人类文明的滋养。运河滋养人，人也不断回馈着运河。邗沟开凿已逾 2500 年，它从未衰老反而历久弥新，人与河的故事仍在继续。

隋唐大运河遗址

一脉长河开盛世——隋唐大运河

　　早在春秋时期，吴王夫差就在江淮一带主持开凿了我国最早的人工运河，但直到隋朝，古代中国才第一次形成了全国性的运河体系。隋大业年间（605—618），隋炀帝在前代开凿的地方性运河的基础上，展开了一系列疏浚、改建、扩展活动，发起开凿南北运河的工程。他先后下令开凿通济渠、永济渠，系统整治了邗沟和江南运河。完工后的大运河一脉相通，以洛阳为中心，南至余杭，北达涿郡，首次实现了南北的全面贯通，且全长达 2700 余千米，至今仍保持着全球人工运河流程之最的纪录。南北大运河将北方的军事政治中心和南方的经济重心相连，奠定了庞大帝国运行的基础。正所谓"至今千里赖通波"，自开通以来，大运河便成为隋唐乃至两宋的国家动脉，开启了唐宋盛世。唐以后，史学界就将唐朝沿用的隋代所修筑的四段运河，统称为隋唐大运河。

一、"应是天教开汴水"

通济渠是隋唐大运河的首期工程，沟通了黄、淮两大水系。《隋书》记载，隋炀帝大业元年（605），"发河南诸郡男女百余万，开通济渠，自西苑引谷、洛水达于河，自板渚引河通于淮"。据此，通济渠可分为东西两段。西段自洛阳西苑引谷水、洛水，循东汉阳渠故道东流，经偃师东南部到达洛口（今巩义洛河与黄河交汇处），由此汇入黄河。东段自板渚引黄河水，循汴河故道东行，至开封后折向东南，经由蕲水河道至盱眙，后汇入淮河。这一线路在后世基本没有变动。

《大业杂记》记载了通济渠开通时的情状："入江三百余里，水面阔四十步，通龙舟，两岸为大道，种榆柳，自东都至江都二千余里，树荫相交。"相传，"杨柳"之名就是由隋炀帝所赐。宋代传奇小说《开河记》中记载了相关传说：

通济渠开通后，许多河段并没有水，但隋炀帝执意乘龙舟沿渠下江南，于是每船取"殿脚女"十人配以"嫩羊十口"来拉纤。然而时值盛夏，拉纤之人苦不堪言，翰林学士虞世基向隋炀帝提议在河道两岸种植柳树，"一则树根四散，鞠护河堤；二乃牵船之人，护其阴凉；三则牵舟之羊食其叶"。隋炀帝对此大加赞许，"诏民间有柳一株，赏一缣"，并亲自种植，"帝自种一株，群臣次第种，方及百姓"。当时民间流传有一种说法："天子先栽，然后万姓栽。"于是隋炀帝赐柳树以国姓，呼作杨柳。

事实上，在河岸大规模植柳的习俗确始于隋代，洛阳、开封、商丘等地都以"隋堤烟柳"作为当地八景之一。将杨柳栽于运河沿岸，可起到防

开封运河景色

风固沙、保护河堤的作用，由此隋代人们在运河方面的智慧可见一斑。

唐代，通济渠改称汴渠、汴河或汴水。《新唐书》记载："唐都长安，而关中号称沃野，然其土地狭，所出不足以给京师，备水旱，故常转漕东南之粟。"唐建都长安，租赋却依赖江淮一带，汴河作为主要的漕运通道而因此备受关注。唐开元二年（714），设水陆运使；开元二十一年（733）设转运使，管理汴河漕运。是年，转运使裴耀卿主持漕政，设立转搬法，即分段运输，规定江南的漕船不进黄河，黄河的漕船不进洛口，节级转运。广德元年（763），刘晏主漕政，疏浚汴河河道，改进漕运制度。唐末藩镇割据，连年征战，汴河漕运屡遭阻绝，《资治通鉴》记载："汴水自唐末溃决。"后周显德年间，周世宗柴荣先后三次疏浚汴河，为北宋内河漕运打下了基础。北宋时期，汴河成为漕运四河中运输量最大、最为关键的运道，著名的《清明上河图》描绘的就是这一时期东京汴河两岸的繁荣景象。政府对汴河的治理也尤为重视，具体举措包括设置专门的汴河治理机构、定期清淤、分流排洪、木岸束水、维护汴河大堤、新建导洛通汴工程以及监测汴河水位等。靖康二年（1127），北宋灭亡，汴河河道因疏于管理而逐渐湮灭。

唐代诗人皮日休在《汴河怀古》中写道："应是天教开汴水，一千余里地无山。"汴河之所以难得，不只在于其优越的地理条件，更在于其对唐宋帝国的深刻影响，特殊时刻凭一河之力即可稳固江山，真可谓是上天的恩赐。据史料记载，唐天宝年间，汴河运输量最高达400万石；宋天禧三年，汴河漕运则高达800万石。《宋史》载："半天下之财赋，并山泽之百货，悉由此路而进"，足见汴河对两代经济发展的重要作用。据《资治通鉴》记载，唐贞元二年（786），"关中仓廪竭"，所幸三百万石漕粮及时送达，才避免了禁军兵变。可见汴河漕运对维系王朝的稳定发挥着重要作用，是帝国命运的"晴雨表"。

二、运水汤汤，溯流北上

永济渠是最早维系中原与北方地区联系的河段之一。它沟通了黄河与海河流域，其开通标志着隋唐大运河框架的基本形成。清代的《畿辅安澜志》记载："卫河，古清、淇二水所导也，汉为白沟，亦曰宿胥渎，隋为永济渠，宋元曰御河，明曰卫河。"永济渠的前身为曹操东征乌桓时所开凿的白沟；隋代在其基础上进行改建，称为永济渠；北宋时期更名为御河；明清时期因该河发源于春秋卫地，故改称卫河。

在完成通济渠、邗沟的修建之后，隋炀帝"将兴辽东之役"，意图将运河延伸至北方，以便兵粮武器运输。《隋书》记载，大业四年（608），"诏发河北诸郡男女百余万开永济渠，引沁水，南达于河，北通涿郡"。永济渠的开凿同样充分利用了自然水道和旧时人工河道。南端自沁水入黄河口（今河南武陟）开渠，引沁水东流，与古清水（今卫河）相接；后入曹魏旧渠白沟，对其进行拓宽加深，经河南内黄至山东馆陶，循汉代的屯氏河和大河故渎至河北沧州；继而由平虏渠向东北至独流口，向西循拒马水逆水而上，至信安军；西北经永清县东境，再经旧州（安次）东，向西北浚桑干河水道，再向西北达蓟城城南。涿郡治所蓟城，即今北京城宣武门至和平门一带。永济渠北上之路的开通也意味着大运河首次伸向北京，为北京城历史地位的提升以及后来发展为全国政治文化中心提供了基础条件。

至唐代，永济渠南段因泥沙淤积、流量较小遂被废弃，改借清水、淇水济漕，此外还对其进行了扩建和改造，开通了大小支渠、修建了减河和堤坝，保证了河道的正常航运。这一时期，永济渠作为关中与河北、河东诸路沟通的主要通道，在漕运和征伐辽东的军事运输中都发挥着重要作用。宋时永济渠更名为御河，仍负责军事运输，其中下游河道和唐代基本相同，但与黄河之间并不通航。由于黄河的影响，北宋末年御河基本处于不治状态。直至 1128 年黄河改道，御河河道才得以逐渐稳定。元代，御河自临清以北被纳入京杭大运河体系，成为供给首都物资的重要通道。明清两代河道变化较少。清代，卫河下游临清至天津一段被称为南运河，清末时南运河未曾受到漕运转海运的冲击，一直作为豫北及河北平原南部地区与京津地区的重要交通通道，承担着繁忙的运输任务。中华人民共和国成立后，中央和地方政府为治理南运河开展了大量工作，于 1958 年修建四女寺枢纽，维持了运河的通航，如今南运河仍是华北地区重要的输水通道，同时兼具灌溉、排洪泄洪等功能。

三、诗画江南，应运而生

江南运河，又名江南河、浙西运河，因全段位于长江以南而得名。

它贯穿了长江、太湖、钱塘江三大河湖水系，是中国大运河形成时间较早、连续运用时间最长、自然条件最好的河段之一。江南运河的开通并非一蹴而就，而是经多代开凿发展而来。根据《越绝书》中对"吴古故水道"的记载，在春秋后期吴越控制时代，江南一带就已出现运河水道。公元前210年，秦始皇主持开凿丹徒水道，南起曲阿（今丹阳），北由丹徒入江，为今镇江—丹阳段运河奠定了基础。汉武帝时期，为便利闽越贡赋的运送，开凿苏州沟通闽越的运河段，是为苏州以南运河的前身。东晋初年（317），在丹徒修丁卯埭，运粮出京口（今镇江），即今镇江市南郊运河的前身。

隋炀帝大业六年（610），为巩固隋朝在南方的统治，重新疏浚拓宽长江以南的运河古道，由此形成了后世的江南运河。《资治通鉴》记载："敕穿江南河，自京口至余杭，八百余里，广十余丈，使可通龙舟，并置驿宫、草顿，欲东巡会稽。"经整修后的江南运河北起长江南岸京口，经云阳（今丹阳）、毗陵（今常州），绕经太湖东岸的吴郡（今苏州），过浙江杭嘉湖平原的嘉兴，到达余杭（今杭州）。隋以后，江南运河基本定型，后人对其的整治工作主要在解决运口段水源问题及运道上堰闸的增筑改建上。唐代，于河上建有京口埭、废亭埭、望亭堰闸、长安闸等，南段引杭州西湖水及临平湖水入运河，北段大修练湖济运，又引江济运。至宋代，改堰为闸，修浚练湖以开水源。到元至正时期，由于钱塘江北岸继续淤涨，隔断江与运河，上塘河浅，遂对河道进行整修，形成了后世的形态。

江南运河的修建极大推动了江南经济的发展，促使江南地区由农耕经济向农商经济转型，同时也为江南文化注入了新的活力。明清时期，文化上出现了"吴风吴俗主天下雅俗"的局面，依托运河内外沟通之便，江南地区的学术思想、文学、绘画、戏曲等都引领着全国风尚。以昆曲为例，嘉靖年间昆曲兴起后，经由运河北上传播，一时竟出现了"多少北京人，乱学姑苏语"的盛况。

时至今日，江南文化仍与江南运河息息相关。作为"活着的遗产"，江南运河穿梭于江南市镇之中，不仅发挥着运输功能，还支撑起了以江南古镇为主的旅游产业。古镇均为运河沿线历史文化遗留街区，集中了大量的古代建筑与传统民居，生动地呈现了旧时江南地区的生活风貌。可以说，江南运河承载着的文化记忆，流动于时空之中，成就了古今的诗画江南。

运河水道

古河道"变形记"——京杭大运河

在古代，都城是一国的心脏，运河则是国家的动脉，连接着政治中心与经济中心，为王朝统治提供坚实保障。运河线路也因而随着不同时期政治中心与经济中心的连线，呈现出不同的走向。隋唐时期，"立国于西北，而植根本于东南"，因此运河线路始终呈"人"字形，重点贯通东西。元代，建都大都（今北京），经济上却"无不仰给于江南"，急需一条直接贯穿南北的运道。由此，元朝政府对前代运河进行了裁弯取直、扩建等一系列改造，开通了济州河、会通河、通惠河等河段，京杭大运河自此全线通航。

一、截弯取直的智慧

济州河是元代在济州（今济宁）境内开通的运河，后与徐州至临清各段河道统称为会通河。南起济州南部的鲁桥镇，北至须城安山（今东平西南部），长 150 里。济州河的开凿，是对隋唐大运河截弯取直的肇始之举，充分体现了古人在水利方面的智慧与创造力。

政治中心东移后，元代漕运面临着严峻考验。自唐、宋以来，沟通黄河、淮河的汴渠已淤断湮废，河北的永济渠也不能完全通航。金明昌五年（1194），黄河在阳武故堤决口，洪水至梁山泊分为两派，北派由北清河入海，南派由泗水入淮河，对运河河道产生了一定威胁。元初，漕运只能尽量利用已有的河道，进行水陆联运。据《元史纪事本末》记载，江南漕船到达淮安后，由淮水转入黄河，溯流而上，到达中滦旱站（今封丘），经陆运 180 里到达御河（卫河）南岸的淇门镇（今汲县），后循御河水道经白河（今北运河）抵通州，再经陆运 50 里至大都。全程需反复装卸三次，费时耗资，役重人苦，为此虽特设江淮、京畿二都漕运司，但还是难以保证大都粮食的需求。至元十九年（1282），元世祖采纳丞相伯颜的建议，借助海运运输漕粮，从刘家港（今太仓）出海北上，绕过山东半岛，直抵天津界河口（今大沽口）。然而海运风险较大，终非长久之计，仍需重新开通一条纵贯南北的大运河。

隋唐运道在当时已变为一条绕远道的路线，只有在东部平原上开凿黄河与卫河之间的直通水道，截弯取直，才能彻底达到缩短航程的效果。对此，元代水利专家进行了详细的勘察设计。据《元史》记载，至元十二年（1275），丞相伯颜派都水监郭守敬至河北、山东等地进行实地考察。山东汶上的水利专家马之贞指出，宋金以来，汶水、泗水相交，

并与黄河相连，北清河则与渤海相通，若于济州城南汶、泗合流处与北清河之间开一新河，北引汶水，东引泗水，便可贯通南北。郭守敬据此建议，进行了水文地质方面的考察，绘制出开河方案，并向上启奏。至元十三年（1276），元世祖下令开凿这条新河，到至元二十年（1283）竣工，名曰济州河。由此，漕运可由江淮北上入泗，通过济州河至安山进入大清河，然后顺流东下，经东阿至利津县入海，再循海道北上直沽。

对隋唐大运河截弯取直后，京杭之间航程缩短近 800 千米，初步奠定了元代迄今京杭大运河的走向与格局，济宁也进一步成为南北大运河上的转输要地。

二、"开魏博之渠，通江淮之运"

济州河开通后，由于大清河入海处常被泥沙阻塞，漕运线路不得不再次调整。货物由济州河北运到东阿后，改由陆运到临清，以入御河。

然而这条线路陆运里程过长，加之途经茌平县这一低洼地带，夏秋雨季，道路泥泞，通行艰难。因此要想畅通南北漕运，还需新开河道。

据《元史》记载，寿张县尹韩仲晖和太史令史边源曾相继提议"开河置牐，引汶水达舟于御河，以便公私漕贩"。漕运副史马之贞等人查勘地形、估计工料并绘图上报。至元二十六年（1289）正月，由礼部尚书张孔孙等人主持开凿新河，"起于须城安山之西南，止于临清之御河，其长二百五十余里，中建闸三十有一"，于是年六月完工。新河开成后，张孔孙、马之贞等人共同上书奏禀世祖："开魏博之渠，通江淮之运，古所未有。"忽必烈大喜，亲赐名曰"会通河"。会通河开通后，通州以南经山东境内的大运河全线贯通。济州河因与会通河相接，从此并称为会通河，清代又称山东运河。

会通河虽只有250余里，其工程却十分浩大。开凿会通河属于平地开河，缺乏水源，加之河道地处山东丘陵的西缘，地形高低起伏，水流全靠船闸加以控制，施工及修建水工建筑的难度较大。据《元史》记载，会通河及汶泗上共建闸31座，此后陆续增建船闸，故亦被称为"闸河"。韩仲晖等所说的"牐"，即船闸和水闸。在水面较低的地方，可建闸堵水，以提升渠道水位，保证上行船只通过，在《元史》中被记述为"撙节水势，启闭通放舟楫"。会通河上的船闸一般分为闸墩、闸门以及雁翅、底板等部分，闸墩上下游紧接雁翅，呈锐角向上下游展开，以减少水流对闸墩的冲击，这一系列复杂设计无疑代表着当时水利工程技术的最高水平。会通河的用水量比济州河大一倍，单引汶水已不能满足航运需要，因此通过设立闸堰来分水、储水，"于兖州立闸堰，约泗水西流，墁城立闸堰，分汶水入河，南会于济州"。

早在会通河的规划阶段，丞相桑哥就在奏章中估量了用工所需钱粮与沿河民众赋税总量，认为"费略相当，然渠成亦万世之利"，并提议"以今冬备粮费，来春浚之"，然而他却未能想到会通河的工期竟会持续如此之久。据史料记载，会通河上的一系列水利工程直至泰定二年（1325）才正式完工，前后历时 36 年之久，投入役工 251 万余人，可谓是中国运河史上最大的工程之一。元代王恽有诗云："役徒三万期可毕，一动虽劳终古利"，道出了通漕艰辛却能惠及后世的感慨，也体现了元代这些水利专家及施工人员精益求精的工匠精神。

三、漕船直抵北京城

通惠河，又名通惠渠、大通河、玉河，是元代开凿的通州到大都一段的漕河。通往大都一带的水道古已有之，隋朝开通的永济渠就北通涿郡。永济渠北段主要依循桑干河水道，然而这一河道摆动频繁，唐时再次改道，致使永济渠无法抵达涿郡。金代建都中都（北京），于泰和四年（1204）开通通州漕河，北引玉泉山瓮山泊水至高梁河，南开河道达北护城河，但因地势关系，漕河效益不高，于金迁都后逐渐淤塞。

元代初年，自大都至通州沿用陆运。对此，水利专家郭守敬曾多次提议开通漕河。据《元史》记载，中统三年（1262），郭守敬即建言"请开玉泉水以通漕渠"。《郭守敬传》中也写道："世祖召见，面陈水利六事：其一，中都旧漕河，东至通州，引玉泉水以通舟，岁可省雇车钱六万缗。"足见其对于大都漕运的关注。至元二十八年（1291），郭守敬再次提议"疏凿通州至大都河"，得到了元世祖的认可。至元二十九年（1292），郭守敬主持开凿新河。根据其规划，新河以昌平神山脚下的白浮泉为水源，引水沿西山东麓折而向南，至大都和义门（今西直门）入城，南汇为积水潭，后从积水潭引水南流，注入金代旧河道，流往通州。至元三十年（1293）秋新河竣工，全长 164 里，世祖赐名曰"通惠河"。

通惠河的开通宣告着京杭大运河的全线贯通，大运河由此真正成为

沟通五大河系、控制东南地区水上运输的大动脉，将国家的政治中心与经济中心紧密联结。同时通惠河也极大提升了大都一带的漕运效益，从此漕船可直达什刹海东边的万宁桥下卸货，省时省力。大都城内的积水潭则成为大运河的终点，亦即漕运总码头，一时间形成了积水潭码头帆樯林立、舳舻蔽水的漕运盛景。当时来自全国的物资商货均集散于积水潭港，积水潭一带也随之成为大都城中最为繁华的商业中心。

通惠河开通后，积水潭地区流传着一些关于郭守敬的故事。汪林、张骥主编的《大运河的传说》就记载了这样一个传说：

积水潭原来没有水，只是一片易积水的低洼地，当地居民多以收割芦苇为生。有一年夏天，半夜刮风下雨，电闪雷鸣，白光中一道红光从天而降。第二天雨停后，大家发现洼地被砸出一个大坑，一块一人多高、二人合抱的黑色大石头柱子斜戳在坑的中心。有天傍晚，一位白发白须的老石匠前

通惠河

郭守敬像

来，想看看这块石头有什么特殊之处。到坑边后，他轻轻抚摸着石头，小声说道："在天在地无二无杂，人间几轮回，终有回归日，你要变样啦老弟！"然后对众人说："这物件是有用之材，可以养一方人呐。这是个宝贝，你们可要好生看待啊！"说完即不见了踪影。又有一日夜里坑中传来了敲击石头的声响，第二天众人发现石头被开凿成了白色冻石，上面还雕刻了许多物件，众人惶恐，将石头奉为神物。积水潭本来就低洼，经石头一砸，整个大洼地又下陷了许多，西面玉泉山瓮山泊的水自然流进了积水潭。时至元代，郭守敬兴建水利，开凿通惠河，并使积水潭成为了大运河的终点，从此积水潭一带经济迅速兴旺起来，百姓都以手工业、商业作坊为生，过上了安居乐业的生活。因此当地百姓都说积水潭的存在是因为天上掉下来一颗星，都水监郭守敬就是那颗星的化身。

这个民间传说反映了人们对积水潭繁盛的感叹和期望，也表达了当地百姓对治水专家郭守敬的赞美、感念之情。

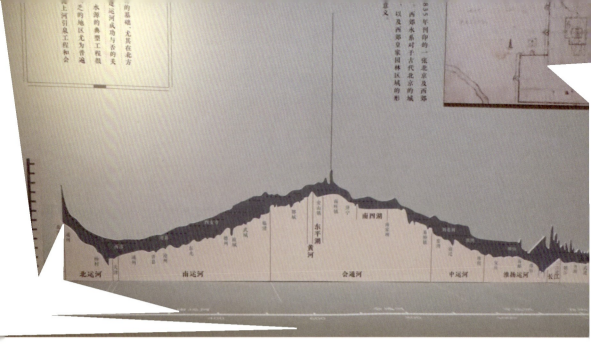

运河海拔示意图

跨越"运河之脊"——重开会通河

　　会通河是大运河地势最高的一段，又以汶上县南旺镇为最高点，被称为"水脊"。元末明初，会通河因泥沙淤塞、水源不足，几近中断。时任工部尚书的宋礼采纳民间水利专家白英的方案，引汶济运，借水行舟，最终完成南旺分水枢纽工程。这一工程成功解决了大运河跨越水脊的难题，使会通河乃至大运河全线持续畅通，其技术之精妙至今令人钦敬。

一、引汶济运，南旺分水

　　元代对古河道进行截弯取直，是基于之前对汶、泗二水的沟通。宪宗七年（1257），在汶水南岸堽城筑土坝斗门，遏汶水南流入洸，至任城县（今济宁）合泗水，以济饷运。有汶、泗二水作为水源，加之由洸济运，济州河、会通河才得以相继开通。然而，任城以北的南旺地势较高，洸水汇入运河后，难以北流至南旺段，导致运河水源不足。因水源不稳定，河道时患浅涩，不胜重载，据《明史》记载，会通河至元末"已废不用"。明初黄河决口于原武，导致"会通尽淤"。1402 年，明成祖朱棣即位，迁都北京。面对庞大的物资需求，重新整治京杭大运河以开展漕运成为当务之急，而疏凿会通河是整治大运河的重中之重。

《明史纪事本末》记载，永乐九年（1411），济宁同知潘叔正上疏："会通河道四百五十余里，其淤塞者三之一。浚而通之，非惟山东之民免转输之劳，实国家无穷之利也。"明成祖采纳其谏言，决定重开会通河，命工部尚书宋礼负责此事。宋礼领旨赶赴济宁，征调民夫 16.5 万人，对会通河进行疏浚。其治水思路仍沿用元代旧法，修复堽城坝，引汶入洸，再以洸、泗二水济运，于六月即宣告完工。此时虽在涨水期，南旺以北河段水量仍明显不足，无法通行重载漕船。宋礼微服私访，到民间寻求治水方略，终于在汶上军屯乡白家店村找到了汶上老人白英。"老人"在明代是一种职役，负责管理养护运河水利设施的民夫。白英作为当地的河工头目，十分熟悉山东境内运河一带的地理水情，对于如何治水，已构思出了一套成熟的方案。面对宋礼恳切的发问，白英决定将其治水策略倾囊相授。据《治水筌蹄》记载，白英指出："南旺地耸，盍分水焉！第毋令汶南注洸河、北倾坎河，导使趋南旺，南，九十里流于天井，北，百八十里流于张秋，楼船可济也。"意即应改引汶水至运河最高点南旺，进而南北自然分流，使会通河全线水量丰沛，大船畅行无阻。宋礼听后茅塞顿开，力邀白英一同规划治运工程。

根据白英的思路，重开会通河，首先即需重整引汶入运线路，新筑

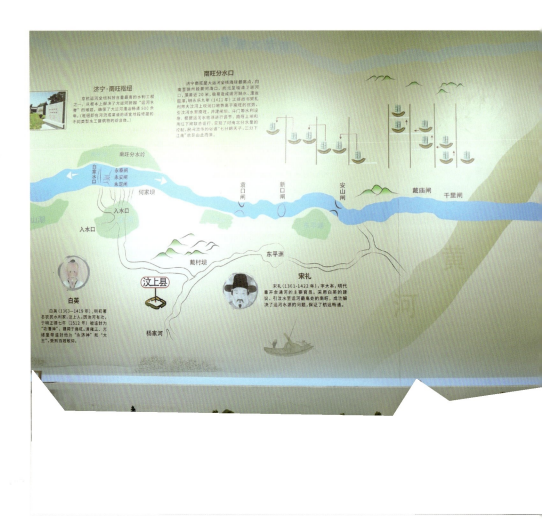

戴村坝拦汶。《明史》记载："南旺者，南北之脊也。自左而南，距济宁九十里，合沂、泗以济；自右而北，距临清三百余里，无他水，独赖汶。"可见解决南旺段水源问题，重点在于如何将汶水全部引入运河。《漕河图志》记载："本朝永乐九年，既修辅国（毕辅国）旧坝（堽城坝），复于东平戴村汶河入海之处筑坝，以备涨溢，而汶之水由是尽入

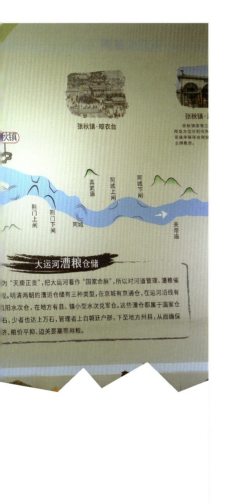

南旺分水

漕渠矣！"宋礼和白英在修复堽城坝的基础上，选取今东平与汶上交界的戴村筑坝，以遏汶水尽入漕渠。据明万历年间的《兖州府志》记载，汶水原由堽城坝西流至东平州东，会坎河诸泉水西入大清河，及戴村坝筑，主流入南旺。戴村坝筑于坎河诸泉下游，由此即可获得堽城以下多条支流的水源，水源较前更加充沛。

　　与此同时，开挖小汶河（引水河）的工程也一并进行。小汶河北起大汶河南岸开口处，南至南旺运河最高点，虽本有自然河道，但考虑到上下游落差较大，遂增加其弯道，以控制流速。南旺段运河水量北少南丰，为了控制南北水量的分流，宋礼和白英在小汶河与运河的丁字交汇口对岸设置迎水石堤——石驳岸，并在石堤底部设置鱼嘴形的"石鲅"（分水尖），改变石鲅的形状、方向、位置，即可调整汶水南北分流的比例。相传，当时十分之三的水量分向南流，十分之七的水流向北，保证了南旺以北河段的畅行，民间也由此流传起了"七分朝天子，三分下江南"的说法。

二、水柜蓄洪，导泉补运

　　明嘉靖年间王廷的《修复南旺湖奏略》中对水柜有着如下说明："水柜，即湖也，非湖之外别有水柜也。漕河水涨，则减水入湖；水涸则放水入河，各建闸坝，以时启闭。"水柜之原理即借运道沿岸湖泊蓄水，以调节运河水量，是为运河上重要的水利工程。汶河属于山溪型河流，水量时空分布较不均衡，若想利用汶河持续济运，就需大量储水，由此明代自宋礼重开会通河之始开设水柜。

《明史》记载，宋礼、白英等人"又于汶上、东平、济宁、沛县并湖地设水柜、陡门。在漕河西者曰水柜，东者曰斗门，柜以蓄泉，门以泄涨。"又见《读史方舆纪要》载："明永乐中，尚书宋礼开会通河，成，复请设水柜以济漕渠，在汶上曰南旺，东平曰安山，济宁曰马场，沛曰昭阳，各因钟水相地势建闸坝，涨则减之入湖，涸则开之入河，名曰四水柜。"宋礼等人将小汶河周边的南旺湖、蜀山湖、马踏湖等自然湖泊设为水柜，蓄引多余水量和汛期洪水。为调节水量，又配合南旺诸水柜相地置闸，建有进水闸、积水闸、平水闸和减水闸，以时蓄泄，保障运河航运的全年畅通。据《明史》记载，宋礼、白英治运期间，自分水北至临清，共设 17 处水闸，自分水南至沽头，共设 21 处水闸。

鲁中山地丘陵区是我国北方典型的喀斯特地区之一，地下裂隙溶洞水受阻后，一部分涌现到地表，形成诸多泉群。会通河也多赖于泰、沂、蒙等山的大量泉源，因而又有"泉河"之称。据此，宋礼和白英解决会通河水源问题的又一重要措施便是"导泉补源"，即以区内汶、泗、沂诸河流为天然水道，收集、疏导鲁中山区泉水汇集入运，以补运河水源之不足，并将各地山泉登记注册绘制成泉水分布签，以助行船通漕。

至今，鲁西南地区仍流传着"白英点泉"的传说。汪林、张骥主编的《大运河的传说》一书就有这样的记载：

相传白英自幼与母亲相依为命，靠运河生活。一年夏天，一位挂着龙头拐杖的老婆婆前来讨水喝。感念白英娘将水烧开给她喝，老婆婆用龙头拐杖在地上戳出一股清泉，将其中蹦出的小鲤鱼化作拇指大小的鱼形玉石，嘱咐白英挂在脖子上以化凶险。有年春旱，皇帝的龙舟搁浅在了南旺运河里，依据其梦境，需找到名叫白英的能人才能解决当下窘境。历经几日，小白英终于被领到御前，然而他说自己并不会点泉。皇帝震怒，小白英则吓得扭头就跑，众官员齐追。此时，白英脖子上的小鱼突然光芒四射，变作一条金鳞大鲤鱼，尾巴一摆便不见了踪影。同时运河里就像开了锅，直冒水泡。白英被追急了，边跑边喊"这里有泉眼"。说来奇怪，小白英每跑一步，每喊一声，就有一个泉眼冒出，指地为泉，脚起泉涌。很快，白英跑过的地方泉水汇集，均注入运河，皇帝的龙舟也得以起航。

三、"济运分流惠莫穷"

关于会通河名称的由来，刘士林主编的《六千里运河：二十一座城》收录有这样一则传说：

相传隋炀帝时期，山东临清的章老汉被征去开河。他满心希望运河将来可以通到自家门口，但四年过后，运河终究没有挖到临清。隋朝永济渠最后仅到达河北临西中部，没有到山东临清。失去希望的章老汉回家后一头栽倒在病床上，反复念叨着"会通，会通"，直至去世。几百年后，元代开河官吏听说了章老汉的故事，遂将这段通往临清的运河命名为会通河。

虽然这仅是一段传说，但"会通"似乎真的成了会通河的命运。经宋礼、白英之治，重新疏凿的会通河可使"八百斛舟迅流不滞"，南北航运畅通。明朝从此废止海运，仅依靠漕运汇通南北。每年经会通河北运的漕粮近 400 万石，较元代运输量高出十倍。至此，首创于元代的京杭大运河，才算真正全线投入使用，可以完全凭借内河航道完成南北漕运。京都所需的南方粮米均循此道运达，极大稳固了明朝政权，巩固了国家统一。

"会通"并非自然就能流通，而是得益于南旺分水工程的顺利进行。南旺分水枢纽作为千里运河南北分水之咽喉，围绕引、蓄、分、排四大环节，将疏河济运、挖泉集流、设柜蓄水等一系列配套工程有机结合，最终成功解决了山东段运河缺水的难题，使会通河得以跨越运河水脊，通达南北，也保障了大运河在之后约四个世纪的顺利通航。

南旺分水枢纽也是如今大运河全段最重要的遗产点之一，它作为综合性的运河水利工程，集中体现了古代供水工程、闸坝、越岭运河等重要运河水工设施的设计思路与运作流程，是大运河上最具科技价值的节点之一。其因地制宜、因势利导的工程措施也反映着中国古代顺应自然、天人合一的文化传统。清代乾隆南巡时，曾在此地题诗道："横川舜注势非迁，济运分流惠莫穷。"可见南旺分水枢纽技艺之精妙、影响之深远，不愧为可与都江堰相媲美的水利工程之杰作。

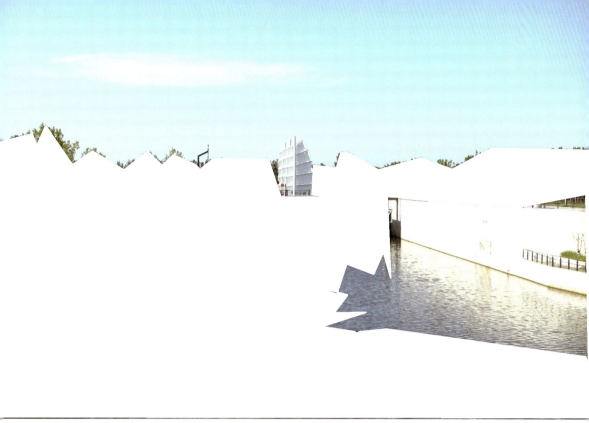

运河风采

从漕运之河到文化之河

明清时期，黄运关系复杂，黄河的水况直接决定着运河漕运的命运。当黄运水道彻底分离时，则漕运兴；而当黄河改道北上、腰斩运河时，则漕运废。漕运时代的终结并没有使大运河停滞，如今的大运河作为中华文明的重要载体和标识，正在流向世界，流向未来。

一、运河之兴

至清代，运河体系基本沿袭明制。但这一时期，靳辅开通中河，实现了黄河与运河的基本分离，被史念海称为"清代运河的巨工"，在运河开凿史上也应占有一席之地。

黄运水道分离的想法，在明代就已出现。明初重开会通河后，济宁至徐州仍循泗水故道行运，徐州以南仍借黄行运。此后数年黄河持续夺泗入淮，下游溃溢不断，徐州段运河则首当其冲。明嘉靖初年，黄河在曹县等地决口，运河河道淤塞。朝廷议开新河，以避黄河干扰。嘉靖四十五年（1566），南阳新河竣工，然其南段至徐州与黄河汇流，仍易受到黄河泥沙淤积的影响。至此，另开新河道以避徐州上下黄河之险，已被提上日程。隆庆三年（1569），翁大立提议开通泇运河，即新开徐州以北的河道，与泇河相汇，再南行入运。时至万历三十二年（1604），李化龙总理河道，复议开泇运河，并于次年完工。泇运河得名于其水源泇河，自沛县夏镇（今微山县）经台儿庄，迄直河口（今宿迁）接黄河，从此漕运由泇运河经微山湖东，向西北直达济宁，避开了旧道从直河口溯黄河而至徐州300余里的风险。

明代开凿泇运河，是为了尽量避免使用黄河水道行运。然而直至明朝灭亡，这一想法也未能完全实现，大运河中仍然存在100多里的黄河运道，威胁着运河漕运的稳定。据靳辅《治河奏绩书》记载，明末清初，由于长期只治运而不及黄，以致"河道淤垫，黄流逆灌，全淮南溃，屡塞屡决"。清康熙十六年（1677），靳辅被命为河督，与助手陈潢一同开展治水工程。据《靳文襄奏疏》记载，靳辅通过对黄河地区进行实地考察，确定了治水方针，即"审其全局，将河道运道为一体，彻首尾而合治之"，认为应将治黄与治运并重，进行全局统筹规划。

康熙十七年（1678），靳辅与陈潢对高家堰进行堵决固堤，使黄河回归故道，并在高邮县南环清水潭修堤。翌年，靳辅将目光转向了泇运河入黄运口一带。受黄河泥沙影响，泇运河的入黄运口多因淤塞废弃，

骆马湖

后只得"取道于骆马湖",北上的漕船进入湖口后,需由役夫在湖中捞浚浮送漕船前进,当地百姓苦不堪言。因此靳辅决心开挖皂河,改善骆马湖一段的航运条件。康熙十九年(1680),靳辅等在宿迁西北重开旧皂河,上接泇河,下达黄河。第二年皂河运口同样出现淤塞,靳辅力排众议,自皂河向东开挖支河通向张家庄,由张庄运口入黄,基本解决了该段黄河泥沙淤塞的问题。

然而,自清口(入淮口)至张庄口还有200余里路程要借道黄河,漕船溯黄而上仍有很大风险,于是靳辅依循明代泇运河的思路,奏请开凿新河,使大运河与黄河彻底分离。《清史稿》载:"二十五年,辅以运道经黄河,风涛险恶,自骆马湖凿渠,历宿迁、桃源至清河仲家庄出口,名曰中河。"开凿新河的工程始于康熙二十五年(1686),至二十七年(1688)正式完工,由于新开河道位于遥堤与缕堤之间,故名中河。中河北接支河、皂河，与泇运河相通，南至仲庄运口入黄，使运道避去了黄河180里之险，漕运状况从根本上得到了改善。《清圣祖实录》评价道："漕挽安流，商民利济。其有功于运道民生，至大且远。"

如果说，开通泇运河是黄运分离工程的开端，那么靳辅开皂河、中河则是这一工程的终点。至此，大运河除与黄河的交叉处外，全段运道均脱离黄河，宣告着京杭大运河作为独立航道的真正定型。

二、运河之衰

治运必先治黄，清康熙时始将治黄与治运并重，至乾隆初期，运河较前日益完善，实为运河兴盛之时期。大运河的畅通保证了清代漕运的顺利进行，进一步促进了南北地区的经济文化交流，而康、乾二帝利用大运河多次进行南巡，也进一步巩固了国家统一和王朝统治。

中河的开通，使淮北运河不再借道黄河，然而这并未彻底解决问题。黄、淮、运三者交叉于清口一隅，黄河水流迅急，而入淮处距离淮安运口较近，因此极易冲入运道，使运河淤塞。对此，当时主要采用"减黄助清"之法，通过闸坝减泄黄水，使淮水可出清口以冲刷沙淤。至乾隆五十年（1785），洪泽湖因上游淮水枯竭而干涸，黄河倒灌入湖，湖水无力冲刷清口黄淤，由此清口淤塞，难以通行。大学士阿桂经实地勘察后奏请利用黄河洪水开展漕运，就此正式开始"借黄济运"。

正式引黄虽暂时维持了漕运，却带来了更严重的泥沙淤积问题，黄、淮、运的河床一同抬高，致使决口风险增加。1796年嘉庆帝继位，黄河于江苏丰县决口，据《清史稿》载："自丰工决后，若曹工、睢工、衡工，几于无岁不决。"嘉庆九年（1804），山东段运河浅塞，也开始实行"借黄济运"，引黄河水入微山诸湖以预蓄，"然自是以后，黄高于清，漕艘转资黄水浮送，淤沙日积，利一而害百矣"。

大运河河道

　　《清史稿·河渠志》载："自借黄济运以来，运河底高一丈数尺，两滩积淤宽厚，中泓如线。"至道光年间，京杭大运河已是处处淤塞难通，运道淤垫近乎损毁。道光四年（1824），侍讲学士潘锡恩指出："若更引黄入运，河道淤满，处处壅溢，恐有决口（改道）之患。"翌年，道光帝迫于"黄、运两河非旦夕所能疏治"的现实形势，下诏暂行海运。自道光六年（1826）试行海运以来，河漕运粮仅在十二三万石之间，海运粮则达120万石左右，漕粮海运开始逐渐取代运河河运。

　　至咸丰五年（1855），由于河道年久失修，黄河在河南兰考的铜瓦厢决口，改道北徙，夺大清河由山东利津入渤海。改道后的黄河在张秋镇与运河交叉，将其斩为南北两段。经过抢救治理，运河仍可勉强通运，但此后水患不断。一旦黄河决口冲坏河堤，即会使运河以北水源断绝、交通废弃。同治十一年（1872），轮船招商局在上海成立，海运得到进一步发展。光绪二十七年（1901），清政府正式下令停止漕运，拥有千

年历史的运河漕运正式终结，作为国家交通动脉的京杭大运河走向衰落。

三、运河之新生

中华人民共和国成立后，政府对京杭大运河进行了大规模的修复和整治，将部分河段拓宽加深、裁弯取直，对运道及航运基础设施进行现代化改造，大大改善了航运条件。如今，大运河济宁以南段通航里程仍为 800 多千米，连接山东、江苏、浙江三省，发挥着重要的交通、运输、行洪、灌溉等功能，是世界上最繁忙的运输河道之一。

然而，大运河的发展并未止步于此。作为世界上里程最长、工程规模最大的古代运河，京杭大运河沟通南北，贯穿古今，拥有着得天独厚的自然风光和深厚的人文积淀，孕育和滋养了众多物质和非物质的文化形态。同时京杭大运河与万里长城一样为世界古代四大工程之一，而且

水利遗产馈子孙

是其中唯一一个仍在发挥实用价值的、活着的工程遗产，其开凿、通航与衰落贯穿千年，对中华文明的形成、发展始终具有重要影响，体现了高度的历史文化价值，值得进行深入保护与研究。

2005 年，联合国教科文组织将遗存运河和文化线路列为新的世界遗产种类。据此，我国著名学者郑孝燮、罗哲文、朱炳仁以《关于加快京杭大运河遗产保护和申遗工作》为题，联名致信 18 个运河城市的市长，呼吁加快中国大运河申报世界文化遗产工作的进程。由此，中国大运河申遗被正式提上日程。经过 8 年的不懈努力，2014 年 6 月 22 日，在第 38 届世界遗产委员会会议上，包括浙东大运河、隋唐大运河与京杭大运河在内的中国大运河终被列入世界遗产名录。运河申遗的成功，标志着大运河的核心功能由交通运输转向了文化研究与开发利用。作为中国历史上的标志性符号，大运河正式由漕运之河变为了文化之河。

2017年2月，习近平总书记在大运河森林公园考察时强调："要古为今用，深入挖掘以大运河为核心的历史文化资源。"同年6月，习近平总书记对建设大运河文化带作出重要指示："大运河是祖先留给我们的宝贵遗产，是流动的文化，要统筹保护好、传承好、利用好。"足见国家对保护发展运河文化的重视。近年来，大运河文化遗产保护工作持续推进，沿线城市通力合作进行大运河文化带建设，深入挖掘大运河文化内涵，不断加强对运河文化遗产的理论研究、修缮保护和开发利用，以运河文旅项目带动乡村经济发展，重新构建人与运河的紧密关联，将大运河文化真正发扬光大。

北京的京运河

王朝脉搏的跳动——北京运河生息

北京古代又称"蓟"，蓟城为战国时期燕国国都所在地。公元前 226 年，秦军占领蓟城；公元前 222 年，燕国向秦国投降。秦始皇统一六国后，蓟城一直发挥着北部边疆重镇的作用。凭借其边疆贸易的优势，汉代的蓟城一度还发展成为重要的商业都会。《盐铁论》中就说："燕之涿、蓟，富冠海内，为天下名郡"；《史记》中更是强调了其边境贸易的便利之处，太史公说燕"北临乌桓、夫余，东绾秽貉、朝鲜、真番之利"。和平年代，蓟城是中原与北方游牧民族的贸易集散中心；动乱年代，蓟城则成为他者叩开帝国边境，或帝国向外扩张的通道。因此北京一直都是我国北方的军事重镇之一，开凿通往北京地区的运河，

秦始皇的漕运济边

保障军用物资的运输为古代维系边疆安定提供了巨大作用。

一、南兵北上集涿郡

东汉之后，蓟城先后隶属于曹魏、西晋、后赵、前燕、前秦、后燕、北魏、东魏、北齐、北周十个政权。公元 581 年，漫长、分裂、动乱的时代因隋朝的统一而结束；仅过了 30 年，隋朝便灭亡，唐朝登上了历史舞台，治世长达约 300 多年。隋唐时期的北京又被称为幽州，这是因为"自晋至隋，幽州刺史，皆以蓟为治所"。即隋之前，作为省级行政区的"幽州"一直以蓟城为治所，又因为置渔阳、玉田、三河三县为蓟州，所以幽州遂为古代蓟城的通称。

隋唐时期的幽州是军事重镇。地处边境的幽州发挥的多是军事功能。正是在这一段历史时期中，南下的通济渠运河与北上的永济渠运河得以开通，南北大运河初步通畅，中国的运河网络基本形成。大业元年（605），为了南下扬州，隋炀帝"发河南、淮北诸郡民前后百余万，开通济渠……发淮南民十余万开邗沟"；大业四年（608），为了将兵马辎重输运到涿郡去攻打高丽，隋炀帝开永济渠，将沁水向东北方向导引，通沟黄、淮，北至涿郡。南北人工运河的开凿带来了诸多的便利，在军事方面体现得尤为明显；大业八年（612）隋军"四方兵皆集涿郡，凡一百一十三万三千八百人，号二百万，其馈运者倍之。宜社于南桑干水上，类上帝于临朔宫南，祭马祖于蓟城北"；大业九年（613）"征天下兵，募民为骁勇，集于涿郡"。隋炀帝三次东征高丽，蓟城是当时最重要的军事物资供应基地，兵马粮草均经永济渠运往涿郡，运河在其

永济桥

中发挥了重要的军事作用。

　　唐代幽州的运河也主要用于军事。据《旧唐书·韦挺传》记载，贞观十九年（645），唐太宗考虑到自幽州至辽2000余里没有州县，军饷只能靠后方运送，命太常卿韦挺运输粮饷。唐末，永济渠成为朱温、刘仁恭以及李克用三方的军事角逐的砝码，朱温进攻沧州时永济渠还被用来"调河南北刍粮"；后唐，李存勖为抵抗契丹，力保永济渠运道畅通，在幽州地区大兴水利。长兴三年（932），幽州节度使赵德均动员民兵修治水运，史载他"发河北数镇丁夫，开王马口至游口，以通水运，凡二百里。又于阎沟筑垒，以戍兵守之，因名良乡县，以备钞寇。又于幽州东筑三河城，北接蓟州，颇为形胜之要，部民由是稍得樵牧"；此外还于"州东五十里故潞县择潞河筑城……又于其东筑三河城以遏虏寇，三河接蓟州有漕运之利"。古代的桑乾河、潞水、洵水、沽水都在幽州东南汇入永济渠，幽州为永济渠的终点。赵德均在河北筑良乡城，在潞水与洵水之间筑潞县，在沽水与洵水之间建三河城，这一系列颇有见识的驻扎选址与水利举措，对于稳定北部边防作用极大。但随着燕云十六州的割让，幽蓟由自秦汉以降的军事重镇转变为中国北方政权的陪都。

辽太宗会同元年（938），幽州被升为五京之一的"南京"，同时并用"燕京"之名。辽开泰元年（1012），改南京为"析津府"。顾炎武在《日知录》中尝言之："及辽改蓟为析津县，因此蓟之名没于此而存于彼。"北京的古地名"蓟"从此退出历史舞台。

二、商贩客旅资京畿

辽代的陪都南京大体上还保留了唐代幽州的规模和格局。贞元元年（1153），金迁都幽州城命名为"中都"。金朝的中央机构、皇室贵族、军卫等随之迁入。北京正式成为封建王朝的都城，成为中国北部的政治中心。

迁都北京之后，金人对都城进行了必要的城市改造，在原来的辽南京的基础上向东、南、西三面扩建，将原本的26坊扩大到62坊。伴随着大量的人口涌入，又经过了半个世纪的

通州出土的金代铜镜

休养生息，到13世纪初，中都的城市人口达到极盛，约有40万人。人口中都"仓廪久匮"，统治者不得不考虑大力开发漕运来解决基本的粮食需求。早在辽迁都之前，北运河的前身"潞水"便被用作漕运，经由潞水北上的各路物资于潞县中转，因此金天德三年（1151），潞县改名"通州"。《元史·地理志》载："金改通州，取漕运通济之意。"但当时潞水漕运只有春秋两季通行，彼时潞水的漕运政策、漕运功能和漕运管理等都还不完备。

直至泰和六年（1206），朝廷要求漕河沿岸的州县必须承担维护运道的责任，情况才有所改善。《金史·河渠志》记载："凡漕河所经之地，州府官衔内皆带'提控漕河事'，县官则带'管勾漕河事'，俾催检纲运，营护堤岸。"朝廷文件共举33县，其中潞、武清、香河、漷阴四县即当时潞水漕渠所经过之地，与今天的北运河河道大致相同。北上的物资到达通州之后需要运至中都，为了解决通州至中都之间的漕粮运输问题，金朝亦曾多次修浚中都附近的河流，开闸河、金口河输送漕粮。但是地势落差存在的客观条件使得漕船无法正常在通州至大都的水道上航行，是谓"闸河或通或塞而但以车挽矣"，通州至中都段的漕粮依旧依靠陆路，这一问题直到元代通惠河的开凿才得以成功解决。然而尽管水利效果不明显，但是放眼整个运河史，金代人工运河的开凿具有莫大的意义，因为它们直接与大运河相连通了，此后的通惠河也是在此基础上修建而成的。

1215年，蒙古骑兵南下，中都在一片大火中荡然无存。大约半个世纪后，忽必烈决定迁都燕京，在金中都东北郊外另筑新城，是为大都。元代的漕运制度为河海并济，以海运为主。尽管如此在河运方面，尤其是在京杭大运河的改造上元朝政府花费了巨大的精力，如今京杭大运河最北段的通惠河就是这一时期的伟大杰作。通惠河在以后数百年的明清两朝仍沿用不废，现在仍是北京境内的一支重要河流。至元二十五年（1288），南北大运河的山东段已畅通无阻，江淮地区的漕船可以直至山东临清入御河从而进入大都，尚书省指出"大都居民所用物斛，全籍客旅兴贩供给"。元代著名诗人王恽亦曾说大都的一切"仰御河上下商贩以资京畿"。大量来自南方的漕运物资加大了通州至大都段的运输压力，面对陆路运输的巨大压力，郭守敬面陈水利之事，提议修一条大都运粮河以连接通州与大都。工程于1293年告成，元世祖亲赐名曰"通惠河"。

通惠河东入白河。白河即北运河的前身。早在通惠河开通的十多年前，郭守敬就曾对白河进行治理，对孙家务以下的弯道进行裁弯取直，又改凿顺下河西务城东的河道，这使孙家务到河西务段河道更加顺直，利于漕运。元代通惠河的开辟以及对白河的治理奠定了京杭大运河的基本格局。

三、漕运通济多坎坷

元末明初的战乱让通惠河"无所事漕，河遂湮废"。而明永乐年间的皇城筑建又将本元大都外的通惠河纳入宫墙，通惠河被一截为二；加之明帝陵基于风水的选址使得通惠河上流水量不足，在诸多因素的影响下通惠河难以发挥其原有的漕运功能。当时通州的漕船无法再驶入积水潭，只能到达大通桥下，时人将东便门外大通桥至通州段的漕河称作"大通河"。

尽管成化、正德年间对通惠河多有大修，嘉靖时期引昆明湖水重开通惠河，但终究难以重现元代千帆竞发的盛况。大运河最北段通惠河的颓废并不能彻底否定明代运河的运输功能，伴随着海运的停止，京杭大运河几乎是南北交流的唯一交通路线。会通河、清江浦等运河段落的开辟与整修使南北运河整体上来说是活力焕发的，整个京杭运河由南到北被分为浙漕、江漕、湖漕、河漕、闸漕、卫漕、白漕、大通河，就运河北京段的白漕而言，当时的漕运情况比较繁荣。白漕即白河的漕运河道，明代又称之为通济河，大致上与现在天津至通州的北运河干道相同。为了保证顺畅通行，明代曾多次疏浚北运河河道，明人笔记中谈到了这种情况，《长安客话》记载："张家湾为潞河下流，南北水陆要会也。自潞河南至长店四十里，水势环曲，官船客舫，漕运舟航，骈集于此。弦唱相闻，最称繁盛。"在自然条件、河道整修和仓储制度的加持下，明代的通州成为当时重要的仓场。

《潞河督运图》（节选）

清初的运河与明代并无二异，明清政权的更迭未对运河产生较大的影响。漕河在明王朝统治后期仍然完好无损，漕运数量也未大幅度下降，漕河水道系统不仅完好无损，而且仍处于良好的航运状态。然而明代通惠河浅涩淤塞、舟辑不通的问题也延续到了清代，而且情况更甚，通惠河只剩"五闸二坝"能正常使用。康乾盛世时期，通惠河的漕运短暂复苏，清代康熙励精图治，"以三藩及河务、漕运为三大事"，在位期间曾多次巡视通惠河、北运河，并亲自参与河道的治理；乾隆时期也曾对护城河加以整治。康熙七年（1668）挑浚正阳门外御河，三十三年（1694）筑通州运堤，三十五年（1696）疏浚通惠河，加固堤坝，建滚水坝泄水；乾隆三年（1738）、二十三年（1758）、二十五年（1760）先后疏浚北京东护城河，漕运称便。

清代的京师漕运路线在康乾时期确定，后世基本因循不变。咸丰、同治以后，清代的运河同苟延残喘的封建王朝一样，已显日薄西山之势，终在光绪二十七年（1901）全河停运。至此，通惠河—北运河这条维系了北京地区 700 多年物资运送的大动脉停止跳动。

《北京宫城图》

定鼎燕京与仰仗东南
——"水上漂来北京城"

京杭大运河的开凿推动了南北方的军事、经济与文化的交流。这条贯通南北的大动脉将幽燕地区（北京）和日渐富庶的江淮地区连接起来，形成了一条重要的经济纽带。

一、军事建设：渔阳豪侠地

民间有句说法："水上漂来的北京城"，形象反映了北京城和大运河的紧密联系。不仅如此，京杭大运河也为幽燕地区的边防提供了物质支撑。早在西晋衣冠南渡之后，中国的经济重心逐渐南移，隋代运河的贯通，进一步促进南方经济文化的发展，尤其是运河沿岸的城市经济、文化发展尤为显著。

隋末的大运河已经是"商旅往来，船乘不绝"；到了唐代，位于江南运河前哨的扬州一跃成为当时大型商业城市之一，时谓"扬州富庶甲天下"。长江中下游地区得天独厚的地理条件是当时作为政治中心的中原地区无可比拟的，以至于"在汉时富冠天下的关中，到了唐朝竟不得不依靠江南的供应"。江南地区的产出维系着整个国家的经济运转。杜牧就曾说"三吴者，国用半在焉"；韩愈则说"当今赋出于天下，江南居十九"，足见南北经济状况的巨大差异。这些来自南方的赋税、物产、商品等皆是通过京杭运河北上，唐人李剑有诗曰："东南四十三州地，取尽脂膏是此河"；皮日休说："今自九河之外，复有淇、汴，北通涿郡之渔商，南运江都之转输，其为利也博哉"；宋人卢襄说："今则每岁漕上给于京师者数千百艘，舳舻相衔，朝暮不绝"。

唐宋时期，南方的粮食、布帛、盐利大部分物资皆经运河到长安、汴京等中原地区。北至幽州的物资更多还是用于军事。唐代的幽州作为军事重镇，军队粮食的需求量极大，十分仰仗东南江淮一带的漕米。陈子昂《上军国机要事》一文中就提到江淮漕粮通过运河运往幽州的情况："即日江南、淮南诸州租船数千艘，已至巩、洛，计有百余万斛，所司便勒往幽州，纳充军粮。"杜甫诗中也强调了南方粮草北上的军事作用，他说："渔阳豪侠地，击鼓吹笙竽。云帆转辽海，粳稻来东吴。"又说："幽燕盛用武，供给亦劳哉。吴门转粟帛，泛海陵蓬莱。"除了粳稻外，租布、兵器等亦是边塞军人的必需品，其中租布就来源于江南。

唐代的清河郡号称"天下北库"，主要作用是赡给北军。其所贮的物资包括布帛粮钱、甲兵器杖诸物，史载："江淮租布贮于清河，以备北军费用……今所贮者有江东布三百余万匹。"大量军队必需的粮草及布匹从长江下游沿着通济渠、永济渠北上，富饶的东南是帝国边防的物资保障。

二、经济建设：浩浩荆吴船

金中都和元大都的建立使幽燕开始由军事重镇转向政治中心，但在

舳舻蔽水

经济文化上北方仰赖南方的局面仍然没有改变。《元史·食货志》载："元都于燕，去江南极远，而百司庶府之繁，卫士编民之众，无不仰给于江南。" 国家仍然依靠长江下游的供应，只是由南方经运河北上的物资不再只用于军事，而主要用于皇室及维持政权运行的大量物资需求。马可·波罗出游至瓜洲（今扬州市瓜洲镇）时，在笔记中写道："相当多的谷物运输到瓜洲，准备通过运河运到大都（即北京）去，供忽必烈的宫廷食用。元朝宫廷所需谷物，全部来自中国这一带地区。人们必须知道，忽必烈已经开通了从瓜洲到大都的水路，这条水路看上去是一条宽而深的航道，把江河、湖泊连接起来了。它犹如一条大河，能够航行大型帆船。"

元代朝廷组织"南粮北调"，每年江淮北上的漕米有百万石，只有 10 万石左右通过海运运输，其余大部分是通过运河北上。此外还有不少私人贩运商品粮，若逢丰年，江浙两淮地"黍稌及亿秭，仓箱累万千"。许多商人从中原和江南贩来大批米粮。这些南来的粮食还被用来酿酒，大都"列肆数百，日酿有多至三百石者"，酿酒业的兴盛更加刺激了南方商品粮的供应。南方优质的瓜果蔬菜也通过运河输送至大都："南方之珍果"橘；"江浙之间"的柑；"岭南、巴中"的荔枝等通过"水浮陆转"贩卖南北。将陵（德州）的丝、香料，真州（仪征）的盐、木料、煤、麻，东南其他地区的"金珠、绮缯、犀象、水上精玩之物"皆通过运河运往大都，前往京师的船只鳞次栉比，正所谓"浩浩荆吴船，日夜行不已"。以至于运河的会通河段曾一度瘫痪。延祐二年（1315）二月中书省臣言："江南行省起运诸物，皆由会通河以达于都，多逾期不至，诘其故，皆言始开河时，止许行百五十料船，近年权势之人，并富商大贾，贪嗜货利，造三四百料或五百料船，于此河行驾，以致阻滞官民舟楫。"

　　运河南北频繁的贸易往来改变了元大都的商业布局。满载着江南稻米、陶器、绫罗绸缎的舟楫利用通惠河径直驶入积水潭，从而在积水潭北岸的斜街上形成了巨大的"市"；通惠河通行后，从河海而来的货物从通州转运到城外，东岳庙一带的百姓"趋之者如归"，附近"多所交易，居民殷实"。元大都商业经济的空前繁荣，一方面得益于海陆丝绸之路的中西交流，另一方面则仰仗京杭大运河的全线通航。由运河连接起来的城市迅速崛起，扬州"富商大贾居积货财之渊薮"，济州"市杂荆吴客"，北京的运河城市通州也在元代得到充分的发展。元代之前，通州有建制而无城池，通州城的真正历史即开始于元末明初的"编篱为城"。

三、宫殿建设：天下绝艺皆至京

　　金中都时期的通州已经发挥了漕运作用，元代通惠河的开凿确立了其北方漕运枢纽的地位，到了明清，通州的漕运事业更为繁盛。明洪武元年，大将徐达、常遇春等人率军队来到通州地界，令裨将孙兴组督造一座"周围九里十三步，连垛高三丈五尺"的城。永乐迁都北京之后，作为漕运码头的通州地位越来越重要，诗曰："文皇建都，治必南饷。州名曰通，作我东障。高城巍峨，有兵有民。漕河北来，饷粟云屯。储盈庾增，新城是筑。"

与元代一样，政治中心与经济中心的分离使得明清的都城北京不得不依靠东南的漕粮来维持国家的统治。长江中下游地区依旧是国家机器运转的重要支撑，而作为漕运"咽喉之地"的通州的漕运状况直接影响着这个机器的运转。相较于元朝偏重海运的政策，明清禁海运而更重河运，大运河又是京师和江南之间唯一的水路交通路线，所以明清时期对运河的依赖程度是前所未有的。所有前往北京的供应只有这一条水路可走，除了占据首要地位的谷物外，其他物品包括新鲜蔬菜和水果、家禽、纺织品、文具、瓷器，几乎中国所产的各种物品都通过大运河进行输送还有诸如箭杆和制服之类的军需品，也经过运河运送到北京去。

明代东南北上的财赋也被用于军兵。虽然明太祖朱元璋曾自诩"养兵百万，不费民间一粒粟"，但明成祖迁都北京之后，国都与北方游牧民族为邻，京师附近配置重兵，史载"漕转东南粟，以给中都官；又转粟于边，以给军食"；"东南财赋之来，有军运，有民运；军运以充六军之储，民运以供百官之禄"。

对南来北往的物资进行转送

河港	1599年	1621年	1625年
北新关（在杭州附近）	40,000	60,000	80,000
浒墅关（在苏州附近）	45,000	67,500	87,000
九江	25,000	37,500	57,000
淮安	22,000	29,600	44,600
扬州	13,000	15,600	25,600
临清	83,800	63,800	63,800
河西务	46,000	32,000	32,000
崇文门（北京）	68,929	68,929	88,929
总数（两）	342,729	374,929	479,929

明代几个内河港税收份额统计表

明代内河港税收情况

与贮藏促成了通州地区独特的漕运文化。大量的货物在通州张家湾附近囤积，根据储存物品的不同类别，渐渐形成了皇木厂、木瓜厂、铜厂、砖厂、花板石厂等仓储区，其中尤以皇木厂的作用最为显著，其职责是接受、转运从南方经潞河运来的城砖、金砖等。为营建北京皇都，朝廷派遣大批官员去云贵、巴蜀、湘赣、闽浙、秦晋、鲁豫等地采伐珍贵木料、嘉石等建材，西南地区的木材从采伐地运至河口，从河口运至附近的清水江、金沙江、乌江，再转入长江，经苏州、瓜洲等运河关口进入运河，上至北京；东南江浙、湖广的木材直接由运河至北京。宫廷建筑材料的勘察、采伐、运输是一个漫长的过程，永乐四年（1406）在决定筑建宫殿的 10 年之后，营建物料才基本齐备，翌年六月故宫正式开工建设。

宫殿建设所需的两种砖是由外地的运河城市运来的：一种是砌筑墙体和地面用的山东临清砖；另一种是铺砌大殿地面的苏州"金砖"。每年两地约有百万块砖从运河"漂"至北京。明清时期的临清砖窑多为官窑，皆依运河而建，所生产出来的砖利用运河送往通州。《临清直隶州志》

修建北京城用的砖

载："临清砖就漕舢搭解，后遂沿及民船装运，今仍复漕船运解通州。"金砖主要源自苏州，其"颗粒细腻，质地密实，敲之作金石之声"，是专供宫殿等重要建筑使用的一种高质量方砖，民间至今还流传着"金銮殿是金砖墁地"的传说。

与金砖一起从苏州沿运河北上的还有"香山帮"匠人。"香山帮"是形成于苏州一带的，以擅长修筑苏式古典建筑出名的匠人团体，紫禁城的主要建筑师蒯祥就是香山帮工匠的杰出代表。他于永乐年间参与外朝三大殿、午门、端门、承天门的营建，正统五年（1440）受命重建故宫三大殿；北京城内的南宫、隆福寺、西苑殿亭等，郊外的长陵、献陵等皇陵也倾注着蒯祥的心血，皇帝称之为"蒯鲁班"。正是以蒯祥为代表的"香山帮"的影响，工部才"始砖于苏州，责其役于长洲窑户六十三家"。

明初修建北京城"凡天下绝艺，皆征至京"，而这些为北京城市建设做出杰出贡献的著名工匠绝大多数来源于大运河南端的江南市镇。早在蒯祥入京前，武进阳湖人（今江苏常州）蔡信就以木匠的身份参与宫殿建设；无锡人石匠陆祥参与过华表、长陵"神功圣德碑"的雕刻；松江府金山（今上海金山）的杨青、吴淞华亭的毛荣等著名的匠师也在宫廷建筑史上留下了厚重的笔墨，没有运河就没有金碧辉煌的故宫、巍峨坚固的城墙和壮丽重威的皇陵。

四、交通建设：帝巡、使节过此河

清代运河整体上"依明之旧"，但这并不意味着清代运河是一成不变的。历史上运河、黄河、淮河曾于苏北一带交织，清政府花费了很大的力气"济运通漕"，靳辅、陈潢二人在实地考察后开凿了中运河，使运河借黄行运的历史不再。

《乾隆南巡图卷》

　　清代运河的交通功能因为康熙、乾隆南巡而大放异彩。尽管最初隋炀帝开辟运河的初衷就是为了南下扬州，但因王朝的短命和暴政终究没能在民间留下多少故事，而康熙、乾隆出行江南却在运河沿岸形成了有关治水、物产、地名等多种传说。《大运河文化》一书中《乾隆游通州的奇闻逸事》讲述的是乾隆、刘墉与和珅在通州运河对对子的传说，北运河的"铜帮铁底"之名亦拜乾隆所赐；通州漷县镇榆林庄的名字也源于乾隆，据当地人讲，很久以前榆林庄还是运河岸边一个普通小村落，叫作北树林，有一次乾隆沿着运河南下时被岸边葱茏苍翠的榆树吸引，于是上岸驻足，御赐"榆林庄"之名。至于江南，运河沿岸珍馐美食的传说更是数不胜数，镇江的锅盖面、南京的鸭血粉丝汤、无锡的粢饭、杭州的猫耳朵都是运河的文化产物。

官宦、文人、商贾和帝王都是这条运河的客人，使臣也不例外。早在元代，马可·波罗就在运河上航行。明代的利玛窦自南京乘船由运河北上通州，只是此时的通惠河水况不佳，他只能借道车马进入城内，同时他还看到了大量的木材，如大梁、高柱和平板由官员押运。太平洋苏禄群岛苏禄国东王巴都葛叭哈剌及其家眷经杭州、扬州沿大运河北上来到北京受到明成祖厚待。清代乾隆四十五年（1780）正逢皇帝七十大寿，朝鲜使团从山海关走水路入京，途经北运河，其中一位叫朴趾源的官员在《热河日记》里感叹道："至河边，河广且清，舟楫之盛可至长城之雄伟……不见潞河之舟楫，则不知帝都之壮阔也。"

清代最盛大的外交事件莫过于英国的马嘎尔尼使团访华。乾隆五十三年（1788），英国使团打着表贺叩祝乾隆83岁"万寿"的旗号前往北京。以马嘎尔尼为首的一行人乘坐"狮子"号从澳门，经台湾海峡、舟山群岛、宁波、定海、登州，在白河口搭乘使节船经大沽、天津在通州登岸，经过北京入住圆明园，在避暑山庄觐见皇帝之后返回北京城内。

经过了数天的会面后，双方的谈判以失败告终，就在英国使团准备无功而返时，乾隆帝下令特许使团乘船穿越大清腹地。或许是出于炫耀天朝的繁华，又或者是徒增旅行乐趣，总之马嘎尔尼一路从北京通州出发，沿运河南下，他们夸赞道：运河"是个天才的工程，它旨在使帝国的南北各省能够相互沟通"，但与此同时也见识到了与高度发达的经济不相匹配的麻木思想。

英国使团北上与南下虽然都经过运河，但是来往之间，对清政府的认识却已天翻地覆。失败的外交让英国意识到处于封建晚期的帝国"只是一艘破败不堪的旧船，只是幸运地有了几位谨慎的船长才使它在近

清朝第一个来访的西
人的商团，荷兰商团至
段山大运河路过通州，在
通州，城墙兑美壮观，
阊林立，天运河道宽阔，
前面还有一座桥梁。

帝京印象

150 年内没有沉没。它那巨大的躯壳使周围的邻国见了害怕。但假如来
了个无能之辈掌舵，那船上的纪律与安全就完了"，船"不会立刻沉没"，
但"将永远无法修复"。不到半个世纪也就是 1840 年，当年马嘎尔尼
使团最小的男孩乔治·托马斯·斯当东，也就是那位于运河之旅中眺望
扬州城的"中国通"，鼓动英国政府用坚船利炮打开了曾经久叩不开的
大门。

玉河庵壁画

凝固的历史——北京运河的遗址、遗迹

　　运河文化遗产是一种庞大的、跨流域的、复合型的文化遗产，由社会、经济和自然环境等因素综合作用而成。2011年，北京市出台《大运河遗产保护规划（北京段）》，认定北京大运河文化遗产为"虚"（非物质文化遗产）、"实"（物质文化遗产）结合的遗产构成形式。既包括河道、桥闸等水利工程的物质文化遗产，又包括特定的漕运制度、民俗节庆等非物质文化遗产。为了更好地保护、更充分地利用北京的运河文化，北京市近年来正着力打造一条"运河文化带"，在运河沿岸，丰富的物质文化与历代相传的非物质文化交相辉映，文化带已熠熠生辉。

北京段的运河以通惠河、白河为主线，坝河、南长河为支线纵横昌平、海淀、西城、东城、朝阳、通州、顺义七区，沟通了五大水系，沿线留下的河道、水源、水利、航运工程设施等历史遗迹，共同构成了运河物质文化领域的表现形式。

一、运河古河道与水源

在运河的开凿、使用和治理过程中，河道并不是一成不变的。天然散漫的水体被人为导引，纵横交错的河道又常改道。经过金元明清四个朝代的治理，北京城区留下了南长河、坝河、通惠河故道等数条自然河道和人工河道；通州至里二泗河段内就集中了潮白河、温榆河、通惠河、萧太后运粮河、凉水河等数条河道。河道凝结着劳动人民的智慧，流淌着劳动人民的汗水。

运河北京段的水源问题在元代之前一直没有得到很好的解决。金政府曾开凿金口河，引卢沟水至通州，但因水势迅猛，水源浑浊，最终并没有取得理想的效果；后又引高梁河、白莲潭等水，开辟闸河作为通州到中都的水路，然而水源的不足导致漕运的时间成本过高，无法满足都城的用粮要求。元代郭守敬另辟蹊径，引白浮山上的白浮泉等诸多山泉作为源头，将沿线的瓮山泊、积水潭作为调控水流大小的枢纽，以保障河道内水源充足，由此一条连接都城东大门与政权心脏的通惠河就此诞生。由于白浮泉解决了通惠河水源的难题，为了固守水源、稳定漕运，元代敕赐在山顶建都龙王庙。这座"都龙王庙"，被认为是"龙王泉祖之庙，为诸泉水之始"。历代统治者对这座庙宇都十分重视，明清之际多有修缮。此外，白浮山上还有九龙池、白衣庵和龙泉寺。

汇流存贮　大都与大运河水库

　　现在，白浮泉水源及其附属物都被很好地保护起来。白浮泉遗址旁立有2013年国务院颁布的"全国重点保护文物——大运河白浮泉遗址"的公示牌；"白浮泉遗址——九龙池、都龙王庙"为北京市第四批市级文物保护单位。在近年北京市开展大运河文化带建设的契机下，人们为了恢复此地历史盛况做出了不懈努力。和谐的生态系统、精美的龙王庙壁画、壮观的龙泉漱玉景观，已一一呈现，白浮泉遗址的重建与修复工作正逐步展开，曾经埋没草莽的运河之源即将以崭新的面貌展现在世人面前。

二、水利工程设施

　　老北京俗语道"五闸二坝十三仓"。其中的闸就是为了保证粮船顺利通行的水利工程设施，而坝和仓主要用于货物转运与货物仓储。元代郭守敬开通惠河时，共设置了11道水闸，24道闸口。起初，通惠河上

郭守敬纪念馆内关于节水行舟的介绍

的闸均为木闸，数十年后木多朽坏，至元四年将木闸改为砖石闸。当时的每个闸口都设有闸官、闸夫进行管理，但这些河闸大部分在明代就废弃了，如今我们还能在故道沿线看到一些历史遗存，如万寿寺南的广源闸遗址、中轴线上的澄清上闸等。

相较于元代的"二十四闸"，明代吴仲疏浚通惠河时留下的"五闸"更为北京人熟知。人们亲切地将五闸中的大通闸、庆丰闸、高碑店闸分别称为头闸、二闸、三闸，其中二闸还是人们娱乐休闲的好去处。除了朝阳区的闸口以外，通州历史上也分布众多的河闸，如元代修建的通州闸，明清的土坝闸、南溪闸、减水闸等。这些河闸反映出当时先进的水利技术，尽管部分河闸早已废弃或被拆除，但它们都曾经是北京运河史上重要的注脚，是运河文化的物质见证。

三、航运工程设施

有河就有桥，杜牧所谓"长桥卧波，未云何龙"的景象在通州运河上也能瞧见。通州八景中有"长桥映月"一景，长桥说的是桥身修长的永通桥，远望如长虹卧川，夜晚还可以观赏桨碎玉盘的美景，清代李焕文有诗曰"虹桥八里卧晴川"是也。如今的永通桥在政府的重视下正逐渐恢复古桥原貌。

通州现存的另一座重要的运河桥梁为张家湾通运桥，又名"萧太后桥"。萧太后桥北大道路西，立汉白玉石碑一通，碑文记载了通运桥的建设与赐名经过。通州有迹可循的桥梁还有卧虎桥、土桥、虹桥、张家湾东门桥等。西城区的德胜桥、银锭桥、万宁桥，东城区的东不压桥，海淀区的绣漪桥等都是《大运河遗产保护规划（北京段）》中所认定的重要的物质文化遗产。

物资转运、人员流动以及商品贸易使得运河沿线形成了诸多码头，码头是古代运河漕运文化的见证，也是最为重要的物质文化遗产种类。

运河上的古桥

永乐年间迁都以后，漕粮货物源源不断运输至京；但明中叶以前，漕船沿北运河只能到达张家湾，张家湾因此成了当时大运河北端最为重要的客运与货物码头，因此又称为"京东第一大码头"。当时的张家湾码头分为上码头、中码头和下码头三类码头群，上码头负责漕粮的运输；中码头是皇家砖料的专用码头；下码头则主要负责瓷器、木材石材、食盐的运转。

明嘉靖七年（1528）吴仲重修通惠河，将河口从张家湾北移到通州城北，形成了石坝和土坝两个码头，即俗语"五闸二坝"中的二坝。石坝与土坝的分工不同，据《通州志》记载"运京仓者由石坝，留通仓者由土坝"，即正兑漕粮经石坝转运进入京仓，改兑漕粮经土坝转入通仓。二坝均设有掣斛厅和号房，掣斛厅是码头管理者的办公地，又称督漕公廨；号房又称"窝火"，主要用作临时粮仓，役员们通常在这里休息。为了方便户部官员前来验粮，石坝南侧还建有大光楼，又称验粮楼。明代的大光楼在八国联军入侵时被付之一炬，2007 年，北京市水务局在原遗址附近复建了一座更为恢弘的大光楼。历史上用作漕运的石坝与土坝皆不复存，但是却以历史遗址（石坝遗址公园）和地名（土坝街）的形式留下印迹。

四、仓储与文化设施

自运河水运发达以来，通州历代都是仓储重地。金代通州有"丰备、通积（济）、太仓以供京师"；元代有富有、乐岁、乃积、延丰、广储、盈止、有年、庆丰、及衍、富储、富衍、足食、及秭十三仓；明代仓储，尤其是卫仓的设置更加频繁，永乐年间置通州左卫仓、通州卫仓；宣德年增置通州仓、京仓；正统增设京卫仓等。《明史·食货志》说这些卫仓"凡京仓五十有六，通仓十有六"，足见粮仓数目之多。

仓储文化

到达通州的漕粮十分之七八转京仓，京内诸仓为旧太仓、百万仓、南新仓、北新仓、海运仓、禄米仓、新太仓、广备仓；十分之二三储通仓，通州粮仓为大运西仓、大运南仓、大运中仓、大运东仓等。隆庆年间，大运东仓又并入大运西仓，与大运中仓形成两大粮仓的格局。元代的粮仓除了乐岁、广储二仓位置明确以外，其余诸仓的情况较为模糊。明代以来城内的北新仓、南新仓、禄米仓都保存相对完整并焕发了新的生机，而大运中仓、大运西仓仅剩断壁残垣。古老而残缺不全的仓墙是京门丰厚历史内涵的实物见证。

仓储漕运事关王朝命脉，因此产生了相应的组织架构，留下了诸多专职衙署。元代通州的漕运衙署有管河通判署和都漕运司署两个机构，管河通判署位于原女师胡同北侧第三中学校操场处，原有雌雄石狮一对，现仅剩一座雌狮；都漕运司署大致位于通州旧城西垣，曾出土过一块"同知都漕运司事赵公去思碑"。明代在元代二署基础上设"坐粮厅署"，坐粮厅位于通州新城内新仓路；清朝改坐粮厅署为户部坐粮厅，位于大运西仓左侧，与仓场署隔仓相望，所以又简称为"西衙门""西厅"。明清时期通州内因漕运而生的其他署衙还有尚书馆、户部分司、监督主事公署、巡仓公署、仓场总督衙门、漕运厅等，共同构成了运河北端的漕署群。尽管部分机构只剩遗址，但通过这些旧址我们仿佛仍然能看到"宝鞍驰骏马，多是帝京人"的繁忙景象。

会馆文化

各省的漕粮集结至北京通州，为了便利地处理漕运事务，各省布政司纷纷设立漕运会馆和漕运总局。通州的会馆主要有江苏漕运总局、浙江漕运总局、江西漕运会馆、山东三义会馆等。各会馆内分别供奉各自地区的水神：江西会馆内供奉许真君，山东会馆内供奉刘、关、张三尊神像，福建会馆内多供奉妈祖。这些会馆的建设影响着民间信仰的传播与交流。

大量与运河文化有关的文化与宗教建筑至今仍然矗立在通州城内。

元明清时期的北京有着全国最高的教育机构，全国各地的学子都要在此参加考试，通过运河北上赶考的学子们不计其数。始建于元代的通州大城街文庙是北京地区现存最古老的孔庙，周边以及赴京的学子们多在此求学。儒教的文庙、佛教的佑胜教寺和道教的紫清宫合称为三教庙，与燃灯塔并称"三庙一塔"，为大运河北端的标志性景观。有诗曰"无

文庙

羡蒲帆新雨后，一枝塔影认通州"，当行驶在运河上的人们遥遥地看到燃灯塔或看到塔影倒映在河上时，就意味着本次行程即将安全结束，从而长舒一口气。通州的"三庙一塔"如今被打造为北京重要的旅游景区之一，是大运河历史文化传承与凸显通州人文地标符号的重要承载地。除此之外元代的天后宫遗址、弘仁桥亭前坡上的碧霞元君庙、通州清真寺、张家湾清真寺、马驹桥清真寺等都从不同方面反映了运河给通州带来的繁荣。

北京大运河的历史文化还能通过一些反映漕运仓储兴盛的牌坊、碑刻等展示出来。通州历史上曾有大运西仓西门"风图"牌楼；新仓路原户部坐粮厅门前的"总理军漕"和"裕国经漕"两座牌楼；北门外石坝码头的"潞河第一观"牌楼；新街口的"绩河渠"坊；里二泗佑民观庙前的"保障漕河"坊等。这些牌楼虽然多数是依附于其他建筑物而存在

"保障漕河"牌坊 / 徐睿凝 摄

且分布散漫，但它们是官方的漕运管理，以及私人的漕运经营的见证者，既有对漕仓的储存记忆，又有对码头的转运留存，是反映明清时期通州漕运文化盛况的重要物质载体。石碑是运河历史的另一种见证，目前现存的石碑有通州古城内的御制通州石道碑、御制重修马驹桥碑，张家湾的石权，东城区的"京畿都漕运使王德常去思碑"等，这些石碑为运河文化增加了一份厚重的底蕴。

通州运河龙灯会 / 杨赫 摄

流动的京味儿
——北京运河的非物质文化遗产

　　除了"实"的物质文化遗产外，运河还带来丰富的非物质文化。如京剧曲艺、江南园林建筑技艺与建筑风格、地方性神灵；有关河渠本身的科技成就、水利文献、治水经验等；因运河生活而酝酿的文学作品、民间工艺等；与漕运有关的民间信仰、民俗活动等以及运河上飘荡的号子、运河边流传的传说、运河滋养的红色文化等都是北京运河文化中最鲜活、最具生命力的部分。

不同于物质文化，"虚"的非物质文化是"流动的文化"，是有生命的活态文化。它体现着运河两岸百姓的语言、技艺、精神与礼俗，其文化表现形式永远扎根于民众生活的土壤之中，随着生活的变迁而不断丰富。这些非物质的文化部分已经得到政府的立档保护。据不完全统计，北京运河文化带中与运河有关的国家级、市级、区级非物质文化遗产共有 40 余项，另外还有更多的非物质文化遗产需要挖掘、保护和重视。

一、语言民俗

运河畔的人们世代讲述着大运河的传说。早在清代，这些传说就被收录在地方志中。康熙年间的《通州志》中就记述了"金代将军杨彦升射箭于燃灯塔顶"的传说；民国的《通县志要》"风土志·传说"篇记载了"燃灯塔内的铁链是龙的化身"的传说。

除了燃灯塔的传说外，运河附近地名来历的地名传说，反映通惠河沿岸风土人情的通惠河传说，以什刹海及相关景物为对象的什刹海传说，朝阳区流传的温榆河传说以及通州区数量众多的大运河传说都是反映运河漕运、日常生活、民众情感的民间文学类非物质文化。而历史上产生的众多以大运河景色、生活为对象的诗词歌赋、散文小说则是作家文学类的非物质文化，二者在一定程度上相互影响，共同型塑了地方文化特征。

劳动号子的起源颇为悠久，鲁迅认为文学的源头是"杭育杭育"。号子最直接的作用是协调与组织劳动，运河上此起彼伏、响彻云霄的船工号子是劳动号子的一种。每当遇到险滩或淤塞时，号工领而众工和，喊出或急或缓的号子，拉动漕船运行。通州运河船工号子"北调含南腔"，是南北文化交流的产物。根据劳动形式的不同，船工号子可以分为起锚号、揽头冲船号、摇橹号等。随着漕运的衰退，运河号子几近失传，在非物质文化遗产保护语境下，通州运河号子得到了很好的保护和弘扬。

二、民间技艺

运河漕运所带来的商贸文化吸引了一批批手艺人。通州的花丝镶嵌制作技艺是北京宫廷文化的代表。有明一代，除了香山帮的工匠，大批的南方手工艺人络绎不绝地在通州所处的运河门户聚集，花丝镶嵌手艺人就是其中之一，因此通州的花丝镶嵌制作历史悠久、技艺炉火纯青。

水是一个城市的灵魂，它不仅能滋养人，还能滋生各种文化。随着大运河这一动脉的开通，沿岸的文化也愈加繁荣。当地许多技术与手工艺，都与运河相关，例如享誉世界的北京名菜"北京烤鸭"的原料与技艺都与运河有关；白浮家乡肠制作技艺源于通惠河的源头；小楼"烧鲇鱼"的鱼多从运河中捕捞；李老公庄饹馇饴技艺是从山东沿着运河漂来的；面人汤手艺习自山东；通州的骨雕受南方象牙雕刻技艺影响。而通州的大风车、团花剪纸等都是派生于运河周边的民间工艺，具有浓郁的生活气息。

花丝镶嵌艺术

三、精神信仰

运河塑造了地方民众的精神世界。明代以前，京畿附近并没有专事运河的水神和保护漕运的神灵；朝廷对漕运的重度依赖让福建沿海的海神妈祖随着海路北上。随着漕运线路由河海并济到大运河一元化的转变，妈祖的功能扩展到保护漕粮安全运输，成为运河沿岸的河神，运河北端通州城内外的两座天妃宫正是在这样的背景下兴建的。每年农历三月二十三日妈祖生日，与运河有关的人不分南北，都要去庙里烧香，祈求水运平安。北京的妈祖庙大部分已经消失，现存的妈祖宫庙建筑仅剩下朝阳门外东岳庙西廊院内的海神殿和通州张家湾里二泗的佑民观。

历史上通州运河沿岸还设有金龙四大王祠庙、晏公庙等水神庙。清代金龙四大王信仰较为盛行，并沿运河形成了大运河祭祀带。清赵翼有言："江淮一带至潞河，无不有金龙大王庙"，整个江淮至通州的河段都弥漫着金龙四大王的信仰。至于晏公信仰，其主要兴盛于明代，北京的晏公庙基本上都兴建于明朝初期。昌平的晏公庙位于居庸关内，洪武年间建；密云的晏公庙在县南，洪武二十年（1387）建；延庆城内的晏公庙在街东，兴建年代无考，乾隆年间已经废弃；通州东关外的晏公庙修建于明万历六年（1578），但随着清代金龙四大王等运河神灵信仰的风靡，晏公信仰逐渐销声匿迹。民国《通县志要》记载，清末的晏公庙已经被东关税卡占用，民国十七年（1928），税卡裁撤，改为通县河务局，依旧为河工服务，直至 20 世纪 40 年代废止。

运河承载着了中华儿女保家卫国、反抗侵略的民族记忆。第二次鸦片战争时期，清代名将僧格林沁统率军马在永通桥上阻击入侵者，进行了著名的八里桥之战；八国联军侵华时，义和团也曾于此组织抵抗西方列强。著名革命人士蔡德辰在通州潞河中学组织共和通州支部，策划响应滦州起义；共产党人张树棣、周文彬在潞河中学宣传马列主义，组织了中国共产党通州第一个党支部，并领导冀热边区的抗日斗争；宋庄平家疃村是潮白河东抗日根据地的前哨；大运河之子刘绍棠 6 岁就加入抗

通州的红色记忆

日救国儿童团，其村庄还作为八路军的堡垒村；运河边的潞县镇榆林庄村中，共产党人杨国章面对敌人的威逼利诱慷慨赴死，为国捐躯；尹家河的老百姓们在尹家河渡口昼夜不停地助八路军过河；平津战役时八路军曾将指挥部设于宋庄。运河沿岸深沉厚重的红色文化是一笔宝贵的精神财富，运河儿女反抗侵略和压迫的不屈精神深深地烙印在人们的心中。

四、礼俗活动

　　与运河信仰相伴而生的庙会、花会等仪式活动是民众日常生活的组成部分，是地域文化、运河文化与民俗文化的集中体现。庙会首先是一种信仰实践，神灵是庙会存在的前提，因而通州大运河畔的诸多神灵信仰也就催生了多种庙会。里二泗的佑民观、马驹桥的碧霞元君庙、西集镇的鲁仙观、永乐店的至德真君庙、张家湾的广福寺等庙宇宗祠都定期有庙会活动。庙会的重头戏在于酬神娱人，《帝京岁时纪胜》载："里二泗河神祠四月四日有庙会，祠在张家湾运河之滨。昔年江浙两省漕运皆由内河，粮船至此停泊者数十艘，凑费演戏酬神。"为了感谢河神、海神保佑水运安全，商户们筹资搭建戏台，请人唱戏娱神，引得人们驻足观看。人来人往的庙会也是商品交换的贸易中心，农具、服饰、各类小吃、工匠服务等比比皆是，热闹非凡。

随着时间的累积，对运河神灵的祭祀形成了专门的节日。开漕节和停漕节是古代通州独有的民俗节日，其核心功能是敬神以祈求漕运的平安顺利。明清时期，每年三月份冰雪消融，南方的漕船陆续抵达通州，运河上的人们开始繁忙起来，开漕节也在这一时刻举行，标志着新一年的漕运即将开始。开漕节又称"祭坝"，这一天，官方的漕运官吏、商户组织代表、老百姓们齐聚石坝码头，共同参与祭祀仪式。与之相对应的停漕节于秋末冬初举行，此时大量的漕船粮帮已南返，因此停漕节的规模较小。除开漕节、停漕节外，许多节日都是因运河而形成的独特的民俗活动。五月端午之时，通州沿河百姓会"演龙舟于运河之中以为戏"，或"于河内斗龙舟、夺锦标"；七月十五中元节，沿河各庙例作盂兰会，百姓在运河上放河灯，其中二闸北岸龙王庙前的燃灯之景最为醉人。

通州的庙会、节日与祭祀活动都离不开花会表演。每年正月十五到三十、五月初五，佑民观开设庙场香会，届时来自周边各路的高跷、小车、秧歌、少林、中幡、龙灯等数十种民间花会表演争先奔赴进香，娱神娱人。每年开漕节之后，大小花会等表演队伍就渐次登场，除本地的花表演以外，还有随漕运留寓通州的南方人上演花鼓戏等地方剧种。花会所表演的曲目、角色、形式等多受运河影响，如高碑店高跷中的"鲶鱼姥姥""嘎鱼舅舅"两个角色就离不开运河的漕运文化；张家湾地区的竹马是从江南沿运河传入的；里二泗的小车会与运河移民有关；徐官屯村路灯老会的角色、唱词与运河文化有关。通州运河龙灯会也是运河上的非物质文

开漕节 / 徐睿凝 摄

化，龙灯的龙头为方形，龙身为蓝色，象征"水底祥龙"。一般每逢年节、祭祀时都要发起龙灯会，如正月的春节和元宵节、二月二的龙头节、三月三的娘娘庙祭祀、六月二十四的关帝庙祭拜等。虽然民间花会这种娱乐形式并不直接源于运河，但没有运河就没有这样形式多样、内涵丰富的通州花会。

第二章 运河水脉

河道与湖泊

当谈到北京的城市脉络时，人们常常想到纵贯南北的中轴线，横亘东西的长安街，抑或是星罗棋布的胡同，内九外七皇城四的城门，但对北京的大小河流却常有疏忽，仿佛这座古老而又现代的都市对水十分陌生。然而事实并非如此，尽管北京没有江南那样毛细血管般的水网，但同样有深植于城市历史的水系，在北京有河流于皇城村落间穿梭；有水渠于城郊间辗转；有湖泊静谧地守护着园林……弥足珍贵的水资源是破译北京城市肌理与了解城市文化的一串串密码。北京因水而灵动，因水充满韵味。

北京位于华北平原北部，西、北、东北三面群山环绕，形如海湾，因此被称作"北京湾"；又地处海河流域，是由海河的众多支流冲刷出的一个巨大的扇形冲积平原，构成了北京平原的主体。京西的"永定河水系"与西南的"拒马河水系"（又叫大清河水系）、中部的"北运河水系"、东部的"潮白河水系"及"洵水水系"（又叫蓟运河水系）共同构成北京的五大水系，自西北向东南汇入渤海。这些水系经过河道的梳理与开凿，不但可以用于农业灌溉，还可以用于交通运输，成为实施漕运的运河。五大水系多与北京运河有着或多或少的联系。

北京大运河水系贯穿昌平、顺义、海淀、西城、东城、朝阳、通州七个区，与京城政治、文化核心区紧密相连，其遗存承载的文化、河流运行产生的文化和历史凝练的文化深刻地影响了北京这座城市的文化氛围，堪称北京流动的文脉。北京运河水系的河道开凿与疏浚不仅保障了两岸民众生活所需的水源，还便利了水陆交通，为漕运的通畅提供了保障。自辽代开始萧太后河为京城转运物资，到元代郭守敬引白浮泉保障南来的漕粮直抵京城，再到明清两代对运河的大力维护，运河的河道中凝结了古人的智慧与汗水，也见证了北京的城市发展历史。北京运河的河道及相关湖泊的治理体现了中国古代高超的水工设计、施工与管理技术，这些河道和湖泊见证了首都漕运的历史，也展现出中国古人对人与自然和谐相处的追求。

本章选取了北京运河发展历史中颇具代表性的 10 段河道和湖泊，通过对其历史沿革、传说故事、文化价值、两岸名胜古迹、名人题咏及运河沿线民众生活等方面的介绍，为读者展示北京运河河道及湖泊中凝结的智慧与汗水，以及运河对北京城市建设、城市文化形成的影响。

千里运河源——白浮泉

在昌平城东南郊有龙泉山，其山麓有裂隙泉，从中倾泻而出的汩汩清泉便是千里运河的北源头——白浮泉。白浮泉曾为京城漕运供水，正如侯仁之说："昌平沿山一带多有流泉，其为利之溥与历史上之北京城息息相关者，首推白浮泉。"在北京运河水系中，白浮泉发挥着至关重要的作用。

大运河源头遗址公园

一、龙山涌出甘清泉

白浮泉出自昌平龙泉山，这座山又被称为"龙山"，民间传说此山是东海龙王的爱子所化。李国梁在《昌平掌故》中也讲述了这样一个传说：

据说，东海龙王敖广有一子，是一条小黑龙，因为自小聪明过人，很受龙王夫妇的喜爱。在小黑龙成年后，老龙王派他到北京一带任燕北龙王一职。可惜小黑龙在离开父亲后便自恃位尊才高，终日饮酒作乐，不再管人间的降水之事。北京一带因此地旱田荒，百姓苦不堪言。一天，柴王爷推着小车来人间游历，恰巧路过北京，目睹了当地百姓的疾苦。他恼怒于小黑龙的怠惰，决定帮百姓出一口恶气。来到小黑龙住所后，柴王爷便斥责他玩忽职守，不敬长辈，要他赶快降下甘霖，但小黑龙听后只觉柴王爷吵闹不已。一气之下，小黑龙将龙尾狠狠一甩，燕北一带顿时飞沙走石、暴雨倾盆，一场大水灾当即暴发。柴王爷一见小黑龙不听劝说，便推起自己的小车从小黑龙身上轧了过去，径自找东海龙王评理去了。这位柴王爷本是天财星君，他的小车里装着三山五岳，沉重无比，传说赵州桥上的车辙就是他的小车轧出来的。因此，经他小车一轧，小黑龙立刻身首异处。在魂归地府前，小黑龙也明白了自己玩忽职守带来的恶果。尽管为时已晚，但小黑龙仍然将腹中的清泉从牙隙间缓缓吐出，试图将功补过。

据当地百姓说，龙泉山便是小黑龙死后所化，山麓碎石缝间的溪流便是出自龙腹的清泉。清澈的泉水从山根处的碎石间奔涌而出，汇成一潭清水即为白浮泉。"龙嘴里流出的泉水"在元代得到了水利专家郭守敬的重视，成为了保障京师漕运的水源，也改善了北京人的饮水质量。

二、郭守敬巧引白浮泉

自辽代将北京作为都城进行建设后，京城的供水问题便与国家的发展与稳定息息相关。相较于其他城市，京城对水的需求量更大。除农业灌溉与日常生活用水外，京城还需要湖泊与河流营造景色宜人的宫苑园林，而对水源需求最大、对京城建设影响最深的当属京城漕运。北京城内只有少量的泉流，无天然的大河或大型湖泊可供使用。幸而京西山地是华北降水量最多的地区之一，这不仅为北京带来了充沛的地下水资源，使城中民众得以开凿水井满足生活用水的需要，也使得开凿运河，引京西水源满足漕运及宫苑建设的需要成为可能。

在引京西泉水的过程中，最早注意到白浮泉并开凿运河加以利用的当属元代水利专家郭守敬。由于北方战乱，我国古代自西晋末年开始经济重心逐渐南移，至南宋时期，南方经济超越北方，经济重心正式南移，出现"苏湖熟，天下足"的局面。元、明、清将都城定于北京，虽然将政治中心迁移到北方，但经济依然依赖南方，正如《长安客话》记载，"国家奠鼎燕京，而以漕挽仰给东南"。元代经济中心与政治中心二元分离的局面使漕运压力倍增。即便运河通畅，南方的漕粮能够沿河运至通州，但官粮达"岁若干万石"从通州到大都陆运压力依然巨大，经常出现"方秋霖雨，驴畜死者不可胜记"的惨烈景象，开通城内漕运迫在眉睫。早在中统三年（1262），元大都尚未修建时，郭守敬就曾设想仿效金中都开漕河连接通州与大都，如此，每年便能"省僦车钱六万缗"。

对郭守敬而言，在北京寻找水源，保障漕运的通畅是他心中的一桩大事。郭守敬曾设想引玉泉山水注入运河，但是，元朝建立大都之初便已将玉泉山诸泉之水作为皇家专享之物，用以建造景色秀美的宫苑园林了。据侯仁之考证，元朝的玉泉山诸泉水经专门开辟的河道从和义门（今西直门）南门入大都，流经宫苑，注入太液池。因为河水源自西山，西在五行中属金，此河道故名"金水河"。明清两代在元代金水河基础上改道形成了流经故宫内太和门前的内金水河与流经天安门前的外金水河，二者也沿用了"金水河"之名。

既然玉泉山水已被皇家所使用，大都漕运的水源便只得另寻他处，郭守敬便将目光锁定在昌平的白浮泉之上。根据《元史》记载，郭守敬曾向朝廷进言："大都运粮河，不用一亩泉旧原，别引北山白浮泉水，西折而南，经瓮山泊，自西水门入城，环汇于积水潭，复东折而南，出南水门，合入旧运粮河。"从这次汇报中皇帝忽必烈看到了郭守敬在水利工程建设方面的卓越才能，并下旨"速行"。于是，郭守敬按自己的构想开通了经过瓮山泊，注入积水潭、旧运粮河的白浮瓮山河，如今的京密引水渠便是在其旧迹上开凿而成的。

为保证大都漕运能够拥有充足的水源，郭守敬还引王家山泉、昌平西虎眼泉、孟村一亩泉、榆河、玉泉诸水依次与白浮泉汇合，共同注入运河，为漕运通畅奠定了基础。郭守敬对白浮瓮山河的规划，既集诸泉之水，保障了水源的充足，又避免了穿过低洼的南、北沙河二河谷，即使今日看来也是最佳的选择，由此也可见郭守敬在水利规划与建设方面的精明才干。

三、多生变故遭湮废

尽管郭守敬引白浮泉的方式堪称精妙，但白浮泉引水工程在明初便不再使用，几近湮废。这其中既有自然气候的因素，也与朝代的更迭密切相关。

从自然角度讲，由白浮泉至瓮山泊的引水渠并不平静。由于这条河道与西山大致平行，每逢雨季时便有山洪暴发，威胁河道。即便元朝曾在此设官专修，但在生产力尚不发达的年代，人力仍难以抵抗山洪的威胁。《元史·河渠志》中便记载了多次白浮瓮山河发生的自然灾害："成宗大德七年（1303）六月，瓮山等处看闸提领言，自闰五月二十九日始，昼夜雨不止，六月九日夜半，山水暴涨，漫流堤上，冲决水口。"负责此地的官员也曾多次上书朝廷，要求修缮此处的水利设施，如："（成宗大德）十一年（1307）三月，都水监言，巡视白浮瓮山河堤，崩三十余里，宜编荆笆为水口，以泄水势"；"延祐元年（1314）四月，都水监言，自白浮瓮山下至广源闸堤堰，多淤淀浅塞，源泉微细，不能通流，拟疏涤"。由此可见，尽管白浮泉能够提供水源，但因自然原因引发的种种灾害仍使元代大都的漕运不得不时常面临河道堵塞、水量不足等问题。

如果说自然因素加大了疏通白浮瓮山河的难度，那么朝代的更迭便直接导致了这条引水渠的湮废。元朝灭亡后，明初曾以南京为首都，白浮泉便不再担负维系首都漕运的功能，白浮泉引水工程也因此不再受到国家的重视而日益荒废了。明成祖迁都北京后，朝廷曾于永乐五年（1407）再度

郭守敬纪念馆中有关白浮泉的描述

开发白浮泉，疏浚白浮瓮山河以维系首都漕运，运输建造北京城所用的建筑材料，但并未在白浮瓮山河沿线再加筑工程、修缮船闸。

永乐十七年（1419）后，朝廷在白浮村以北 20 余里处修筑长陵作为明成祖的陵寝，从此对白浮瓮山河的修缮便更加难以推进。在中国古代风水观念的影响下，帝王的墓葬处处充斥着考究与禁忌，于陵寝旁大动土木、开凿运河便慎之又慎。成化七年（1471）朝廷有意疏浚通惠河时，户部尚书杨鼎、工部侍郎乔毅就在实地踏勘后提出："元人旧引昌平东南山白浮泉水往西逆流，经过山陵，恐于地理不宜。及一亩泉水经过白洋口山沟，雨水冲截，俱难导引，遂止不用。"因此，永乐之后，明朝虽有吴仲借白浮堰引水，并疏浚下游河道以恢复京城航运的尝试，但对白浮泉的治理却大多未能长久，白浮瓮山河的辉煌也自此落幕。

昌平新城滨河森林公园

四、精巧故道展新颜

　　中华人民共和国成立后，白浮泉及白浮瓮山河又焕发了新的生机与活力。白浮瓮山河展现了郭守敬的治水智慧，这份来自元代的精巧设计在当下仍令人敬佩。1950年起，为解决首都用水问题修建的现代引水工程——京密引水渠便与白浮瓮山河的路径相似，可见郭守敬设计的精巧。

　　近年来，随着大运河被列入世界文化遗产，大运河白浮泉遗址的保护利用和周边区域环境整治也逐渐被北京市城市建设所重视。不再担负漕运的重任后，白浮泉又被作为城市生态网络的组成部分，在完善水系廊道格局、恢复生态自我调节功能、满足现代城市中民众对生态景观的需求等层面发挥作用。在北京城市规划中，白浮泉将作为京北生态廊道建设的一部分，与十三陵水库、沙河水库、温榆河等地再度连成一个整体，共同建设贯通昌平新城的水生态廊道。

白浮泉周围的绿化

　　昌平区政府在白浮泉处修建了占地面积 398 公顷的白浮泉湿地公园，将自然风景、现代建筑与人文景观相结合，为都市中的人们建造了放松身心、亲近自然的休闲之所。2018 年以来，白浮泉附近的都龙王庙、九龙池碑亭等文物古迹的修复工程也得到了社会各界的关注。昌平区还计划在白浮泉湿地公园的基础上再修建白浮泉遗址公园，再现元明时期白浮泉的历史文化风貌，深入挖掘白浮泉的历史价值、文化价值与生态价值，传承其作为大运河北京段之"源"所承载的历史记忆。

　　随着北京大运河文化带建设的推进与相关保护工作的落实，白浮泉将以新的容貌、新的功能再度参与北京大运河文化带的建设，见证千年运河的发展。

郭守敬纪念馆中的
金口河的展览资料

地势险峻难通运——金口河

　　北京有五大水系，永定河水系、潮白河水系、北运河水系、大清河水系和蓟运河水系，它们的干流都由西北向东南流淌，满足了北京城内民众的各类用水需求。五大水系中，永定河水系是水流量最大的过境河流，有北京的"母亲河"之称。既然永定河水量如此之大，大运河北京段为何不

选择永定河作为水源，反而要舍近求远，去京西北的白浮泉修建引水工程呢？

实际上，自金代起，人们就设想并尝试过引永定河水供给漕运，金口河的兴与废便是这一尝试的典型体现。然而，永定河水量季节性变动大，又易有泥沙堆积，因而与金口河有关的工程大多未能取得预期效果，甚至出现过因强开运河而导致京城百姓受难、官员被严厉惩处的事件。从金口河的疏浚与废弃中可以发现，运河的开凿是一项系统的工程，不仅需要庞大的人力、物力资源，更需要合适的水利条件、精巧的设计与周密的计划。每一条运河的开通与维护都凝结着人们无数的智慧与汗水。

一、初开金口沿故道

金口河，民间又称其为金沟河，开凿于金大定年间，起于石景山北麓的金口，止于通州的北运河。在金代，金口河引永定河水（卢沟河）至车箱渠故道，在半壁店附近离开故道流向东南，经玉渊潭向南汇入金中都北护城河后，再向东接通惠河流至通州。《金史·河渠志》记载了这一路径："自金口疏导至京城北入壕，而东至通州之北，入潞水。"

在开凿金口河的过程中，金代利用了汉末三国年间的车箱渠故道，试图借助已有河道助力运河的顺利通航。作为北京地区最早的灌溉工程，车箱渠兴建于三国魏嘉平二年（250），彼时征北将军刘靖在镇守蓟城时令丁

金代卢沟通漕失败

鸿率将士们在永定河造戾陵堰、开车箱渠，这一工程在山洪暴发时能够疏导河水，使其不至于危害城中百姓，而当河水平静流淌时又能满足蓟城的灌溉需求，灌田岁二千顷。此后，魏国的君主也曾多次下令对车箱渠一带进行过整修。《水经注》记载，景元年间，"水流乘车箱渠，自蓟西北迳昌平，东尽渔阳潞县，凡所润含，四五百里，所灌田万有余顷"。可见其对蓟地农业生产所发挥的作用。

鉴于车箱渠昔日的辉煌，金世宗认为在此基础上开凿运河，引永定河水以供给漕运，便能使各地货物沿水路直抵京师。金大定十年（1170），由于当年山东等地农民收成欠佳，朝臣担心大兴土木会妨碍农业耕种，甚至引起民众的不满与抱怨，便建议暂且推迟开工。次年，金口河开凿，工程耗时约八十日。

金代开凿金口河的设想有其合理性，但当时人们对永定河的水文特征了解不够充分。永定河虽可用于灌溉，但作为漕运的水源却并不理想。永定河自北京西部流出山口进入平原，由于水流在平原地带流速骤然减缓，河中泥沙大量沉积，河床因此抬高，因而在洪水季节永定河极易泛滥成灾。由于河床淤高，永定河水有时甚至会从两岸奔腾而出，致使河道改变，民间因此称呼永定河为"小黄河"，明代则称呼其为"无定河"。民间传说，永定河一出石景山便迁徙无常，到处泛滥成灾。直至清康熙年间，皇帝派于成龙治理永定河，于成龙不仅疏通河道，加筑堤防，还在河畔修了河神庙，并请康熙将河的名字由"无定河"改为了"永定河"，这才使河水平静。在民众心目中，皇帝的话是"金口玉言"，皇帝对神明的加封是对其灵验的肯定。康熙的重视令永定河迎来了风平浪静，这也从侧面反映出永定河昔日的泛滥之严重。

对金代修建运河者而言，引永定河水的困难远超他们的预想。金口河修成不久，人们便发现因地势高峻，且金口河水性浑浊，难以满足航运的需求。《河渠志》记载："（金口河）峻则奔流潨洄，啮岸善崩，浊则泥淖淤塞，积滓成浅，不能胜舟。"无奈之下，金世宗也只能感叹："分卢沟（即永定河）为漕渠，竟未见功。若果能行，南路诸货皆至京师，而价贱矣。"大定二十七年（1187），又有大臣建言："金口闸下视都城，高一百四十余尺，止以射粮军守之，恐不足恃。倘遇暴涨，人或为奸，其害非细。若固塞之，则所灌稻田具为陆地，种植禾麦亦非旷土。"出于都城安全的考虑，金世宗最终同意了堵塞金口河的建议，第一次开金口河的尝试以失败告终。

二、再开金口历波折

尽管金代开金口河的尝试以失败告终，但若能以永定河水供给京城漕运，则不仅能保障南来漕船顺利进京，还能将西山的木料、石材沿水路送至京城，对北京城市建设大有裨益。因此，当元代在北京建立大都城时，再次开发金口河的计划又被提了出来，而这次提议重开金口河并将之付诸实践的便是元代著名的水利学家郭守敬。

元朝建造大都都城是个大工程。如何将西山砍伐的木料与南来的漕粮运至城内是元朝初年亟待解决的问题。至元二年（1265），时任都水少监的郭守敬提出再开金口河的建议，他首先回顾了金代开金口河的尝试："金时自燕京之西麻峪村分引卢沟一支，东流穿西山而出，是谓金口。兵兴以来，典守者惧有所失，因以大石塞之。"并指出重开金口河能够带来的好处："今若按视故迹，使水得通流，上可以致西山之利，下可以广京畿之漕。"相较于金代开金口河的尝试，郭守敬显然做了更为精密的设计，他考虑到永定河河水暴涨可能带来的威胁，并提前做了更充分的设计："当于金口西预开减水口，西南还大河，令其深广，以防涨水突入之患。"这一提案也受到了元朝朝廷的肯定。

然而，永定河河水的变幻莫测显然超过了郭守敬的预想。金口河开通数年后，《元代奏议集录》就记载了朝臣将金口河堵塞的建议：

（至元九年1272）大都雨水流潦弥漫……金口（河）黄浪如屋，新建桥庑及各门旧桥五六座，一时摧败，如拉朽漂枯，长楣巨栋，不知所之……参详两都承金口（河）下流，势如建瓴，其水溃恶，平时尤不能遏止……若积雨会合，漂没偶大于此，则所谓省木石漕运之费，收藉渠灌溉之功，恐未易补偿也……莫如塞金口为便。

郭守敬也深知金口河有着重重隐患，因此他最终选择引京西白浮泉之水供给京城漕运，但考虑到都城建设的紧迫性，郭守敬仍然使用金口河转运建设大都所需的物资。大德五年（1301），永定河河水再度暴涨，郭守敬深恐漫出金口河岸的洪水会危害大都城中的百姓，于是下令堵塞了自己亲手设计疏通的金口河，又命人用砂石杂土填平了金口闸西至浑河岸边麻峪村的河道，彻底杜绝了金口河对大都城的威胁。

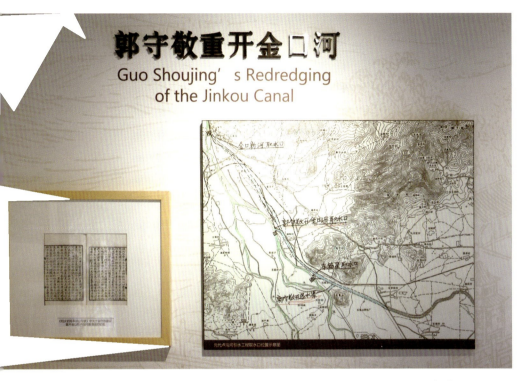

郭守敬重开金口河

在郭守敬的主持下，重新开通的金口河再度因永定河水的泛滥而被废弃。如此看来，尽管有郭守敬这样杰出的水利专家的努力，但在生产力尚不发达的年代，缺乏良好的水利建设条件，许多河流都难以用于漕运，这也从侧面反映出中国古代运河开凿的困难之大。

三、三开金口惹祸殃

尽管郭守敬的尝试未能取得理想的效果，但开金口河的尝试并未因此终止。元朝末年，以中书右丞相脱脱为代表的朝臣再次请奏开凿金口河，《析津志》这样记载他们的请求："如今有皇帝洪福里，将河依旧河身开挑呵，其利极好有。西山所出烧煤、木植、大灰（即石灰）等物，并递来江南诸物，海运至大都呵，好生得济有。"脱脱等人建议重开金口河的原因与郭守敬的初衷是一致的，都是为了方便物资的转运，希望以此节省朝廷的开支。

彼时，中书左丞相许有壬对此持反对意见。他认为元初郭守敬开金口河的失败就足以证明此段河水的不稳定，况且永定河上少有渔船往来，可见其并不适于行船，将此河道用于漕运是非常危险的。尽管如此，以脱脱为首的朝臣认为，只要吸取之前开凿金口河失败的教训，做好充分的准备工作，还是可以再开金口河的。毕竟如果能把金口河纳入京城漕运体系那带来的益处实在是太大了，所以朝廷最终决定第三次开凿金口河。此次重开金口河从门头沟区三家店分水，又修建了两座河闸将河水引至大都南城正门，再将水引向东南方的董村、高丽庄、里二泗，最终注入北运河。在

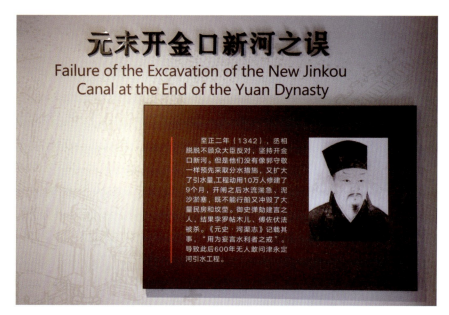

元末开金口新河之误

金口河上游，脱脱等人铸造了铜制闸板，预防河水的泛滥。

从水利技术的角度来看，脱脱等人的设计反映出元代的水利科技已达到了较高的水平，但他们显然低估了永定河暴涨时的庞大水量。在第三次开通金口河的工程完成后，脱脱命令许有壬带领闸夫开启铜板闸放水，没想到刚打开一块闸板便见河水波涨潺汹，随即冲崩堤岸，漫注支岸。此后还出现河道浮土壅塞，深潜停滩不一，难以行舟楫的情况，而两岸百姓也因此饱受河水泛滥之苦。面对如此难以控制的滔天巨浪，脱脱只好下令关闭金口一带的铜板闸。这次重开金口河在施工过程中就严重影响了民众的日常生活，竣工后又酿成了如此大祸，朝野之上怨声载道，御史频频弹劾重开金口河的提议者。脱脱位高权重，又深得皇帝宠爱自然可以免罪，但他的支持者中书参议字罗帖木儿、都水监傅佐却被斩首以平民愤。第三次开金口河的尝试彻底失败了。

自此之后，金口河的水患了北京民众心中难以磨灭的记忆。在民间传说中，明代奸臣刘瑾想要谋朝篡位时，就设想开凿金口河，引永定河水淹没北京城，以便他另立朝廷。好在玉帝派了两位护法仙童专门下界阻止刘瑾开挖金口河，只要刘瑾派去的人一挖河道，两位仙童就会以法力将之填平，这才使刘瑾的毒计落空，北京城中的百姓也免受洪水之苦。

如今的金口河已消失在历史的长河之中，但海淀区的"金沟河路"等地名与民众口耳相传的民间故事仍然记载着这条河流的历史。金口河的三开三废证明了运河的开凿是兼具自然条件、辛勤汗水与精巧设计的系统性工程，开凿运河与其说是人类对自然的改造，不如说是人类对自然的顺势而为。开凿一段京城的运河尚且一波三折，耗费如此之大的人力、物力，贯通南北的京杭大运河能够流淌千年，可见中国人对运河河道设计之精巧、为维系运河通畅所付出的精力之巨大了。

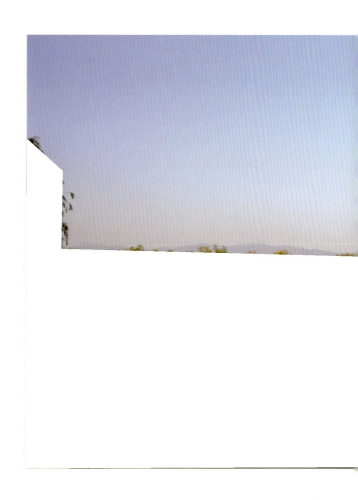

泓澄百顷伴京师——昆明湖

昆明湖旧称瓮山泊、大泊湖、西湖，处于北京西北部永定河冲积扇和南口山前冲积扇之间的低洼部位，原为地下水溢出后形成的湖泊，与万寿山一并构成了皇家园林——颐和园的主体框架。纵观北京城市建设的历史，泓澄百顷的昆明湖曾分别作为调剂京城用水的蓄水库与塑造皇家宫苑

昆明湖

的景观湖，见证了北京的发展。昆明湖名称的变化、水源的变化与湖边的亭台楼阁则是昆明湖变迁历史的缩影。

一、昆明湖曾名瓮山泊

昆明湖的名称随朝代的更迭而变化，金、元两代称作"瓮山泊"，明代称"西湖"，而清乾隆年间，此地又得到了"昆明湖"的名号。昆明湖名称的变化不仅是地方历史的见证，更承载了民众的记忆与想象。

金、元两代，昆明湖一带之所以得名"瓮山泊"，与其旁的瓮山有关。而瓮山因何得名，民间有多种说法。有人认为这一名字源于湖畔的山（即万寿山）形似瓮，另有人认为这与老翁在此捡到装有财宝的小瓮有关。第二种说法还记载于《日下旧闻考》中："瓮山，相传有老父凿得石瓮，上有华虫雕刻文，中有物数十种，悉为老父携去，置瓮于山之西。"因此山名瓮山，山下的湖便称为瓮山泊了。关于上述两种说法，民间都有与之相关的传说。《中国民间故事集成·北京卷》中就有这样的描述：

相传，在瓮山泊还是一座不起眼的淀泊时，有一对老夫妇捡到了一个奇异的蛋。吃下蛋后，老妇人怀孕并生下了一个身具神力的孩子。这个孩子听说瓮山泊一带因妖怪作乱，渔民难以下湖捕鱼，生活窘困，便决定下水捉拿水怪。经过激烈的交战，这个孩子镇压了两只精怪，自己也身殒河畔。而正当河中精怪被制伏时，两座山峰逐渐浮出水面，其中一座形似瓮，镇压着湖底的精怪，故被称为"瓮山"，另一座则因有清泉流出而被称作"玉泉山"。

有关老翁挖出石瓮的传说亦在《中国民间故事集成·北京卷》中有所记载：

据说，瓮山一带曾有座灵验的财神庙，庙中的神明时常显灵接济穷人。当地的一个地主听说此事后动了歪心思，他也到财神庙中哭穷，希望得到财神爷的保佑，然而却没有得到一点财宝。有一天，这个地主半夜做梦，梦到财神庙中有两位小神仙把一个装满金豆子的青色小瓮埋在了附近穷人的家里。梦醒后，地主顺着梦中的记忆寻找小瓮的下落，最终寻到了一位卖切糕的穷人家。在与穷人交上朋友后，地主提出要跟他换房，并在二人交换房屋后立即掘地三尺寻找梦中的小瓮。尽管财主找到了青色小瓮，但瓮中却没有财宝，反而跑出来几条毒蛇将他咬死了。地主因贪心而死后，穷人又搬回了自己原本的家，而在日后穷人重修房屋时竟意外挖出了装满金豆子的小瓮。由于这个瓮是从山顶松树下挖出来的，人们也就称此山为瓮山。

昆明湖

　　尽管上述两则传说所表达的正义战胜邪恶、贪婪招致厄运等主题在民间传说中屡见不鲜，但有多则与瓮山、瓮山泊有关的传说在民间流传，也足以说明二者在北京民众心目中所占的分量了。

　　明代的昆明湖被称为"西湖"，因其在北京西郊而得名。明代曾在昆明湖一带种植荷花、稻谷，慢慢地人气也旺了起来，据载湖中遍植荷、蒲、菱、茭等水生植物，湖堤岸上垂柳回抱、柔枝低拂，寺院楼台相继建起，沙禽水鸟在天光云影中出没……当地秀美的风景也逐渐得到了王公贵族、文人雅客与市井民众的关注，更有好事者摹仿杭州"西湖十景"，命名了北京"西湖十景"。明代武宗、神宗都曾在此泛舟取乐，文人也在此流连忘返，吟诗作赋，说此地"宛如江南风景"，百姓则会在桃红柳绿时扶老携幼，来到此处踏青赏春，即民间所说的"耍西湖"。

清乾隆年间，此湖得名"昆明湖"并一直沿用至今。乾隆十五年（1750），清廷决定将原本的瓮山泊拓宽，并在此修建清漪园。乾隆皇帝之所以赐瓮山泊以"昆明湖"之名，是取汉武帝在长安开凿昆明池操演水战的典故，这也反映了他对汉武帝开疆拓土之功绩的仰慕。乾隆多次在昆明湖泛舟游玩，并为其题诗："何处燕山最畅情，无双风月属昆明。"昆明湖之名表现了乾隆对汉武帝操练水师的赞赏，机缘巧合之下，晚清也在昆明湖西侧建造了水操学堂，慈禧太后曾在此观看水军操练。不过，据说慈禧同意在昆明湖操练水师的目的之一是以此为借口重修建颐和园，甚至为修建颐和园挪用了北洋水师的军费。慈禧太后的贪图享乐一定程度上导致了甲午海战中国的战败。昆明湖既见证了清朝的春秋鼎盛，也见证了清朝的江河日下，"雕栏玉砌应犹在，只是朱颜改"，令人感慨万千。

二、白浮玉泉入此湖

昆明湖的名称变化记录了朝代更迭的足迹，而昆明湖上游水源的变化则反映了其在北京城市发展过程中功能的变迁。昆明湖原属玉泉山水系，当元代开凿白浮泉注入昆明湖（彼时称为瓮山泊）后，当地便成了北京运河体系中的蓄水库。明代建立后，随着白浮泉引水工程被废弃，昆明湖水量逐渐减少，随着农业的发展，此地成为京城贵族、文人雅居、市井居民的游玩之地。清乾隆年间，沿香山、樱桃沟引玉泉山水注入昆明湖，此地成为修筑皇家宫苑所用的景观湖泊。

昆明湖与运河结缘，源自郭守敬主持的白浮泉引水工程。自至元二十八年（1291）起，郭守敬在白浮泉修筑引水工程以供给京城漕运所需，源自昌平的河水"西折南转"，注入了时称"瓮山泊"的昆明湖。此后，昆明湖的水面日益扩大，河流上下衔接，湖面一片烟波浩渺，形成了泓澄百顷的美景。元代的昆明湖水量不仅能满足乘船嬉游的需要，而且还能蓄水、泄洪，调节北京市市内水量。1991年初，颐和园曾开展过一次大规模的清淤工程，对湖底的文化遗存进行了调查，发现了湮废于湖底的瓮山泊西堤遗址及诸多金代文物。根据这些发现，学者认为自金代起朝廷便已经尝试以昆明湖水满足中都的用水需求了，而元代则在此地修筑了堤坝以调节大都城内的水位，这就是"西堤"的由来。

　　明代白浮泉引水工程湮废，昆明湖水量减少，直至清乾隆年间才重新恢复了泓澄百顷的壮观场面。为了保障昆明湖水量充足，乾隆特意命人开发了西山、香山、卧佛寺等地山泉水，完成了汇集西山诸泉水的石槽工程。根据同治六年（1867）的昆明湖水源调查的结果，昆明湖水源于玉泉山，是朝廷借助香山、樱桃沟两泉，加以疏浚、引导后将水流停蓄于此的。此后，昆明湖成为皇家御用湖泊，功能上也由北京的蓄水池转变为皇家的景观湖。

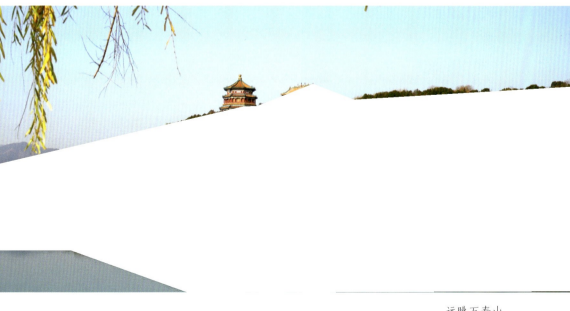

远眺万寿山

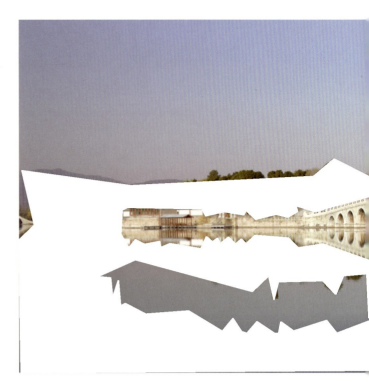

东堤昆仑石碑

　　乾隆皇帝扩建昆明湖是为了修建清漪园（即日后的颐和园），而为了保障园中能够复现江南的秀美风景，其中一个措施便是将昆明湖向东、西两面扩展。在施工工程中，原本的"西堤"被铲平，堤东的稻田及零星水面被辟为新湖，还仿杭州西湖的苏堤在昆明湖东岸重修了一道堤坝预防水患。乾隆皇帝在东堤昆仑石碑上题诗云："西堤此日是东堤，名象何曾定可稽。"有学者认为诗中的"西堤"指的是元代的堤坝，这首诗反映了昆

远眺十七孔桥

明湖堤坝改造前后的沧桑变化，也有学者认为"西堤"指的是昔日畅春园中位于西侧的堤坝，当颐和园（清漪园）建成后，昔日的"西堤"便成为了昆明湖东侧的"东堤"，一座新的"西堤"则修筑在了昆明湖的西侧。

三、亭台楼阁绕湖边

颐和园昆明湖畔伫立着的亭台楼阁，展现了我国古代古代建筑之美。尽管历经了时代的洗礼，这些美轮美奂的建筑仍然吸引着游客在此驻足。

昆明湖畔的建筑可分为建筑群与单体建筑两种。将昆明湖纳入其中的颐和园本身就是中国皇家园林中颇具代表性的、融人工建筑与自然风光于一体的建筑群，而这一大建筑群内又有多处将科学、艺术与中国古代文化相融合的小建筑群。以曾作为慈禧太后寝宫的乐寿堂为例，其建筑群包括水木自亲宫门、乐寿堂、后罩殿、东西配殿、东西跨院、游廊等。作为乐

青芝岫

寿堂宫门的水木自亲殿紧邻昆明湖，门前有御码头，是慈禧太后从水路出
入颐和园的登船处，殿两侧修建了白粉墙，墙上装有各色什锦玻璃灯窗，
将相对封闭的建筑与窗外的湖光山色相结合，凸显了北方传统建筑与江南
明媚风景的交融。作为建筑群的主体建筑，乐寿堂是一座前后两进，左右
有跨院的大型四合院，院中依次排列着铜鹿、铜鹤、铜瓶等陈设，传达出
对慈禧太后平安长寿的祝愿。乐寿堂院内还栽种了玉兰、海棠、牡丹等植
物，寓意"芝兰玉树"，在表达皇家典雅、庄重气息的同时也富有生活感。
民间称为"败家石"的青芝岫同样被放置在乐寿堂院中，导游以此为媒介
向游客介绍颐和园与慈禧的历史传说，而游客们则在此驻足，感叹这块"败
家石"所见证的兴衰更替。

除展现颐和园整体规划的建筑群外，昆明湖畔还有着数量繁多的单体
建筑，几乎囊括了中国古典建筑的全部单体形式，如殿、堂、楼、阁、廊、亭、

铜牛

台、塔、桥等。横贯昆明湖的十七孔桥、卧在昆明湖畔的铜牛、恢弘的木结构建筑佛香阁、精致的铜建筑宝云阁、由大块石头雕刻而成的石舫都反映了中国古代建筑的高超工艺水平。以昆明湖畔的铜牛为例，这只神态自若、造型逼真的铜牛集工匠技术与古代文化于一身，被民众视为镇压水患的神物，也是后世考察昆明湖水位变化的重要参照。乾隆皇帝题写了《金牛铭》，首先回忆了"牛"与镇压水患的关系："夏禹治河，铁牛传颂，义重安澜，后人景从"；又表达了自己对昆明湖畔铜牛所寄予的期望："制寓刚戊，象取厚坤。蛟龙远避，讵数鼍鼋"，要"金写神牛，用镇悠久"。碑文的最后，乾隆表达了自己的理想与期望："人称汉武，我慕唐尧，瑞应之符，逮于西海。敬兹降祥，乾隆乙亥。"希望这尊湖畔的铜牛能够为颐和园，为他所统治的大清国带来安宁与祥瑞。这尊铜牛是许多游人来到颐和园必看的景观，乾隆所题的碑文更是颐和园历史的重要见证。

颐和园内的石舫

昆明湖所在的颐和园历经岁月的洗礼，至今仍展示着中国古典建筑融人工建筑于自然山水之中的风韵。从清乾隆年间颐和园（清漪园）建筑布局与建筑形式基本奠定，到咸丰年间英法联军焚烧颐和园，再到光绪年间重建颐和园，昆明湖所在的皇家园林见证了中国古代王朝的辉煌与近代中国的艰难坎坷。中华人民共和国成立后，颐和园受到重点保护和维护。1951年后，颐和园大批文物回归。1961年颐和园被列为全国重点文物保护单位，成为北京主要的旅游景点之一。多年来政府多次拨专款对颐和园进行修整，2000年后，园内大部分建筑得以重现原有的面貌，其余建筑遗址也得到良好的修缮和维护。

"春风不改旧时波"，昆明湖无时无刻不在注视着北京城的发展。

广源闸旁御河游 / 杨赫 摄

柳岸荡龙舟——南长河

长河位于玉泉山至北护城河的三岔口处，不但历史悠久，而且是对北京城的发展起着重要作用的河道。长河被分为南、北两段，其中北长河指玉泉山到颐和园一带，而南长河则指北起昆明湖绣漪桥，南至北护城河三岔口的河道，在部分书籍中，南长河也被直接称作长河。从元代起作为大运河北京段的重要河道，南长河将白浮泉、昆明湖之水引至北京城内，满足了京城漕运的需求。此外，南长河还兼具供水、通航、游赏等多重功能，至今仍然服务着北京东城、西城的河湖供水与景观建造。

一、长河见古今

南长河有着悠久的历史，这从其名称的变化中便可见一斑。辽代，南长河所在的地区被称为"高梁河"，金代此地被称为"皂河"，元代则称为"金水河"或"玉河"。郭守敬所开凿的白浮泉引水工程引白浮泉"西折南转……至西水门入都城，南汇为积水潭，东南出文明门"。这段河道与今日南长河的河道并不完全一致，但也基本勾勒出了南长河的走向，即通过昆明湖至海淀麦庄桥，折向东南，到西直门高梁闸汇入德胜门水关，最终进入积水潭。

南长河正式得到"长河"之名应是在清乾隆年间，那位自称"十全老人"的皇帝曾作《绣漪桥》二首，其中一首写道：

进舫长河过广源，石桥饮练锁溪园。
风漪春水文章丽，神绣应成天女孙。

这首诗作不仅印证了清代已有"长河"之名，还阐述了清代长河的主要职能——保障皇家游船的需求。按诗中所写，乾隆皇帝坐着游船从长河经过广源闸再一路回到清漪园（即颐和园），沿线秀美的景色令他感到心神舒畅，这趟旅行看来是颇为惬意的。现在的广源闸侧还有一座"紫御湾"码头，紫竹院公园内则有一座"紫竹院行宫"，行宫大门高悬乾隆皇帝所书匾额"福荫紫竹院"。此外，紫竹院内还有一座"报恩楼"，据传是乾隆为孝敬其母钮祜禄氏所建。这些建筑都是清朝皇室乘舟沿长河旅行的见证。

随着时代的变迁，特别是因战乱频发、局势动荡，南长河的河道逐渐荒废。民国时期，南长河一带成了平民的游赏之地，沿河两岸的诸多景点吸引着无数游客来此观光，感受皇家御苑的风光。

中华人民共和国成立后，南长河的疏浚工程受到重视。20 世纪 50 年代，北京市卫生局就在护城河三岔口处修建了分水闸。1956 年政府修建永定河引水渠时曾开凿双紫支渠，使引水渠在紫竹院汇入南长河。1966 年京密引水渠二期工程完工时，其昆明湖至玉渊潭段是在南长河河道的基础上拓宽、改建而成的，修建于长春桥南的分水闸——长河闸，也成了南长河的起点。

二、岸旁景林立

晚清以来，长河沿线的景观一直吸引着人们前来观光、游览，体现了北京传统与现代文化的交织。民国二十四年（1935）出版的《旧都文物略》简要介绍了北京城内外的名胜古迹，并对代表性景点的历史、现状进行了说明。书中《名迹略下》处有"郊外名迹四十"，其中长河沿线的景点有万寿寺、广源闸、长河、双林寺、农事试验场、五塔寺、极乐寺与高梁桥，共计八处，占到郊外名胜古迹的五分之一。

在长河景点的介绍中，《旧都文物略》对沿线的景观进行了提纲挈领式的介绍：

南长河两岸风景

南长河畔的钓鱼人／杨赫 摄

　　由高梁桥起，直入昆明湖。河水清涟，两岸密植杨柳，夏日浓荫如盖，炎歊净洗，游人一舸徜徉，或溪头缓步，于此中得少佳趣。

　　这段介绍主要强调了长河沿线优美的自然景色。游人能够泛舟湖上，在欣赏自然风景的同时缓解北京夏季的酷暑。

　　当然，长河沿线并不只有自然景观，当地的人文景观同样各具特色，是北京城市建设与发展的体现。以《旧都文物略》中记载的"农事试验场"为例，根据朱家溍的考证，此处在明代曾为皇家庄园，清代曾在此地建有乐善园与三贝子花园（也称"可园""御园"），清光绪三十二年（1906）又将乐善园、三贝子花园合并，建设起"农事试验场"。民国四年（1915），此地被冠以"中央农事试验场"的名号，民国十七年（1928）被改为"北平农事试验场"，民国十八年（1929）十月改称"天然博物院"，民国二十三年（1934）又定名"北平市农事试验场"，归北平市政府接管，同年又改名为"西郊公园"。1955年，西郊公园正式改名"北京动物园"，由郭沫若题写园名，并一直沿用至今。

　　这个"农事试验场"为什么成了动物园呢？这要从光绪年间说起。时任南洋大臣兼两江总督的端方从德国购买了虎、豹、狮、象等动物饲养于场内，试验场因此又有了"万牲园"之名。场内还有植物园，其中建有温室，用于展出各色花卉。光绪三十四年（1908），农事试验场正式对外开放，接待游人，门票售价为成人铜钱八枚，孩童减半，去往动物园、植物园还需另买门票，票价分别为铜钱八枚、四枚。作为京城第一座集植物、动物于一体、带有公园性质的试验场，其一开门便吸引了无数游客聚集于长河两岸，热闹非常。据《旧都文物略》记载，民国年间，动物园已有哺乳类、鸟类、爬行类、鱼类等一百余种动物，吸引了更多游客聚集于此，展示了晚清中国社会近代化的萌芽。时至今日，北京动物园仍然是中国最大的城市动物园，也是一座世界知名的动物园。

北京动物园仅是长河畔众多景观的零光片羽，就历经了这么多次名称及功能的变迁，长河沿线还有历史更为悠久、形制更为精美的庙宇、桥梁等建筑，这些建筑物与北京动物园一样都是北京历史的见证者与古都气韵的重要元素。

除了见证北京城市历史的传统建筑外，如今的南长河沿线还建立起了中华世纪坛、南长河公园等具有现代国际都市特色的新建筑。时光飞逝，南长河的自然风光与沿线的人文景观保持古都风韵的同时，不断与时俱进，吸引着中外游客汇聚于此，欣赏运河美景，领会京城人文气象。

三、登舟游京城

南长河的河道是清代皇族乘船去往颐和园的必经之路，也是乘船嬉游观赏自然风光的重要地段。慈禧太后尤其喜欢乘龙舟由南长河北上颐和园，并在沿途欣赏两岸的风景，因此这条路线也被称作"慈禧水路"。

民间还流传着许多以慈禧太后乘船游览风景为背景的传说，《中国民间故事集成·北京卷》中就有这样的记载：

据说慈禧每逢春暖花开、山青水绿时都会带着宫中众人乘船沿河游览。有一年，船行到龙王庙的时候，有一个太监前来禀报，说湖中有黑鱼来为老佛爷接驾。慈禧太后十分高兴，她一直希望能遇到这些神异的事件，以此凸显自己统治的合法性。于是，慈禧连忙让小太监传旨，要黑鱼来见她，她准备封赏这条识趣的黑鱼。两个小太监没有办法，只好连夜在湖中抓了一条黑鱼，用黄绫子裹了来见慈禧。慈禧看这条黑鱼长得漂亮，就封它为黑姑娘，还给它戴了一副金耳环，又让人放回水中。到了当年的八月十五，慈禧来到颐和园内，说要让诸位大臣一起观看昔日在河中向她讨封的黑鱼，并在此接受水族的朝拜。让水族聚集于此容易，太监们只要提前在水中撒好饵料便可，但那位颇受慈禧重视的"黑姑娘"却迟迟没有出现，慈禧最终也只能失望而归。百姓都说，一条黑鱼哪里经得起慈禧这么折腾？可怜这条鱼被带上岸又穿了金耳环，恐怕早就死在湖里了。

这则让人啼笑皆非的传说生动反映了慈禧太后在民众心中肆意妄为、好排场、爱虚荣的性格，从中也能看出民众在清朝统治摇摇欲坠时对慈禧太后享乐行为的不满。

时过境迁，北京的运河早已不再担任漕运职能，但南长河在北京旅游事业中发挥的作用却不容小觑。北京市民不仅可以在沿线欣赏山水景色，感受北京城的自然之美；而且还可以乘舟游览，体验皇家御河游。紫竹院公园北门的紫御湾码头已经开通了皇家御河游项目，游客可在此处登船，一路北上至颐和园，观赏气势恢宏的古建筑，长河沿线的杨柳依依、树影婆娑，再现昔日"天坛看松，长河观柳"的景象。

在静谧的南长河上，精致的画舫龙舟缓缓荡开水波，拍打着宁静的河道。满载客人的游船沿着当年慈禧来颐和园的路线，自紫竹院一路逆流北上，直抵绣漪桥旁，船中的游人可以欣赏沿线的风景，同时可以像当年的慈禧一样在万寿寺小憩。在北京这样一座北方城市，南长河能让游客惊赞于皇家气魄的同时感受到江南水乡的闲情雅致。这也不得不让人感叹大运河在北京文化、生态建设中所起的作用。

静静流淌的南长河

皇家御河游

九缸十刹绕王府——什刹海

什刹海位于北京市西城区，毗邻中轴线，是北京历史文化旅游风景区、历史文化保护区。什刹海又称"后三海"，由前海、后海与西海三个自东南向西北排列的弓形湖泊组成，其东起地安门外大街，南至新街口北大街，西至新街口豁口，北至钟鼓楼，与由北海、中海和南海组成的"前

什刹海 / 杨赫 摄

三海"遥相呼应。运河的源头白浮泉自西北流经高梁桥、德胜门后便进入
了什刹海；什刹海又是漕运自通州入京城的终点码头。

一、因何得名"什刹海"

　　历史上的什刹海是高梁河水沉积后形成的湖泊，金代称此地为白莲潭，
元代则称海子、积水潭，因此部分著述中将什刹海与积水潭看作是对同一
地点的不同称呼。明代什刹海被称为积水潭、后湖、莲花池，清代则对此
地的名称进行了细分，即按水流方向分别称为积水潭、什刹海后海与什刹

海前海。民国时期，此地被命名为什刹海，其内的湖泊则按顺序称为西海、后海、前海，积水潭单指西海。因此，从地方名称变迁的历史来看，什刹海与积水潭的指涉范围是不断变化的。现在的什刹海一般是对"后三海"的统称，其中也包括积水潭。

为什么这个地方会被定名为"什刹海"呢？有人认为什刹海是"十刹海"的谐音，即在这个湖泊旁有十座庙宇，如什刹海寺、净业寺、广化寺、龙华寺、慈恩寺及汇通祠、火神庙、关帝庙等，正如《帝京景物略》中的记载："京师梵宇，莫什刹海若者。"但也有人对此持反对意见，他们认为将佛教、道教的寺、观、庙混在一起进行计算是比较牵强的。

侯仁之认为什刹海得名并非因"十刹"，而是"一刹"，即十刹海寺，他在《什刹海记》中这样讲道：

（什刹海）湖滨梵宇树立，旧有佛寺曰十刹海，寓意佛法如海。今寺宇已废，而十刹海作为湖泊名称，却已履见记载。或谐音写作什刹海，又口碑相传已相沿成习。

还有人认为，什刹海应是"十岔海"的谐音。所谓"十岔海"是形容什刹海周边的胡同走向。这是因为当地有诸多地名被称为"斜街"，如"烟袋斜街""马尾巴斜街"等，此地也不乏"斜"行的胡同，如"鼓楼西大街""石碑胡同"等。正是因为当地街道布局复杂，民间俗称此地"岔来岔去的"，此地也就被称为"十岔海"了。

在民间话语中，什刹海还可能得名于"十窖海"。北京人有时会把"什刹海"称为"十窖海"，这不仅是因为北京话语音的特点，更与一则关于"活财神"沈万三的传说有关联，《中国民间故事集成·北京卷》中就有如下记载：

据说当年修筑北京城的时候，银两不够，皇帝就召集文武百官一起琢磨筹集银两的办法。有位官员提出，不如去找沈万三要钱，民间都说他是位活财神。皇帝就下旨让官兵把沈万三捉来，逼沈万三交出自己的银子。经过一番严刑拷打后，沈万三说在什刹海藏了银子，皇帝派人去挖，果然挖出十窖银子，共计四十八万两，满足了修北京城的需求。挖出银子的地方在民间便被称为"十窖海"，进而在民众口口相传间逐渐变为"什刹海"了。

什刹海丰富的地名传说背后反映了当地的繁华与喧闹。从元代的商业中心到明清两代的游人聚集之所，什刹海在北京民众的日常生活中占据了重要位置，其繁华的景象一直延续至今。

二、漕运通达聚游人

什刹海的繁荣离不开漕运的通达。作为元代都城漕运的终点，什刹海（主要是积水潭）一带曾是北京城市内重要的码头与水港，南来的漕船能够从运河直抵此处，将货物运进大都城。由于漕运通畅，什刹海

什刹海石牌

一带聚集了各地的商贩与物资，在商品的交易往来间，其东北岸边的斜街、钟楼成为元大都最繁华的闹市，堪称京城的商业中心。

自明代起，由于都城扩建，城墙北移，什刹海一带不再担任漕运码头的职能，但其迷人的风景却仍然吸引着人们聚集于此。文人雅士相约于此，用纸墨笔砚续写着什刹海的辉煌。《帝京景物略》就以"西湖春，秦淮夏，洞庭秋"来形容什刹海的景色，可见此地之美。

清末民初，什刹海是北京民众游玩消暑之地，其繁荣仍在延续。著名戏剧家和散文家翁偶虹在他的《消暑四胜》里把什刹海列为首位，并将此地称为"别具一格的庙会式消暑场所"。这不仅是因为什刹海有"夹堤杨柳，

京杭运河积水潭港石碑

京杭运河积水潭港碑记

盈水荷花"的美景，而且因为每年从端午节起，商贩们会会集于此搭棚设摊，售卖具有夏日特色的商品；同时也吸引了大量的民间艺人，画地表演，从而形成了一个消夏大集市。根据翁偶虹的回忆，聚集于什刹海一带的商贩、艺人大致可分为四类：第一类是贩卖昆虫的小贩，他们或是出售扭转时令的蛐蛐儿、油葫芦等秋虫，或是贩卖大小、形式各异的蜻蜓、蝴蝶，又或是卖些夏天的草虫。这些摊贩创造出了"儿童急走追黄蝶，飞入菜花无处寻"的意趣，记录了老北京慢慢流淌的夏日时光。第二类是茶棚的经营者，他们茶棚所卖的"河鲜儿"是以嫩藕、菱角、核桃仁、杏仁、榛仁为原料做成的饮品，味道鲜美，最能清热解暑。第三类是民间的手工艺人，如"马蔺刘""面人汤"等，这些老艺人或用马蔺叶结成龟、蛙、燕、龙等动物，或用面塑出降龙罗汉、洛神等仙人姿态，展示着北京民间手工艺人的高超水平。第四类是其他民间艺人，如拉洋片的、变戏法的、说相声的，其中甚至有著名的京剧演员，如杨小楼、王瑶卿、梅兰芳、程砚秋、谭小培、筱翠花等，他们都曾在什刹海北岸的会贤堂演出，并在演出后信步游赏什刹海。

历经岁月变迁，如今的什刹海仍然是北京游人聚集之所、商业繁华之处。人们不仅能在什刹海上泛舟，感受北京的山水之美，更能漫步银锭桥上，欣赏"燕京八景"之一的"银锭观山"。老字号饭店烤肉季也开在了银锭桥畔、什刹海旁，炙子烤肉是北京的传统美食，夹起肉片放在炙子上，浓浓的肉香夹着都市少有的烟火气，腾起阵阵白烟……观西山、赏荷花、吃烤肉，什刹海至今仍是老北京人消夏的不二选择。

三、王公府邸绕岸边

什刹海秀美的景色不仅得到了京城百姓的喜爱，也受到皇家及朝中重臣的青睐。清代的诸多王公贵族常游览于此，甚至将府邸建在了什刹海旁。这些王府不仅是北京城悠久历史与皇家文化的载体，也是城市发展历史的见证。其中，恭王府与醇王府当数什刹海岸旁最负盛名的两座王府。

恭王府位于什刹海西岸，是全国重点文物保护单位。北京有俗语称"恭王府的房子，豫王府的墙，肃王府的银子用斗量"。恭王府曾为乾隆时期的宠臣和珅的府邸，和珅获罪后，大部分住宅被赐给时任庆郡王的永璘。由于庆郡王的爵位是降袭，每传一代便会降低一等。咸丰二年（1852），当庆郡王的爵位传到其后代奕劻时便只有辅国将军的爵位，因此，这座府邸便被赏给了恭亲王奕䜣，从此得名恭王府。恭王府富丽堂皇，是清代规模最大的一座王府，不仅有府邸还有花园，现为国家5A级景区，府中有"天下第一福""送子观音像""后罩楼"等景观，可供游人欣赏。恭王府经历了清朝由鼎盛至衰亡的历史进程，可以说"一座恭王府，半部清代史"。

宋庆龄同志故居 / 杨赫 摄

　　另一座位于什刹海旁，声名远播的亲王府当数醇王府。醇王府位于西城区后海北沿，什刹海街区内，是北京城著名的"潜龙王府"。所谓"潜龙王府"是指清代帝王曾经居住过的王府，其中最负盛名的便是雍正曾居住过的雍王府（即今雍和宫）与出过两位帝王的醇亲王府。按清朝的礼仪制度，王府中一旦有皇帝继位便会将其所在的王府改造为寺庙、祠堂或宫殿等建筑。出过光绪、宣统两位皇帝的醇王府就经历过三次改建，因而北京如今有三座醇王府，分别为太平湖东里的醇亲王南府，这是第一代醇亲王奕譞的府邸；位于集灵囿的醇亲王府，这是摄政王载沣抱溥仪临朝时的临时居所；位于什刹海一带的醇亲王北府，这是光绪皇帝继位后醇亲王的居所，末代皇帝宣统就出生在这里。什刹海旁的醇亲王北府是北京城近代历史的重要见证者。该建筑原为康熙朝权臣明珠的府邸，慈禧太后曾赏赐白银十数万两进行整修，堪称清代王府建筑的典范。这座王府在中华人民

什刹海（西海）景色

共和国成立后府邸部分曾作为中华人民共和国卫生部的办公地点；王府的花园 1963 年以后被改造为宋庆龄先生的居所。宋庆龄在此处工作、生活了 18 年。现在，宋庆龄故居是全国重点文物保护单位，是北京市青少年爱国主义教育基地、全国中小学生研学实践教育基地，也是展现中国古代建筑艺术及中国近现代史的旅游景点。

总之，什刹海是北京历史变迁的见证者。它由漕运的集散地、王室贵族的居住处，到游人的聚集地、古建筑博物馆及旅游景区，反映了北京城市建设的历史与北京人的生活史，它优美的湖光山色承载着古老都城的悠久历史与丰富的地域文化。

舳舻蔽水兴漕运——通惠河

开凿于元代的通惠河以水路将北京城与通州连起来，北上的漕船自此得以直抵城内，极大地节约了首都漕运的成本。这条保障京城漕运的重要河流起于何处？这个问题有广义与狭义两种说法。广义的通惠河指大运河最北的一段，包括昌平白浮泉至通州北运河的全部河段，而狭义的通

通惠河

惠河则只指由东便门（元代为什刹海）向东至通州的一段。由于自白浮泉至东便门蜿蜒流淌的运河河段大多有专属于自身的名字，因此本文所说的通惠河指狭义的概念，即东便门（元代为什刹海）至通州的运河河段。

一、获赐"通惠"名声显

"通惠河"之名是元世祖忽必烈所赐。他在至元三十年（1293）由上都返回大都的途中经过积水潭，目睹了通惠河中漕船往来、"舳舻蔽水"的漕运盛景，心中喜悦，因此赐该河名为"通惠"。通惠河在元代的兴盛与郭守敬修建白浮泉引水工程密切相关。至元二十九年（1292），郭守敬主持修建白浮泉引水工程时，将河水从城西的水门（西直门）引入都城，向南汇入积水潭，再东南流出文明门（崇文门），转而向东至通州高丽庄入白河。这条由什刹海向东注入通州的河流便是元代的通惠河。白浮泉是通惠河的主要水源之一，因此，白浮泉引水工程的兴废极大地影响了通惠河的兴衰。

元代重视维护白浮泉引水工程，因此通惠河水量充足，能够为京都漕运的顺利进行提供保障。据统计，元代每年经通惠河运至大都的漕粮达两百余万石，通漕之时盛况空前，也难怪元世祖会将其命名为"通惠"了。通惠河一带的繁荣在元代受到了社会各界的关注，黄文仲在《大都赋》中有这样的记载："文明为舳舻之津，丽正为衣冠之海，顺城（承）为南商之薮，平则为西贾之旅。"其中，"文明门"就是如今的崇文门，彼时通惠河正流经此地，因此南来的船只必须要经过文明门才能进入大都，停靠于门外等待入城的船舶不计其数，文明门这才获得了"舳舻之津"的称号。丽正门是如今的正阳门，此地是元代百官上朝时的聚集之所，因达官显贵常路过此地，故有"衣冠之海"的美誉。黄文仲能将通惠河的漕运盛景与上朝前百官聚集的景象相提并论，可见当时通惠河的繁华景象。

通惠河的漕运盛景得益于中国水利专家的高超智慧和工匠的辛勤努力。由于通惠河所流经的区域西高东低，民间遂有"通州万寿宫的塔尖和朝阳门门洞下边那块顶门石一般高"的说法；由于进通州的漕船大多必须逆流而上，不仅如此，由于地形坡降比较高河水水流湍急，漕船难以在此正常航行。为了使通州的漕船能够顺利进京，都水监郭守敬首先在通惠河中修建了部分弯道，又适当地延长了河道，一定程度上缓解了河流坡度较大的问题。此外，郭守敬还采取了"节水行舟"的方式，在河中每十里修闸一处，每处置上下两座闸，相隔一里左右，共建闸十一处二十四座，分别为：广源闸两座（修通惠河前即有）、西城闸两座（会川闸）、朝宗闸两座、澄清闸三座（海子闸）、文明闸两座、魏村闸两座（惠河闸）、庆丰闸两座（庆丰闸）、平津闸三座（郊亭闸）、普济闸两座、通州闸两座（通流闸）、广利闸两座。这些由郭守敬主持修建的船闸展现了古代工匠高超的智慧与技艺，保障了元代首都漕运的顺利进行。

明代的巡仓御史吴仲也是卓越的水利专家。他借助元代船闸、河闸的遗迹，修建桥闸，重新开通惠河。在民间传说中，吴仲之所以能够重开通惠河是得到了鲁班的帮助。相传这位工匠的祖师爷曾扮作商贩在街头叫卖，而吴仲正巧听到了他"炸——炸糕"的叫卖声，并由此想到了按照坡度建闸，使一闸比一闸高的设计方案。在民间叙事中，民众对通惠河工程所承载的工匠智慧给予了高度的肯定。

二、维系漕运费周章

元末明初，受战乱影响，通惠河疏于清理，难以担负起漕运的职能，由通州而来的漕粮只得通过陆路运输至北京城。明成祖迁都北京后，北京城的修建改变了通惠河的原有河道。明代所修建的都城在元大都的基础上有所扩建，其北墙、东墙分别向北部、东部推移，原先在墙外的通惠河河道便被纳入皇城之内。在明代修筑内城南墙时，文明门（崇文门）外的一段通惠河故道也被纳入内城。经过此次城墙改建后，自什刹海起的一段通惠河河道便失去了漕运功能，这便是如今的"玉河"。通惠河的起点也移至北京城东南角东便门外的大通桥处，因此民间也称此河为"大通河"。

在明代政局稳定，北京城修建完成后，通惠河也未能恢复昔日的繁盛。由于明朝决定在白浮泉附近的昌平区天寿山麓修筑帝陵，出于保护风水的考虑，白浮泉引水工程基本废弃，通惠河的水源只剩瓮山泊一处，难以维系首都漕运的通达。虽然明成化、正德年间有过多次修闸、疏浚河道的尝试，但效果都不甚理想。嘉靖年间，巡仓御史吴仲再次提出重开通惠河的建议。根据《钦定日下旧闻考》中的记载，明嘉靖六年（1527）吴仲提出："汉唐宋漕皆从汴渭直抵京师，未有贮国储于五十里之外者"，况且"通州运河郭守敬创建已有明骀（验），今通流等八牐（闸）遗迹尚存，原设官夫具在，因而成之，为力甚易"。据后人计算，吴仲重新开凿通惠河后，"每岁可省银二万六千"，极大地便利了京城物资的运输。但是，由于水量不足，吴仲重新开通的通惠河并不能直接汇入北运河，而是以葫芦头（今西海子公园附近）为终点。南来的漕粮要先将货物放于石坝，经人力搬运至葫芦头，再由此处换小船运至京城。葫芦头是明清通惠河的故道，而如今的通惠河道则是当年的泄水渠。20世纪80年代，随着水利工程建设的推进，将昔

天丰公园的漕运景观

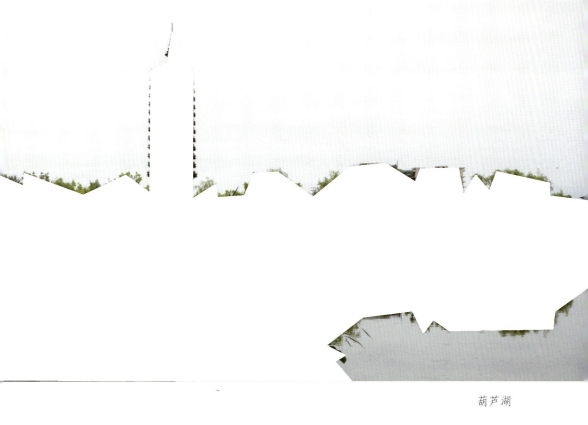

葫芦湖

日的泄水渠拓宽，建成如今通惠河的模样。

清代通惠河仍然承担着自通州至北京城运输京仓漕粮的任务。其水源主要来自昆明湖与护城河，水量不足，且因河道中河闸较多，一度出现河水几乎不流动，泥沙淤积、河道浅涩的现象。为了保障通惠河的顺畅，清代形成了"岁修"制度，即每年冬季进行为期一个月的疏浚工作，时间约从正月初到二月底。乾隆年间，由于通惠河水量不稳定，又容易积淤，皇帝又定下了每十年大规模疏浚河道的规定。

尽管通惠河在京城漕运中占据着重要位置，但失去白浮泉的供水后，通惠河水量不足始终是难以解决的问题。为此，人们不得不长期花费大量的人力物力疏浚河道、修复河中水利工程，以维系漕运的通畅。

三、古闸庆丰现美景

清末民初，因现代海运和铁路的兴起，漕运日益衰减。光绪二十七年

（1901），随着贡粮改征纹银，沉浮数百年的通惠河漕运自此终止。通惠河作为北京人文荟萃之所的价值则日益凸显，这条河流也由漕运要道逐步成为北京的排水与景观河道。

至晚于清代，通惠河便已经成了北京的游人聚集之所，二闸（庆丰闸）处更成为了京城的浏览胜地。清代旗人麟庆在《鸿雪因缘图记》中就写有《二闸修禊》一文，提到通惠河沿线的二闸一带"清流萦碧，杂树连青"，"春秋佳日，都人士每往焉"。麟庆也曾与好友十余人"挈胶楄载吟笔，修禊河干，于是或泛小舟，或循曲岸，或流觞而列坐水次，或踏青而径入山林"。在欣赏通惠河两岸风光的同时，麟庆感叹道"日永风和，川晴野媚，觉高情爽气，各任其天。回思晋永和癸丑迄今，千有余年，文采风流，盛游再难，然感时序之推迁，欣闲游之暇逸，古今人正复同情，则虽方之兰亭又奚让焉"。麟庆将通惠河的风光与王羲之在兰亭的曲水流觞之乐相提并论，可见彼时他与友人在通惠河畔郊游时的愉悦心情。生活于晚清的震钧在《天咫偶闻》中也记载了人们在通惠河畔游玩的场景，他提道："都城昆明湖、长河，例禁泛舟，十（什）刹海仅有踏藕舟，小不堪泛"，而通惠河中的二闸处则有"青帘画舫，酒肆歌台"，因此游人多聚集于此。每逢五月初一至七月十五，内城人自齐化门外登舟，至东便门易舟，外城人则自东便门外登舟，河中箫鼓之音不绝，令人疑在秦淮河上，呈现出一片歌舞升平的热闹景象。

民国时期，通惠河沿线的二闸处仍然受到游人的喜爱，但热闹程度已大不如清朝。由马芷庠撰写、张恨水审定的《北平旅行指南》中就在"北京东郊"部分设有"二闸"一节，其中提到通惠河两岸的风景"芦苇掩映、垂柳疏杨、夹河森荫、岸旁村舍三五点缀其间，风景绝佳。夕阳西下、渔舟唱晚，尤具林壑景象"。马芷庠回顾了清代通惠河的盛景，"清季游人极盛、两岸列肆、供客游憩、茶招酒帘飘荡于密树丛林间，别饶风味"。尽管由于国家局势动荡，"故都市面萧条"，通惠河处游人较少，但河岸

庆丰公园内的标志性景观 / 杨赫 摄

的景色仍然葱茏苍翠，不失古都遗韵，常有厌倦城市喧嚣的市民来到此处休憩游玩，通惠河因此勉强维系了一份旧日的辉煌。

中华人民共和国成立后，通惠河的治理受到了政府的重视。1958 年起，市政工程局就与北京电力设计院合作在高碑店村修建了新拦河闸，用以满足第一电热厂的用水需求。1993 年，通惠河的全面治理工程启动，该河的清淤通航、生态涵养、遗址保护等工作逐步受到社会各界的重视。2006年，北京市东城区政府开启"北京玉河历史文化恢复工程"，对通惠河的这一重要河段进行了深入的研究并采取了切实的保护措施，恢复了700年前的古玉河故道，并在河道上修建了雨儿桥、福祥桥，在河两岸修建了风景秀丽的公园。2009年，昔日通惠河沿岸的风景圣地——二闸处建起了庆丰公园，园内不仅包含了京畿秦淮、大通帆涌、惠水春意、叠水花溪、庆丰古闸、银枫幽谷、文槐忆顾、新城绮望等八处代表性景观，还将现代滨水景观与绿色生态景观容纳其中，彰显着人与自然、传统与现代的交相辉映。

随着时代的变迁，通惠河由保障首都漕运的交通要道变为风景秀美的游览胜地，往来河中的船只也逐渐由漕船变为游船。但是，无论职能如何改变，通惠河依旧缓缓流淌，从京城核心区直达北运河，默默参与、见证着北京的变迁与发展。

北运河

铜帮铁底运粮河——北运河

京杭大运河的北京通州段至天津三岔口俗称北运河，潮河、白河、温榆河三条河流是其上流水源。北运河自通州向南流经河北香河县、天津武清区与北辰区，最终与南运河、子牙河、海河交汇。北运河是漕船进京的必经之路，是京杭大运河的重要组成部分。

一、"铜帮铁底"美名扬

北运河曾有多个名称，如沽水、潞水等，正式得名"北运河"要到清雍正年间。据《畿辅通志》《永定河志》记载，雍正四年（1726），怡亲王允祥与大学士朱轼等人一同上奏，奏折中回忆了皇帝让怡亲王遍阅诸河、兴修水利并对河中应疏浚、筑堤之处加以维护的往事，建议皇帝将直隶之河分为四局，令通永道就近兼辖。允祥所划分的"四局"中便包含北运河。自此之后，"北运河"的名称便广泛流传，并逐渐替代了潞水、白河等旧称。

民间称北运河为"铜帮铁底运粮河"，以此概括北运河在推动地方经济、文化发展方面的作用。"运粮河"阐明了北运河最重要的职能——漕运。作为京杭大运河上的关键河道，北运河使南来的各类物资能够沿水路直抵通州，是国家水陆交通的要道。北运河的漕运事业历史悠久，始于秦、汉，兴于隋、唐，盛于金、元、明、清，直至近代铁路交通发达起来才走向没落。据《金史·河渠志》记载，在金代的北运河便能够转运恩、献等六州的粟米共计百万余石至通州，入京师，而元代的漕运量更是成倍增长，有时其年运输量会达到三百余万石。正如《元史·食货志》记载："元都于燕，去江南极远"，但产自江南的粮食却是京师"百司庶府之繁，卫士编民之众"的基础，因此朝廷便通过运河将江南的粮食运输至京城，"一岁多至三百万余石"。尽管现在看不到北运河的漕运盛况了，但根据史料我们依然能够想象当年舳舻蔽水、帆墙林立的盛景。

"铜帮铁底"这一名称在民间并不罕见，如北京的萧太后河、天津的蓟运河、河北迁安市的饮马河、清苑区的金线河、元氏县的金水河等都被称作"铜帮铁底"。"铜帮铁底"应该是人们对河流两岸堤坝防御坚固、河中水路通畅的比喻性描述，指河堤黄泥夯实如铜，河底黑泥板结实似铁。在北运河沿线民众讲述的民间传说中，北运河"铜帮铁底"的称号是乾隆皇帝亲口封赏的，郑建山主编的《大运河的传说》中就记载着这样一则传说：

据传，乾隆曾带刘墉、和珅二位大臣前往通州巡查，正巧宿在当地的一位财主家中。这位财主不仅家财万贯，还有几件宝贝，其中最有名的便是聚宝盆了。无论财主往盆里放入什么东西，聚宝盆都会源源不断出现相同的东西。财主就用这个聚宝盆为乾隆皇帝及其随行众人提供了一顿饺子宴。

乾隆皇帝也对财主的聚宝盆十分感兴趣，想将之据为己有，和珅习惯于讨好皇帝，便怂恿他夺取宝盆。忠臣刘墉怕皇帝过于贪婪，就对皇帝说："您有大聚宝盆，何须此民间俗物？"这一句话引起了乾隆皇帝的兴趣："我的大聚宝盆在哪里？"刘墉说："明天您就会看到。"

第二天，刘墉带乾隆来到北运河边，说这就是皇帝的大聚宝盆。皇帝对此感到困惑，刘墉便说："每年大运河能运来无数的粮食和物资，保障京城的民众生活富足，这难道不是更大的聚宝盆吗？"皇帝听后十分激动，便封北运河为"铜帮铁底运粮河"。

这则传说不仅肯定了北运河对北京地区经济发展的重要价值，也表现了运河两岸民众对运河的深厚感情，以及希望运河畅通的美好愿望。

二、漕运遗址见辉煌

北运河与通州关系密切，对通州文化的影响也最为深远。通州作为北运河中的重要枢纽、北京大运河文化带的重点区域，素有大运河"龙头"的美誉。通州之名也与北运河密切相关，其承载着朝廷对"漕运通济"的期望，因此运河与漕运是通州最具代表性的文化符号。如今通州北运河畔仍存在着诸多漕运遗址，码头与粮仓是其中最具代表性的建筑。

北运河保障了漕运的通达，也带动了通州的辉煌，河畔的码头遗址便是这段历史的证据。《长安客话》记载："国家奠鼎燕京，而以漕挽仰给东南，长河蜿蜒，势如游龙，而通州实咽喉之地。"这便是对通州及北运河在漕运发展中地位的肯定。张家湾是北运河上的重要节点，也是通州最重要的水陆码头之一，有"京东第一大码头"之称。光绪年间的《通州志》记载，

北运河的码头

"历元明，漕运粮艘均驶至张家湾起卸运京"；《读史方舆纪要》也有记载：
"东南运艘由直沽百十里至河西务，又百三十里至张家湾，乃运入通州仓。"
可见其因漕运而获得的繁荣。在北运河漕运发达时，张家湾一带曾同时有
上码头、中码头、下码头，三座码头分别负责不同的货物转运：上码头负
责漕粮的转运，中码头用于转运南来的砖料，并将其储存于周边的仓库之中；
下码头主要用于转运瓷器、木材、食盐等物资。明嘉靖七年（1528）之后，
吴仲在重开通惠河的同时又在通州修建了"五闸二坝"，其中的"二坝"
分别为将漕粮转运至北京大通桥码头的石坝码头、将漕粮送至通州仓的土
坝码头，两者都是供朝廷专用的码头。这些昔日繁盛的码头随着漕运的停
滞已不见"码头"之景，但有些却以另一种方式留下了关于"码头"的记忆，
如上码头所在地现在成了名为"上马头村"的村落，潞县镇的"马头村"
则被称为"进京第一码头"。

　　仓储是北运河沿线的又一标志性漕运遗址。仓储与漕运关系密不可分，
这是因为自北运河运输至通州的漕粮未必能即刻运输至京，为防止粮食变

质，朝廷便在通州设置了诸多中转仓以暂存漕粮。金代时朝廷就在通州设置了太仓、丰备仓与通积仓，到元代则扩展至十三仓，明代又将通州的中转仓改为终储仓，设有大运东仓、西仓、南仓、中仓四座国仓。清代，通州仍然是重要的商贸、仓储中心，乾隆年间《通州志》将其描述为"左辅雄藩，神仓重地，舟车之所集，水陆之要冲"。尽管仓粮存储数目较明朝有所下降，但清代朝廷仍在通州建有数百座仓廒作为"天子之外仓"，辅助京仓平衡京城粮食市场。这些粮仓大多已成为仓储遗址。

码头与粮仓是昔日通州因漕运而走向辉煌的物质见证，也是当下通州文化保护工作不可忽视的部分。这些带有历史气息的漕运遗址历经了岁月的洗礼，仍在为人们讲述着运河的故事与通州的历史。

三、水脉文脉两相依

北运河沿线不仅有丰富的漕运物质遗存，还衍生出诸多与漕运相关的文化。北运河的漕运不仅载来了南方丰富的物资，而且也将南方的文化经由水脉汇至通州。通州的民众受北运河的滋养，创造出诸多与水有关的民俗文化。

北运河带来了通州的繁盛，也使当地衍生出诸多与漕运相关的文化，

如运河龙灯会、运河号子等。其中与漕运关系最为密切的当数北运河畔的开漕节了。开漕节的时间与北运河的通行时间有关，由于北运河冬天河水封冻无法行船，漕运只能停止，而当春回大地、河水解冻之后漕运就又繁忙了起来。开漕节也正如漕运一般具有明确的周期性，每年农历三月初一前后，当南来的第一批漕船陆续抵达北关码头时，这座北运河畔的村镇便要举行盛大的开漕节了。

开漕节由坐粮厅的官员主持，政商各界代表参与，主要流程包括各级官员按品级向吴仲等先贤焚香敬拜、登上大光楼眺望北运河的漕运盛况、检验第一批漕粮的质量。这套仪式标志着新一年漕粮运输、验收等程序的正式开始，也意味着北运河即将迎来新一年的繁忙。官方祭祀之后，民间的各类花会依次表演，北运河畔一时热闹非常。

北运河还推动了南北方文化的交融，塑造了北京的多元文化特质。例如，位于北运河畔的佑民观就是一个典型代表。这是一座四进院落的庙宇，其第一进院落灵官殿中供奉有河神，第二进院落为关帝庙，第三进院落为主殿娘娘殿供奉着天妃妈祖，第四进院落为玉皇阁。作为主神的天妃妈祖来自南方，在福建一带有广泛的信仰基础。正是因为北运河构筑起南北文化交流的渠道，南北文化才得以在此交流融合，通州一带才会出现南方的妈祖信仰，这位南方的天妃也得以在通州收获旺盛的香火。

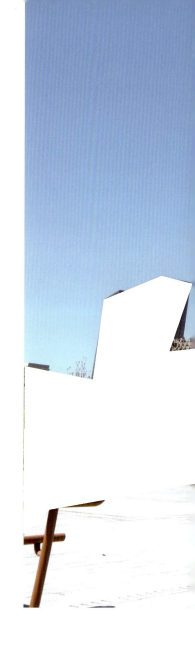

北运河畔大光楼

　　水脉能够打破地域的藩篱，在影响地方民众生活的同时推动沿线文化的交流与融合，这一特质在北运河流域体现得最为明显。昔日通州经济、文化的繁荣离不开漕运的通达，而北运河的通畅则是漕运顺利的保障。尽管北运河停漕后，通州的发展速度有所减缓，但随着北京城市副中心落户通州，大运河文化带建设不断推进，北运河与通州必能将厚重的地方历史与便捷的现代生活相融合，再现昔日漕运古镇的繁华。

水供漕运连文脉——温榆河

　　温榆河古称㶟余水、温余水、榆河、百泉水，发源于北京市昌平区军都山麓，上游由东沙河、北沙河、南沙河3条支流汇合而成，有蔺沟河、清河、龙道河、坝河、小中河汇入，自昌平向东南流经北京市东北部，于通州注入北运河。这条河流经北京市海淀、昌平、顺义、朝阳、通州五个区，在北京的漕运历史中扮演了重要角色。

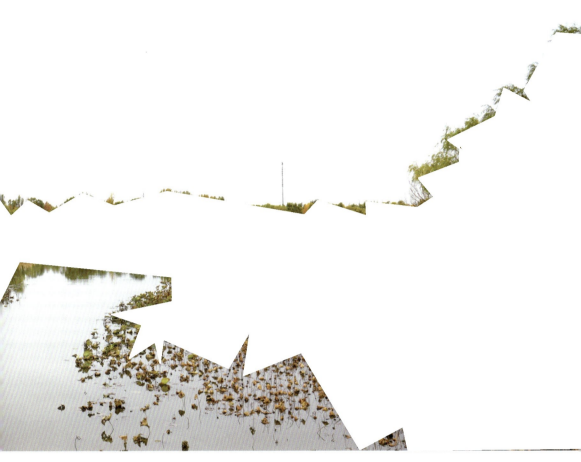

温榆河

一、名为"温余"保平安

温榆河历史悠久，汉代便有官方典籍对其进行过记载。《汉书·地理志》中记载上谷郡有河流名为"温余水"，其"东至路，南入沽"，这条河就是温榆河。所谓"东至路"指的是汉代温榆河流至北关闸（今北京市通州区北运河河口处的石拱桥型拦河闸）处，其上称"温余水"，其下则因汉代所设的"潞县"而称"潞河"；"南入沽"则是指温榆河向南注入沽水，沽水是北运河的古称。

京通间运河示意图

京通间运河示意图

《水经注》中也有关于温榆河的记载，称它为"湿余水"。据《水经注》记载，"湿余水出上谷居庸关东……东流过军都县南，又东流过蓟县北……又北屈东南至狐奴县西，入于沽河。"这是对温榆河流经区域的详细记录，为人们了解温榆河的悠久历史提供了扎实的史料。

温榆河在《汉书》《水经注》中分别被称为"温余水""湿余水"，为何同一条河流会有差别如此之大的两个名字呢？这是因为温榆河古称为"灅余水"，"温"与"湿"都是"灅"的误写。由于"灅"字难以书写，人们便逐渐将此河称为"温余水"，辽代后又称之为"温榆河"了。

温榆河之名包含民众对河水安稳、不要泛滥成灾的期许。辽代以前，温榆河常被称作"温余水"。"温"有温和、善良、柔美之意；《广雅》则将"余"释为"久"。因此民众称此河为"温余水"，是希望它能够保持温和与良善，在干旱时河水丰沛，满足农田浇灌的需求，在阴雨季则水流平稳，不至于引发洪涝灾害，持久地造福两岸的民众。温榆河流域的民间传说也反映了人们对河水安稳流淌的期许，如杜洋在《非物质文化遗产保护与水》中提到朝阳区文化馆的工作人员曾在温榆河两岸采录了"二郎爷坡的故事"，其情节如下：

在温榆河畔有一村庄，村旁有一山坡名二郎爷坡，村中的民众十分信奉河中的一条金鳞金翅的鲤鱼，认为它跳出水面便意味着风调雨顺，百姓安康。有一年大旱，金色鲤鱼迟迟没有跳出水面，村民的庄稼因没有雨水灌溉而趋于干枯。无奈之下，村民只好求助于河中的鲤鱼。鲤鱼听到祈愿后来到村落旁，邀请自己的好友小玉龙为村庄降雨。

玉龙降雨，旱情解除，村民避免了旱灾。但小玉龙擅自降雨的行为惹怒了玉帝。小玉龙被压在山下，声称只有金豆开花才能获释。村民得知此情着急又无奈，幸亏金色鲤鱼化作人形前来提醒村民：黄色的玉米正如金豆，只要让玉米开花小玉龙便可得救。于是村民纷纷拿出自家玉米，暴晒之下变成玉米花。玉帝看到后深受感动，便将小玉龙释放了。此后，温榆河畔的村民每年都会在农历二月初二拿着玉米花来二郎爷坡供奉金色鲤鱼，感谢它的救助，也祈求新的一年风调雨顺。

河水的平稳是河畔民众最真切的愿望，这也是此类民间传说得以代代相传的主要原因。伴随着动人的传说，温榆河缓缓流淌了千年的时光，在造福民众的同时也见证了两岸的历史变迁。

二、温榆漕运历千载

尽管温榆河是一条自然河流，但其在北京漕运发展史上的地位是不可忽视的。早在后汉三国年间，曹操征讨乌桓时就曾利用温榆河开展漕运。

143

当时乌桓据守在辽西、辽东等地，其军队从军都山居庸关一带进犯幽州，对曹魏政权构成了威胁。根据《三国志·魏书》记载，东汉建安十一年（206），曹操为征伐乌桓，在滹沱河至弧水间开凿了"平虏渠"，又在沟河口至潞河处开凿了"泉州渠"以通海。潞河的上游为温榆河，而弧水则是如今的沙河，为温榆河的上游，由此算来，温榆河被用于漕运已有千余载的历史了。另外，《后汉书·王霸传》中有"（王霸）又陈委可从温水漕，以省陆道转输之劳"的记载，有人据此认为早在东汉建武年间（25—56），王霸就利用温榆河进行过漕运。但也有学者指出，温榆河水量较小、长度也较短，很难作为粮食运输的主河道以满足前线的需求，因此，王霸所说的"温水"可能是"灅水"的误写，而"灅水"指的是永定河。

元代，温榆河在北京漕运中的作用开始受到重视。彼时的昌平是京北的交通要道，居庸关则是大都通往上都的必经之路，朝廷在此加派了重兵以保障这一通道的安全。为保障居庸关一带军民的粮食供给，遂开凿了双塔河，该河源出自昌平孟村一亩泉，经双塔店向东，至丰善村入榆河（温榆河）。至元十三年（1276），由于修建通惠河时将原本注入双塔河的山泉截流入白浮瓮山河，双塔漕河便因水量不足而不再承担漕运的功能。此外，元代也十分重视温榆河与白河（北运河）的关系。《元史·河渠志》中记载，至元十三年，漕司言："通州运粮河全仰白、榆、浑三河之水，合流名曰潞河，舟楫之行有年矣。"可见，温榆河在保障京城漕运通达方面发挥了重要作用。

明代对温榆河的关注主要在其河道走势、河水状况及沿线景况。明成祖朱棣迁都北京后决定在昌平一带修筑皇陵。这位皇帝希望能在此地找到一处三面环山，又有水的风水宝地修建自己的陵寝。多次派人考察后，明成祖选定了一处北、东、西三面皆被山环绕之所，他将主峰命名为天寿山。温榆河便从此山前蜿蜒而过。在民间的传说中，天寿山一带山势绵延、高耸入云，宛如一条飞天的巨龙，而温榆河则决定着这条巨龙的命运——河

温榆河相对位置示意图

道过直则龙死，水流过缓则龙困，水流过急则留不住龙气。温榆河河道有起有落、有曲有折，河水不缓不急，正适合神龙在此生生不息。由于温榆河的特点满足了朝野对帝陵风水的想象，因此朱棣下令温榆河不再向通惠河供水，专门用于滋润帝王陵寝的风水。

　　清代，温榆河成为帝王出入京北的交通要冲。康熙曾在温榆河畔修建了行宫、王府等，理亲王弘晳也在河畔的郑各庄（郑家庄）修建了王府。有学者据此提出，在北京众多的河流中，帝王巡行次数最多的当数温榆河。这条神奇的河流流淌了千载，为首都漕运的通达做出了贡献。

三、一条河流连两带

尽管温榆河的水量、长度都十分有限，但这条河流却与北京的三个文化带都有联系。北京的三个文化带是指大运河文化带、长城文化带与西山永定河文化带，这是展示北京"山水相依、刚柔并济"的自然文化资源与城市文化记忆的窗口，也是北京文脉乃至中华文明的精华所在。温榆河的历史则证明了长城文化带与大运河文化带之间密不可分的联系。

温榆河与西山永定河文化带之间并无直接联系。根据《水经注》等书的记载，温榆河曾被称为"灅余水"，永定河则称"灅水"，二者看似关系密切，然而，温榆河得名"灅余水"是因为人们误将温榆河理解为永定河的余水，郦道元在编纂《水经注》时未对此进行深入辨析，直接接受了这一说法。但温榆河源自军都山，上游为沙河，并非永定河支流，所以二者没有直接关系。

温榆河真正贯通的是大运河文化带与长城文化带。温榆河上游流经长城居庸关，这是北出京师的重要通道，堪称北京长城文化带上的明珠；该河又南入潞河（即北运河），通州著名的"五河交汇"景观便包括温榆河与北运河，温榆河在此进入京杭大运河。无论是向北前往上都的元代帝王，还是沿运河下江南巡视疆土的清代君主，都会在温榆河沿岸行走，因此这条河也被称作"帝王所钟爱的河流"。元代以后，当南来的漕船沿运河来到北京时，不仅有大量物资沿通惠河走水路直抵北京城，还有部分漕粮沿温榆河直上塞北居庸关，为守卫京北大门的将士送去食粮。

时至今日，尽管温榆河已不再承担漕运的功能，但政府部门对它的维护与治理一直高度重视。1958年，在温榆河的支流东沙河上，修建了十三陵水库，这是一座集防洪、发电、灌溉、养鱼综合功能为一体的中型水库。建在东山口东沙河上的主体大坝，坝高29米，坝长627米；附属设施有水电站、溢洪道等。水库总库容8100万立方米，其中防洪库容5150万立方米，汇水面积 223 平方千米，是治理北运河水系上游洪患的重要工程。十三陵水库地靠十三陵、居庸关这两个国家级著名景区，近邻八达岭奥莱、乐多港万达广场等购物中心，吸引了大量的市民周末郊游，是北京周边最著名的露营场地之一。治理后的温榆河恢复了其平静的姿态，沿河岸修建的温榆河公园，景色秀美、生态极佳，已成为北京民众郊游的好去处。这条寄托民众美好祈愿的河流默默流淌在京东北的土地上，滋润着两岸的民众，传承着北京悠久丰富的历史文化，亦是首都地区一张亮丽的旅游名片。

京城最早人工河——萧太后河

萧太后河又称"萧太后运粮河""肖太后河"，位于北京朝阳区、通州区境内，是北京最早的人工运河。该河经朝阳区南磨房乡、十八里店乡、豆各庄乡与黑庄户乡进入通州，在张家湾一带汇入凉水河，再于潞县北部由凉水河注入北运河，是北京市东南部、通州西部的主要排水河道。开

萧太后河／孙佳丰、王晴 摄

凿于辽代的萧太后河不仅有着悠久的历史，还是北京城内唯一一条以人物命名的人工河道。

一、得名萧后展奇缘

"萧太后河"之名源于辽景宗耶律贤的皇后萧氏。相传她名萧绰，小名燕燕。为什么北京城内会有一条运河以她的名字命名呢？这还要从萧太后传奇的经历说起。

作为辽朝的统治者，萧太后虽为女儿身却巾帼不让须眉，在丈夫去世后稳定了朝政，辅佐幼子登基，与宋朝签订了《澶渊之盟》，极大地推动了辽朝经济与社会的发展。辽景宗还在世时就让萧太后辅佐自己处理朝政，并发现了萧太后在治国方面杰出的才干。于是，景宗允许萧太后独立处理国家日常事务，并由她召集大臣讨论军国大事。在景宗去世前，他给辽朝的臣民留下了"梁王隆绪嗣位，军国大事听皇后命"的遗诏，相当于将朝政与年幼的圣宗皇帝交到了萧太后手中。脍炙人口的京剧《四郎探母》中，萧太后有这样的唱段："先王爷金沙滩兵败罹难，文武臣辅哀家执掌江山。十余年动干戈南征北战，领雄兵理朝政军务繁忙。叫番儿摆驾银安宝殿，看是何人把驾参。"尽管其中不乏艺术性的加工，但这段唱词也反映出萧太后执掌朝政，带领辽朝四处征战的事迹在民众心中留下了深刻的印象。圣宗年幼，萧太后摄政二十余年，她在稳定朝政的前提下推行了一系列改革，如减免农业赋税、定期开科取士、学习汉族法律、训练军队、编修佛经等，这一系列的政策使辽朝文化快速发展，百姓生活富裕，辽朝从此进入发展的鼎盛阶段。

在萧太后的诸多事迹中，与北宋签订《澶渊之盟》是最为人们所熟知的。自统和四年（986）起，宋与辽之间就围绕燕云十六州展开了旷日持久的战争，双方各有胜败，战争处于胶着状态。老将军杨业（民间称为杨继业）、宰相寇准都是这场战争的重要参与者，也在民间叙事中被人们屡屡提起。公元1005年，在宋朝取得优势的情况下，宋辽间签订了《澶渊之盟》，两国结为兄弟之盟，以白沟河为界，从此互不侵犯，进入了相对持久的和平时期。

在民间传说中，萧太后河的开凿就与萧太后征战北宋的经历密切相关。据说，萧太后在亲自领兵征战时路过北京城郊，行军过程中士兵口渴难耐，萧太后虽未发现水源，但她想到了"望梅止渴"的典故，于是便效仿曹操，跟手下士兵说前方就有汩汩清泉届时可以解渴。不曾想萧太后刚刚说完，军队前方便忽然有泉水流出。士兵因此士气大振，之后便更加信服这位太后了。这股泉水形成的河流就被叫作"萧太后河"。相较于这则颇具传奇色彩的传说，另一个传说则较为可信：萧太后河是萧太后领兵征战时发现的无名河流，因其清洌甘甜，萧太后决定用自己的名号为其命名。还有传说讲述，萧太后河其实是萧太后在修建北京城时主持开凿的运河，其目的在于供给北京（辽南京城）建设所需的物资。

这些富有传奇色彩的民间叙事反映了人们对萧太后在治国、领兵等方面的卓越才干的肯定与赞赏。

二、转运物资供都城

萧太后河的具体开凿日期已难以考证了，但其对辽朝经济、社会发展所起的作用都是不可小觑的。辽初，石敬瑭割让燕云十六州给辽朝，之后这片天然的屏障便成为了辽、宋对峙的前线。对辽朝而言，加强燕云十六州的防守便能保障其国内的稳定。为此，辽朝在刚刚占据幽州时就在此设立陪都南京（即今北京），彼时的辽南京城不仅人口稠密、经济繁荣，当地的文化也十分繁盛，一度为辽朝社会制度、经济文化发展提供了示范。与此同时，由于此地自古便是沟通中原与东北地区的军政重镇与交通要道，在《澶渊之盟》签订前，辽与宋曾在此展开了长久的交锋，这一带的农业生产受到了严重的破坏，因此更需要便利的交通来运输充足的粮食，以满足庞大人口的需求。

萧太后河的开通改善了辽南京（北京）的水陆交通环境。在与宋朝对峙时期，辽朝利用海运将辽东的粮食运输至附近，再借助蓟运河、北运河运输至城内，萧太后河应在此时承担了物资运输的职能。《澶渊之盟》签订后，萧太后河所带来的便利交通又推动了辽、宋间的贸易往来，宋朝的

博物馆里的萧太后河示意图

货物能够经潞河、张家湾、萧太后河一路抵达北京城下，辽的货物也能够走水路到达宋朝所辖地域。此外，萧太后河所在地域地势低洼，易出现洪涝灾害。这条人工开凿的运河便能够在涝时排水、旱时灌溉，对当地的农业生产有推动作用。太平九年（1029），辽圣宗到达陪都南京（今北京）时，"燕民以年谷丰熟，车驾临幸，争以土物来献"。由此可见，彼时萧太后河沿线农业的发展状况。随着商业繁荣、农业发展状况，当地局势趋于稳定，朝廷与百姓之间的矛盾得以缓解。

作为辽代的重要运河，萧太后河就像一条大动脉将大量的物资运至城内，为当地社会的发展做出了贡献。金代辽占领北京城后，萧太后河仍然是当地物资运输的重要渠道之一。直至金大定十一年（1171），开凿了金口河，萧太后河的地位有所下降。元代开凿通惠河后，萧太后河就不再作为京城的水路大动脉，其在漕运中的重要性也日益降低了。

三、故道变迁说纷纭

正如萧太后河具体的开凿时间难以确定，这条运河的河道也萦绕着一层淡淡的迷雾，吸引着人们去探究。

萧太后河的故道具体在何处？典籍中有多种记载。《帝京景物略》云："（白云观）西南五六里，为萧太后运粮河。"这里记录的河道与金中都北护城河、金口河等位置几乎一致，但与今日朝阳区境内的萧太后河相距较远，应该是指萧太后河的上游故道。《天咫偶闻》中则记载："八里庄之西二里，有河名十里河，又名萧太后运粮河。东岸有土城，湮都宛然，土人名萧太后河……盖土人不知有辽、金、元，但知有萧太后，故举归之焉。"这里的萧太后运粮河应当就是今日流经朝阳区，由左安门外向东至通州张家湾的河段了。《光绪顺天府志》记载："新庄河即苍头河上游也，昔为凤河水道，今为窝头别源，故一统志有苍头河目……即萧太后运粮河。"民国《香河县志》则称："考康熙香河旧志，并无五河、潮白、箭杆等河名，惟载萧后运粮河，自城西经城北而东，过白庙、套里渠口等，跨宝坻入于海。"从这些记载中推断，萧太后河曾经将潮白河、箭杆河等河相连，并跨香河、宝坻入海，比如今的萧太后河流经的地域更为广阔，对历代京城漕运发挥过重要的作用。

萧太后河的河道经历了何种演变？常征、于德源的《中国运河史》推测，辽朝人应当是对古永定河的一条支流——蓟水进行了疏浚，形成了后人所说的萧太后河。由于萧太后河河道能够直抵京城下，故相较于坝河、高梁河更适合担任物资运输的任务。该书还认为如今北京市内的"东漕河胡同""北漕河胡同""薛家湾胡同""金鱼池街""龙潭湖"等与水、漕运有关的地名应是萧太后河故道的上游，这些地名或许也与萧太后河有关。侯仁之则认为如今的萧太后河应该是曾经的"新河"，也就是元顺帝时期第三次开金口河失败后"沙泥壅塞"的故道。吴文涛综合了多位学者的考证，指出："萧太后河是辽代利用了当时残留的古永定河河道、经人工疏通整理后形成的上承蓟水、中连辽南京护城河、下接金北运河的重要河运通道，它承担了辽南京地区与外界的物质运输功能。"

萧太后河的演变历程还等待人们去挖掘、研究，有关这条河流的故事一直活跃于人们的生活记忆与口头讲述中。正如歌曲《萧太后河》所说："一条河流，流淌千年，恍惚在煮酒之间，依稀长河落日坠园。"2013年，为治理萧太后河而建的垡头污水处理厂全面完工，萧太后河也在得到疏浚、整治后重新成为水清岸绿的美丽河流。

张家湾湿地公园萧太后河

潮白河

运河古源——潮白河

潮白河发源于燕山北部山区，流经河北、北京、天津三个省市，自北京通州东流入海。潮白河上游有两条河流：潮河、白河。此二河在密云区河漕村汇合，称为潮白河。潮白河向南流经怀柔、顺义、通州等区，最终由永定新河汇入渤海。潮白河经历过多次河道的变迁，曾为北运河的水源，承载着丰富的地方历史与文化，是北京大运河文化带的重要组成部分。

一、潮、白两河会

潮白河由潮河、白河两条河流交汇形成。这两条河流都有着悠久的历史，在古籍中频频出现，并衍生出丰富的民间叙事。《水经注》记载："鲍丘水从塞外来，南过渔阳县东。"这里的"鲍丘水"便是源于河北省丰宁县槽碾沟南山的潮河。因这条河"时作响如潮"，民众便习惯于将它称为"潮河"了。此河由古北口进入北京。

潮白河的另一源流——白河则发源于河北省张家口地区沽源县大马群山东南处，古称"沽河"，曾是北运河的上流水源。《元史》中记载："通州运粮河全仰白、榆、浑三河之水"，明确记录了白河与北运河之间的密切联系。北运河曾被称为"白河""沽河"，这也是白河曾为其重要水源的缘故。人们将沽水称为"白河"，主要是因为其河内多沙，色洁白。白河流域还流传着关于沙子来历的神奇传说，在郑建山主编的《大运河的传说》中就有这样的记载：

> 据说，很久之前通州城东有一条大河名叫潞河，河中住着一条白龙，每到春天，它就将河水一口喝干，使河帮河底露出白沙。沙子被风一吹，两岸白茫茫一片，因此民众就将此河叫白河了。但是，白河河底的龙并不安分，它在每年夏天还把自己之前喝过的水吐出来，淹没河两岸的村子，使民众不得安生。

这则传说以龙的活动生动地反映了人们对潮白河水位涨落变化规律的认识，从中也反映出沿岸民众生活的艰辛。在民间传说中，白河两岸的民众面对自然的侵害并不畏惧，而是有着积极抗争的决心与勇气。他们修筑起堤坝，抵御洪涝灾害的破坏，又挖掘水井，满足干旱时的饮水需求。人们的行为甚至感动了神灵，玉帝于是派天兵下界在通州修筑起燃灯塔，镇压了此地的白龙，白河两岸恢复了平静的生活。

作为潮河、白河交汇后形成的河流，叫"潮白"顺理成章，但幽默的民众却想象出了更为奇妙的解释。如罗杨主编的《中国民间故事丛书·河北廊坊·香河卷》中有如下记载：

博物馆里的白河示意图

　　据传，乾隆乘舟南巡时曾遇虾兵蟹将拦道。刘墉向他们说明船上坐的是当今万岁，日后会给他们封赏，河中生灵感到十分高兴，便纷纷向乾隆朝拜。这段河流从此便称为"潮白（朝拜）河"了。

　　传说是人们对治理河水历史的形象化记忆，也反映了老百姓渴望安宁生活的愿望。潮白河承载着民众丰富的地方记忆与艺术想象。尽管人们渴望平静安宁的生活，但潮白河却很容易泛滥成灾，在滋养两岸民众的同时也威胁着他们的生存。

二、潮白频改道

　　潮白河河道的频繁变化是其易泛滥的表现之一。历史上，潮河与白河的结合点就有过多次变化。秦汉之前，潮河、白河各成一条水系，分流入海。北魏时，两条河流在潞县（今北京通州）汇合。《水经注》记载："沽水又南，左会鲍丘水，世所谓东潞也。沽水又南径潞县为潞河。"明确记载了潮河

潮白河的渡口 / 张茜 摄

（鲍丘水）、白河（沽水）在通州（潞县）的相汇。此后，由于河道的变化，两河的交汇点也逐步向北迁移。

明代将潮白河用于漕运，为此人为地改变了其河道。明嘉靖三十四年（1555），在白河故道杨家庄开凿了新河口、新河道，使白河改流向密云县，并在河槽村与潮河交汇。整治后的河流壮大了水势，漕船能够直抵密云县城，承担起漕运的重任。之所以要将潮白河用于漕运，主要是因为明代在密云、怀柔等地都派有重兵用以守卫京北大门。为保障士兵们日常生活物资的供给，朝廷每年要由陆路运输 15 万石左右的粮食过去，一旦遇到雨季道路泥泞，运输便十分困难。基于此，嘉靖皇帝决定对潮白河进行疏浚与改道，使南来的物资能够沿水路直抵密云。清代及民国时期沿用了这一漕运功能，因此潮白河对怀柔、密云等地的军事防务与经济发展发挥了不可替代的保障作用。

潮白河河道的改变不仅表现在运河的开凿与自身流向的变迁上，有时甚至会影响周边河流的河道。明代白河于河槽村注入潮河后，潮白河河道的变迁变得更为频繁，沿线的水患灾害发生频率也有所增加。民间将潮白河称为"自在河"，就是指其河水经常漫出河床，肆意流淌。卢自有在《北京大运河的浪花》中提到，潮白河十年九涝，明代此河就曾发生过严重的水灾，洪水影响了张家湾2660户人家、6490座房屋。清末潮白河也曾出现过向东摆动的趋势，甚至多次决口进入箭杆河。直至1939年，潮白河在李遂一带决口，夺箭杆河河道南下，形成了现在的潮白河河道。李遂镇以南的河流出现一河多名的状况，这是民间对潮白河抢道箭杆河历史的记忆。

作为一条十分活跃、常常泛滥的河流，潮白河常对两岸民众的生活带来困扰。与对北运河"铜帮铁底运粮河"的称赞相对，人们将潮白河称为"沙帮糠底浪荡河"，用以形容其极易泛滥的特质。为控制潮白河引发的自然灾害，历代都重视对潮白河的治理，但其治理成果却十分有限。直至中华人民共和国成立后，潮白河才终于变为一条平稳的河流。

三、水库解洪涝

曾经的潮白河十年九灾，下游约600万亩农田和人民生命财产的安全受到威胁。为有效控制潮白河的洪涝灾害，人们一直在努力。明清两代为防御洪水在密云一带修筑了护城堤坝数十座；民国政府曾花费巨款在顺义修建了30孔拦河闸，但河水的泛滥却依旧难以得到控制，1939年的大水便冲垮了民国政府修建的21孔拦河闸，致使500多万亩地受灾。

中华人民共和国成立后，潮白河频发的水患灾害仍未停息，1949年至1959年，发生较大洪水8次，淹地达1100多万亩次。为此人民政府多次整治潮白河以防水患。1949年12月，政府对潮白河下游进行了勘测，发现需要建设的工程有28处，开辟潮白河新道就是在这一时期提出的。除开发潮白新河、疏浚河道外，建立密云水库是抑制潮白河泛滥，保障两岸民众安全的关键举措。1958年，密云水库工程正式开工，来自北京、河北的

20 余万人参与了此次工程。1960
年 9 月，水库建成。密云水库有主
坝两座，分别建造于潮河、白河上。
潮河主坝位于南碱厂村西南约 100
米处，为壤土斜墙、沙砾料坝体的
碾压式土坝；白河主坝位于溪翁庄
村北 1 千米处，为壤土斜墙、沙砾
料坝体的碾压式土坝。另有副坝五
座，分别在北白岩、走马庄、南石
骆驼、西石骆驼与九松山等地。坝
长共计 4000 余米，坝顶高度 160 米，
有输、泄水隧道七条及其他多种相
关设施。这座集防洪、供水与水力
发电功能于一体的水库不仅有效抑
制了潮白河引发的水患灾害，目前
也是北京最大的饮用水源供应地，
还成为北京热门旅游景点，有"亚
洲最大人工湖""燕山明珠"之称。

　　经过长久的治理，潮白河为流
域内的民众带来了幸福与安宁。潮
白河现建有 5 闸 8 桥，即：牛栏山
桥、向阳闸桥、俸伯桥、潮白河大桥、
河南村闸桥、柳各庄闸桥、苏庄闸桥、
沮沟橡胶坝，实现了五级梯级蓄水，
可有效调控水深水量。在潮白河的

仍行驶在潮白河上的船

上游，密云水库已成为京东著名的旅游风景区，甚至成为一处避暑胜地。人们不仅能够在此领略山灵水秀之美，还能在密云渔街品尝全鱼宴等特色美食。潮白河下游，西集镇等地的民众自豪地宣称自己处于"两河之地"，是潮白河养育了一方人民，并为他们带来了良好的生态。在尹家河村，潮白河上历史悠久的渡口仍然在使用，一代又一代的摆渡人在此谋生，在此北京的人们跨过这条窄窄的河便可到河北香河的村子赶大集；河北的人们只要渡过这条窄窄的河，便可搭上北京的公交车直达北京城内。

　　潮白河的历史反映着人与自然的相处之道，也诠释了一代代民众直面自然灾害的勇气与决心。未来，汨汨流淌的潮白河还将继续讲述一段段波澜壮阔的中国人治河的故事。

第三章

运河上的枢纽

闸与桥

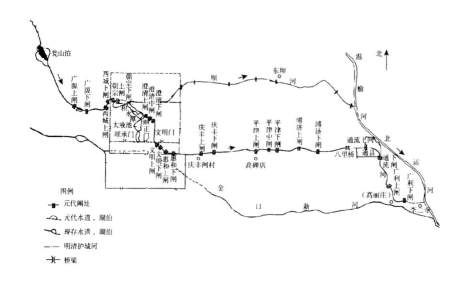

闸与桥，是大运河航运工程体系的重要组成部分。元代郭守敬开凿通惠河，为节水行舟，沿河修建了广源闸、会川闸（高梁闸）、朝宗闸、海子闸（澄清闸）、文明闸（魏村闸）、惠和闸、籍东闸（庆丰闸）、郊亭闸（平津闸）、杨尹闸（普济闸）、通州闸（通流闸）、河门闸（广利闸）11 处水闸设施，共 24 道闸口。明代吴仲疏浚通惠河，又将通惠河 24 闸改建为大通闸、庆丰闸、高碑店闸（平津上闸）、花园闸（平津下闸）、普济闸 5 座水闸。这些水闸建筑使大运河航运克服了北京西高东低的地形差，在保障大运河水道的畅通与漕船的运输过程中发挥了至关重要的作用。有闸的地方，往往就有桥，闸节水、桥通路，把这两种不同功能的水上建筑融于一体，便是上可通车马行人、下可排洪蓄水的闸桥。昆明湖口的绣漪闸桥、南长河上的广源闸桥、西直门外的高梁闸桥、什刹海东边的万宁闸桥、玉河故道上的东不压桥……它们凝聚着大运河建设者的智慧与心血，也承载着运河两岸民众丰富多彩的社会生活。

大运河上的闸与桥，是大运河河道上重要的交通枢纽和节点建筑。白浮瓮山河下游入昆明湖处曾建有青龙桥，长河经玉带桥流入昆明湖。绣漪桥是南长河的起点，昆明湖水自绣漪闸流出入南长河。南长河流经长春桥、麦钟桥，过广源闸桥入紫竹院湖，后经白石桥、高梁闸桥注入积水潭。德胜桥将积水潭一分为二，湖水经德胜桥由西海入什刹海，再经银锭桥流入后海，然后从北京城中轴线上的澄清上闸桥进入玉河故道。万宁桥是通惠河玉河故道的起点，玉河曾经东不压桥、东板桥、涵碧桥、皇恩桥、北玉河桥、中玉河桥、南玉河桥、泡子河桥，至北京城东南角东便门外的大通桥。大通桥为通惠河主干线起点，通惠河向东流经过二闸桥、双桥，至永通桥后进入通州。元通惠河故道上曾有通流闸桥、广利桥、东门桥、虹桥。通州城北门外近通惠河口处曾有通济桥，张家湾古城南门外有通运桥。

伴随着北京城市的建设与发展、漕运的兴盛与衰颓，许多运河古闸与古桥因其功能的丧失而被废弃和遗忘，也有一些在经历历代的修葺或改建后保留至今，成为大运河文化带上重要的遗产点。在《大运河遗产保护规划（北京段）》公布的北京段大运河沿线 40 处物质文化遗产中，闸、桥类大运河水利工程遗产共有 15 处，包括广源闸（包括龙王庙）、万宁桥（包括澄清上闸遗址）、东不压桥遗址（包括澄清中闸遗址）、庆丰上闸遗址、平津上闸遗址、颐和园昆明湖绣漪闸、高梁（闸）桥 7 处水利工程设施（闸）遗产，以及德胜桥、银锭桥、永通桥（包括御制通州石道碑）、通济桥遗址、广利桥（包括镇水兽）、通运桥、张家湾东门桥和张家湾虹桥 8 处航运工程设施（桥梁）遗产。这些闸、桥文化遗产，见证了北京大运河漕运的兴起、发展、繁荣与没落的历史变迁。

北京大运河上昔日的"闸闸相连、桥桥相望"虽已不再，但从可观、可感的闸、桥风物遗存上，仍能让人联想起曾经的漕运盛景，感叹于古人的超凡智慧。在本章中，我们选取北京大运河沿线具有代表性，且尚有遗迹可循的 10 处闸、桥文物建筑，对其历史沿革、建筑特征、传说故事、人文掌故、名人题咏、文化价值及当下建设等方面进行了介绍，带领读者了解大运河北京段的水利工程与大运河影响下的城市文化。

昆明湖上第一桥——绣漪桥

颐和园南如意门内的绣漪桥，坐落在昆明湖与长河的交汇处，是连接东堤与西堤、长河与昆明湖的水陆交通要道，为北京大运河上的一个重要节点。作为颐和园的水上门户，绣漪桥也是清代帝后顺长河入昆明湖游颐和园的必经之路，素有"昆明湖上第一桥"之称。

绣漪桥

一、"湖口东南第一桥"

颐和园内的昆明湖，自元代郭守敬开通惠河后，就成为大都城内接济漕运的水库，其调蓄作用成就了通惠河漕运的畅通与繁荣。明代时，昆明湖一带种稻植荷，风景秀美，渐成帝王及百姓泛舟游乐之所。清代乾隆修建清漪园（颐和园），疏导玉泉水，拓宽昆明湖，使之成为现在的规模。昆明湖畔有好几座古桥，而其中与大运河联系最为紧密的，就是昆明湖东南口的绣漪桥。

绣漪桥

绣漪桥建于清乾隆十五年（1750），桥外原有水闸，名绣漪闸。正是
这座水闸，实现了昆明湖的蓄水功能。每当雨季来临，城区的降水增多，
昆玉河和长河水位上涨时，便开启绣漪闸让河水进入昆明湖，从而起到调节、
蓄水的重要作用。清代时，绣漪闸口内曾是皇家停靠游船的船坞。据资料
记载，由于昆明湖水位高于长河，闸门开时湖水急流而入长河，故每次御
舟入园都需纤夫将其牵入湖中。这座古闸现已无存，如今所能见到的绣漪
闸是后来修建的。随着京密引水渠的建成和调整，绣漪闸也历经几拆几建。
1993 年，绣漪桥南再度建起了一道需由人工开启的叠梁闸。随着城市防洪
压力的增大，2013 年，绣漪闸再度被改造，并在 2014 年汛期正式投入使用。
虽然今时的绣漪闸已不同于往日，但高高拱起的绣漪桥，依然显示着它曾
作为水路御道重要关口的皇家气派。

绣漪桥为全石结构单孔拱券桥，全长 44.8 米，桥身长 32.2 米，宽 5.8 米，桥埑外口宽 19 米，桥身高度约 9 米，是颐和园中最高的桥梁。绣漪桥设计独特，桥拱高、坡度大，造型俊逸灵秀，既利于桥下行船，又极具观赏价值。绣漪桥与隔湖相望的玉带桥，是一对造型和结构基本相同的姊妹桥。玉带桥在昆明湖西北，是昆明湖的进水道口，而绣漪桥在昆明湖的东南，是昆明湖的出水道口，这一进一出两座高拱桥，起到了昆明湖口水路之"门"的作用。

绣漪桥雕栏玉砌，装饰华美，桥边沿有 30 对祥云飞鹤望柱和镂空浮云宝瓶护栏，桥正中间的栏杆上镌刻着乾隆皇帝亲手所写的"绣漪桥"匾。"绣漪"寓意昆明湖湖水涟漪清秀，宛若织绣而成的锦缎。绣漪桥桥身的南北两面，还刻有乾隆书写的两副桥联：

南面桥联：螺黛一丸银盆浮碧岫，鳞纹千叠璧月漾金波
北面桥联：路入阆风云霞空际涌，地临蓬岛宫阙水边明

在北京众多的古桥中，只有皇家园林中带观赏性的石桥才会镶嵌带有石刻桥联的装饰，绣漪桥便是这为数不多的古桥之一，足见其作为昆明湖东南门户的重要地位。乾隆皇帝诗云："湖口东南第一桥，锁波委影势飘萧。"乾隆认为绣漪桥为"锁波"之处，与古代风水理论所推崇的"桥锁水口"相一致。

二、"罗锅桥"的由来

绣漪桥因其高拱的独特造型而拥有一个非常形象的俗名——"罗锅桥"。北京民间则将"罗锅桥"与宰相刘罗锅联系起来，吴蔚在《清代帝王笔下的颐和园》一书中讲述了一段关于"罗锅桥"的有趣故事。

传说当年刘墉文采出众，其文深得乾隆皇帝赏识，所以乾隆未曾与其谋面，便钦点刘墉做了一朝宰相。可当乾隆第一次见到刘墉时，却发现他

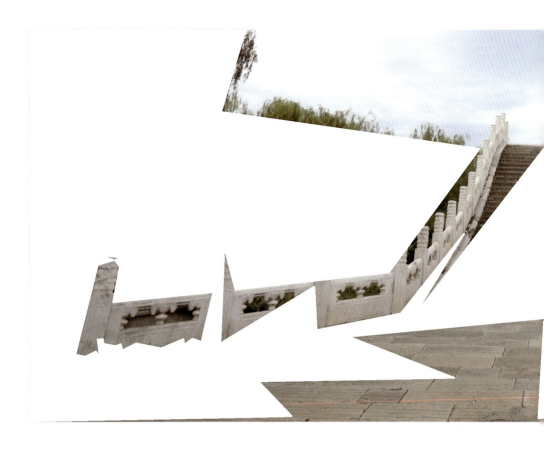

鸡胸驼背、相貌丑陋，而且还是个长短腿兼独眼龙。为此，乾隆极为失望，心想：我堂堂的大清朝怎么能够用这样丑陋的人做宰相呢？于是乾隆想戏弄并且试探一下这个所谓的"一代才子"，便含沙射影地吟诗道："独眼岂登龙虎榜？"旁人会意，都笑而不语。刘墉一看情势，沉思片刻便对接道："半月也能照乾坤！"乾隆听到这天衣无缝的回答，转怨为喜，对刘墉说："既然你这么有自信，那就以你自己的形象写一首诗吧，如果诗写得好，必定有赏。"刘墉略作思索后吟道："胸高满经纶，背驼负乾坤。一眼辨忠奸，单腿跳龙门！"乾隆一听欣喜万分，感叹其果然是不俗之辈，于是就对众大臣说道："人不可貌相，海水不可斗量。刘墉果然是胸怀宽广、志向高远之人，这样的人做了宰相一定是国之幸事。"并且恩准刘墉在御河通向颐和园的入口修一座桥梁，作为永久纪念。

刘墉为了证明一个人的内在品质与真才实学远比外貌形象更重要，只

绣漪桥

要有一颗为国为民谋利的拳拳之心和远大的抱负，样貌丑陋并无可惧，于是便命工匠将这座桥修成一个拱度极高的半圆造型，以象征他虽鸡胸驼背却心胸坦荡，并自嘲地将它命名为"罗锅桥"。

白文荣在《应运而生：北京运河文化》一书中还讲道：

乾隆常与刘墉斗嘴，却斗不过刘墉的利口，又抓不到"罗锅"的把柄，无法治他的罪。于是他只好到绣漪桥上跺脚出气，边跺边骂："我跺你的罗锅，我跺你的罗锅。"

其实，我国古时的石桥，凡是建成单拱形，大多俗称为罗锅桥。这种形制的桥遍布江南水乡。清代乾隆皇帝顺大运河下江南，在体察民情的同时采江南美景之精华，在北京加以仿制长留身边。这湖山秀丽、殿阁辉煌的颐和园，便是以杭州西湖风景为蓝本，汲取江南园林的设计手法和意境而建的。这形似罗锅的绣漪桥的建设也应为乾隆采江南之风的杰作，你看它清丽婉约，如江南雨后之虹，横卧漾漾清波。真如乾隆《绣漪桥》诗云：

进舫长河过广源，石桥饮练锁溪园。
风漪春水文章丽，神绣应成天女孙。

三、长河行舟过绣漪

昆明湖口的绣漪桥，是清朝帝后行水路进入颐和园领略“江南”风景的一道“大门”。它串联起了长河、桥洞和昆明湖三处景致。当年乾隆皇帝乘船由长河水路过绣漪桥进入昆明湖，不禁屡屡赋诗咏之，感叹绣漪桥与桥畔杨柳、桥下流水交相辉映的美好静谧之景，如乾隆二十五年（1760）作的《绣漪桥》：

长桥湖口锁烟霞，荡桨过桥景倍嘉。
白水平拖如匹练，红莲绣出几枝花。

还有乾隆四十六年（1781）作的《绣漪桥》：

长河舟进绣漪桥，湖泛昆明廓且遥。
澜静微风名似负，景澄四宇实相邀。
陌杨笼岸绿帷展，水荇牵舷翠带飘。
轧橹声如答吟笔，凤凰墩近可停桡。

绣漪桥的北侧还立有一座昆仑石碑，该石碑立于乾隆二十九年（1764），坐西面东。昆仑石碑象征昆仑山，清代皇家园林多以昆仑石做点景，置于河堤岸边，寓意砥柱昆仑、巍然巩固。绣漪桥昆仑石碑四面阴刻乾隆御笔行书御制诗，其北面及西面文字虽已漫漶不清，但石碑东、南两侧刻文仍可辨认。

石碑东侧刻文：《甲申（1764年）夏六月高梁桥放舟至昆明湖沿途即景杂咏》“迩日炎歊特异常，放舟川路取延凉。几湾迂雨菰蒲重，夹岸含风禾黍香。何必嫌迟水上船，溪风襟袖正泠然。岸旁行骑活于画，树里鸣蝉清胜弦。乘凉缆急进舟轻，堤柳浓荫复水清。乐善园将万寿寺，今朝权付不留行。绣漪桥过即昆明，万顷空明意与俱。已到清凉无暑处，不妨胜处憩斯须。"

石碑南面刻文：《己酉（1765年）仲夏自高梁桥进舟由长河至昆明湖得四绝句》"长河雨后波增涨，趁爽平明好进船。柳岸忽闻嫩簧响，始知复育化为蝉。依水园存乐善名，兰堤几转面前迎。经过自是慵游览，不为忙承风利行。广源闸限水高下，登岸因之又换舟，悟得盈科成利济，千人经理足佳谋。沿堤垂柳复高榆，浓绿荫中牵缆纤。才过绣漪桥侧畔，波光迎面顿清殊。"

昆仑石

从石碑东、南两侧刻文中的记述，不难想象乾隆皇帝当年乘船过绣漪桥时所见的盛景。咸丰十年（1860），颐和园惨遭英法联军的洗劫与焚毁，绣漪桥幸得保存。光绪年间曾对绣漪桥进行修缮，但未做大的改动。新中国成立以后，绣漪桥又得到进一步的保护。如今，人们可乘着仿古的皇家游船，从紫竹院公园的紫御湾游船码头起航，体验清代帝后长河行舟的惬意。当游船缓缓驶入颐和园南如意码头，横卧湖口的绣漪桥就会映入眼帘，其高耸秀丽的身姿使这方秀水明山更添诗情画意。

千里运河第一闸——广源闸

在北京大运河上的闸桥中，横跨南长河的广源闸可谓赫赫有名。广源闸位于海淀区紫竹院西北侧，五塔寺与万寿寺之间，是元代大运河漕运体系的重要建构，既能调水，还能充当码头、桥梁，发挥着多种作用。在北京众多桥闸当中，它是年代最久远的古闸之一，也是通惠河上游的头闸，号称"运河第一闸"。

广源闸桥（西北——东南）/ 孙佳丰 摄

一、运河头闸

广源闸建成于元至元二十六年（1289），是元代水利专家郭守敬主持的白浮泉引水工程上的一座重要水闸。作为通惠河二十四闸中的头闸，源头之水要先经过广源闸的节制后向东南流到通州，使南方来的漕船得以逆流而上，直达京城。因为此闸处汇集了经昆明湖流淌过来的所有西山水源，于是便有了"广源"之名。

自元代起，广源闸就发挥着控制运河上游长河之水的重要作用。由于

广源闸石碑

广源闸

北京地区地势西高东低，从北京城至通州存在数米的落差。为了保证通惠河的畅通，除了解决水量问题外，另一个关键就是在河道中建闸，用关闸与开闸的办法，来调节水位。明末的《长安客话》中记载了广源闸之于大运河漕运的重要作用：

> 出真觉寺循河五里，玉虹偃卧，界以朱栏，为广源闸，俗称豆腐闸，即此闸。引西湖水东注，深不盈尺。宸游则堵水满河，可行龙舟。缘溪杂植槐柳，合抱交柯，云覆溪上，为龙舟所驻。每通惠河水涸，粮运不前，则遣官于此祭祷诸水云。

可见，每当北京东部的通惠河因天旱水浅难以通行粮船时，都会派专职官员前往广源闸提闸放水。闸落时，闸东之水深不满尺；提闸后，漕船便可往来于此。所以，长河之水流到此闸后便有了高低之分。故乾隆作《过真源闸换舟遂入昆明湖沿缘即景杂咏》一诗云：

> 广源设闸界长堤，河水遂分高与低。
> 过闸陆行才数武，换舟因复溯洄西。

广源闸不仅有调节河水流量、控制水位高低的作用，而且闸上铺设木板，发挥着桥梁的作用。时桥上行人如织，桥下画船如梭，相映成趣。广源闸俗称豆腐闸，《宸垣识略》载："西直门外长河万寿寺西有广源闸，土人

广源闸

广源闸

呼为斗府闸。"相传原来闸的北面曾有一座斗母宫，后转音叫"豆腐宫"，人们就把广源闸称为斗母闸，久而久之，叫走了嘴，斗母闸就叫成豆腐闸了。

广源闸是长河上保存最为完好的桥闸，目前保留下来的桥闸基本为清代修建的。广源桥闸用花岗岩垒砌，其结构由闸基、闸门、闸墙三部分组成。闸口宽约13米，长约6米，其南北两端的闸墙上各镶嵌两个白玉石雕兽头，首昂目瞪，前爪隆起，鬣毛纹路清晰，栩栩如生。广源闸原为木质结构，明清两朝对水闸进行了多次维修或改建。新中国成立初，广源闸仍为木桥。1979年落架大修，改建为钢筋混凝土结构，并置栏杆。1998年治理长河期间，又对此处进行了大规模的修缮。在改造中，广源闸南侧另挖河道，在原闸孔的南面又形成了一个闸孔，来往的游船都从新开的桥洞下经过。这使广源闸桥既满足了泄洪和通航的需求，又使其北部原闸得以完整保留，桥体仍然可供行人及车辆通行。1999年由海淀区人民政府公布为海淀区文物保护单位。2013年，广源闸作为大运河北京段的一部分，被列入全国重点文物保护单位。

二、祭龙王爷

与广源闸一同被定为北京段大运河遗产的，还有闸东北侧的一座龙王

紫金观

庙。在古代农业社会，河水既是提供运输、灌溉的重要资源，同时又存在冲毁岸边的农田、房屋的隐患。北京地处华北平原的北端，夏季降雨集中，加之古时城市排水设施不发达，故极易发生水患。因此，供奉着司水之

广源闸及龙王庙石牌

神——龙王的龙王庙，就成了北京各大河流旁常见的建筑。在汇集大运河源头之水的广源闸处，就修有一座龙王庙。闸畔这座小小的龙王庙承载着人们对于风调雨顺的祈愿。

伴广源闸而立的龙王庙掩映于一片茂盛的小树林中，小庙面阔一间，规模不大。它面向长河，门上匾额写有"紫金观"三个大字，这是2001年重修龙王庙时改换的庙名。据当地老人说，这座龙王庙是专管此闸的，因此庙就小了些。但庙小名声大。传说庙内供奉着的龙王爷专门掌管"汇百川之水"的广源闸，如果他工作尽职尽责，则城内河畅水通，不会闹水灾。明正德六年（1511）在此建立了一座《重修龙王庙记》石碑，铭文曰：

> 西山玉泉注为西湖，湖水中流至广源。闸之北岸立庙，以祀龙王之神，盖欲资其威灵默佑也。况国朝百余年来屡著显应，载在祀典，乡众按时祷祈，冀御其旱……都人往来径行者，亦皆景仰瞻礼焉。

可惜此碑今已无存。

作为官闸，广源闸设专职兵卒看管，每次官员到广源闸提闸放水前，也都要到龙王庙祭祀水神。民间传说龙王的生日是腊月二十三日，和灶王爷的"上天言好事"是同一天。所以，从前老北京人每年腊月二十三日祭灶王爷，同时也祭龙王爷。据说每逢龙王爷的生日，到广源闸龙王庙来烧香磕头的不

光有普通百姓，还有皇宫大员，就连日本和高丽国王都派使臣前来参加祭祀活动。这足见广源闸龙王庙地位之重。后来，这座庙被废弃，直到20世纪末，在广源闸与闸桥大修时又得以重建。如今更名为"紫金观"的龙王庙里除了供奉着龙王爷，庙内正中还供奉着中天北极紫薇太皇大帝塑像。

三、别港行宫

广源闸不仅是调节大运河漕运水量的重要闸口，也是保证船只从城内直达西郊昆明湖的重要工程。元代时，帝后常沿长河巡幸西郊，但因大船无法通行，须在广源闸处登陆换船。于是高梁河畔便修建了泊船港——广源闸别港，成为皇家设坞藏舟、过闸换船的理想之所。当时皇家的御舟常年停泊在广源船坞之中。《燕石集》记载，元"英庙、文宗两朝御舟藏广源闸上别港"。《析津志》也记载，"肃清门外广源闸别港，有英宗、文宗二帝龙舟"。优越的地理环境与特殊的水系状况，使广源闸成为元代以来帝后出京游玩的重要转船处。

明朝初年，由于白浮引水工程湮废，广源闸别港水面积收缩。于是朝廷命人在广源闸下游另开凿一条御用河汊子，俗称月牙河，此河道绕过广源闸，在闸桥上游再汇入高梁河。这样帝后乘龙舟游览西郊时，广源闸开闸放水，下游河道充盈，龙船从广源闸以东的河口驶离长河进别港，经紫竹院月牙河，至广源闸以西的西河口，再至长春桥一带离开别港驶入高梁河。河汊和高梁河将紫竹院合围成一片河滩，地势平坦、草木繁茂，后来朝廷在此建置了多处寺庙。其中最重要的一处就是有"京西小故宫"之称的万寿寺。

万寿寺位于广源闸西侧，原址是唐代聚瑟寺。明万历五年（1577）由李太后出资改建成万寿寺，并把紫竹禅寺划为它的下院。万寿寺最初是用来收藏经卷的，明皇室乘龙舟至此上岸进寺礼佛。后来，存于万寿寺的经板、经卷移至番经厂和汉经厂，万寿寺便成为明代帝后游昆明湖途中用膳和小憩的行宫。清代，由于西郊皇家园林的兴建，广源闸别港一带更加繁华。清乾隆年间，仿照苏州城葑门外朝天桥港汊，"芦苇深处"的水乡风光，在河滩上垒砌太湖石，遍种芦苇，取名芦花渡，俗称"小苏州芦花荡"。自芦花渡至畅春园段建设了著名的苏州街，长河北岸有当时著名的苏式茶楼杏花楼。清朝对万寿寺进行过多次修缮，乾隆时代就进行了两次扩建。光绪初年，万寿寺曾毁于大火，光绪二十年（1894）又重修万寿寺作为行宫。

作为高梁河发源地的"紫竹院"，也是广源闸别港的一处重要行宫。它原是长河南岸的一座清代庙宇，清末光绪皇帝、慈禧太后由水路往返颐和园时，多在此落脚小憩，于是这座庙宇成了"行宫"。清廷内务府奉辰苑在这里设置了办事机构，负责接待皇家休息，承办转闸换船事宜。人们遂习惯地称该庙为"紫竹院行宫"或"行宫院"。光绪十一年（1885）《重修紫竹院碑记》中记载，这里原有古庙一处，名紫竹院，已经倾圮残塌，重建成新庙后，改名"紫竹道院"，俗称仍为"紫竹院"。现在的紫竹院庙就是该庙的遗存。慈禧太后一生游幸颐和园 32 次，每次都要乘船走水路经紫竹院、广源闸，再于万寿寺易舟去颐和园，于是人们就将这条东起北京展览馆后湖"皇帝船码头"，北至颐和园南如意门码头，全长 9 千米的"皇家御河"河道称为"慈禧水道"。光绪三十四年（1908），光绪和慈禧在两天内先后驾崩，"慈禧水道"遂也断航。2008 年，为筹备北京奥运会，断航了一个世纪的"慈禧水道"又恢复了通航。曾经专属于皇家的航道，成为市民闲暇时体会水上风光的美妙去处。今天的紫御湾尚存有部分旧时砌筑的残石，成为当年别港的追忆。

昔日的广源闸下龙船往来，龙王庙前香火不断，长河两岸垂柳拂水，别港之畔寺庙相望。如今古老的闸桥、庙宇、绿柳依旧映入长河激滟的波光中，在高楼、人潮与车流的包围中与历史空间交错重叠，熠熠生辉。

京西长河胜迹——高梁桥

高梁桥石牌

在北京的运河发展史中，有一座著名的古桥——高梁桥。高梁桥位于海淀区西直门外北下关，跨于长河之上。历史上，高梁桥的地理位置十分重要，此桥向南经礼士路可入金中都，向北经海淀则直趋居庸关，明清时期是城内去往西郊的必经之路。

一、西直门外高梁桥

西直门是北京内城的九大古城门之一，因明清两代自玉泉山向皇宫送水的水车必经此门，因此又有"水门"之称。西直门外的高梁桥，因玉泉山水下游的高梁河而得名。高梁河源自紫竹院一带的湖泊，自西向东流经白石桥、西直门西北，然后注入积水潭，连接起古永定河与北运河、温榆河，是北京城市供水及漕运

高梁桥

高梁桥

水源的重要来源。

　　三国时期，镇守蓟城的曹魏镇北将军刘靖为军队屯粮需要，建造了"戾陵堰车箱渠"水利工程。《水经·㶟水注》中记载其"导高梁河，造戾陵堨，开车箱渠"，建成了高梁河以东至坝河一线的灌溉水系。自金代北京成为国都之后，高梁河在接济漕运和为宫苑提供用水方面发挥了更为重要的作用。元代郭守敬为解决大都城的粮食运输问题，扩大运河水源，从白浮泉引水，纳诸泉水汇入瓮山泊（今昆明湖），至东南接入高梁河，经积水潭，再东至通州以南入北运河。直至明清时期，高梁河仍是漕运水源的行水河道。

　　作为历史悠久的古河道，高梁河在不同历史时期有着不同的名字，辽代以前称"高梁河"，金代称"皂河"，元代称"金水河"，明代称"玉河"，清代此河以横跨其上的高梁桥为界，桥东侧称"金水河"，桥西侧则称为"长河"。

高梁桥石牌

长河东端的高梁桥，敕建于元世祖至元二十九年（1292），是元代大运河白浮泉引水工程的一座重要水利建筑。桥梁原为青白石三孔联拱石桥，其结构规矩、坚固，桥基是双层条石砌成的整底板，桥上下游堰也是双层条石，石板下有基础小柏木桩，海堰边沿有一排铁柱穿透石板，使桥的整体牢固性加强。数百年来，高梁桥历经多次改造修葺，现存桥为清代所建，桥长约 16 米，宽约 10 米。桥的两侧建有汉白玉石护栏，雕饰石榴头、荷叶宝瓶等精美图案。桥面用巨大的块石铺砌，平整且坡度不大，利于车马通行。

高梁桥西侧建有高梁闸，是高梁桥的重要组成部分。此闸的作用是调节长河入京城的水量。据《金史》记载，金承安三年（1198）"命勿毁高梁河闸，从民灌溉"。元代郭守敬引白浮泉、瓮山泊水时此闸曾改名"西城闸"，元元贞元年（1295）又改名"会川闸"。明以后则都称"高梁闸"。从这一角度看，高梁桥是一座桥上可通车马行人，桥下又可排洪蓄水的"闸桥"。20 世纪 80 年代，由于道路交通发展的需要，对高梁桥进行了拓宽和改造。2003 年，又在古桥旁另辟新桥用以通行。如今，古桥仍保持原有的古朴风貌，石桥本体及桥下的闸槽、绞关石等建筑构件基本完好，是研究北京漕运和城市发展的重要依据。目前古高梁桥，处于一片围挡之中，两侧皆有公路通过，但无法停留，所以车辆导航无法直达。如果想一睹此桥的风采可从高梁斜街步行，我们会看到在车水马龙的公路中间有一片空旷之处，这便是高梁桥的所在地。

二、"高亮赶水"的故事

高梁桥俗称"高亮桥"，这与北京民间流传的"高亮赶水"的故事有关。

这个故事以明初刘伯温修建北京城的历史为背景，讲述高梁桥及其俗称的由来。"高亮赶水"的故事在刘守华与陈丽梅主编的《中国民间故事》及梁欣立所著的《北京古桥》等书中皆有记载。

传说明成祖把京城从南京迁到北京，命令军师刘伯温监修北京城。怎料在北京城破土动工之际，人们忘记在拜神仪式上祭拜龙王。为此，龙王便一气之下将北京全城的井水装进两只鱼鳞水篓，用车推去了玉泉山。于是，刘伯温找来大将高亮，让他火速追赶龙王爷，用枪把鱼鳞篓刺破。然后叮嘱他刺破水篓后立刻掉头往回跑，千万不能回头看，也不能与龙王爷和龙王奶奶对话。

高亮跨上战马，手提金枪，出西直门，过广源闸，顺着车道沟奔西北方向的玉泉山而去。他追到玉泉山下的一个大村庄时，见龙王爷和龙王奶奶正在泥泞难走的路上用力推车，便催马上前，举枪刺破一只水篓，清水便哗哗地流出来。高亮立即掉转马头，拖着金枪，顺着原路奔往西直门。他听到流水声越来越近，却牢记刘伯温的话不敢回头。当他跑到城下的一座石桥上，见刘伯温在西直门向他招手，以为已大功告成，便回头看了一眼。谁料一个浪头扑来，高亮同战马一同被卷进漩涡，消失不见了。

虽然高亮死了，但北京城的古井里又都涨出了水。刘伯温抓紧时间，带领能工巧匠夜以继日地工作，终于修好了北京城。不过北京城里的井水都是苦的，因为高亮刺破的鱼鳞篓里装的是苦水，他没来得及刺破的另一只篓里装的是甜水，这一只水篓被龙王爷和龙王奶奶推到了玉泉山，所以玉泉山的水是甜的。

北京的老百姓为了纪念为人民造福的高亮，就将他拖金枪回城时在地上划出的盛满玉泉水的深沟称为高亮河，也叫金河，把西直门外的那座石桥取名为高亮桥。

过去出西直门向西北过高亮桥，有一条土马路直通海淀、颐和园，马路从早到晚人车穿梭，很是热闹。当时马路两侧种植了不少的高粱，每到夏秋时节，片片高粱形成青纱帐，十分壮观，"高亮桥"慢慢地就叫成了"高粱桥"，后又音转为"高梁桥"。

"高亮赶水"的故事作为北京历史记忆的重要组成部分，为高梁桥增添了独特的文化意蕴。这个与地名相关的故事也是北京琴书的一个著名唱段，代表着北京独具特色的民俗艺术，后来它又在相声等曲艺中被改编与演绎，至今广为流传。

三、高梁桥踏青

我国自古就有春日赴郊野游玩的"踏青"习俗。在明代中后期的北京城，城内人稠地狭，又多风沙，活跃的市井经济和人们对自然山水的向往，促成了京城浓厚的出游之风。乍暖还寒时，春光明媚，大地返青。西直门外的高梁桥风景旖旎，宛若江南，成

高梁桥石牌

为京师郊游踏青的一大胜地。《帝京景物略》记云："岁清明，桃花当候，岸草遍矣。都人踏青高梁桥，舆者则褰，骑者则驰，褰驱、徒步，既有挈携……游人以万计，簇地三四里。"可见当时京城百姓于高梁桥一带踏青之盛况。

明清以来，无数文人骚客留下了记述高梁桥之游的诗文佳作，尤以明代文人袁宏道的《游高梁桥记》为文学史上的经典名篇：

高梁桥在西直门外，京市最胜地也。两水夹堤，垂杨十余里，流急而清，鱼之沉水底者，鳞鬣皆见，精蓝棋置，丹楼朱塔，窈窕绿树中。而西山之在几席者，朝夕设色，以娱游人。当春盛时，城中仕女云集，缙绅大夫非

187

高梁桥

甚不暇，未有不一至其地者也。

三月一日，偕王生章甫、僧寂子出游，时柳梢新翠，山色微岚，水与堤平，丝管夹岸，跃坐古根上，茗饮以为酒，浪纹树影以为侑，鱼鸟之飞沉，人物之往来，以为戏具。堤上游人，见三人枯坐树下，若痴禅者，皆相视以为笑。而余等亦窃谓彼筵中人，喧嚣怒诟，山情水意，了不相属，于乐何有也。

少顷，遇同年黄昭质拜客出，呼而下，与之语，步之极乐寺观梅花而返。

明代高梁桥一带不仅景色优美，且寺庙众多，其中桥北有一座娘娘庙，内供妇人哺育婴儿状的塑像，"备极诸态"。相传农历四月初八是娘娘神降生的日子，凡不生育者，只要在娘娘神的生日那天入庙祈祷，就能育子传宗。于是，人们称这种求子的活动为"游高梁桥"。所以每到四月初八这一天，京城妇女争游高梁桥，各带酒果、乐器，杂坐于长河两岸，或系柳为围，或妆点红绿，千姿百态，竞相拜祷，至晚方休。

清代时，高梁桥下缓缓流淌的长河，成为皇家去西郊园林和寺庙的御用行舟水道。高梁桥北建起崇饰华丽的倚虹堂船坞，为帝后登舟之用。京城百姓来高梁河踏青的盛况遂逐渐衰落下来。不过，高梁桥一带的酒楼、茶肆、商铺，仍吸引着不少人来高梁河消暑纳凉。《天咫偶闻》记载："西直门而西北，有如山荫道上，应接不暇，去城最近者为高梁桥……沿河高楼多茶肆。"当时，高梁桥南端紧靠河岸，曾建有三间西房，是一个售卖叶子烟和兑换银钱的"烟钱铺"，俗名"高梁桥下坡烟铺"。老北京人说它是京都店铺中的一"怪"。关于它的来历，则涉及乾隆游经高梁桥的一段掌故。

据说，由于长河是清代皇家御用河道，为防刺客藏身行凶，高梁桥两端曾严禁开设商店。有一天，专管清理高梁桥御道的奉宸苑苑丁在执勤时，被乾隆的御马踢伤了腿，不得不卸任。乾隆特赐他在高梁桥头摆摊售烟，他从此便成为一个烟摊小贩。常去西郊游玩的乾隆，嗜好坐在船轿里吸长管铜锅的大烟袋。一次途经高梁桥时，乾隆把长烟管伸出轿外，随从侍卫却一时忘了引火点烟，而高梁桥头的烟摊小贩见机连忙给乾隆点上了烟。乾隆很高兴，就给他在桥头盖了三间瓦房，开设起专供御用的烟钱店铺，并专赐其在皇帝游高梁桥时负责为皇帝点烟。乾隆以后，烟钱店铺的掌柜也已年老易人。但是，这种在高梁桥头为皇帝点烟的制度则一直沿袭至清末，直到 1908 年"高梁桥下坡烟铺"才被拆毁。

新中国成立后，政府大力疏挖北京城市河湖，修整水系。高梁河作为向城市河湖供水的水道，将京密引水渠的涓涓清流输送至众多园林湖泊。如今，高梁桥一带高楼林立、商厦众多，行人如织、车水马龙，其繁华之况不输往日。而在现代气息浓郁的生活空间中，阅尽帝都沧桑的高梁古桥静卧长河，默默守护着人们对于北京城的珍贵记忆。

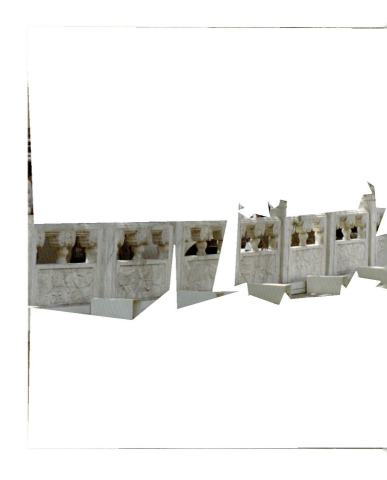

京城水际观山第一处——银锭桥

　　在什刹海前海与后海的交接处，有一座玲珑的小石桥，为这片湖泊增添了一缕灵气和历史感，它就是北京城无人不晓的银锭桥。作为大运河终点港湾地带的一座古桥，银锭桥既是一处著名的水文化遗产，又是一方风雅繁华的人文胜地。《宸垣识略》记载："银锭桥在地安门海子三座桥之北，城中水际看山，第一绝胜处。"此处独特的景观视廊与市井之气，展现着北京山、水、城相融的古都风貌，为北京大运河水脉景观增添了浓墨重彩的一笔。

银锭桥（东南——西北）/孙佳丰 摄

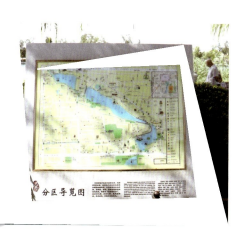

什刹海

一、什刹海上的"银锭"

银锭桥初建于明正统年间，距今已有500多年的历史。在辽金时期，银锭桥一带水域广阔，驳船可到达积水潭，这里遂建木便桥联通两岸。元代营建北京大都城时，这里已有千帆万船往来，两岸商业繁华。明正统年间，木桥被改建为一座单孔石拱桥，这就是横跨在什刹海前海、后海连接细脖处的银锭桥。

关于"银锭桥"名字的由来，主要有三种说法：一是说此桥造型奇特，桥身短而窄，桥堍宽而长，整座桥看起来像是一个倒置的银元宝，所以被称为"银锭桥"。二是说此桥下柏木桩之间曾是用银锭锁固定的，故而得名"银锭桥"。三是说早年间，为固定此桥桥面上的石板，用特别打造的铁锔相互连接。这种铁锔都设计成"束腰"的形状，装好之后裸露在外。桥面经过长时间的人来车往，脚踩车轧，铁锔被磨得闪光发亮，不管从形状上还是光泽上，都像极了一个个银元宝，所以此桥就被称为银锭桥。"银锭桥"之名在明代古籍中就已有记载，并一直沿用至今。

自建成起，银锭桥就成为京城一处知名的悠游胜地，这里风光旖旎，是风雅的去处。文人墨客常常汇聚此地，吟诗作对，绘景抒情，留下了诸多对银锭桥的赞美之词。明代内阁大学士、文学家李东阳在一次游慈恩寺后登上银锭桥，触景生情，遂写《慈恩寺偶成》：

城中第一佳山水，世上几多闲岁华。
何日梦魂忘此地，旧时风景属谁家。
林亭路僻多生草，浦树秋深尚带花。
犹有可人招不得，诗成须更向渠夸。

地处什刹海水域要道的银锭桥经风沐雨，几经拆建。1918 年，为便于车马通行，将银锭桥隆起的桥面改为平缓的桥面，改建后的桥面几乎和两端的路面一般高矮。1950 年，什刹海清除银锭桥下淤泥垃圾，露出了燕翅墙。当时的桥栏、望柱已经残破不全，维修时用新砖砌成节式桥栏。1984 年，将砖桥栏改为石桥栏，并重修银锭桥桥面，但没有改造桥体结构，桥面依旧平缓。1990 年，再次改建银锭桥，拆除旧桥，建钢筋混凝土结构桥身，恢复了隆起的桥面，桥面铺青石板，栏板和望柱仍用汉白玉石料。2010 年，银锭桥因桥基下沉，再次测绘、拆除，然后对桥身进行原样复建。新桥桥

银锭桥

基采用钢筋混凝土结构，桥面采用原有汉白玉栏杆和桥面砖，未改变原桥的尺寸和外观。几经修复之后的银锭桥全长 12 米，宽 7 米，高 8 米，跨径 5 米，桥上有镂空云花栏板 5 块、翠瓶卷花望柱 6 根，桥身正中刻有单士元题写的"银锭桥"三字。桥的东南侧立有杨萱庭手书的"银锭观山"和朱家溍撰的《银锭观山碑记》碑。

二、"银锭三绝"

古时的银锭桥一带不仅是风流雅士、达官贵人的聚集地，不少平民百姓也愿意到这里来。他们或散心闲游，或饱览盛景，或张罗生意。于是时间一长，银锭桥畔就成了北京城里一方热闹的所在。人们来这里即可一睹京城的市井繁华。旧时北京百姓还为银锭桥的游览总结了"三绝"，分别是"观山""赏荷"和"烤肉"。其中最为著名的，是"银锭观山"，被

"银锭观山"石刻／孙佳丰 摄

称为三绝之首。

　　所谓"银锭观山"，就是站在银锭桥上眺望西山。它是清代民间评选出的"燕京小八景"之一，更是老城内唯一展现山、水、城相融的景观视廊。据说，旧京城虽然没有高楼大厦，但也绿林成片，古树遮天，因此人们在北京城内很难看到郊外的西山。唯独站在这座与地面等高的银锭桥上，引颈西望，可领略西山浮烟晴翠的绰约丰姿。这是因为银锭桥地处两海交接处，视野开阔。两海交接处的狭长水道与宽阔的后海湖面，构成了一个扇形的视角。又由于过去新街口一带并没有耸立的高大建筑，因此西山之景便得以呈现于人们的视野里。站在银锭桥上向西眺望，水面越来越宽，在水天极处，浮现出西山的影子，层峦叠嶂，令人心旷神怡。清代文学家宋荦也在《过银锭桥旧居》中以美妙的诗句来赞美"银锭观山"的风采：

鼓楼西接后湖湾，
银锭桥横夕照间。
不尽沧波连太液，
依然晴翠送遥山。

银锭桥之二绝便是观赏荷花。什刹海一带水源充足，每当盛夏，满池荷花便会竞相盛放。同时因荷花有"和美"之意，所以历朝都大力提倡在这里种植荷花。当时什刹海除留有船道之外，水面几乎被荷花覆盖，银锭桥无疑是观赏荷花的绝佳地点。清代得硕亭的竹枝词《什刹海》写道："地安门外赏荷时，数里红莲映碧池。好是天香楼上座，酒阑人醉雨丝丝。"自清代以来，什刹海一带成为市民游览纳凉的胜地，所以逐渐形成了以售卖荷花为主的荷花市场。清末民初，荷花市场各式小吃、百货云集，文化活动丰富，是北京人记忆中的京城后花园。

银锭桥的第三绝则是品尝烤肉。提起京城著名的烤肉饭庄，常有"南宛北季"的说法。"南宛"指的是北京城南的烤肉宛，以烤牛肉为主；而"北季"则是指位于西城区什刹海银锭桥畔的烤肉季，以烤羊肉见长。相传，清朝道光二十八年（1848），北京通州的回民季德彩在什刹海边的荷花市场摆摊卖烤羊肉，打出了"烤肉季"的布幌。经营烤肉摊多年之后，季家有了一些积蓄，于是就买下了一座小楼，正式开起了"烤肉季"烤肉馆。"烤肉季"所处的位置，正是"银锭观山"之地，面对一波碧水，品味烤肉，荷香、肉香混在一起，让吃这件俗事立马变得高雅了起来。

三、"银锭观山水倒流"

在银锭桥，还有一个特殊的景观"银锭观山水倒流"。"银锭观山"指的就是在银锭桥眺望西山的景致，而"水倒流"之景则与什刹海水系变化有关。由于北京的地势总体上是西北高、东南低，因此河湖之水也是从西北流向东南方向，元代时期什刹海一带水域宽阔，湖水常年自西向东而流，即后海之水经银锭桥东流向前海。进入明代以后，受上游水源水量的减少，加之湖中大量养植莲藕，浅水处垦出稻田，以及填湖盖房等因素影响，西海与后海之间逐渐形成陆地。为保证皇城用水充足，明中叶在德胜桥东南岸开凿了一条月牙河，将西海的水经西步量桥旁的西涯闸引入太液池。剩余的水通过前海南沿的水闸进入前海，再通过银锭桥流到后海。因此银锭桥下的湖水由东向西流动，此景观被当时的文人称为"银锭观山水倒流"。

还有一种说法是，在清末至民国期间，由于政权更迭，军阀混战，社会处在动荡之中，当时的政府无暇顾及河湖水系的治理，什刹海一带河道也长时间无人清理疏通。水从积水潭由西向东，从后海流向前海，年复一年，水底淤泥积厚。当银锭桥东侧水底淤泥高于西侧时，后海南流的李广桥下河道也堵塞了，这时如果积水潭水量少，前海水面

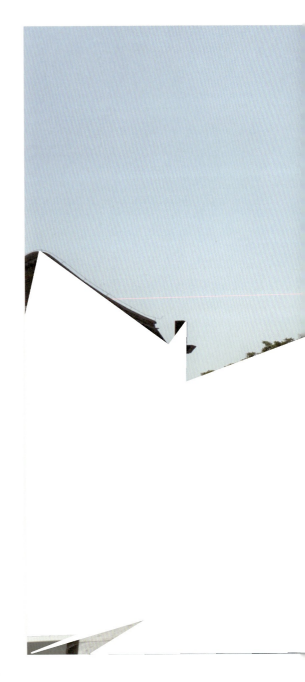

什刹海一带的河道

就会高于后海水面，前海水就会由东经过银锭桥向西流，形成"水倒流"的特殊景观。这样的情况一般维系时间不长。现在的北京城市水系经过多次科学的改造，已经变成了"顺流而下"，"银锭观山水倒流"的景观也就消失了。不过"银锭观山水倒流"后来演变成了老北京熟知的一句歇后语，寓意"事情的发展不按一般规律出现"。这句生动的表达，饱含着人们对于城市水系变迁的深刻记忆。

"水倒流"景观的消失，是城市水系良性发展的体现，但城市化的发展，也一度使"银锭观山"的景观被破坏。1984年，位于西海南侧的积水潭医院新北楼出现在了"银锭观山"的景观视廊内，对什刹海周边平缓开阔的城市天际线造成了破坏，使人们站在银锭桥上无法再展望西山。北京市后来意识到了这个问题，并积极着手解决。《北京城市总体规划（2016年—2035年）》明确提出，应"恢复银锭观山景观视廊"。《首都功能核心区控制性详细规划（2018年—2035年）》也将"银锭观山"列为核心区36条战略视廊之一，并进一步划定管控范围、明确管控要求。2021年，随着积水潭医院新北楼拆除工程完工，"银锭观山"景观视廊被打通，再现了老北京历史文化记忆。

什刹海上的银锭桥，领阅过大运河积水潭港的千帆万楫，也承载着古往今来的游人墨客领略京城山水的诗心雅性。光阴流转，它依然是京城运河水系的点睛之笔，市民游客的聚集之地。

中轴线上的运河桥——万宁桥

万宁桥镇水兽

北京城市中轴线与大运河水道的交汇之处，有一座矗立了 700 余年的古桥——万宁桥，它是北京城里最古老的桥梁。这座历史悠久的万宁桥，在北京城与大运河的建设发展中地位特殊，有着"京城中轴线上第一桥"和"京杭大运河上第一桥"的双重美誉。

一、中轴线上第一桥

万宁桥始建于元代至元二十二年（1285），因近元代万宁寺而得名；又因其建在玉河通往什刹海的入口处，故亦称"海子桥"。元代时，什刹海三海名"海子"，又称玄武池。玄武为北方之神，什刹海在皇城以北，故名玄武湖。《析津志》记载："万宁桥在玄武池东，名澄清闸，至元中建，

在海子东。至元后复用石重修，虽更名万宁，人惟以海子桥名之。"同时，万宁桥因位于皇城后门地安门之北，所以人们也习惯上称之为"后门桥"。

元至元四年（1267），元大都始建。受元世祖忽必烈之命负责新都城规划筹建的大臣刘秉忠，根据"择中而立"的布局理念，结合"逐水而居"的游牧习俗，以"六海"的绵延水系为依托，紧傍海子东岸画出一条经线作为城市中轴。而海子水域最东处万宁桥所在的位置，就是北京城市中轴线的设计基点。建筑家梁思成先生在《北京——都市计划的无比杰作》一

万宁桥

文中形象地说道："元大都的设计师在圆弧状湖泊的东岸画出了一条南北与湖泊相切的直线，切点就是今天的后门桥，切线就是今天的中轴线。"当时，在万宁桥北的今鼓楼一带，又建立了中心台和中心阁作为全城的中心点，并以万宁桥至海子西岸的距离为尺度，自中心点向四方丈量出城廓位置。而后，遵照《周礼·考工记》中的王城建设规制，布局大城、皇城、宫城的建筑。明清北京城较元大都南移，但城市中轴线的主体格局保留并延续至今。如今，海子东岸的中心台与中心阁已不复存在，唯万宁桥矗立 700 余年，成为北京中轴线基点和城市规划起点的一个重要实物例证。

万宁桥初为木桥，元代改筑为单孔石拱桥。石桥身长 10 余米，宽近 10 米，桥面用巨大的块石铺砌，中间微拱，但坡度不大，利于车马通行。桥的两侧建有汉白玉石护栏，雕有莲花宝瓶等图案，雕刻精细完美。桥券脸石正中雕刻有怒目而视的镇水兽纹饰，桥下两岸亦有威猛凶悍的镇水兽伏于河沿。该螭状镇水兽名为"趴蝮"。相传为龙生九子之一，生性喜水，故镇守河道，为保佑一方风调雨顺的吉祥之物。万宁桥拱券的上部结构曾在明代重建，清代又更换过桥栏杆。1924 年，万宁桥的桥面被降低，横铺桥面石板改为斜铺，并在两侧辟人行道。1954 年，万宁桥和石闸均被埋于地下，地面以上只露出桥面和两侧桥栏。1999 年，北京市政府批准市文物局大规模整修万宁桥及周围环境。

2000 年，万宁桥东西两侧重现水流，桥身重现原貌。万宁桥虽经历数百年的风雨侵蚀和后代的历次修缮，仍旧保留了早期桥梁的特征，是北京重要的水陆交通枢纽，也是北京具有代表性的城市坐标。

二、"北京城"石柱

正是因为万宁桥有着如此重要的地位，所以民间传说将其渲染得神乎其神。北京有句广为流传的俗话："火烧潭柘寺，水淹北京城。""火烧潭柘寺"，说的是潭柘寺内做饭用的大锅底部铸有"潭柘寺"三字。"水淹北京城"则是说万宁桥下曾有一根石柱，竖刻"北京城"三字。当桥下之水漫过石柱上雕刻的"北京城"三字，整个北京城便要遭受水灾。这句俗语的由来与刘伯温建北京城的传说有关。这要从"徐达一箭射出中轴线"的故事说起。杨建业编著的《前门传说》中记录了这则民间传说：

传说武将徐达曾随朱元璋打天下，朱元璋登上皇位后拜其为右相。徐达对北京城非常熟悉，因此在朱棣修建北京城时，被刘伯温推荐任建城总督。徐达问刘伯温北京建城于何处，刘伯温对徐达说："北京城的位置就在将军的箭上，箭落在哪儿，就在哪里修建北京城。"徐达听罢，张弓搭箭，运足神力，向北便射出一支箭。刘伯温立刻带人坐船顺着运河向北追去。徐达这一箭射得太远，一下子飞到如今北京城南的南苑。谁料箭落地时恰巧被这里的地主看见，他担心在此建城会占了自己的房子和田地，于是又将箭向北射去，借风势飞落到如今万宁桥的位置。刘伯温不是凡夫俗子，他掐指一算，知道箭曾落在南苑，便向地主索要。地主知道瞒不住，便如实相告。后来，刘伯温就以这支箭经过的地方为中轴线，建起了北京城。

作为中轴线北端点的万宁桥，又为什么会跟"水淹北京城"有关呢？杨舒在《地名里的老北京》一书中讲了这样一个故事：

当初建北京选址的时候，徐达射的那支箭让南苑的土财主捡起来又向北射去，这支箭就落在了万宁桥，于是刘伯温就把此地定为北京城的基点。

巧的是在万宁桥一带挖地基的时候，刘伯温在桥下发现了元初刘秉忠留下的一块石碑，上面刻着"北京城"三个大字，于是刘伯温留下话说："若有一天大水漫过了'北京城'三个字，整个北京城都会淹没在水里了。"

所以在过去，北京人没事的时候总要到万宁桥这里来看看水位离"北京城"还有多远。

亦有传说讲，万宁桥下埋有镇物石鼠，它与正阳门处所埋的石马呈两点一线。因有"子鼠午马"的说法，所以万宁桥与正阳门所在的轴线便是贯穿北京南北的中轴"子午"线。这些民间传说从侧面印证了万宁桥之于北京城的重要意义。

三、闸桥畔的"市井宝地"

位于积水潭咽喉要津的万宁桥，不仅是北京城起源的重要标志，也是北京漕运的重要文物，是中轴线与大运河共同的文化遗产。元代定都北京后，首先面临的问题便是大都城的粮食等物资供应。因此，在大都的建设过程中，为保证漕运水源和城市供水，都水监郭守敬奉诏主持开凿通惠河，于至元三十年（1293）修成自白浮泉，经高梁河、积水潭，沿皇城东围至通州的漕运河道，并在其主要干线上修建了 24 座水闸调节水位。万宁桥下的澄清上闸（又名海子闸）便是漕船进入大运河终点积水潭港的闸门，它在保证

大运河澄清上闸遗址石牌

澄清上闸遗迹

万宁桥澄清上闸

元大都粮食供应方面发挥了举足轻重的作用。

　　澄清上闸始建于至元二十九年（1292），初为木质结构，至顺元年（1300）改用石材重建，并与东侧万宁桥连为一体，使万宁桥成为兼具通行和治水双重功能的闸桥建筑。澄清闸作为控制运河水量、保证漕运畅通的关键设施，它的石质建造工程十分艰巨。为使闸基经得起过船和流水的冲击，工匠们砌基时要使用石灰和铁钉，有时到了深夜，他们仍借着月光在水中施工。

元人隽景山的诗描写了澄清闸换石闸工程之艰难：

> 六丁竭力用功夫，不用长虹枕海隅。
> 石齿冷涵云迹润，树头寒挂月轮孤。
> 嘶风宝马踏晴雪，出蛰苍龙戏贝珠。
> 伫立细看今日事，临邛未遂马相如。

万宁闸桥是通惠河 24 座水闸中尚有遗迹可寻的三处建筑之一。在万宁桥下的河堤南北两岸，依旧可见残存的绞关石，以及嵌入闸板用的闸门槽的残段。

自郭守敬疏通北京大运河河道后，西山泉水汇入城北积水潭，江南的漕船川流不息地驶入大都城，形成了积水潭码头帆樯林立、舳舻蔽水的漕运盛景。当时，来自全国的物资商货集散于积水潭港，使得其东北岸的烟袋斜街和钟鼓楼一带成为大都城中最为繁华的闹市。元史记载，当时积水潭东岸至钟楼、鼓楼一带，米市、面市、绸缎市、珠宝市、鹅鸭市、果子市等各种店铺鳞次栉比，茶楼酒肆、商铺作坊旗幡如林，南北大贾、西域客商充斥其间，车水马龙，堪称京城繁华之枢。元世祖御驾途经万宁桥时高兴地为"通惠河"赐名，以寄托"通畅南北、惠济天下"之旨。

明代时，随着都城形制的变迁，大运河终点从积水潭移至东便门，钟鼓楼一带逐渐从喧嚣走向平静，而万宁桥一带则凭借其地接宫苑的区位优势和水色湖光的旖旎景致，成为官宦燕集、平民优游的一方胜地。明清时期，这里传统文化气氛愈发浓重，市井特色也更为显著，寺观楼台、府署别业等次第依湖而建，市井百业杂陈其间，是京城百姓享受从容而悠闲生活的地带。万宁桥一带的水市风貌一直延续至今。万宁桥以西的什刹海一带名胜古建众多，饭店、茶馆、酒吧鳞次栉比，被侯仁之誉为"京城最富有人民性的市井宝地"；万宁桥以东的玉河故道也经过多年的发掘与修缮，重现了运河水街穿巷的历史风貌。

皇城墙下的玉河桥——东不压桥

东不压桥是通惠河玉河故道上的一座重要建筑，它位于今地安门东大街福祥胡同西口，东不压桥胡同南口。从什刹海万宁桥东流的玉河，流经东不压桥到地安门东皇城墙角下。明皇城墙外扩前，东不压桥曾是漕船行至积水潭港的必经之桥，桥下的澄清中闸，曾在运河漕运中发挥过重要作用。

东不压桥

一、"东不压桥西压桥"

东不压桥建于明永乐十八年（1420），其原址处为一座建于元代的木桥，明代时才改建为单孔石拱桥。据说这里在元代时，曾是用作布匹和粮食交易的集市，所以叫布粮桥。而明代中叶的《京师五城坊巷胡同集》中又把它称作步粮桥。清代《日下旧闻考》也记载："地安门东有东步粮桥。"还有人认为桥身被皇城占去一半，桥身之窄，可以用步测量，所以称呼它为"步量桥"。但这以上两名称并未在大众中广泛使用起来，人们更乐意称其为"东不压桥"。之所以叫"东不压桥",与北海后门的一座名叫"西压桥"的桥有关,它们是相对而言的。

据说,西压桥原本叫西步量桥,明代扩建皇城的时候,将皇城北墙和东墙向外扩展,城墙把连通什刹海和北海水道的西步量桥压住了,所以改叫西压桥。而东不压桥和西压桥东西相对,又因为建在皇城墙外,与皇城墙有一小段距离,没有被皇城压上,所以叫东不压桥。

也有人说,东不压桥所在的地方叫北皇城根儿,高大厚重的皇城就压在桥南侧边上,但拱桥很难长时间承重。于是人们就把下面的桥洞一分为二,北半边的桥洞是正常大的拱桥洞,南半边只留一个流水的小涵洞,与其说是桥不如说是实墙,这样皇城就等于没有压在桥上而是由河床直接砌起来的。由此北半边正常的桥叫东不压桥。

关于"东不压桥"名称由来的传说,生动反映了明代皇城东墙与玉河的位置关系。明代北京城是在原大都城的基础上进行改建的。对大都的改建,首先是缩减北城,然后开拓南城,形成北京内城的轮廓。世宗嘉靖三十二年(1553),又加筑南面外城。在改建大都城的同时,也对皇城和宫城也进行了改建。宣德年间,皇城北墙、东墙外推,将相邻的通惠河纳入皇城,船只无法通过原路线驶入积水潭码头。西压桥和东不压桥名称的变化,正是对明代扩建城墙的记载。

20世纪50年代,玉河河道被改为暗沟,东不压桥桥面被拆除,保留桥拱,埋入地下。直到2007年经考古发掘面世,现为遗址状态。遗址现场出土的东不压桥整体呈西南、东北向,中间窄、两头宽,桥侧面呈弧形,总长推测约47米。桥两侧的引桥由花岗岩石块铺成,保存相对完整。东不压桥桥面为元代砖石,桥基用料却为明代城砖,另外还有清朝的排水沟叠压在明代的雁翅之上,从而具有元、明、清三代遗迹叠加的特点。2007年复建玉河时,东不压桥遗址得以重见天日,另外还专为东不压桥增修了券脸和精

东不压桥标识

美的玉石栏杆，从此东不压桥成为了玉河上一道风景线。

东不压桥同时也是澄清中闸的所在地，是元代郭守敬为调节通惠河水位，在玉河河道上建造的重要水利工程设施。《析津志》记载："丙寅桥，中闸，有记。"据蔡蕃在《京杭大运河水利工程》一书中解释："丙寅桥，无记载，按桥名含义应该在海子东南，澄清上闸的下游。以实地考察看，应该是今东不压桥胡同，与地安门大街交叉处，桥的位置应该紧靠道路的北侧。'有记'，桥闸附近当时竖立有碑刻。"随着明皇城墙外扩，玉河故道失去行船功能，澄清中闸被废弃不用。2007年考古发掘出桥和闸遗址，确定了澄清中闸的准确位置，现遗址处主要保存闸口、闸墙、闸槽石等构件。

二、桥头有座玉河庵

东不压桥的桥头有一座专为祭祀玉河而建的庙宇，名为玉河庵。它建于清代，是京杭大运河沿岸重要的附属遗址。据《东华图志：北京东城史迹录》记载，玉河庵位于地安门东大街99号，原北皇城根37号，坐西北朝东南。据20世纪50年代调查，其主要建筑为山门一间；硬山大脊筒瓦顶正殿三间，大式硬山大脊筒瓦顶，调大脊，安脊兽；东西配殿各三间，硬山筒瓦顶；后殿三间，大式硬山大脊筒瓦顶，调大脊，安脊兽；东西配殿各三间，硬山筒瓦顶。庙内原有两尊大佛像和许多小佛像，并有两座香炉、两块匾及一口钟。1985年调查时，庙山门已拆除，正殿、后殿尚存，配殿

玉河庵

已改建，佛像、匾、钟、香炉等皆已无存。

　　2007 年，北京市文物研究所对北京玉河遗址进行考古发掘，玉河庵的建筑遗址被整体确认。考古发掘时，在一片居民拆迁的断瓦残垣间，玉河庵的前殿和后殿仍存，山门、东配殿和西侧围墙仅剩遗址，剩余建筑房基本已难觅其踪。尽管如此，残存的铺地青砖、如意石台阶、出土的龙首鸱吻、错缝垒砌的围墙残基，还是让人们感受到了这座寺庙曾经的生命力。特别是玉河庵碑首及残碑的发掘，为我们提供了这座古庵的更多资料。这块碑现在立在玉河庵门口，碑头为螭首，0.65 米高，浮雕四条蟠龙，阳面碑额上书"玉河庵碑"，阴面题写着《清重修玉河庵碑记》，额书"万古留名"，"嘉庆十三年（1808）九月住持尼僧立"。这座石碑的面世，使玉河庵的身份得到确证。

　　在清朝的《乾隆京城全图》上，玉河庵被明确地标注出来。而据《北平研究院北平庙宇调查资料汇编》记载，20 世纪 30 年代，玉河庵中曾有康熙五十五年（1716）铸造的小铁钟，铭文"供奉东步樑（梁）桥玉河庵"，这又将玉河庵的建造年代至少提前到清康熙年间。值得一提的是，《乾隆京城全图》上，玉河庵被记为"御河庵"，表明东不压桥以南的玉河已被圈入皇城，与内、外金水河等皇家用水合流，作为皇城供排水的专有河道。"御河庵"名称的出现，反映了玉河在逐渐失去漕运功能后，改作皇城内部御用水道的历史事实。如今，东不压桥桥头的玉河庵已按照原地基遗址复建，并改造成古香古色的玉河遗址博物馆，向人们展示着大运河玉河段的历史文化。

三、胡同里的水韵风光

曾在东不压桥下淙淙流淌过的玉河，北起中轴线上的万宁桥，沿帽儿

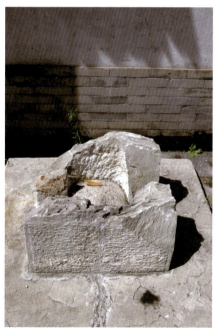

夹杆石

玉河庵石碑

胡同南、东不压桥胡同、北河胡同及皇城根一线，经正义路汇入前三门护城河，全长近 7.5 千米，是通惠河的重要组成部分。因为玉河在东城的胡同中蜿蜒流淌，故被老北京人称为"胡同里的运河"。

东不压桥胡同铁牌

元明时期，玉河之水西接海子所汇西山之源，东出大通桥，向东直奔通州，在接济运河漕运中发挥着重要作用。清代，由于水源的逐渐萎缩和水量的减少，玉河在宽度和堤岸质量上已大不如从前。乾隆时期，东不压桥一带的玉河河道逐渐干涸，成为一条弯曲的胡同，因为西北小东南大，弯弯曲曲像马尾巴的形状，所以称马尾胡同，宣统时称马尾巴斜街。民国三十六年（1947），马尾胡同改名为东不压桥胡同。1955 年，新中国为改造居民生活环境，将已视作臭水沟的玉河加盖填埋改为暗河，辟为马路和胡同。东不压桥的桥栏杆被拆除，拱券和桥基被埋入地下。原来河道的南北方向段称东不压桥胡同，原河道东西方向通后门桥的一段改属拐棒胡同。

东不压桥能够重新回到人们的视野，得益于 20 世纪 90 年代的玉河整治工程。1998 年，在平安大街拓宽马路的施工中，在地安门东吉祥胡同北口发现一段城砖垒砌的河堤，出土有云龙雕刻的基石，以及西北—东南走向的河道，宽 6 米，距地表深 6 米，底部铺有条石。当时北京史研究专家认出这是东不压桥南侧的玉河河堤。2007 年，北京市文物研究所经过历时一年多的发掘后，清理出元、明、清时期的河道及堤岸，也将东不压桥遗址、驳岸遗存等，按其出土原状向公众展示。同时东城区为恢复古玉河风貌，对玉河所经过区域进行拆迁改造，在地下 2 ～ 3 米处挖出了古河道。古河道两岸砌有城砖，砖上是 1 ～ 3 米长、约 1 米宽的大型花岗岩岸石，楔榫连接，非常坚固。两岸打有护岸桩。经过多年的发掘与修缮，万宁桥至北河沿大街西侧的河道已实现贯通，河道旁的街巷和院落也得到整修，重现了玉河水走街穿巷的历史风貌。随着玉河河道的修缮，东不压桥也旧貌换新颜。站在桥头远望，清澈的玉河水潺潺流过胡同穿过蜿蜒悠长的小巷，复现了玉河往日之风采。

2014 年，中国大运河入选世界文化遗产。澄清中闸（东不压桥）作为大运河重要的遗产点入选申报名单。作为北京大运河的重要节点，东不压桥为定位大运河河道、研究运河水系变迁提供了重要实证，它的悠久历史也折射了北京的漕运兴衰，见证了城市的建设发展。

澄清中闸石牌

老石闸遗迹

老石闸遗迹

老闸口遗迹

通惠河上的老闸口——平津上闸

通惠河平津上闸，是目前京杭大运河北京段内保存相对完整的一处元代闸口，也是大运河通惠河段上唯一保存下来的漕运码头遗址。它位于朝阳区高碑店乡高碑店村北口桥西，被当地居民俗称为"老闸口"。历经数百年，平津闸尚能看出完整的闸形，遗址处保存了古闸原有部分建筑构件，是极为珍贵的运河遗产。

老石闸

一、漕运古村的运河闸

"劳您驾，道您乏，明年请您逛二闸。两岸风光美如画，向东五里是三闸。"这首流传于通惠河两岸的清代儿歌中提到的"三闸"，就是平津上闸。它是元朝水利专家郭守敬为控制通惠河水位落差，在其沿线设置的24座闸口之一。

平津上闸建成于至元二十九年（1292），初名"郊亭闸"，这是因为其所在的高碑店村曾名"郊亭"。高碑店村是通惠河沿岸历史悠久的漕运

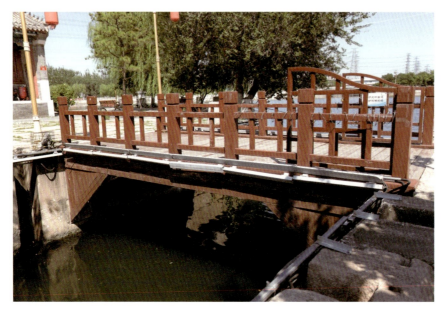

平津上闸旁新建的桥

古村。早在辽太平六年（1026），高碑店村一带就有"郊亭"这一地名。当时大运河与京城之间的交通只有陆路，行旅、客商们无论进城出城，走到高碑店村时，行程刚好一半，需要休憩。郊亭就成为往来者休息的"驿站"。辽南京城与各地的交流沟通日渐繁忙，驿路逐渐变成了商道，人们在此谋生、落脚，遂聚集成村落。高碑店村的繁荣，得益于元代通惠河的开通与平津上闸的建成。

据《元史》记载，在郭守敬修建的24座闸中部分闸名于元贞元年（1295）更改，其中"郊亭闸"更名为"平津闸"。同时，将原木制闸改为石闸，分上、中、下三闸，三座闸口相隔七里，规模宏大。当时每个闸口都有装卸货物的码头，称为漕运码头。高碑店村就是平津闸的漕运码头。作为重要的皇粮、商品集散地，高碑店码头盛极一时。当时诸多米市店铺也随之纷纷开设，所以码头附近区域就被称为"交米店"。因"交"与"高"发音相近，遂演变

漕运码头平津闸石碑　　　　　　　　　高碑店石碑

为"高米店"。而因漕运到此的许多南方人口中的"米"和"碑"发音相似，久而久之就把"高米店"叫成了"高碑店"。

明嘉靖年间，巡仓御史吴仲重新清疏通惠河，废掉平津中闸，留下平津上闸和平津下闸，两闸相间3.5千米。平津闸继续作为漕运码头和货物集散地发挥作用，凡是进京皇粮和物资都要先经过高碑店的平津码头存放和周转，再进入皇仓。元、明、清三代都曾在该闸设官吏管辖，有定额编夫船户，这种情况一直持续到清光绪二十七年（1901）漕运停止。平津闸在高碑店人的眼里，曾经是鱼多虾密的"老闸窝"，不少高碑店人以打捞这里的鱼虾维持生计，甚至发家致富。所以，高碑店人常说："金窝银窝，不如我们的老闸窝"，可见平津闸给高碑店人带来的福祉。

20世纪50年代前期，通惠河水全部自平津上闸流过。1958年在平津上闸的下游处筑坝建成高碑店水库，原北岸的大部分地域被淹没于水库之下，只保留了一座小岛，通过平津闸与南岸相连。高碑店水库建成后，河水改由平津上闸东面的，高碑店水库大坝上的新闸桥处通过，平津上闸从此成为水库南岸边的历史遗迹，不再使用。2007 年，保存完好的平津上闸基址得到加固，成为高碑店村漕运文化广场上的一处历史景观。平津上闸遗址，目前仍保存有古闸的闸门槽和相对完整的绞关石，可以看出平津上闸曾经的建筑规模。

二、建闸的传说

沿通惠河而建的水闸，是保证京城漕运畅通的关键。郭守敬在开凿元代通惠河时所建的二十四闸，以及吴仲疏浚明代通惠河时所建的五闸，皆为分段控制水流、节水行舟，确保漕船逆流而上。这样规模庞大且设计巧妙的水利工程，展现了中国人非凡的勇气和智慧。出于对运河水闸工程的惊叹与骄傲，以及对水闸建造者的崇拜与感激，人们创造了关于他们建闸过程的传奇故事。其中讲述郭守敬修桥筑闸的传说《炸炸糕与闸闸高》，说的就是平津上闸的故事，《高碑店村志》中记载了这一传说：

据说，郭守敬授命开凿通惠河时，为解决北京地势西高东低、船只无法顺水西行的问题，带着水利官员视察沿岸，频繁往返于京城大都与通州之间，耗费了大量的心血。一日，郭守敬一行来到郊亭用餐小憩。坐在那里，已 62 岁高龄的郭守敬不知不觉进入梦中。朦胧间，他见一位白发老翁推着车来到郊亭。老翁支上油锅，点上木炭，清脆地喊起来："卖炸糕喽！卖炸糕喽！"这"炸炸糕"的叫卖声不绝于耳，听在郭守敬的耳中却变成了"闸闸高"。郭守敬心中暗想，老人莫不是在提醒我该如此筑河闸？他忽然惊醒，忙下跪敬拜，说道："吾守敬，字若思，受于皇命，为京城黎民百姓修此河道，还惊动神驾，承蒙指点，待漕河连通，定烧香供奉，不负神旨皇命，为我大元朝鞠躬尽瘁，死而后已！"

之后，郭守敬马上布置修桥筑闸。籍东闸（庆丰闸）、郊亭闸、花园闸、杨尹闸、通州闸及至西面的沿护城河各处的桥闸同时开工。修闸先要用杉

郭守敬石像

木打桩（现今高碑店闸南岸敬老院内还有三四十根闸口打桩遗留下来的杉木），在河床下 3 米处夯实，再用石块铺砌上来，每块方石由八人才能搬动。石匠开凿闸槽、闸板，或用木匠打造木闸板，把河闸修成两个外梯形相距 5 ~ 6 米的闸坝，中间有一尺多宽的闸槽相对，上有用绳索提闸的绞关石（也叫挑闸板）。这些闸修成后，西水东流，落闸蓄水，提闸放水，并在两岸有农田处设置斗门（用于农田灌溉渠道中较小的固定的水闸），并设泄洪闸。通惠河漕运河道从此通行。

与郭守敬建闸的传说相似，《大运河的传说》一书中收录的《吴仲建闸遇鲁班》讲述了吴仲受仙人提点而建成通惠河闸的故事：

传说，吴仲在疏浚通惠河时，因为通惠河水源不足、东西落差大的问题愁眉不展，整天在工地上徘徊。一日，工地上一声洪亮的"炸——炸糕"从一片嘈杂声中传来。吴仲闻声看去，见一个须发皆白、双目有神的老头。吴仲起初并没在意，但老头一连几日都在工地不时地喊着："炸——炸糕。"于是他心想这个老头卖炸糕为什么吆喝和别人不一样，非要喊两个"炸"字？

想着想着，他忽然明白："炸"不就是"闸"吗？"炸——炸糕"就是一闸比一闸高啊！于是，他心中豁然开朗，挥笔疾书，制订了按坡度设闸的方案。写完建闸方案后，吴仲想去拜访那个老头，却再也找不见了。遗憾之余，他偶然间发现工地上供着的鲁班画像，才恍然大悟：那个卖炸糕的老头就是鲁班。从此，"鲁班下界，帮人们修通惠河"的故事迅速传遍了沿河两岸，大大激发了人们的修闸热情，工程进度大大加快，不久就建成了吴仲根据落差坡度设立的通惠河五个闸口。

三、老闸口旁的龙王庙

为保佑行船平安，平津上闸处还建有一座龙王庙，它就是著名的通惠河龙王庙（祠）。这座龙王庙位于平津闸遗址西南侧，建于明嘉靖辛酉年（1561），是明清两代专供朝廷和漕司官吏举办祀祭龙神仪式的重要庙祠。据明嘉靖年间（1522—1566）专职督管通惠河河道的都水司郎中吴遵晦所撰龙王庙碑文记载，水工部司管漕运的人常在高碑店闸口的龙王庙巡视。这是最早有关高碑店龙王庙的文字记载。

随着清末漕运停业，原来在运河边以搬运货物作为主要生计来源的高碑店人，不得不寻找新的谋生手段——挖坑养鱼。但养鱼要靠天吃饭，所以遇到大旱无雨时，村民们就到这座龙王庙去求雨。为保护鱼坑免受洪水之灾，村里还有专人在老闸口值班，这个人被叫作闸房。每遇下雨运河涨水，闸房就要敲锣。听到锣声，村里的男人们都赶往老闸口，准备起闸板放水。有时会因水势过猛或闸板很久不使用而难以起动，此时，村民就要到龙王庙里去敬香，祷告龙王保佑闸板顺利起出，平安渡过难关。如情况更加危急，闸房就会跪在老闸的"燕翅"边上，头上高高举起一炷香，在河堤上磕头，祈求龙王保佑。过去每逢农历二月初二龙抬头，高碑店便会举行龙王庙漕运庙会。届时方圆几十里的士农工商纷纷盛装赶赴"老闸窝"码头的龙王庙，焚香祭祀、花会敬神，祈求风调雨顺。龙王庙香火盛极一时。

龙王庙

20世纪60年代，龙王庙被拆毁，只剩下一座嘉靖年间的《龙王庙记》古碑。碑身题有"通惠河龙王祠记"，落款为"嘉靖辛酉岁孟夏"，碑额背面题有"万古流芳"。2011年，高碑店村村民集资在龙王庙原址上重新修建龙王庙，于2012年完工。重建后的龙王庙坐北朝南，位于通惠河南岸，两进院落，山门殿三间，东西两侧各有三间偏殿；正院内，东西厢各三间厢殿；院内正殿是龙王殿五间，里面供奉有龙王，还有雷公、电母和风神、雨神，平时由道长值守。东西两侧各有耳殿两间，后院中间是龙福书院，其两侧各有丹房、伙房、餐厅、办公室等。

平津上闸北侧还建有一座将军庙，为清代建筑风格。庙中原有一尊将军的塑像，一手捧幡，一手挑着大拇指，身着蓝衣，腰挎宝剑，看守着漕运。八国联军入侵时，将军塑像被法国军队推倒。将军腰中宝剑，被日本侵略者扔到河里。将军庙随后逐渐败落。如今平津上闸北侧闸基遗址所在小岛

将军府

上的将军庙，是与龙王庙同时在原址重建的。古老的平津上闸与复建的龙
王庙、将军庙并称"一闸两庙"，构成平津上闸遗址区重要的古迹景观，
它们见证了北京大运河漕运的历史与通惠河沿岸人民社会生活的变迁。

京通水路咽喉——永通桥

　　永通桥是通惠河上的一座著名古桥，它位于朝阳区与通州区的交界处。因距通州城西八里，故俗称八里桥。原桥头有石碑刻《永通桥碑记》云："通州在京城之东，潞河之上，凡四方万国贡赋由水道以达京师者，必萃于此，实国家之要冲也。"永通桥是控制京通粮道的标志性建筑之一，扼守京城东部门户，与京西卢沟桥、京北朝宗桥并称为拱卫京城的三大古桥。

一、"八里长桥不落桅"

　　永通桥始建于明代正统十一年（1446），明英宗朱祁镇赐名"永通桥"。永通桥为石砌三孔拱券形，南北走向。桥全长 50 米，宽 16 米。桥面以花岗岩铺就，每块桥石之间，以铁相互连嵌。桥面左右两侧各有 33 对望柱，望柱顶端雕有石狮，它们神态各异，栩栩如生，可与著名的卢沟桥石狮相媲美。桥面两侧的 32 副石栏板面刻有精美图案，桥东西两端还各有一对戗兽，长鬣密麟，昂首而视。桥身以灰土填

223

实夯固，土外为砖墙。桥墩高且长，形状如船。护坡石上卧伏着四只镇水兽，扭颈倾头，怒视碧波。

　　永通桥的三孔桥拱设计精妙独特，其中券极高，为 8.5 米，宽为 6.7 米，两侧洞孔则相对矮小，高仅 3.5 米，宽 5.5 米。中间的大券与两旁对称的小券高度悬殊，呈错落之势。两端长长的引桥又将石桥与两岸相连，使永通桥气势如虹，雄伟壮观。清代王维珍所撰《通州志》中"通州八景"之一的"长桥映月"，就是指永通桥的景致。永通桥的这种构造是为满足漕运的需求而专门设计的。古桥三券石拱利于河水畅流，中间拱券高大微拱，坡度不大，桥上便行车马，桥下可通舟楫。明清时期，八里桥是进出京师的要塞，又控制着京通的粮道，每年漕运季节，桥下粮船日夜不断，桥上车辆络绎不绝，客商、行人摩肩接踵，景象十分壮观。当时的朝鲜使臣柳厚祚在《燕行日记》中记载了永通桥一带的繁华：

> 南京货商彩船，来留此河，云："故一行已先进北门，余则向东门而下，河水稍减。南船不能来到，但燕船之泊于河岸者，难数其几许。而皆口帆铁索，船上覆长板，板上作屋，且仓廪之富实，甲于燕京。盖天下漕运之船，云集江边，百官颁禄自此中辨出。而春夏之间，帆樯如束，连续十余里。"

八里桥／王晴 摄

正因通惠河上运粮船多为帆船，如果建造普通形式的拱桥，势必阻碍漕船的航行。所以，古人才独具匠心地将石桥的中孔建造得相当高耸，这样漕船就可直接出入京师，圆满地解决了过桥落帆这一难题。通州地区盛传的"八里长桥不落桅"正是指此情景。民间关于"八里长桥不落桅"的现象，还有一个有趣的传说，郑建山编的《大运河的传说》一书收录了这一故事：

传说从南方来的运粮船桅杆高挺，而八里桥桥洞却相对矮小，所以漕船从通惠河进京城时，只能在八里桥落帆停下，再把粮食倒到小船上继续运输，费时费力。有一年，北方大旱，京城急需大批粮食，于是皇上降旨，要加快运粮。这使运河的船工船户很焦急，他们夜以继日地干活，可船队运输还是十分缓慢。人们眼看着一队队粮船堵在桥下，都快排到通州西门了，但是谁也想不出，让漕船通过八里桥时不用落下桅杆，从而节省时间的办法。

正当人们一筹莫展的时候，一位厨子老汉给船户们做了几碗饸饹，看着热气腾腾的饸饹，人们猛然反应过来，指着饸饹床儿兴奋地说道："这饸饹床儿就好比是粮船，这上头的把儿就是船上的桅杆，现在桅杆太高，粮船过不了桥洞，要是把桅杆改成活的——在船上安两根木桩，平时用两根

225

铁销子把桅杆固定在木桩中间，过桥时就拔掉一根销子，折下桅杆，船不是就能从桥下过去了嘛！"于是人们改装了粮船的桅杆，之后一队队船顺利地通过了八里桥，浩浩荡荡向京城驶去了。从此，"八里长桥不落桅"的故事也就传开了。

二、"扒拉桥"的传说

　　永通桥还有另一个俗称——扒拉桥。据民间传说，"八里桥"是由"扒拉桥"谐音而来。郑建山编的《大运河的传说》中也收录了这则广为流传的"扒拉桥"传说：

　　传说早年间，永通桥一带本无桥。每到雨季河水猛涨之时，不但两岸百姓常常遭难，京城所需的物资也难以由此运进城内，于是皇帝便下旨建造大石桥。圣旨一下，从各处调集而来的工匠在此齐力造桥。在成百上千的工匠中，有一位白胡子老汉总是在大家忙碌之时，在角落里不慌不忙地敲打一块七棱八角的石头。待那块石头被敲打得方方正正后，老汉就默默离开了。

　　后来，在石桥即将竣工时，中间大桥洞处有个窟窿怎么也堵不上，搬块大石头，放不下去，换块小的，又掉下去。就在工匠们焦急万分的时候，有人猛然想起曾见过有位白胡子老汉凿石头，于是就把那块石头搬来。人们将石头往窟窿里一放，窟窿倒是堵上了，可石块似乎还稍微小了一点，一碰就会晃动，但石头既掉不下去，也拿不出来。大石桥建成后，桥洞上面的这块石头仍然一扒拉就活动。所以，永通桥便有了"扒拉桥"的俗称。人们说那位凿石的白胡子老汉正是鲁班。

　　"扒拉桥"的传说将永通桥的建成归功于鲁班，鲁班"工匠之神"的形象赋予了这座古桥传奇的色彩。这则传说也诉说了此桥建造过程的艰难与桥梁设计的精妙，歌颂了劳动人民的智慧。这一传说也从侧面反映了当时通惠河的水势状况。永通桥原为民间的简陋木桥，由官方在原址改建成石桥。如传说中讲述，皇帝之所以下令建石桥，是因为通惠河一带每到夏秋雨季，河水都会猛涨，冲毁河上木桥，隔断两岸往来。这种说法与史实是相吻合的。李时勉的《永通桥记》记载："通州城西八里河，京都诸水汇流而东。河虽不广，每夏秋之交雨水泛滥，常架木为桥，比舟为梁，数易辄坏。"为保障京城与通州之间的物资运输畅行无阻，遂将永通桥建为厚墩石桥。

传说中鲁班雕凿后放入永通桥洞处的那块石头，其原型应是古时建桥时最后放入的"合龙"石。而它之所以一扒拉就会晃动，或许是与永通桥基础构造的真实情况有关。永通桥采用的是睡木基础。下面平铺两层圆杉木，上层圆木按照顺桥方向排列，下层圆木按照顺河方向排列，圆木之间填充碎石片和石灰。桥的面石与券石之间，亦填以灰土夯实。但由于圆木之间、砖石之间存在空隙，其中填充的碎石片和石灰便会在流水和风蚀的长期作用下流失，从而影响桥体砖石的稳定性。因此，1984 年与 1986 年，永通桥的券洞曾两次被通惠河洪水冲毁。所以传说中桥上一扒拉就晃动的砖石也许曾经真实存在过。

三、运河古桥卫京师

扼守京师东大门的永通桥不仅为漕运通航做出了贡献，它亦是中国人民英勇抵抗外国侵略者的历史见证。19 世纪中叶，西方列强侵略中国，发动了第二次鸦片战争。1858 年，英法联军攻占大沽口，迫使清政府签订了《天津条约》。1860 年 7 月，他们又强行将军舰开进渤海，突破大沽防线后占领天津，沿北运河水路进攻北京城。守卫大沽口的僧格林沁部队退守通州张家湾、八里桥一带，在北运河沿岸驻兵设防。9 月，英法联军向驻守张家湾的清军发起进攻，僧格林沁率领中国士兵奋力反击，于八里桥展开决战。战斗从 9 月 21 日早上 7 时打到 12 时，战况十分惨烈，这就是著名的"八里桥之战"。

"八里桥之战"是第二次鸦片战争中，清政府发起的最后一次大规模

227

抵抗。战斗中，清朝军队在僧格林沁率领下与英法联军在永通桥上浴血奋战，他们手持大刀长矛，以血肉之躯英勇阻击洋枪洋炮，血染通惠河。由于军备力量悬殊，张家湾、八里桥先后失守。八里桥是进京的最后一道屏障。突破了八里桥，英法联军直驱进入北京城，咸丰皇帝仓皇逃往热河避暑山庄，圆明园被劫掠后焚毁。"八里桥之战"虽以失败告终，但是中国军人为保卫家园表现出来的同仇敌忾、奋勇抗争的爱国热情和民族精神值得后人永远铭记。英法联军军官吉拉尔在《法兰西和中国》一书中曾对清军的斗争精神表示赞叹："光荣应该属于这些勇士！他们没有害怕、没有怨言，他们甘愿为了国家慷慨地洒下热血。这种牺牲精神在所有民族都被看作是伟大的、尊贵的和杰出的。"

随行的法国翻译官伊里松在《翻译官手记》中也记述了"八里桥之战"的惨烈与清军的英勇无畏：

在桥的正中央，冒着枪林弹雨，清军的一位官长骑着马站在前面，他挥舞着黄旗表示挑战，尽管隆隆的炮声盖过一切，可是他还在高声呼喊着。在这位英勇的官长的周围，桥栏的大理石块被炸得四散飞舞，我们的炮弹造成了成批的杀伤。死神一刻也没有歇手，却并没有吓倒这些不灵活，然而却勇敢的斗士，他们寸步不退。

现在永通桥的石护栏上，依然留有当年被列强炮弹轰击的弹痕。它们是卑劣的侵略者的罪证，亦是英勇的中国军人的勋章。这些枪林弹雨的痕迹，与古旧斑驳的车辙，一同诉说着永通桥的历史沧桑，见证着它拱卫京师的艰巨职责。

鉴于永通桥的重要历史价值，国务院于1961年将永通桥列为全国第一批重点文物保护单位。2001年古桥全面修复，将引桥延长，两端各加三孔拱券用于泄洪。2013年和2014年，永通桥先后被列为全国重点文物保护单位及世界文化遗产名录。2021年，永通桥又被列入北京市第一批水利遗产名录。

　　自建桥以来，永通桥一直发挥着重要的交通作用。直到 2018 年底，由于桥梁年久失修，风化严重，使用近 600 年的永通桥才实行全面禁车保护，并清除路面柏油，复原清朝石道原貌。同时，在古桥西侧一百多米处修建"新八里桥"。2019 年底，新八里桥正式替代旧桥的交通承载功能，成为通燕高速和京通高速的重要联络通道。自此，古桥与新桥并肩矗立京东要道，共同承担起保护历史文化与服务首都发展的时代使命。

八里桥新桥

张家湾古城名桥——通运桥

　　位于通州腹地的张家湾，有萧太后河、北运河、凉水河等数条河流经或通达，是大运河北起点上重要的水陆交通枢纽和物流集散中心，素有"大运河第一码头"之称。悠久的漕运历史为张家湾留下了许多运河桥梁古迹，如位于城南门外的通运桥、城东南东便门外的虹桥和城东门外的东门桥。其中，城南门外萧太后河上的通运桥规模最大，也最为著名。现在的它桥身写满了岁月的痕迹，每块砖石都见证着这

通运桥 / 孙佳丰 摄

座古镇的繁荣与沧桑。

一、古桥又名"萧太后"

　　通运桥横跨于张家湾古城南门外的萧太后河上，原是一座木桥。因这里邻近大运河码头，南北商客云集，南北驳运的各种货物都要经过此桥，木桥不堪重负，时断时修。为保证码头上的货物运输，明神宗万历年间下

通运桥

旨修建石桥，万历三十一年（1603）正月动工，万历三十三年（1605）十月告竣，赐名"通运"。因通运桥横跨在萧太后河上，所以俗称"萧太后桥"。

通运桥下的萧太后河是北运河水系的一条支流，河道开挖于辽统和六年（988），是北京最早的漕运河。传说萧太后下令开凿了运粮河，所以运粮河有了萧太后河的名称。萧太后，汉名绰，为辽景宗耶律贤的皇后。在北运河流域，萧太后兴修水利，造福于民的传说屡见不鲜。

其实，通运桥与萧太后并无关系，但和明朝万历皇帝的生母李太后有关。据史料记载，明万历年间，内监张华奏请把通运桥由木桥改建为石桥。因万历皇帝生母李太后是通州人，建此桥的地方是她的家乡，兼之修桥乃是件大功德，于是，不但修桥之事很快得到批准，李太后还捐了大半修桥之资。在李太后的支持下通运桥顺利建成。与通运桥同时完工的，还有一座由李太后出钱捐建的福德庙，供奉天、地、水"三官"，以镇水护桥。通运桥北端原有螭首方趺汉白玉碑两座，碑身阳刻楷书铭文，一为《敕建通运桥碑记》，另一为《敕建福德庙碑记》，钳道骈立。现庙已不存在，唯存桥北敕建通运桥福德庙碑，记述李太后捐资改建石桥与建庙镇桥之事。

二、镇水石兽的传说

通运桥是一座古朴的三券平面石桥，全长43.5米，宽10米。整座桥身为青砂岩石材建造，桥面由条石交错铺就，如今依稀可见其经过数百年车轧马踏留下的累累车痕。桥的两侧各有18根海棠望柱，柱头雕狮，神态各异，栩栩如生。通运桥最独特之处，当数桥身栏板的浮雕宝瓶。其每块栏板内外两面所浮雕的莲叶纹宝瓶图案，叶脉纹路洗练流畅，造型别致。它们风格浑然一体，雕纹却不完全相同。此种雕饰在北京古桥护栏中极为少有。建筑学家王世仁曾这样评价它们："两面浮雕宝瓶的风格，全国古桥独具。"而更能赋予通运桥传奇色彩的，则是桥上的镇水石兽。

通运桥中孔栱券顶上刻有螭状吸水兽，双眼注视水面，雕工非常精致。传说这吸水兽的作用就是控制河水高度，当涨水时它会将多余的水吸入口中，当河水干涸时再吐出口中之水，保佑一方水土平安。通运桥桥台四角各趴卧一尊镇水兽，目前除西南角的一尊相对完整，其他的三尊都因风化而残缺不全了。此镇水兽为趴蝮，在中国神话传说是龙生的九子之一，擅水性，喜欢吃水妖。人们也常说它是镇水的饕餮。相传，这只水兽原来在张家湾城北不远处土桥村石桥雁翅上，它对面的石兽夜间跑到田间毁坏庄稼，被桥南三官庙内的周仓发现，被周仓持刀砍伤，这只石兽看见血淋淋的同伴，不敢再待在原处看守，就乘夜逃到通运桥下，隐藏在这石桥上了。《漕运古镇张家湾》一书中则记录了另一个与它相关的故事：

传说，萧太后河中曾有一条蛟龙，它企图兴风作浪，一心想撞毁河上的萧太后桥。龙子之一的饕餮不满其行为，日夜守在桥旁警惕监视。一日，

张家湾城墙

张家湾城墙

蛟龙袭来，与饕餮大战。饕餮以擅吸水为能事，蛟龙的头冲撞力巨大。二兽相斗，一时难分胜负。恰好从此路过的鲁班看见了，就一边往河里扔粽子，一边喊着"三角，三角——快刀，快刀！"饕餮起初不解，后来终于明白了。于是待蛟龙进攻时，饕餮且战且退，退到近桥洞前。只见饕餮猛地一闪身，蛟龙直撞过来，一头扎在洞旁的尖角石头上，弄了个头破血流，最后丢"鳞"弃甲落荒而逃。原来，精明的饕餮知道，鲁班爷是让它利用桥洞上固定的巨大三角形尖石，破蛟龙之冲撞。这三角形尖石是石桥桥洞前置分水石，用以破解水流冲力，保护桥体安全。多亏了饕餮的守护，萧太后桥才能巍然屹立至今。

如今，通运桥下的镇水兽依然虎视眈眈地注视着河流，昂头蹲坐，颇显雄风。

三、通运桥上望古城

通运桥是欣赏张家湾古城的最佳视点。站在通运桥上，向北可见紧邻桥头的张家湾古城高耸的南门城楼。城楼东西两侧蜿蜒着 400 多米长的城墙。东侧的城墙是在当年古城墙的基础上加以整饬而保存下来的，其北侧有可登上城墙的楼梯。西侧的老城墙保持着古旧的残貌，剥落的城砖与墙上的杂草尽显古城的沧桑。

早在辽金时期，张家湾地区（长店）就是萧太后河畔的一个重要漕运码头。元代初期，漕运万户侯张瑄督海运至此，此地因此得名张家湾。随着元代通惠河及大运河全线开通，张家湾一带成为重要的码头和物资集散地。明嘉靖七年（1528），由于通惠河改道，漕运码头自通惠河口北迁至通州城北，故张家湾码头的功能从漕粮转运为主转变为商业货运为主。明朝在通州、张家湾两处建造了许多巨型仓库，运到的漕粮有一多半存在里面，从而提升了张家湾的战略地位。明嘉靖四十三年（1564），为防御塞外游牧部落抢掠皇粮，明嘉靖皇帝下旨在张家湾建造城池。

明朝大学士徐阶曾在《张家湾城记》中写道：张家湾城"随河岸地势而建，周围九百零五丈，厚一丈一尺，高二丈一尺，内外瓷砖，中夯实土，设守备一员，率军五百人守城"。落成后的张家湾城，四面设有城门，皆依码头所需而建，互不相对。顺城之南垣而流的萧太后运粮河成为张家湾南护城河，并在南城楼外架起了一座木桥，是为通运桥石桥前身。通运桥的建成，进一步加强了张家湾的军事、经济及战略地位。去往通州、北京城的大道，经此桥跨过萧太后运粮河后由南城门入，北城门出，穿城而过。建城后的几百年间，是张家湾最辉煌的时期。作为京师重要的物资集散地，张家湾异常繁华。嘉靖《通州志略》描述张家湾为"南北水路要会之处，人烟辐辏，万货骈集，为京东第一大码头"。清王维珍《通州志》中提到"通州八景"之一的"万舟骈集"，就是指张家湾一带水路码头的繁盛景象。

明清时期，南门外的通运桥将张家湾一分为二，桥北为张家湾城，桥南则为张家湾城郊。桥东西两侧均建有为方便乘客登岸所设的石台阶，南来的客船都停泊在张家湾城西南角外萧太后河的宽阔处，然后在此登岸。据冯其庸等红学专家考证，曹雪芹创作《红楼梦》时，部分生活情节、环境描述均来源于其生活过的张家湾。《红楼梦》中提到的"花枝巷""十里街""葫

张家湾城墙

芦庙""馒头庵"等都是张家湾实际存在的地名，书中描写黛玉回家等多
处登舟、上岸情节，都极似在描写张家湾运河码头的情景。1968 年曹雪芹
墓碑（现存于张家湾博物馆）在张家湾的出土，以及曹家当铺、盐店、染
房、古井等地点的确证，无不说明张家湾是曹家生活的一个主要地点。如

通运桥

今，在通运桥西侧的萧太后河南岸，矗立着一座 7 米多高的青锡铜铸的曹雪芹像。它是于 2015 年在曹雪芹诞辰 300 周年之际塑起的。它坐西面东，正望着不远处的残城与古桥。

张家湾城经过明清两代数次重修，至清末尚有城墙与较为完好的城楼。抗日战争爆发以后，日本侵略者及国民党军队先后占据张家湾，期间古城被拆毁。新中国成立以后，通运桥和张家湾古城墙受到了政府的保护并得到修复。1992 年，古城墙西端 20 米按城墙原样被修复，其余 80 米则保留残貌。1995 年，"通运桥及张家湾镇城墙遗迹"被列为第五批北京市文物保护单位。2002 年，通运桥和张家湾古城被列入"人文奥运"六大景区之一的"通州运河文化景区"，得到进一步修缮。2013 年，"张家湾城墙及通运桥"作为大运河北京段的一部分，被并入全国重点文物保护单位大运河内，并于 2014 年中国大运河申遗成功后，成为大运河上的重要遗产点。

通惠河故道古桥——广利桥

　　在张家湾镇土桥村中，有一处知名的大运河古桥遗迹——"土桥及镇水兽"。这座土桥位于通惠河故道之上，其官名为广利桥，因近广利闸而得名。由于桥下河道湮废，广利桥被废弃掩埋，但其东南边的一尊镇水兽，依然伏卧在昔日的桥头河畔，它向人们讲述着传奇的故事，告诉人们通惠河曾在这里流过。

一、桥迹藏在土桥村

　　广利桥位于土桥村的通惠河故道上，它始建于元代，是京杭大运河北端码头张家湾入大都城的重要桥梁。通惠河是当时南粮北运的主要通道，元代通惠河繁忙之时，南来的粮食及贡物大多在大运河北端的张家湾码头下船，然后再通过陆路运抵京城。尤其通惠河水量不足时，张家湾码头的运物及漕务更加繁重。于是，政府在通惠河必经之地，搭建了一

土桥碑

座木桥以供通行。此桥因地近广利闸而得名"广利桥"。广利桥刚建成时，桥面由灰土填垫夯实而成。因车马人流不息，桥面旱时为土，雨时为泥，所以该桥也俗称为"土桥"，其所在的村庄也因此得名"土桥村"。桥名与村名相沿至今。

明朝万历年间，木质的广利桥不堪重负，遂被改建成平面石桥。由于人来人往，络绎不绝，此地被道士看中，便在桥南建三官庙一座。据传此庙是明神宗万历年间的李太后捐内帑所建，即方便行人祈祷，又为太后求福。清乾隆四十二年（1777）曾予重修。清嘉庆七年（1802）以后，张家湾河道淤浅，至清嘉庆十三年（1808），洪水泛滥令运河彻底改道，张家湾码头随之没落，入京大道上的广利桥渐被废弃，但尚存石桥雁翅及镇水兽。1959 年 7 月，广利桥被公布为通州区文物保护单位。

运河研究专家周庆良回忆道："1981 年底来到土桥村进行文物普查，当时的广利桥还是一座单孔平面石桥，南北向，两侧设等长、等厚、不等

土桥遗迹

高的素面护栏板各三块，栏端戗以如意形抱鼓石。而桥面石、撞券石、金
刚墙与雁翅都是由花岗岩石块砌成的。桥长 11 米，宽 6 米，雁翅长 10 米。
桥旁东南侧石基座上伏卧着一只两米长的大青石镇水兽。桥东北向的燕翅
中间嵌有重修刻石一块，简要记述了重修时日、捐修等事。1998 年，石桥
两侧河道故迹被填塞，桥券不见天日，且将镇水兽从燕翅垂直提升至地面。"

2004 年，土桥村进行旧村改造，村里盖起了楼房，昔日依运河而建的
小村庄，如今已成为环境优美的现代居民小区。广利桥残存的遗迹掩藏在
了幢幢楼宇间。现在在土桥村 7 号楼和 8 号楼之间的砖石地面处，可见两

段条状石头呈南北向凸起于地面。它们相距约四五米，高出地面十余厘米，行人一般不会注意到。这两段条状石头就是广利桥护栏的顶部，其下的桥体都埋于地下。其东南不远处伏卧着一尊镇水兽。土桥村中的广利桥遗址鲜有人问津，但"土桥"已成为人们所熟知的地名。土桥村、地铁土桥站、东六环土桥新桥……一个个以土桥为名的地点，承载着人们对于广利桥的记忆，也反映着这座古桥的重要历史意义。

二、广利之名因闸而得

村因桥而得名，桥因闸而得名。土桥村、广利桥与广利闸，生动诠释了运河、村落与桥梁的历史渊源。赋予广利桥之名的广利闸，分为广利上闸和广利下闸，它们是元代通惠河二十四闸中的最后两道闸。其中，广利桥西侧不远处的闸口便是广利上闸，又称河门上闸，它对元通惠河下游蓄水通航曾起到至关重要的作用。

元代通惠河是由郭守敬主持挖掘的，这条河道从西山穿过北京城，再流经八里桥，沿五里店、果园、九棵树、车里坟、东小马庄一线，往东南流向土桥村南，之后转向张家湾与皇木厂之间入潞河。关于元通惠河下游流经路线，后人一直颇有争议。一种观点认为元通惠河穿通州城中，即今新华大街一带，再折向东南，到今张家湾镇里二泗村西入白河。还有一种观点认为元通惠河不经通州城，而经通州城南的梨园一带，过广利桥在张家湾城东入白河，即今皇木厂附近。广利闸和广利桥的发现，证实了通惠河是由西流至此，而不是从北面的通州城流来。

周庆良在《元通惠河与河门上闸的选址》一文中根据史料记载和实地勘察，对广利闸的位置进行了详细的考证。明户部侍郎王琼所撰《漕河图志》载："广利闸，在张家湾中码头西"，即今土桥村西。当年，郭守敬设置河门上闸（即今土桥村西口广利上闸遗址以西）与通州下闸（即今孙王场村以南），两闸间 10 余里的河道，曾有一狭长的湖泊。在土桥村中，2003 年前尚保留一个东西向条形水塘，水塘上所建之桥便是广利桥。桥西 100 余米处，有一座石闸遗址，早已掩在地下。2005 年，土桥进行旧村改造施工时，挖出几块石闸的长方形石料。石料为青色花岗岩，长约 3 米，宽约 0.5 米，厚约 0.3 米，端部两侧都有燕尾榫，似是石闸雁翅石壁用料。根据条形老塘与广利桥位置判断，此座石闸闸门亦向西。由此证明土桥村西口处的水闸遗址就是元代通惠河河门上闸（广利上闸）的遗址。

广利闸还出现在曹雪芹的《红楼梦》里。书中第十七回，曹雪芹写贾政"大观园试才题对额"时描述道："原来这桥便是通外河之闸。"《漂来的北京》一书中写道："除广利闸之外，北京古代所有建的石闸中，再没有别的闸是'通外河'的了。"这"通外河"三个字就把这个闸锁定在张家湾城北土桥村西口处的"广利闸"了。至于曹雪芹为何明明知道广利桥和广利闸不是同一个水利设施，却偏要在书中写"原来这桥便是通外河之闸"，则是"假做真时真亦假"了。看似不经意的一句描述，便印证了广利桥与广利闸地理位置相近及桥与闸同名的事实，反映了广利桥与广利闸的密切关联。

三、"土桥镇水兽"

"土桥镇水兽"是广利桥遗址的一件标志性文物。这尊镇水兽原砌于广利桥东南向雁翅上，为艾叶青石所制，长 215 厘米，高 51 厘米，宽 85 厘米。圆雕与线雕相结合，卧伏状，梗项扭头，张口瞋目，大角犀利，鳞片满身，长尾回蜷。周庆良经过考察，认为这镇水兽应是明代遗物。把它安放在水边桥侧，镇水护桥，保佑商民通行。在桥边置镇水石兽，是古代重要水域桥梁建筑的一种普遍形式。但广利桥的这尊镇水兽，却有两点让人疑惑之处：其一，古桥的四个雁翅上应均有一只镇水兽，而广利桥的镇

土桥镇水兽碑

水兽却为何只见一只？其二，这只镇水兽腰处有一道明显的裂纹，它为何会带"伤"呢？郑建山所著《大运河的传说》中收录的民间传说"土桥镇水兽"，对这两个问题做出了生动的解释：

据传，现存的这只石兽，一天夜里饥饿难忍，就悄悄地跑到岸上去偷吃庄稼，肚子饱了又悄悄地回到原处卧下。天亮了，一位农夫惊奇地看到庄稼丢失不少，就立即到三官庙里向关老爷告状。关公一听就火了，瞪着眼睛想了想，不知是谁干的，没法去惩罚。关公是个细心的人，就暗暗派身边的周仓，夜里秘密查访。这只石兽以为神不知鬼不觉独自暗笑。

第二天夜里，石兽又来到另一家地里偷吃庄稼，咔嘣咔嘣，响声惊动了正在提着鞭子四处寻查的周仓。周仓举着鞭子就朝响声扑去，见是桥下石兽在祸害老百姓的庄稼，抡起大鞭就抽了过去，那怪兽正在洋洋得意地吃着，万万没料到挨了一鞭子，哎呀大叫一声，跑了。周仓心想，这石兽不会再敢偷吃庄稼了，也就没有向关公报告。

不料这石兽恶习难改，第三天夜里，又去了另一块地，先四下小心地看一阵，见没动静，又忍一会儿，还是没动静，这才放开胆子偷吃。那周仓知道这石兽贪食，不放心，这回是提着关公的青龙偃月刀出来探看的，从东边走到南边，又从南边绕到西边，都没发现什么疑点。当他从西边刚

土桥镇水兽

土桥镇水兽

刚向北边走几步的时候，突然听到咔咔声，就气呼呼地举刀奔了过去，照准石兽的身上，咔嚓一刀下去，那石兽来不及躲闪，腰上挨了一刀，腰上立马出现了一条大口子往外蹿血，嚎叫着奔回原处，老老实实地卧下了。周仓也不追赶，提刀回庙，一五一十地向关公述说了一遍，关公满意地点了点头，让他继续站在赤兔马边。

天亮了，卧在受伤石兽对面的那只，看见同伴鲜血淋淋的，问清缘由后吓得不敢在这里看桥，就偷偷地跑到张家湾城南门处，卧在了通运桥下。不久，桥西边的两只石兽也逃走了，不知去向，只有那只被砍一刀的石兽还在那里卧着，至今腰上的刀痕清清楚楚。

广利桥及其配置建筑物，多已随着河道的废弃而被掩埋损毁，这只镇水兽腰部的裂纹，也是由于长期受日晒雨淋断裂而形成的。但"土桥镇水兽"的传说仍然在民间广泛流传，似以口口相传的趣谈，冲淡文物已残的遗憾。1959 年，通州区人民政府为保护广利桥古迹遗存，将"土桥镇水兽"定为通州区文物保护单位。2013 年，它又随广利桥一同被公布为大运河北京段的登记文物。现在广利桥虽仅存遗迹，但这尊保存较好的镇水兽佐证了古桥的位置与走向，是通惠河下游水系的重要历史见证。

第四章

运河畔的祈愿

庙宇

　　北京的庙宇历史悠久、丰富多样，是一笔丰厚的历史文化遗产，在北京的城市文化建设中具有重要作用。在运河沿线，那些置身于码头、河畔、街巷、胡同的众多庙宇，因城市水系而兴建，有的在精神上帮助人们与自然和谐相处，有的在实际功用上助力水利建设，还有的是南北沟通、文化交融的见证。它们融入在人们的日常生活中，寄托着人们对美好生活的愿望，值得关注。

　　本章选取北京运河沿线的十座庙宇，按其从西北到东南的空间顺序分别介绍。这些庙宇各有特色：昌平白浮泉的都龙王庙因位于运河源头白浮泉附近而位置特殊；南长河畔的万寿寺与皇家有着千丝万缕的联系；"水门"西直门外的五塔寺经历了由真觉寺到艺术博物馆的沧桑历程；积水潭的汇通祠以郭守敬展览馆的身份坐落在西海湿地公园中，以让这位水利工程科学家注视着这片付出心血的水域；万宁桥侧的火神庙曾出现进京赶考的士子们争抢头香的热闹景象；铸钟娘娘庙作为铸钟厂的附属建筑，敲响了时空的钟鼓，彰显了运河的时代变迁；玉河庵是藏在玉河故道上的一座古刹，它记录了玉河连接通惠河与大运河的历史；京杭大运河北端的燃灯塔，是南方船舶到京的航标；通州清真寺记录着民族文化的交往、交流、交融，彰显着中华民族自古以来的团结和谐；漕运从业者争相前往祭拜的佑民观给人们带来安宁和希望。

　　通过对这十座庙宇的历史沿革、传说故事、建筑形制、名人题咏、现存状况等方面的介绍，展示运河畔的庙宇建筑所见证的社会生活、城市规划和悠久的北京运河文化。

都龙王庙

运河源头佑苍生——都龙王庙

　　北京是一座拥有众多庙宇的城市。按照老北京人的说法，"北京有多少条胡同，就有多少座庙"。北京文物局在1958年对全城寺庙进行过统计，当时留存的庙宇共有2730多座。

　　北京城是一座依水而建、因水而兴的城市。在中国传统文化中，华夏民族是龙的子孙。龙是古已有之的司水神灵，因此供奉和祭祀龙的龙王庙是十分常见的庙宇类型。据北京市档案馆主编的《北京寺庙历史资料》统计，新中国建立以前，北京城区和近郊区登记在册的龙王庙、龙王堂有八十余座，但"都龙王庙"只有一座。

一、龙王之中此为首

　　都龙王庙位于北京昌平区的白浮泉附近。都龙王庙所在的龙山，山虽不高，广为流传的名称却有多个，如龙泉山、神白、神山、凤凰山、白浮山、神岭山等。据《北京传统文化便览》一书介绍，龙山为土石山，相对高度 150 米。唐代文学家、思想家刘禹锡有诗云："山不在高，有仙则名；水不在深，有龙则灵。"龙山虽不高，龙泉水却深。龙泉就是龙山东麓山下的白浮泉，因常年水量充沛，是白浮引水工程的源头。出于对水源的依赖和对水患的恐惧，人们在此建造了龙王庙，司水治水的龙王在这里受到民众的供奉。

都龙王庙始建于元朝中叶，重修于明朝洪武年间。庙宇坐北朝南，由照壁、山门、钟鼓楼、正殿、配殿等建筑组成。正殿内奉汉白玉石雕刻的龙王像及雷公电母、风伯云童，壁画上龙王行雨图栩栩如生。正殿明柱楹联为："九江八河天水总汇，五湖四海饮水思源。"院内有明、清两朝记事碑五通，记述当时重修都龙王庙、置买庙田和祈雨往事。

庙中所供奉之龙神，在民间信仰中掌管雨水，关乎一方农业之水旱丰登，受到周围地区民众的崇祀。在元代，白浮泉不仅是昌平本地的灌溉水源，同时也是北京市生活、运输用水之源头，其意义重大，因此这里的龙王被认为比北京其他的龙王等级都高，被敬称为"都龙王"。

当地人认为，都龙王庙是北京地区最大的龙王庙，所有龙王都归这位龙王管；同时这里是龙泉所在之庙，掌管所有水源。因此都龙王庙之"都"，既为国都之都，也意为群龙之首，并象征着滋养城市的水脉之源。这里山水相依，景致非凡。"燕平八景"之一的"龙泉漱玉"就是指都龙王庙的美景。有诗赞此景云："苍翠云际岑，泉流清且深。常疑有龙伏，喷玉解为霖。"

二、庙会祈雨护生民

在都龙王庙举行祈雨仪式的习俗古已有之，且颇具规模。明、清时都龙王庙因"祈天祷雨"最为灵验而负盛名，当时平谷、顺义、通县、怀柔等地乡民皆到此求雨，在京北的龙王庙中数这里的香火最盛。

《光绪昌平州志》中记载："都龙王庙在龙王山巅，明洪武八年（1375）重修，光绪四年（1878）祈雨有灵，奏请御赐祥徵时若匾额，重修殿宇。"这本古籍还详细记述了赐匾经过：时任昌平知州吴履福禀告李鸿章，说白浮村北面的凤凰山上，有座都龙王庙，每遇水旱时，人们到庙里祈祷总能应验。当地官民准备自筹资金，重修庙宇，所以请李大人向皇上上书，恳请皇上御赐匾额。李鸿章核实了这件事，恳请皇上能赐一方匾额。光绪皇帝看了李鸿章的奏折，果真"恭书匾额一方，交李鸿章祗领，敬谨悬挂昌平州凤凰山都龙王庙"，匾额上书"祥徵时若"。这一记载证实了都龙王庙的效力得到了朝廷的官方认可。这种认可使得这座庙宇更为有名。

旧时每年农历六月十一至十三日要举办龙泉山庙会。龙泉山庙是上寺和下寺的合称，上寺指都龙王庙，下寺为龙泉禅寺和白衣庵。六月十三在民间是一个重要的节日——"雨节"。有民谚曰："六月无雨望十三，十三无雨一冬干。"中国大部分地区为农耕文明区域，以农业为本，雨水之于农业、之于社稷至关重要。据说，过去每年的六月十三日，昌平府都要派人到这里举行上香参拜仪式。

庙会上，香客和游客从四邻八乡齐集于此，香客们虔诚地敬神上香，祈求风调雨顺，五谷丰登。游客们涌向龙泉寺前的戏楼，看京戏、评剧及河北梆子，还有各档花会大显身手。一时间寺内烟雾缭绕，钟磬之声此起彼伏，庙外游人摩肩接踵，山前山后人声鼎沸、锣鼓喧天。

相传祈雨的时候，民众会化装成不同身份的角色，抬着供品，浩浩荡荡地去都龙王庙祭拜。祭拜之后民众就会观察龙王身边的净瓶是否有水，水量是多少，如果看到净瓶中出现了水，人们就立即相互祝贺，欢呼雀跃地庆祝这次祈雨的成功。据说都龙王庙非常灵验，只要是人们诚心诚意地祈雨，不管多少总会下一些。

随着历史的发展和科技水平的进步，人们兴修水利，挖河渠建水库，注重生态环保，不再祈求龙王降雨，龙山庙会也逐渐不再举行。然而白浮泉仍然承担着作为京师水源的职责，而且作为大运河的源头，除了自然景观、水利设施之外，还体现出更多的历史文化价值。白浮泉遗址被列为全国重点文物保护单位，成了一处文化景观。

九龙池

三、重点保护展新篇

白浮泉遗址包括九龙池和都龙王庙，于 1990 年 2 月 23 日被列为北京市第四批市级文物保护单位，2013 年 3 月 5 日，又成为国务院公布的第七批全国重点文物保护单位。九龙池与都龙王庙是研究北京水利事业发展史以及昌平地区古代民俗风情的重要实物。

元世祖为解决京城用水和发展漕运，于元朝至元二十八年（1291），命都水监郭守敬兴修水利疏通运河。经过多方考察勘测，郭守敬选择了白浮泉进行引水工程。郭守敬引北京昌平白浮泉作为通惠河和元大都的水源，为大都增加了运输、景观和生活用水，并为大运河能够通航至大都城内起到了关键作用。昌平作为军事重地，自古被誉为"密尔王室，股肱重地"，素有"京师之枕"的美称。"昌平"之名来自汉代贵族的封爵"昌平侯"，取"昌盛平安"之意。根据大运河申遗报告及《大运河遗产保护规划（北京段）》，以元至明清的京杭大运河作为大运河北京段遗产保护的核心，并选择最具代表性的元代白浮泉引水沿线、通惠河、坝河和白河（今北运河）线河道作为大运河北京段遗产保护的主线。

2020 年，昌平区提出了未来建设总体构想：以大运河之源文化为引领，通过"一泉三庙一楼、两山两水两村"的保护性修葺、复建，重现"燕平八景"之一的"龙泉漱玉"景观，构建昌平历史文化精华地区。"一泉"即龙泉；"三庙"即都龙王庙、龙泉禅寺、白衣庵；"一楼"即古戏楼；"两山"指龙山与凤山；"两水"指东沙河（现昌平滨河森林公园）和白浮瓮山河（现京密引水渠）景观；"两村"指化庄村和白浮村。目前游客可以从龙山南出入口开始依次游览长流惠泽（运河源—龙泉禅寺—引水台）、读泉圃、都龙王庙、聆泉处、龙泉漱玉（白浮泉遗址）等景观。大运河源头遗址公园与新城滨河公园、未来科学城滨水公园、温榆河公园（昌平段）也将共同构成大运河源头水岸长廊文化旅游线路，为游客打造城市水源的探源之

《找水记》壁画

旅。白浮村史博物馆也开始面向公众开放，展现着千年古村与运河的发展变化，提供了一个让更多人了解大运河文化带的窗口。

在对都龙王庙进行修缮时，有关部门还着重修复了清末民初的《找水记》壁画。画作绘于庙宇正殿东、西山墙和两侧屋顶之上，讲述了天气大旱，井水枯竭，老百姓找水的故事。壁画的画面部分运用了散点透视法，以田园景色为背景，手法简洁，情节生动，生活场景跃然其上，野趣甚浓。画面情景衔接自然，具有明清青绿山水画的遗风。壁画描绘的场景与今天的都龙王庙景观相互映衬，引人浮想联翩。

昔日人们在都龙王庙祈雨、寻找水源，寻求的是与生计紧密相连的生命之源；如今我们在白浮泉和龙王庙继续探源，探求的是运河水脉的起始之源，生态环境的发展之源，也是运河文化的文脉之源，文化城市的构建之源。

万寿寺

"京西小故宫"——万寿寺

        万寿寺位于北京西三环内侧，海淀区高梁河（长河）北岸、广源闸西侧。其原址为始建于唐朝的聚瑟寺，明万历五年（1577）重修后改名万寿寺。明清时期的万寿寺被皇室重用，是一座集行宫、游赏、园林、佛法、修持、民俗等活动为一体的皇家寺院。1979 年，万寿寺作为保存较为完整的明清古建筑群，被列为北京市文物保护单位；2006 年又被列为全国重点文物保护单位。万寿寺有"京西小故宫"之美誉。

一、毗邻"广源"因河盛

明清时期，北京城市水系在元大都的基础上进行了调整，由原来从白浮泉引水改为从玉泉山引水。清代，为解决西郊新建诸园的供水以及京西济漕灌溉的问题，在西山一带展开了一系列修治和调理水源的工程。乾隆十五年（1750），颐和园内湖（即昆明湖）扩充，汇集于此的西山诸泉经长河流向宫城。长河水量充沛，成为一条连接皇家园林与紫禁城之间的御用水道。由于京城地势西高东低，由紫禁城出发，水路行船至广源闸处要过闸换船。万寿寺紧邻广源闸，位于紫禁城与畅春园的中途，且是长河与海淀御路的交汇点，必然地就成为了驻跸之所。

万寿寺坐北朝南，门前有长河，设有码头。万寿寺分中、西、东三路

北京艺术博物馆

建筑格局。中路为主体部分，西部为行宫。起初主要用作藏经卷，后来经板、经卷移至番经厂和汉经厂，万寿寺便成为明代帝后游昆明湖途中用膳和小憩的行宫。慈禧太后去颐和园，必到此处休整梳妆，其梳妆楼至今犹存。东部为围园和方丈院。庙内古树连荫，叠石为山，回廊曲栏，构筑精巧。

过去每年农历四月初一至十五日，在万寿寺有半个月的庙会。四月初八是佛祖释迦牟尼诞辰，庙里循例于大延寿殿举行"消灾解厄、增福延寿"大法会，僧众齐诵《万寿无疆长寿经》。万寿寺的庙会规模曾经很大，城乡居民进香拜佛者日以万计。单弦牌子曲《穷大奶奶逛万寿寺》的唱词描绘了人们逛庙会的热闹场景：其中有乘八抬官轿的王公贵族，也有头上"锡拉耳挖子倒有八道弯"的"累大奶奶"。庙前，临时搭就的茶棚、席地而坐的茶摊、小吃摊、玩具摊连成一片，盛时还能看到赛马的场景。据《燕京岁时记》载："游人甚多，绿女红男，联蹁道路。柳风麦浪，涤荡襟怀，殊有天朗气清、惠风和畅之致。诚郊西之胜境也。"

清代盛行"舍缘豆"。所谓"缘豆"，即僧人们在开庙之前，利用选豆（青豆、黄豆）的形式进行念佛，每选一粒豆便宣一声"南无阿弥陀佛"的圣号；等到四月初八佛祖诞辰之日，将豆子煮熟，配上咸胡萝卜丁儿，放在大笸箩里，用小勺免费送给香客，以示结佛缘，同时请施主施舍布施（香资）。因此，僧人们都双手合十说："结个佛缘吧，祝您多福多寿！"法会圆满时还要把布施财物较多的施主姓名写进祭告佛祖的表文。

万历年间的进士林尧俞写了一首诗叫《万寿寺》，描述了寺庙沿河而建，因河而盛，皇家勅建，君民同兴的情境：

十里广源路，一林开士家。
洪钟来禁苑，清梵散春花。
洞窈观云入，萝生著石斜。
寺成全帝力，民共拜烟霞。

二、"小宁寿宫"以"寿"名

万寿寺是明代万历皇帝的母亲李太后带头出资兴建的。其目的是求佛祖庇护"少年天子"，保佑明王朝世代永昌，主要用来存放汉文佛教经典。据《天府广记》记载："慈圣李太后出资巨万，命太监冯保督造。"建成后万历皇帝赐名"护国万寿寺"。

明代蒋一葵写的《长安客话》云："寺在广源闸西数十武，为今上代修僧梵处。璇宫琼宇，极其宏丽。有山亭在佛阁后，可结跏趺坐。十六年上曾于此尚食，不敢启视。"清代，万寿寺因其重要的地理位置和吉祥、福瑞的嘉名而受到清皇室的重视。又经康熙、乾隆、光绪历朝的数次大规模翻建，规模远超明代，成为自昆明湖向东，长河沿岸僧庐梵刹之首。顺治二年（1645），皇帝为万寿寺赐匾"敕建护国万寿寺"。

康熙二十五年（1686）万寿寺西路增建皇家行宫。在康熙皇帝六旬万寿庆典之时，万寿寺成为畅春园至神武门沿途一处重要的祝寿景点。清乾隆十六年（1751）和二十六年（1761），清高宗

乾隆十六年御制敕修万寿寺碑 / 徐睿凝 摄

弘历曾两次在这里为母亲崇庆太后祝寿，从此万寿寺成了一处以"祝寿"为主题的场所。

皇家御船从绣漪桥直通西直门倚虹堂，长河成为连接北京城与西郊诸名胜的皇家水上航线，将倚虹堂、五塔寺、圝风堂、畅观楼、紫竹院行宫、广源闸、万寿寺、麦庄桥、长春桥、广仁宫，以及颐和园、玉泉山等京西历史人文名胜串联起来。

乾隆皇帝如有空闲，会到万寿寺来礼佛、与僧众交谈或者品茶作诗。留存下来关于万寿寺的诗作有 46 首之多，其中大多数表达对母亲的思念和对大好山河的赞美。在泛舟长河，小憩万寿寺、乐善园的诗词中，能够看到一代帝王抒情、赏景、揽卷的情境：

万寿寺"吉寿文物专题展"

> 西海泛舟至万寿寺（其一）
> 雨洗浓阴翠欲流，西山烟景望中收。
> 玉泉也觉添新涨，雁齿红桥验拍浮。
> 西海泛舟至万寿寺（其二）
> 谁论禅宗北与南，扁舟乘兴访精蓝。
> 菰蒲烟里鸥波阔，举似阇黎正好参。

清光绪二十年（1894），慈禧太后重修万寿寺行宫，在西跨院增修了千佛阁和梳妆楼。万寿寺形成了集寺庙、行宫、园林为一体的建筑格局。慈禧往来于颐和园与紫禁城之时，多半走的是水路。行至广源闸时，常在万寿寺拈香礼佛，在西跨院行宫休憩，因此，这里还有"小宁寿宫"之称。

万寿寺以"寿"为名，寿文化是中

国传统文化的重要组成部分，凝聚了人们对生命永续的向往和对生命的礼赞。封建时代的皇家寿诞还与国运有关，皇帝的寿诞为万寿节，是一个举国欢庆的节日。现在的万寿寺以北京艺术博物馆的身份接待游览者，其建筑和收藏的文物多与"寿"有关联。

三、藏纳艺术谱新篇

北京艺术博物馆于 1987 年正式建馆，隶属于北京市文物局，是综合性艺术类博物馆。2018 年至 2022 年，万寿寺进行了第五次大规模修缮，距上次光绪十九年（1893）的大修，已时隔一百多年。修缮后的万寿寺宛如嵌在长河岸畔的一颗明珠，重新焕发出迷人的光彩。

作为"北京艺术博物馆"的万寿寺共开放五处院落。其山门顶部绘有百蝠穿云壁画，青天彩云中的红色蝙蝠象征着洪福齐天、福寿绵延。第一进院落为天王殿，面阔三间，歇山顶，覆筒瓦，殿内原供奉弥勒佛和四大天王，目前已无存。殿前东西两侧各有一座钟楼、鼓楼，钟楼曾安置永乐大钟，清雍正十一年（1733）将钟移至北京觉生寺。第二进院落为大雄宝殿（大延寿殿），面阔五间，单檐庑殿顶。殿前有满汉藏蒙文书写的乾隆御制石碑两座，记录重修原委，表达对太后的敬仰。内有三世佛、十八罗汉。十八罗汉像栩栩如生，极其精美。三世佛像的后边摆放着一尊观音像。据民间传说，光绪初年，慈禧太后想二度垂帘听政，但又担心自己威望不能服众。太监李莲英明白慈禧的想法，便令人按照她的模样塑造了一尊佛像，放置于万寿寺大雄宝殿后面。佛像安放好后，慈禧太后来到万寿寺，李莲英带头喊了："老佛爷到！"其他人员也当即伏地高呼："恭迎老佛爷！"自此，"老佛爷"的称呼从万寿寺传遍京城。

第三进院落为万寿阁，又称宁安阁。面阔五间、重檐歇山顶，是寺内最高的建筑。东西配殿分别为韦陀殿和达摩殿。殿后是三座由太湖石叠造

万寿寺慧大
雄宝殿佛像

的假山，象征普陀山、五台山、峨眉山这三大佛教圣山。观音殿建于中峰上，东、西分别为文殊殿和普贤殿。山与山之间有石桥相通，每座山上建有小巧殿堂，假山石是太湖石，山间有小水池，山后有片大水塘，水塘之中有亭榭，水塘之后还有奇株杂树，与西山山林相得益彰。院里还种植雌雄银杏树，亭亭如盖。康熙二十五年（1686），第一次大修万寿寺时，在假山中部观音殿下建地藏宫，供奉地藏菩萨。假山后为乾隆御碑亭，重檐八角提尖顶，覆黄色琉璃瓦，亭内有螭首龟趺石碑一通，碑文《重修万寿寺碑记》为乾隆皇帝御题，分别以汉、满、蒙、藏四体文字铭刻。御碑亭北侧为无量寿佛殿，面阔一间，重檐歇山顶，覆筒瓦，搬内供奉明天启年间所造密檐式多宝塔。殿两侧有清乾隆二十六年（1761）的巴洛克式门两座，此风格在皇家寺院中甚为独特。殿后有光绪御碑亭一座。此外，万寿寺还开放东路北侧的方丈院作为展览场馆。

北京艺术博物馆现有五个常设展览，分别是"万寿寺历史沿革""佛教造像艺术展""吉寿文物专题展""中国传统家具展"和"清代皇室书画艺术展"。展厅中文物与多媒体设施结合，并开发了相应的文创产品。在锦绣坊、斫木堂设有互动体验区，还通过实物展示"万寿寺第五次大修纪实"实

万寿寺巴洛克式西洋门

万寿寺内部展馆

现，介绍古建筑传统构架与现代修缮技术。馆藏历代各类艺术品12万余件，包括碑帖、书法绘画、陶瓷、钱币、玺印、宫廷织绣、明清家具、青铜器、玉石器、竹木牙角、漆器等。展品时代上起原始社会、下迄民国，尤其明清时期的物品，蔚为大观。展陈的文物，诉说着皇室艺术文化中鲜为人知的一面，也记录了这座庙宇跨越朝代更迭、历经战火飞扬的历史沉浮。它们在大运河文化带中与城市水系一同展示着运河文化之丰富。

五塔寺 / 徐睿凝 摄

长河岸边有秘境——五塔寺

　　长河北岸坐落着一座静谧雅致的古寺，名唤真觉寺，也曾名正觉寺，因其寺内高石台上有五座石塔，又俗称五塔寺。这是一座具有悠久历史的寺庙，它仁立在长河之畔已有600余年。现在古寺已无佛音，目前为北京石刻艺术博物馆，收藏并展出北京地区大量珍贵的石刻文物，是大运河文化带上一页独特的篇章。

一、敕建"真觉"供五塔

五塔寺始建于永乐年间，成化九年（1473）完工。其兴建缘起于明代沟通西域后的万国来朝。当时印度僧人室利沙进京拜见永乐皇帝，并给永乐皇帝敬献了五尊金佛和一座金刚宝座的规式。永乐皇帝赏赐室利沙金印与封号，并在外长河北岸赐地为其建寺，并按其提供的规式修建金刚宝座塔，赐名真觉寺。

真觉寺金刚宝座塔是印度佛陀伽耶精舍（释迦牟尼得道处伽耶山寺所建的纪念塔）形式的佛塔。宝座即金刚宝塔下面的基楼，南门内两侧各有一处十四级盘梯，可以通向宝座顶的罩亭内。金刚宝座上修建五座密檐小塔，按中、东南、东北、西南、西北五个方位布局，塔内装藏舍利等佛宝，因此真觉寺也被称为五塔寺。据说这五塔象征五方佛祖，建此塔可保万民平安，江山太平。金刚宝座塔上浮雕着梵像、梵宇、梵宝、梵花、狮、象及飞马诸像，活跃逼真，华美精湛。此处还存留着国内唯一一处凸雕的佛祖足迹。传说佛祖圆寂之前，曾留足印于摩羯陀国的一块石头上，后人便刻佛足以示敬仰。真觉寺的修建既呈现了印度佛陀伽耶塔的造型设计和内砖外石的建筑方式，也保留了中国古代建筑传统中密檐式塔的形制和风格，是中外文化交流与融合的佳作。

真觉寺建成之后，因其独特景致成了文人雅士流连忘返的游历之地。他们在此留下了大量的诗句，比如张翰的诗《晚春集真觉寺》：

郭外春犹在，花边坐落晖。
柳深莺细细，桑密篙飞飞。
一水金光动，千林红紫微。
徘徊香满地，约马缓将归。

由于当时的真觉寺宝塔可以登顶望见西山景色，所以北城百姓常常在重阳节在此登顶远眺以应时令。

五塔寺侧面

二、更名"正觉"显盛景

清乾隆十六年（1751），乾隆皇帝为母亲崇庆太后庆祝六十大寿，修缮了长河沿岸的真觉寺。因避雍正皇帝名讳胤禛，敕更寺名为"正觉"。

正觉寺与"长河"景观相交融。为了贯通漕运，元代都水监郭守敬在高梁河上游开挖长河，引白浮泉及西山诸泉水通过这条河道入大都城，再连接通惠河。明清时期对长河进行了多次疏浚，皇家人员通过长河乘坐御船去往西郊赏景。乾隆皇帝开发了西北郊的皇家园林后，皇家成员通过长河乘坐御船赴西郊各行宫御苑。河道沿途风物宜人，景致秀丽。民国成书的《旧都文物略》将长河列为四十处京城名迹之一，书中这样描述这里的盛景："由高梁桥起，直入昆明湖。河水清涟，两岸密植杨柳，夏日浓荫如盖，炎歊净洗。游人一舸徜徉，或溪头缓步，与此中得少佳趣。""燕京小八景"之一的"西直折柳"指的就是西直门外长河沿岸的春天景色。正觉寺正是在"西直折柳"这一景致当中。

乾隆二十六年（1761），崇庆太后 70 大寿，自西安门至西直门街道两旁的铺面皆被整修一新，正觉寺内也进行了全面修葺，天王殿由 3 间改

长河泛舟

为 5 间，增东西配殿 10 间，增转角房 52 间，东西两所房 46 间，僧房 10 间，顺山房 16 间。添盖重檐碑亭两座，穿堂 1 间，门罩 3 间，共计 195 间。四进套院，屋顶还全部换上了黄色琉璃瓦。作为做寿的主要场所，上千名喇嘛僧人被请来念经，同时吹奏筒钦，一时鼓铙齐鸣，经声如潮，各国使臣都进贡了寿礼。现藏于故宫博物院的《胪欢荟景图》册记录了这一盛景，其中《釐延千梵》这幅画描绘了大修过后的大正觉寺山门前，千名喇嘛共颂《无量寿经》的场景。此后正觉寺成为当时京城佛教信奉者云集之地，在清朝真觉寺的地位仅次于同为藏传佛教寺院的雍和宫。

由于清末的连年战乱，真觉寺金刚宝座塔损坏严重，到民国初年仅剩一塔兀立在一片瓦砾中，寺内一度破败不堪。由于无人看管，金刚宝座塔的铜质塔刹多次被盗。1934 年，北平市政府专门发布"严惩盗窃真觉寺塔顶匪徒、妥善保护寺庙"的训令，坛庙事务所接收了正觉寺的保管办法、清册、略图，从此真觉寺的管理状态得到了改善。后来"正觉寺"逐渐淡出人们的视线，以"五塔寺"的名称在民间存在。

三、保护"石刻"展底蕴

中华人民共和国成立后，人民政府将真觉寺金刚宝座塔作为珍贵文物古迹进行了保护。1961 年 3 月 4 日，真觉寺金刚宝座塔（五塔寺塔）被国务院公布为第一批全国重点文物保护单位。1980 年，五塔寺文物保管所成立，隶属于北京市文物局。1987 年 10 月 6 日，北京市文物局又在文保所的基础上建立了北京石刻艺术博物馆，成为收藏、研究、展示北京地区石刻文物、艺术的专题博物馆。

五塔寺塔前两棵树龄六百余年的银杏树也被专门保护起来。它们以守护的姿态屹立不倒，繁茂的枝叶在春夏时节为寺内打造出一处茂密清凉的憩息之所，是石林中的一抹碧绿，也是历史古迹焕发的生机。21 世纪以来，博物馆在金刚宝座塔的北部新建了仿古建筑后罩楼，东西两侧则修建了"金石走廊"和"金石书院"，古朴幽雅的气质与宝塔相映成趣。

北京石刻艺术博物馆

秋日五塔寺

在五塔寺旧址上设立北京石刻艺术博物馆，具有得天独厚的条件。真觉寺金刚宝座塔本身就是珍贵的展品，而空旷的寺院也给石刻文物提供了宽敞的展示空间。博物馆在金刚宝座塔周围设祠墓碑刻区、寺观碑刻区、西部碑廊、墓志区、金刚宝座、法帖迷宫、会馆碑刻区、耶稣会士碑刻区、综合碑刻区、东部碑廊等三条线路共 17 个常设展区（馆）。这些珍贵的石刻文物不仅体现着我国古代精湛的雕刻技艺，而且详细记录着历史的细节，是北京地区深厚的文化底蕴的直接体现。

博物馆各展区各有特色。如寺观碑刻区内展出的隆福寺双碑、嘉靖大德显灵宫双碑、御制重修拈花寺碑等 33 座寺观碑刻，对于研究北京地区宗教发展史具有重要的文献价值和文物价值。石雕展厅展出的 46 件（套）建筑石雕园林庭院装饰石雕，既展现了皇家园林的大气恢弘，也展示了寻常百姓家的温馨稚拙，人们透过这些石雕，可以感受汉唐之雄伟壮丽、辽金元时代多民族文化元素的交融以及明清庄重又华丽的皇家风范。耶稣会士碑刻区展出的墓碑共计 36 通，讲述了跨越 3 个世纪、长达 186 年的中外文化交流的故事，其中张诚、白晋是法国国王路易十四派往中国的传教士，

他们是第一批法国耶稣会士，曾教授康熙皇帝数学、哲学、人体解剖学；也曾将中国典籍（如《易经》）传播到西方去，促进了中西方文化交流。综合碑刻展区则展出了 24 通记载架桥修路、疏浚河渠、筑堤坝、兴办教育等活动的纪事碑和两块形式特别的普胜寺创建碑、重修碑，记述了历代治国之本，是刻在石头上的"史书"。这些金石碑刻与五塔寺遗迹交融在一起，以一种特殊的方式守护着历史与记忆，传承着中国文化的根基。

博物馆还致力于文化创意事业的开拓。2021 年 11 月成立了文创空间，面向不同的人群开发多样的文化产品，通过多彩的呈现方式，让文物活了起来。比如给书法篆刻碑帖爱好者提供了专业性的活动交流场所，开展专家讲座、出版文化雅集；为少年儿童设立了"娃娃看石刻"和迷宫林体验区，让孩子们可以通过听石刻故事、亲手做拓片、与亲友互动的方式学习石刻知识。这些尝试都展现了文化遗产和文物展馆所承担的社会服务功能，是加强本民族文化自信建设的有效途径。

现在五塔寺周围高楼林立，在四季轮转里文冠花、七叶树花、蔷薇、玉兰、郁金香、莲花接连绽放其中，两株 600 余年的银杏树，一直与古塔站在一起栉风沐雨，随着季节的流转换上不同的衣裳。门前的长河依然静谧地流淌，与古寺古树古建筑相互映衬，书楼巍然，碧水环抱，是喧嚣都市之中难得的宁静之所。曾经的皇家古刹如今成为市民览石、观碑、赏景的休闲之处，尤其秋日银杏叶黄，与古塔、红墙相映成趣，吸引着大量的市民前来打卡。

博物馆中的碑刻

文创展示区

汇通祠 / 杨赫 摄

镇水与治水的纪念——汇通祠

在西城区什刹海西海北岸，有一座不太高的山，山顶上有一座由禅宗庙宇翻新修建的建筑——汇通祠。汇通祠虽是庙宇却不供奉神灵佛像，而是作为郭守敬纪念馆而存在。

一、坐落山顶镇水关

汇通祠始建于明永乐年间，旧称法华寺，又名镇水观音庵；清乾隆二十六年（1761）重修，改名为汇通祠。

明迁都北京后将元大都城墙向南移到积水潭北岸一线，

　　高梁河东流的水道在积水潭处分流，一条向南经南护城河至大通桥，一条东行入北护城河，再沿东城墙南至大通桥。为控制北护城河流入城内的水量在什刹海进水处设立了水关（铁棂闸）。汇通祠就在水关附近。

　　水关又叫水门、水窦，是河道沟渠穿越城墙的通水口，能够控制水量，减缓水势，加速泥沙沉淀，使水质清澈。据《明实录》记载，铁棂闸建于明洪武初期，即南移元大都北城墙之时。为控制北护城河水流入什刹海、北海、中南海的水量，明代大将徐达在德胜门西侧的北护城河入积水潭处设水关，并派军士把守。据《日下旧闻考》记载："水关在德胜门西，石螭在南岸，水田城墙入处，今名铁棂闸，盖闸口密植铁棂，以防人之出入，而无碍于行水也。"这一记载不仅叙述了水关的作用，还提到了水关旁的石螭。

　　石螭即今人所说"分水兽""镇水神兽"，是河流水系附近桥、闸的附属建筑，有镇水压胜之意。这尊镇水兽身长 1.9 米，是雕在石板上的一头爬行四脚怪兽，民间传说为龙子的化身，又名镇海赑屃。它与德胜桥的镇海牛、崇文门镇海寺内镇海龟统称"镇海三宝"。《日下旧闻考》中提道："旧在德胜门西里许，水自西山经高梁桥来，穴城趾而入，有关为之限焉。下置石螭，迎水倒喷，旁分左右，既噏复吐，声淙淙然自螭口中出。"由于水冲石螭能够发出海潮的声音，人们也称镇水观音庵为"海潮观音庵"。

　　这个设计展示了都城规划者的独具匠心，也曾引来不少文人会聚于此，以观水入城之势，听水流动之声。乾隆皇帝为此题写了多首诗作，其中《汇通祠诗》，记述了积水潭"长流济大通"的功能和"积水映遥空"的美景：

潴畜长流济大通，澄潭积水映遥空。
为关溯涧应垂制，因葺崇祠喜毕工。
海寺月桥率难考，灯船歌馆漫教同。
纪吟权当留碑记，殷鍪恒深惕若衷。

273

20 世纪以来，汇通祠的身份几经变迁。民国初年，汇通祠被卖与长春堂药店；新中国成立初期开设过武馆——"汇通武术社"；20 世纪 60 年代，为民居大杂院；20 世纪 70 年代，修建环城地铁时，汇通祠被拆除。当汇通祠所在的小山被推土机推倒时，大量的柏木桩露了出来，这说明在明代，地丁技术已开始使用；在后楼的山墙发现了枣核型的铁墙揽，这是抗震加固的措施，可见明清时期的建筑技术已十分成熟。20 世纪 80 年代，在山顶重建了汇通祠，院内开辟成了郭守敬纪念馆。

《汇通祠诗》碑

汇通祠诗碑标牌　　　　　　　　　　　　　　　　　　　汇通祠诗碑解说

二、鸡狮传说显神秘

清代学者麟庆在《鸿雪因缘图记》中描述汇通祠景致："御书殿额曰'潮音普觉'。静听祠后水声涂涂，悦然有悟。循墙北转，见立石高五尺许，层叠如云，承以石盘，高处携一鸡、一狮。"这里的"立石"就是指汇通祠有名的鸡狮石。

原来汇通祠后有一巨石矗立，相传为陨石，石上有相对的鸡形、狮形纹，鸡形较清晰，狮形较模糊。鸡左向右走式，狮右向下伏式。《燕都杂咏》中这样描述："鲜彩临风展异姿，摇光耀日具威仪。陨星天使成良构，不数当年断磬奇。"这件事情引发了人们的好奇心和猜测。姚元之在《竹叶亭杂记》上记录，他曾就鸡狮石的来历问过汇通祠的定如和尚，定如说："非落星（陨石），因其身有白点，故谓'星星石'耳。"但这块石头，究竟是从何而来却不得而知。现汇通祠附近的水关及石螭已无，原有的鸡狮石及石狮也已不知去向。目前祠内展示的两件石刻是根据史料和人们的回忆重新雕刻而成的。

鸡狮石的故事曾是北京有名的离奇事件，加上老北京城过去有"四水为镇"的说法，更是为汇通祠和积水潭增添了一层神秘色彩。"四水为镇"意指城东北地安门西面后海、城西南宣武门西面太平湖、城东南崇文门东面泡子河（今已不存在）以及城西北德胜门西面鸡狮潭四水共同为城市坐镇。其中鸡狮潭就指的是现在的积水潭，过去还有"鸡石潭""积石潭"的说法都与积水潭发音相似。民间也曾用鸡狮石的故事用来解释积水潭的得名原委。

相传铁棂闸闸东三丈还有座供奉"大仙爷"的小庙，当时也很有名。香火旺盛的时候，北京街头巷尾多贴有黄条，上书"大仙爷真灵"。每逢四月初一，京西妙峰山进香之日，香客们会在铁棂闸"大仙爷"庙前的空地休息，此时游人茶肆遍布其间，热闹异常。少林五虎棍、中幡、舞狮等民间艺术纷纷在此表演，"少狮攀树丫""太狮戏水"为铁棂闸茶棚一绝，人们称这个场面为"走会"。情节丰富的传说和热闹的民俗生活，让居住在此的居民们拥有丰富的文娱活动和精神寄托。从这一视角看，什刹海地区不仅曾是皇亲显贵追求文雅与闲适之地，也承载了市井生活的奔波生计和烟火气息。不管是"鸡狮石""镇水兽"，还是"大仙爷""四水为镇"，都寄托了人们祈求平安的心愿，真正为北京城的水利系统做出巨大贡献的，还数元代的水利科学家郭守敬。

三、复建祠馆念守敬

1983 年 11 月，北京市政府批准了什刹海整治方案，其中就有汇通祠的重建。1986 年 9 月，西城区政府决定复建汇通祠为郭守敬纪念馆。

郭守敬是元代伟大的水利专家和天文学家，青年时期就在家乡邢台治水中表现出卓越的才能。中统三年（1262），张文谦向忽必烈举荐他，称"守敬习知水利，巧思绝人"。忽必烈随后召见郭守敬，郭守敬向忽必烈面陈水利六事，独具见解，深得忽必烈的赏识。郭守敬一生中大部分的时间都

郭守敬纪念馆

在从事水利建设，对元大都水利建设和元朝漕运建设做出了突出贡献。

重建后的汇通祠坐北朝南，有山门一间，歇山调大脊筒瓦顶，石券门装棋盘大门两扇。前殿三间，硬山调大脊，筒瓦顶，配房东西各三间，硬山调瓦顶。后楼面阔三间，二层楼前出轩，硬山调大脊，筒瓦顶，出轩部分为悬山箍头脊四檩卷棚，配殿东西各三间，硬山调大脊筒瓦顶；山门有北京历史地理专家侯仁之题写的"汇通祠"匾额；祠内还挂有文献中记载的乾隆皇帝御书"潮音普觉""功兼利济"匾额。祠后有吴良镛教授写的《重修汇通祠记》碑。山上小亭内竖立着"汇通祠乾隆御制诗碑"，为乾隆二十六年（1761）重修汇通祠时立的一通石碑，是清代重修汇通祠的珍贵文物，碑身通高2.43米，方座夔龙首。这个石碑作为积水潭地区变迁的历史见证，为探寻什刹海历史文化保护区的建设提供了宝贵的实物佐证。在前殿和后楼间的院落当中，立有郭守敬塑像。后楼楼下及西配殿是郭守敬纪念馆的展馆。郭守敬纪念馆设有五个常设展厅，分别是"世界名人郭

郭守敬纪念馆内部

纪念馆中的郭守敬
生平

守敬""大都水利开新篇""通大运河树丰碑""前贤遗珍惠后人""科
普教育展厅"。这些展厅为人们展示了郭守敬一生的水利实践成就和天文
研究成果，介绍了北京城市水利发展历史以及流淌不息的大运河文化。

汇通祠所在的山脚下是什刹海西海湿地公园。公园海子中心的小岛上
建有郭守敬的雕像，雕像正对着他所设计的水利工程，欣赏着山石透迤，
草木葳蕤。

敲响时空钟鼓的铸钟娘娘庙

铸钟娘娘庙全称为金炉圣母铸钟娘娘庙，位于北京城中轴线的北端，旧鼓楼大街小黑虎胡同 24 号、26 号。娘娘庙坐北朝南，有山门一间，山门额上书"金炉圣母铸钟娘娘庙"，前殿三间，中殿三间及东西配殿各三间，后殿三间，东跨院有北房五间，共有殿房二十间。现三层殿尚存，今为民居。

一、真武庙改为娘娘庙

铸钟娘娘庙内留存了数块碑刻文物，记载着庙宇的修建史。这些碑刻分别是刘菁远撰、于之善书的《铸钟厂碑》，刘芳远撰的《北极真武玄天上帝庙碑》，王志诚撰的《重修铸钟娘娘大殿碑记碑》《重修铸钟娘娘殿碑》和《金炉圣母铸钟娘娘庙重修碑》。从碑文上我们能够得知，铸钟娘娘庙先后经历清顺治八年（1651）、乾隆五十年（1785）、道光七年（1827）、道光八年（1828）和 1929 年的几次重修。庙内原本还有一座道光十年（1830）铸的铁钟，但今已不见。

铸钟娘娘庙初建于明朝。《北极真武玄天上帝庙碑》记载："兹者铸钟厂北极真武玄天上帝庙，左伏魔右玄坛龙王，

原铸钟娘娘庙内雕塑

后殿金炉娘娘众神，其来久矣。"由此可知，铸钟娘娘庙的前身是供奉真武大帝的真武庙。真武大帝是道教神明，既是北方之神也是水神，他披发跣足踏龟蛇，常常被供奉在水系河流附近的庙宇中。明代对道教十分尊崇。真武大帝被封为北极真武玄天上帝、关帝被封为伏魔大帝，都发生在明朝。真武大帝可以算是明代的护国神。还有如下碑文："国朝设立监局司厂衙门多建北极玄武庙于内、塑像其中而祀之者何也？缘内府乃造作上用钱粮之所，密迩官禁之地，真武则神威显赫，祛邪卫正，善除水火妖媚之患。成祖靖难时阴助之功居多，普天之下，率土之滨，莫不建庙而祀之。"这段碑文叙述了明朝设立监局司厂衙门中建真武庙的目的，一是真武大帝善于除水火之患，二是朱棣坚信"靖难之役"的成功是仰赖真武大帝的庇佑，有阴助之功，所以要建庙祀之。明代御用的监、局、司、厂、库等衙门中，真武庙是必备的附属建筑。鼓楼西铸钟厂（即华严钟厂）就是明代铸钟之所，元、明、清三朝的钟多在此铸造。据《日下旧闻考》记载："德胜门东为铸钟厂，其地有真武庙，内有顺治辛卯（1651）刘芳远撰碑。"

　　清代乾隆至道光年间，该庙作为厂庙的作用逐渐消失。民国二十四年（1935）出版的《北平旅行指南》和填写于民国二十五年（1936）六月的《北平市铸钟娘娘庙寺庙法物登记表》中没有提及真武大帝，这进一步印证了真武大帝已经不再是该庙所祀主神。如《北平旅行指南》一书在谈到"金炉圣母铸钟娘娘庙"时载:"庙在鼓楼迤西铸钟厂,殿凡二层,前祀关帝,后祀铸钟娘娘。"从这些描述已经看不出该庙与真武大帝的关系。奉祀主神由真武大帝变成了铸钟娘娘,庙名也由真武庙改称铸钟娘娘庙。在民间的传说中,铸钟娘娘庙主要是与"铸钟"以及钟楼上的大钟相关联。

二、铸钟传说动人心

铸钟娘娘的传说在北京地区广为流传。《什刹海的传说和故事》一书中记录了这则传说:

永乐皇帝朱棣建都北京,建设钟楼。为了记载其政绩之宏伟,就想要铸造一口大钟。可是,对钟造工艺而言,钟体越大,铸造难度就越大。皇上下令,限期为钟楼铸造一口大钟。工部的大臣接了圣旨,马上召集全国各地的工匠在钟楼西侧开了一个铸钟厂,命华严做工匠头。华严有一妻一女,女儿名叫华仙儿。华严的家就安在钟楼旁的小胡同内。华严每天回家,女儿都问:"爹,钟铸成了吗?"华严回答:"快了,快了。"20多天后,钟铸成了,是铁钟。皇上看后十分不满:"怎么不铸口铜钟。"待敲钟时,皇帝一听钟声,更为恼火,当即责罚了工部大臣,并下令:限三个月内铸一口20000斤重的铜钟,敲钟时要四城都能听到钟声,铸不好就杀头。

华严只好带领工匠重铸铜钟。日子一天天过去,钟反复铸了多次,但始终不成功,眼看最后期限就剩一天了,工匠们非常焦急。这天,华仙儿来到铸钟厂,问华严钟铸得怎么样了,旁边一个小工匠插话说:"铜汁儿怎么也不对头,再铸不成,太阳一落山我们就都没命了。"华仙儿听到此言,心中十分难过,决定舍身救父。她乘人不备,纵身跃入化铜炉里。华严一见,急忙去拉她,但为时已晚,只抓到华仙儿的一只绣花鞋。瞬间,化铜炉内的铜汁放出异彩,于是工匠们擦干眼泪马上动手铸钟。大铜钟终于铸成了。敲击时钟声悠远绵长,细听,还能听到"鞋——鞋——"的声音,老人们说这是华仙儿在要她的那只绣花鞋呢。为纪念这位传说中的孝女,人们在钟楼西侧不远处建了一座铸钟圣母娘娘庙,尊称华姑娘为"铸钟娘娘"。

传说中钟匠的姓名与华严铸钟厂一致,铸钟娘娘以身铸钟的情节与干将、莫邪二剑的故事相类似。这则传说在民间广为流传，一方面是因为百姓们被钟匠女儿的孝心深深感动，另一方面是因为铸钟从业者将铸钟娘娘作为行业守护神进行供奉。

民间有供奉铸钟娘娘的习俗。据说，永定河边麻峪村有个侯氏家族，原籍山西太谷县田乔村，为铸钟世家。清康熙年间，侯家始祖侯志诚奉旨进京，被封为铸造总监师，为京城五坛八庙修补和铸造钟、鼎、樽、匜等礼器。清圣祖康熙皇帝为此拨付白银 10 万两作为侯志诚经办铸钟厂和安家的费用，并在京西赐地 300 余亩。侯家在麻峪村北街建造了一处四合院，四合院北房明间内供奉着康熙皇帝的圣旨牌，南房内供奉着"圣母铸钟娘娘"牌位和塑像。逢每月的初一、十五，侯家都在家族祠堂前焚香，祭祀铸钟娘娘。据说在京城甚至周边省区铸钟行业，都挂有铸钟娘娘牌位或者画像，定时祭祀，保佑铸钟世家平安、吉祥。

三、大钟留存记古今

在中国传统文化中，钟有乐、佛、朝、更之分。"古钟"则是今人对上述四种传统钟的统称。乐钟主要是指编钟，其名得自"各应律吕，大小以次，编而悬之"，其形状如瓦合。它上承商代的编铙，初现于西周初年，鼎盛于周代中期，是为当时上层社会所独享的礼乐之器，主要应用于权贵们祭祀、朝聘、宴享等重要的场合。随着东汉佛教的传入，寺院的广布，佛钟流行开来："有寺即有钟，无钟即无寺。"唐代以后，又有了显示皇权君威的朝钟和为都市报时之用的更钟。随着历史的演进，中国传统文化中的钟，集乐器、礼器、法器于一身，具有了皇权官阶、修善祈福等诸多的象征意义，并成为中国民众心目中的神圣之物。

钟楼是古代的报时台，古钟则是古代的报时工具。由钦天监派员操用。旧时，每昼夜分为 12 个时辰，每个时辰相当于两个小时。每天晚上，每个时辰都要报时，也叫作打更。等到打五更的时候，就相当于凌晨三到五时。相传古代钟楼敲钟是有固定节奏的，叫作"紧十八，慢十八，不紧不慢又十八"。反复两遍，共计108下。

北京钟楼位于鼓楼以北100米处，本是元大都万宁寺的中心阁，始建于元至元九年（1272），明永乐十八年（1420）重建，清乾隆十年（1745）再建。据文献记述钟楼上原置一口铁钟因音质欠佳，改铸铜钟。铜钟为明永乐十八年所铸传承至今，上有"大明永乐吉日"字样。铜钟通体高7.02米，口沿直径3.4米，重63吨，是我国现存最重也是体量最大的古代铜钟，有"钟王"之誉。撞钟用的横木，长1丈、径1尺。早在500多年前，我国劳动人民就能铸造出如此规模的铜钟，可见冶炼技术之高超。大钟上还铸造着极为精巧的图案，这在世界冶炼史上是罕见的。昔日钟楼上的巨钟今日仍在，目前已成为珍贵文物收藏在大钟寺博物馆内。

乾隆年间，汪启淑撰写了一本关于北京风俗遗迹的笔记，叫作《水曹清暇录》。其中这样描述钟楼之声："景钟发声"，"清宵气肃，轻飔远扬，都城内外十有余里，莫不耸听"。后来，钟楼遭受雷击起火，楼阁被烧毁，

永乐大钟（现藏于大钟寺博物馆）

支撑铜钟的木架化成了一堆灰烬，但铜钟却依然如故。乾隆十年（1745），重修钟楼，两年之后完工。相传，乾隆皇帝出巡，走到广安门外的御道上，忽然听到远处传来钟声。他问随从这声音是从何处传来的？答曰："钟楼。"可见钟声传播之远。

重修后的钟楼，主体采用砖石结构，大大提高了建筑物的耐火性能。在钟楼西侧有一条街巷名为"铸钟胡同"。人们亲切地称这里为巨钟的"娘家"。当年文物工作者寻访铸钟娘娘庙遗迹，就是在铸钟胡同的一户人家里发现了留存的"金炉圣母娘娘庙"匾额。此匾额，是乾隆听说铸钟娘娘的故事后题写的。现在铸钟娘娘庙已不复存在，但钟楼上敲响时空的铜钟以及情节丰富的传说留了下来，它们将继续见证时间的传递，铭刻文化流动的印迹。

火神庙

都市中心的火神庙

　　什刹海火神庙位于北京市西城区地安门外大街万宁桥西北侧，全称敕建火德真君庙，是北京城内现存历史最悠久也是保存最完整的火神庙。老北京修过许多火神庙。民国年间北京市曾对寺庙进行过三次普查，火神庙的数量分别为 24 座、20 座和 14 座。其中，什刹海火神庙、花市火神庙和琉璃厂火神庙并称京城三大火神庙。什刹海火神庙位于什刹海东边，多年来与运河"水火相济"，静静守候这片水域。

一、敕建庙宇保平安

什刹海火神庙建于大唐贞观六年（632），距今已有 1300 多年的历史，是一座道教正一派宫观。旧时消防手段落后，人们认为到火神庙进行祈福，就可以远离火灾。

传说什刹海火神庙很灵验，不但老百姓常来祈福，朝廷也在这里举行相关仪式。据说每逢皇宫发生火灾，朝廷便会派官员前来祭祀火神，祈求保佑。如明万历三十三年（1605），宫廷连遭火灾，皇帝便派道录司左玄义吕元节到火神庙进行祭祀和祝祷。天启元年（1621），明熹宗下令，每年农历六月二十日为祭祀火神之日，掌管礼乐郊庙社稷事宜的太常寺官员要前往火神庙祭祀，以为定例。之后这一祭祀法会盛况空前，一度成为京城一大胜景。据《清嘉录》记载：火神的生日是六月二十三日。庙内在这一天要举行盛大法会，历代帝王都要亲自或遣臣前往致祭。光绪年间，慈禧太后和光绪皇帝在火神庙举行了隆重的中元法会，还在什刹海三海中祭送巨型法船。

火德真君庙修建伊始，周围是一片沼泽。当时的火

火神庙中的法会

火神庙法会介绍

神庙规模很小，殿顶都是灰瓦，内外各有一座牌楼。元至正六年（1346），元朝对什刹海进行人工疏浚，什刹海风光更加优美；同时，也对火德真君庙进行了一次修缮。明朝，皇室推崇道教，什刹海火神庙的香火越来越旺。神宗皇帝为了表示对火德真君的崇敬，下旨扩建该火神庙，什刹海火神庙从此成为了敕建的皇家庙宇。火神庙原来的屋瓦是灰色的，明万历年间扩建时，将殿顶改成琉璃碧瓦，以压制火灾；清乾隆二十四年（1759）重修时，在山门及后阁上都加了黄瓦，从此火神庙的山门和后阁顶上都改成了黄琉璃瓦覆顶。灰色屋瓦改为碧色与黄色的琉璃瓦后，火神庙更为气派。

火德真君庙山门有三间，东向、左右各一门。山门外是牌楼，殿堂建筑坐北朝南，山门外有旗杆。走进庙门，由南向北，有四进院落，依次为前殿、二层殿、三层殿和后殿。前殿三间，全称"隆恩真君灵官殿"，简称灵官殿，殿内供奉的是道教护法火神王灵官塑像。前殿以北二层殿为荧惑宝殿，俗称火祖殿，主要供奉南方的火神火德真君。殿内原有乾隆御笔匾额"司南利用"，联曰："菽粟并资仁功成既济，槐榆分布令序美惟修。"此殿顶还有一漆金八角蟠龙藻井，造型极为精巧。三层殿为关帝殿，殿有五间。后殿叫皇极阁，供奉的是玉皇大帝。东西配殿二层，东配殿名为玉皇阁，西配殿为斗姆阁。殿堂左右为辅圣、弼灵、月老等六殿。

火神庙原是道教全真派祖庭白云观的下院，现由中国道教协会管辖。1981年，为保护这一古迹，北京市政府将火神庙列为北京市文物保护单位。

二、运河之畔敬火神

什刹海火神庙位于什刹海东侧，自元代漕运港口抵达什刹海后，这座火神庙与运河漕运联系了起来。水畔敬火神，成为特殊的运河景观。

在中国传统文化的观念中，火神是与人们的生产生活关系最为密切的

惑宝殿

火神信仰介绍

诸神之一。在一些地区，人们以燃烧的火焰或火塘作为火神的化身或象征，崇尚火、祭祀火，这可能是火神崇拜的初始形态。我国许多民族都有关于司火之神的传说。蒙古族的创世神话中提到，天地分开时就有了火，火是神灵、纯洁的象征，能赐予人幸福、财富，能让家庭人丁兴旺；拉祜族有天神厄莎开天辟地创造万物、取火种的传说；壮族民间故事中有"钻木取火"的情节；满族有英雄托阿帮助人们盗火的故事，这些关于火和火神的传说体现出了人们对火的态度——既感恩又敬畏。

祝融是我国原始社会末期的氏族领袖，在中国民间文化中被尊为火神。在神话传说中他住在南方之地，职责为司火。据说鲧盗取息壤治理水患未成功，火神祝融夺回息壤之后，治水的任务就落到了他的头上。加上祝融身居南方，于是他成为兼司水火两职的南海之神。运河畔的火神庙正好体现了祝融兼司水火两职的传说。

元世祖忽必烈定鼎大都后，元代疏通通惠河，重修大运河，把火神庙前充满野趣的水域（什刹海）整饬拓宽，辟为南北漕运的终点。彼时凡船只到港，船主都会下船先到火神庙烧香，感谢祝融的一路护佑；返程杭州之时，船主也要先去火神庙祭拜，祈求航运平安。由此，作为水神的祝融，与作为火神的祝融，融为一体，成为护佑漕运的神灵。

漕运通顺为什刹海带来了城市的繁荣、人口的密集流动以及商业的勃兴，火神崇信和火神庙也随之愈发兴盛起来。许多与火有关的行业都将火

火神庙与大运河介绍

神奉为其行业祖师，这些行业包括陶瓷业、冶金业、当铺、书坊、鞭炮业、医药业、盐业、厨业等。这些观念使得火神庙的香火更加旺盛。此外，民间认为掌管火焰的祝融除了"荧惑消祸"，还能够"焕赫文昌之运"。历史上，火神受到帝王君主和黎民百姓的崇信。在火神庙得到皇室垂青后，考中进士者会在参加琼林宴后，来到火神庙进香祈福以求通达，每届的新科状元自然有着"烧头香"的殊荣。在香火鼎盛时期的火神庙中，"烧头香"的难度不亚于中状元，于是民间一度有"拜火神，中状元"的俗语。

三、文人雅士赞"火神"

火神庙所在的什刹海区域是元代北京城中心区域的漕运终点和开放型景区。这里有皇家文化的高贵威仪、名士大夫的庄重典雅和平民悠游的市井烟火。沿着这片水域排列着高门王府、庙宇祠观、园林景观和名人故居，两岸的垂柳掩映着老字号商铺、四合院民宅、荷花市场和新兴商业街。文人雅士相聚于此，诗词歌赋礼赞这片神奇的区域当然也包括历史悠久的火神庙。

什刹海水源丰沛，地理位置绝佳，自元代以来，就有许多达官名仕居住在这里。他们给文坛、诗坛留下了许多带有什刹海印记的动人诗文，隽作名篇。清代著名词人纳兰性德就是其中一位，纳兰性德的父亲纳兰明珠

火神庙后客房

的府邸，就在后海北岸，府中花园渌水亭是纳兰性德吟诗作赋、研读经史、著书立说的清幽之地。他在《渌水亭·宴集诗序》中如此描绘什刹海之美景："予家象近魁三，天临尺五。墙依绣堞，云影周遭；门俯银塘，烟波溰漾。蛟潭雾尽，晴分太液池光；鹤渚秋清，翠写景山峰色。云兴霞蔚，芙蓉映碧叶田田；雁宿凫栖，杭稻动香风冉冉。"纳兰性德常邀友人在此赏景饮宴，相传其中就有曹雪芹的祖父曹寅。而同为官宦世家，曹雪芹与纳兰性德的后人也多有交集，常到什刹海一带访贤会友，还在什刹海南侧短暂居住过。有红学家通过《红楼梦》中与什刹海有关的地名和景观描述，推测明珠府邸或恭王府花园就是大观园的原型。

　　火神庙也是这些文人墨客喜欢关注的地方。据说什刹海火神庙后殿廊下，曾有一披门，直通庙后一水亭，可观什刹海烟波。明代公安派诗人袁宗道、袁宏道、袁中道曾多次结伴游什刹海火神庙，并赋诗多首。袁宗道《火神庙道士》云：

　　事火道人事，翻来水上居。

火神庙中的三官大殿

鹤窥烹石处，鱼呷洗丹余。
世业五禽戏，家藏八叠书。
南陵虽有命，噗酒自能除。

万历二十七年（1599）袁中道进京赶考时，同谢于楚、谢在杭等人到火神庙游玩，留下了《火神庙小饮看水·其一》诗：

作客寻春易，游燕遇水难。
柳花浓没地，鸥貌静随湍。
歌舞几成醉，尘沙不入澜。
石桥明树里，谁信在长安。

诗歌表现了火神庙的气派与环境的优美。这些诗句与老舍笔下什刹海的"柳林环堤，千顷荷花、芦苇丛丛，水鸭为群、蝉声鼎沸"相互映衬，为什刹海风光旖旎的景象增添了文化魅力。当日落西山，船行水上，游人点起纸河灯放入水中，

火神庙所处环境

河灯沿船尾浮动……庙宇之中传来敲钟的声音,这钟声随着波浪时远时近,
让繁华闹市愈显静谧安宁。

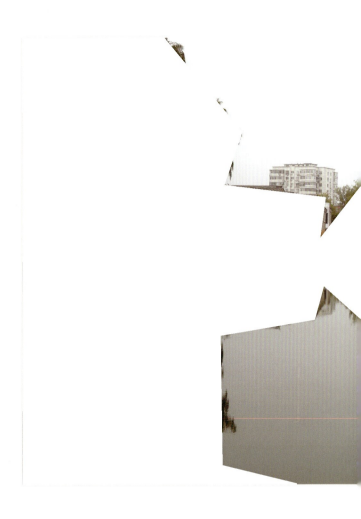

故道古刹——玉河庵

玉河庵是玉河沿岸的一座尼姑庵。在《世界遗产名录》"中国大运河"的 58 处遗产点中，河道遗产点有两个在北京，"玉河故道"为其中之一。玉河即御河，是一条历史悠久的古河，是元代通惠河的一段河道。2007 年，玉河故道上的遗迹被重点挖掘，传说中的玉河庵也得以重现。

玉河庵

一、庵前玉河忆岁月

据明代沈榜《宛署杂记》记载："玉河，在县西二十里，源出玉泉山，流入大内，出都城东南，注大通河。"这段记载说明了玉河的发源地及其河道流向。玉河之名大概与河水源自玉泉山有关。明代的史料里，一般将广义上的通惠河分为两段，由玉泉山至大通桥的一段，称为玉河；由大通桥至通州的一段称为通惠河，又称大通河。《二京赋》记载："惟玉河之澄澈，贯周回以为经。"由此可见玉河之美。

　　明代，因皇城扩建，漕运不能再通达积水潭，玉河也就不再具有漕运功能。据《明清北京城图》所绘：从什刹海来的水，经东不压桥流入皇城，向南出皇城后，不向东南流，而直向南，经正义路过中御河桥、南御河桥入南濠（前三门护城河）。玉河是积水潭、什刹海排水的尾闾。进德胜门水关之水，可由玉河排泄，是城区中部、北部的排水主干渠，这种情况一直延续到清代。

　　玉河接续着大运河的水脉，在城市运行中发挥着重要作用。它串联起诸多城市的基础设施，许多具有公共服务功能的建筑物因河而建，例如玉河北侧的万宁桥和南边的东不压桥。玉河上还曾建有一座亭桥，史书上称之为"骑河楼桥"。亭桥是桥与建筑的组合，造型别致。现在亭桥不在了，但地名仍存，即"骑河楼胡同"。玉河在北河沿中段西岸还冲出了一片沙滩，因而有了"沙滩后街""沙滩巷"等地名。在沙滩东南，则有"银闸胡同"，这里曾是元朝御水河故道，为了调节因地势形成的水势落差，在河上设有多处水闸。南河沿以西的磁器库、缎库、灯笼库等胡同名称，也都是漕运痕迹的遗留。这些地名承载着城市建设的历史记忆。

民国时期，玉河自南往北逐步改成暗河。漕运改道之后，玉河仍然发挥着它在城市水系网络和社会生活中的重要作用。这段河道是名副其实的"皇城根儿"，河道连起来的区域虽不是繁华的城市中心，但处于城市居民密集之地，河两岸广植树木，垂丝水面，多建楼台亭榭、茶馆酒肆。风景秀丽，游人如织。每到夏季炎热时，不少人到玉河边来消暑纳凉。三伏天的瓢泼大雨后，玉河留下的滑溜斜坡与皇城根中间部位会出现不少冒着泡的小洞，拿树枝儿捅进小洞去拉螃蟹，是许多当地居民童年的珍贵记忆。

二、历经波折终复建

现如今很多人喜欢在游览过什刹海后，穿过万宁桥，再沿着南锣鼓巷的帽儿胡同、雨儿胡同和拐棒胡同一路前行的游览路线，实际上此游览路线与玉河故道的水道方向是一致的。行至东不压桥与玉河交汇处，就能看到东侧有一座尼姑庵，这就是"玉河庵"。玉河庵始建于清代，没落于民国时期，遗址经历50多年的沉寂后挖掘复现。

关于玉河庵具体的修建时间，文献中说法不一。根据《北京寺庙历史资料》记载，1928年进行北京寺庙调查时，所得资料为："玉河庵，坐落内五区地安门外皇城根十六号，建于嘉庆十三年（1808），光绪十四年（1888）募修。本庙南面三丈七尺，北面五丈八尺，南北十二丈五尺，院后南北二丈七尺，东西五丈，殿房共二十间（其中包括附属房屋，东不压桥东胡同十六号住房五间）。另有石碑一座。"1947年的调查资料记载："玉河庵（尼僧庙），坐落地安门外东不压桥胡同十六号，建于嘉庆八年（1803），属募建。"

根据出土的玉河庵碑碑文记载，玉河庵住持心然在乾隆五十五年（1790）

玉河庵碑

看破红尘出家为尼，此时玉河庵的墙垣已倾圮。于是，心然在出家后开始挨家挨户化缘，历经 20 年的积累加上京师信徒的捐赠，几费周折方在嘉庆十三年（1808）重修玉河庵。《京师全图》完成于乾隆十五年（1750），上面已经有该庵的记载。清朝《乾隆京城全图》上，玉河庵被标记为"御河庵"。

玉河庵的西墙沿玉河东岸修建，方向偏了 45 度，民间有"玉河庵歪着盖"的趣闻。说明玉河庵的修建年代应该比清代修建玉河东岸的时间要晚，所以庵墙才能沿河岸规划。据《北平研究院北平庙宇调查资料汇编》记载，在 20 世纪 30 年代，玉河庵中曾有康熙五十五年（1716）铸造的小铁钟，铭文"供奉东步樑（梁）桥玉河庵"，因此，可以确定玉河庵始建年代早于 1716 年。

玉河庵主祀河神。民国时期东不压桥干涸，河闸处成为臭水沟。传说河神被臭水熏跑了，庵庙败落。

2007 年，北京市文物研究所对北京玉河遗址进行抢救性考古发掘。玉河庵的面貌随着"北京玉河历史文化恢复工程"的实施而逐渐复现，玉河庵的建筑遗址也得到了整体确认。据《北京玉河 2007 年度考古发掘报告》公布："玉河庵位于地安门东大街路北，沿玉河东岸修建，庵为长方形，坐西北面东南，原有两进院落，山门一间，前殿三间，后殿三间，东、西配殿各三间。"2010 年，玉河庵得以复建，现为博物馆和书院，人们可以在这里享受闹市中的静谧时光。

春风书院

三、"水穿街巷"现闹市

现在玉河遗址分为玉河遗址公园和玉河遗址博物馆两部分。玉河恢复工程为古河道注入水源，将暗河恢复为明河，让玉河得以重见天日；同时出现的还有城市水景公园——通惠河玉河遗址公园。河畔的卧地巨石上是我国著名文物考古专家徐苹芳题写的"通惠河玉河遗址"几个大字。南河岸观景平台上设立了京杭大运河风物雕塑墙，总长度达 116 米。错落有致的砖墙上以紫铜高浮雕手法，展现了京杭大运河沿线的标志性地点，如白浮泉、东便门、通惠河、通州古城、天津古城、扬州市集、金山寺、镇江等，尽显运河沿线优美风光。

玉河遗址博物馆就在重建的玉河庵中，位于东不压桥胡同 49 号。玉河庵中还设置了一家"春风书院"和一间咖啡馆，可谓是"古香古色玉河庵，春风书院里面搬"。常言道："有书皆丽日，无处不春风。"书香让古都院落呈现古朴细腻的气氛，也为都市生活平添了一份惬意。这里还可举办

大运河玉河故道遗址（东城段）石牌

玉河遗址石牌

小学生研学、京剧表演、非物质文化遗产展示等活动。院落之中遗存的金石碑刻、参天古树与院外古河床、东不压桥残留的雁翅，无时无刻不在诉说着这座古城的故事。古老的庙宇已转变为名副其实的"文化道场"，成为多功能的文化展示空间。

现在，在不足1000米的玉河故道沿线上，有玉河庵、药王庙、火神庙、华严寺4座寺庙，还有18处重点保护的民居四合院。在恢复玉河的同时，

通惠河玉河遗址石碑

玉河故道

也对这 4 座庙宇和 18 处重点保护的四合院进行了修缮。古河道重现后，碧波荡漾仿佛把人带回水影摇曳、有小秦淮之称的元代通惠河。周边原本破落的民居焕然一新，生态环境得到极大改善。同时，改造工程让消失了半个世纪的玉河北段水道重见天日，存在于北京城市史志中的"水穿街巷"景观再现京城。现在这里已成为平安大街的新坐标。

四、玉河滋润南锣鼓巷

南锣鼓巷位于北京东城区西部，是北京最古老的街区之一。它毗邻皇城，西望什刹海，玉河（原通惠河上游一段）从其西南部穿过，与运河有着紧密的联系。元代南锣鼓巷属昭回坊管辖，明代则为昭回坊、靖恭坊的交界处，清代此地成为镶黄旗驻地，并正式得名"南锣鼓巷"。南锣鼓巷由16条胡同共同构成，西面为前鼓楼苑胡同、黑芝麻胡同、沙井胡同、景阳胡同、帽儿胡同、雨儿胡同、蓑衣胡同、福祥胡同；东面则为菊儿胡同、后圆恩寺胡同、前圆恩寺胡同、秦老胡同、北兵马司胡同、东棉花胡同、板厂胡同和炒豆胡同，穿过雨儿胡同还能看到东不压桥胡同等沿玉河形成的街巷。

运河推动了南锣鼓巷一带的发展。元代郭守敬开凿通惠河，使通州的漕船能直抵积水潭一带。《析津志》就将积水潭附近的钟鼓楼描述为繁华的商业区："（鼓楼）楼之东南转角街市俱是针铺，西斜街临海子，率多歌台酒馆，有望湖亭昔日皆贵官游赏之地。楼之左右，俱有果木饼面、柴炭、器用之属。"虽然该书中没有明确提到南锣鼓巷的商业发展情况，但南锣鼓巷位于鼓楼东南角，又紧邻通惠河，也应是一片繁盛景象。南锣鼓巷自元代就很繁荣，至明、清，乃至民国时期这种繁荣都在延续，并诞生了诸

南锣鼓巷附近的咖啡店／杨赫 摄

多声名远播的商铺。如南锣鼓巷的万庆当铺，其主人住在蓑衣胡同，曾于内务府当差，掌管国家金库，有"金王家"的称号。又如"蜜供王家"经营的德丰斋，主要售卖供奉神明的"蜜供"，那是一种沾了蜜糖、码成塔式、下方上尖的面食，北京人在过年时都会买来敬献祖先与神明。由于手艺精湛，味道香甜，德丰斋在京城颇负盛名。尽管这些店铺大多已消失在历史的长河中，但它们都是南锣鼓巷昔日繁华的见证。

运河还对南锣鼓巷文化的繁荣起到了推动作用。2007 年，"北京玉河历史文化恢复工程"实施时，在南锣鼓巷附近的东不压桥胡同发掘出与大运河关系紧密的玉河庵遗址。明清两代该庙香火鼎盛，一度成为附近民众与往来商旅的心灵寄托之所。此外，运河涵养了南锣鼓巷一带的自然生态，使当地能依靠优美的环境成为名人聚居之所，如明清时期的洪承畴、僧格林沁，近现代的詹天佑、冯国璋、茅盾、齐白石、启功等各领域的知名人士都曾在此居住，进一步丰富了南锣鼓巷的文化内涵。

如今的南锣鼓巷将古典与时尚、传统与现代、宁静与喧闹融为一体，成为集创意制作、商品零售、特色餐饮、酒吧、咖啡馆、服装店于一身，兼具北京地方文化与国际视野的文化创意街市。缓缓流淌的玉河、数百年的历史积淀、浓郁的艺术与文化气息和各具特色的店铺共同构成了当下南锣鼓巷的市井风情，吸引着人们于此漫步、休闲、观光。

"三庙一塔"景区

通州地标——燃灯塔

在大运河岸边矗立着一座古塔，名唤燃灯塔，因塔内藏有燃灯佛舍利，故全称为燃灯佛舍利塔，俗称通州塔。漕运盛行的时代，在京杭大运河上，燃灯塔是北京的坐标。就地势而言，河面较两岸更低，燃灯塔所处之地是通州城海拔较高的地方，加上几十米高的塔身，在漕舟商船上放眼北望，远远便可看到宝塔凌云的壮丽景象。清代诗人王维珍赋诗一首，名为《古塔凌云》："云光水色潞河秋，满径槐花感旧游。无恙蒲帆新雨后，一枝塔影认通州。"从此，"一枝塔影认通州"，成为通州城最广为人知的"宣传语"。

燃灯塔保护牌

一、"一枝塔影认通州"

　　燃灯塔位于通州区西海子西街 12 号，北运河西畔。南北朝后期北周（557—581）时始建，唐贞观七年（633）复修。此后，辽、元、明均予以维修，其中明代成化二十年（1484）的修缮是一次较大规模的重修。1959 年被认定为通县文物保护单位，1979 年被认定为北京市文物保护单位；2019 年，燃灯塔并入第六批全国重点文物保护单位大运河。

　　塔是中国传统建筑中的一类。它源于印度，随着佛教传到中国，经过漫长的历史进程，吸收了中国传统高层楼阁建筑元素，形成独特的建筑风格。我国古塔建筑数量众多，造型多样，有单层塔、密檐塔、楼阁塔、覆钵塔等；材质丰富，包括木塔、石塔、砖塔、琉璃塔、金属塔等。古塔建筑是中国劳动人民智慧的结晶，也是砖石木料之间的动人乐章。

　　燃灯塔为砖木结构，密檐实心，八角形 13 层。原高 48 米，围 44 米，重修之后的燃灯塔高 56 米，是北京地区现存最高的密檐古塔。塔底为须弥

风景座，双束腰，每面多嵌精美砖雕，下腰置二龙戏珠，上腰设三壶门，内镶仙人，各角雕力士披甲顶盔，僧人袈裟合掌，佛陀慈眉善目。此塔距运河数百米，昔日塔影可映在河中，故乾隆皇帝有"郡城塔景落波尖"的诗句。塔顶有铜镜，是至今古塔中发现的最大的一面。"通州八景"之一的"古塔凌云"，就是源于此塔的景观。

1987年11月燃灯塔被重新翻修，生长在燃灯塔第十三层西北侧近300年之久的塔榆，被移植到塔旁边的公园里，西海子专门为塔榆立了碑石，现在游人可以近距离欣赏塔榆风姿了。2017年，燃灯塔又经历了一次精细重修，这次修缮中，借助脚手架，工作人员得以近距离观赏这座千年佛塔上的诸多细节。塔身各处共雕琢了424尊神像，各个惟妙惟肖，而且塔的"拱肩壁"处雕有许多小佛像，这与通常情况下空白的拱肩壁有所不同。在对这些雕刻进行维护的过程中，文物工作者还用到了传统的文物修缮手法——"锔"，力求保留原有文物信息。

燃灯塔还有一个奇观，那就是塔身上有2248枚大小不一的铜质风铃。每个风铃上都有信众的名字，字体有真、行、隶等书体，风吹铃动，悦耳清脆的铃声能够传播得很远。这给燃灯塔增添了一曲灵动的韵律。

古塔第十三层正南面当中有座诗碑，纵刻七律一首，描绘了古塔之美妙：

巍巍宝塔镇潞陵，层层高耸接青云。
明明光影河中现，朗朗铃音空里鸣。
时赖周唐人建立，大清复整又重新。
永保封疆千载古，万姓沾恩享太平。

1900年八国联军占领通州，洋炮击断塔刹，洋枪射掉铜铃，燃灯塔遭到严重破坏。如今依然挺拔屹立的宝塔，也象征着中华民族凛然不可侵犯的气概与通州人民不畏强暴的气节，这种不屈不挠的爱国主义精神将一直传承，生生不息。

二、美丽传说忆灾难

燃灯塔具有悠久的历史，与之相关的传说情节生动，是北运河流域内容最为丰富的传说之一。其中最广为人知的是关于燃灯塔如何修建起来的，它们多与旧时的自然灾祸有关，讲述了人们同心协力，共渡难关的记忆。

有些传说将燃灯塔的修建与人物联系起来。这些人物有的是历史上真实存在的，有的是想象中的神仙，如纪晓岚、鲁班、三霄娘娘、燃灯佛祖等。人们常把纪晓岚与足智多谋、不畏强权、为民请愿等观念联系在一起，并认为他能言善辩，称他为"铁齿铜牙纪晓岚"。传说燃灯塔下面通着海，水里有两条鲶鱼精，经常兴风作浪，无人能够镇压，人们便请来清朝协办大学士纪晓岚，用铁链将鱼锁住，从此风平浪静，再无水患。鲁班在传统农业社会中享有很高的声誉，他被认为是中国建筑鼻祖、木匠鼻祖。有些传说将燃灯塔的修建与鲁班联系在一起，认为此塔建筑技术高超非凡人所为。这些人物的智慧，其实就是广大人民群众的集体智慧，古塔是我国古代劳动人民集体智慧的结晶。

周良编的《大运河的传说》中记载了《通州城的传说》，也讲述了燃灯塔的修建来由与修塔契机：

运河刚挖成不久，通州城时常因河水泛滥被淹。有一天，通州全城的人都做了同一个梦：一个头顶放着灵光的神仙，手里拿着一盏佛灯，对大伙说，

燃灯塔底座

通州若想免去三灾八难，须建一座十三层的玲珑宝塔。因为城里有一海眼，海眼内有一条大鳌鱼，此怪乃东海龙君九子的坐骑，只有在海眼上建座塔，才能把此怪镇伏，龙子也就无法兴风作浪了。

这个传说也许与历史上北运河水时常泛滥有关。在人们的讲述中，修塔就是为了解决河水泛滥的问题。

除了对水害的恐惧，人们还有对旱、风、沙、霜、雹、虫等多种灾害的担忧，通州文化馆编的《运河民间故事集》中有个故事讲述了人们战胜瘟疫的神奇经历：

故事发生在北运河南岸的杨洼儿村。城里闹瘟疫，好多水坑里生出的黑头蚊子可以咬死人，据说黑头蚊子惧怕佛灯，于是许多人跑出来寻找佛灯。杨洼儿村里摆渡老人的孙女荷花找到了佛灯，但是通州城太大了，无法用灯照到所有的蚊子。于是人们想出来一个办法，那就是建造一座塔，把佛灯放在塔顶上，这样就能够照亮整座城市，消灭所有的黑头蚊子了。人们历尽艰辛终于建成了燃灯塔，但是荷花却劳累过度去世了。荷花去世那一天是七月七日，人们为了纪念她，每年七月七日的晚上，都会在灯塔下放荷花灯。

高耸入云的古塔，给了人们以战胜疫情的信心和勇气。这种信心和勇气在古塔周边代代传承。除了建塔的缘由之外，关于燃灯塔的传说还解释了这个建筑的设计问题。如：为什么塔要有八个角？——是为了消除八方之害。为什么要建十三层？——因为要使塔顶明灯万世不灭，永远给人光明，就必须有足够的油源，取之不尽，用之不竭。塔的每一层都是一个油库，建十三层塔是为了保证油源不绝，燃灯不灭。这些解释表达了人们对于美好生活的期望，也将燃灯塔的设计思路与功能紧密结合，给历史悠久的古塔增添了一层神秘色彩。

三、"运河四塔"紧相连

作为重要的漕运古城，通州的燃灯塔所代表的文化特质能够体现出北运河漕运文化的内涵。燃灯塔在运河沿岸的民众心中具有独特的地位，不仅是因为这里供奉了民众禳福祛灾祈求保佑的神灵，而且因为燃灯塔作为通州 1400 年不变的地标，已是通州的城市文化的象征。

塔是寺庙当中最为重要的附属建筑，塔中供奉着舍利、佛经、佛像。在佛教的思想观念中，拜见佛陀舍利，就如同拜见了佛陀真身。燃灯塔作为宗教建筑，在佛教观念中具有特殊的意义；而作为通州的标志性建筑之一，又具有地方文化中的特殊意义，这两种意义融合在一起，使得这座塔的意蕴更为深厚了。

在漕运盛行的时代，来往商船以燃灯塔作为导航的标志。在当地广为流传的民间故事《燃灯塔的传说》中，将通州城描述成一艘漂在白河上的大船：北城墙内的燃灯塔就是粗壮高大的桅杆立在船头；城中的鼓楼是船舱，要让这艘船稳稳停住，就要有锚，所以在城南十几里的地方，即张家

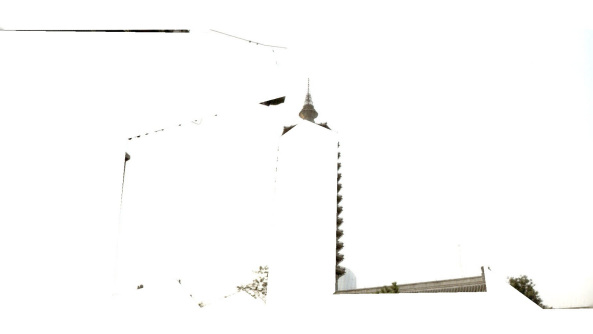

燃灯塔的浮雕

湾北、玉带河西岸，建了一座铁锚寺，当作大锚；玉带河出城南流，弯曲盘旋，就是一条大缆绳。这样，船就稳住了。这则传说将燃灯塔、鼓楼、玉带河、铁锚寺等风物串联起来，创造了通州城"一艘大船"的意象，正符合运河的漕运文化特质。通州地区流传着这样的民谚：

通州城，好大的船，燃灯宝塔作桅杆；
钟鼓楼的舱，玉带河的缆，铁锚落在张家湾。

这是对通州地理状况的形象描绘。作为"桅杆"的燃灯塔，寄托着民众对家园的无限热爱，是对生活的诗意表达。

千百年来，燃灯塔指引着人们沿着通州进入北京城。据《燕山记游》载《盘山异记》："每逢除夕，佛灯出通州塔上，数千百光远绕盘山诸寺，至定光佛塔而止，或云塔中舍利光也。"另据《州志》载："盘山佛光人皆见之，每除夕，山之云罩寺定光佛舍利塔与蓟州独乐寺观音阁，通州孤山宝塔皆有灯出，相往来，漏尽各返原处。"这些文字记载了燃灯塔在春节这样的重大节日中所起的作用，既彰显了它的神奇，更表明了它在人们生活中的意义。

通州燃灯塔与临清舍利宝塔、扬州文峰塔、杭州六合塔并称为"运河四大名塔"。它们坐落在运河沿线，是京杭大运河岸边的标志性建筑，为远航的水手船员指示着方向、承载着乡愁。它们不仅代表着河流与城市之间的物质关联，也是历史与未来之间的文化纽带。

通州清真寺

见证文化融合的通州清真寺

通州清真寺是北京地区四大清真寺之一，位于通州区中仓街道南大街清真寺胡同 1 号，东临清真寺胡同，南临北二条胡同，西临小楼饭馆，北临回民胡同。1959 年，被列为通州区文物保护单位，1985 年被列为北京市文物保护单位。

一、运河岸边的清真寺

通州清真寺历史悠久。金元时期，因中都、大都先后设于燕京蓟城，潞河（白河）被开浚为大运河北起首河道。大批伊斯兰教信众来此定居，他们多从事与漕运相关的工作，或以牛羊贸易为主的商业活动。为了供这些住户和往来客商沐浴参礼，元代延祐年间（1314—1320）在此处建立礼拜寺，因当地称为牛市口，这座寺被称为"牛市口礼拜寺"。明正德十四年（1519）重修，改称为"朝真寺"。万历二十一年（1593），朝廷"诏修天下清真寺"，该寺扩建，更名为"清真寺"。

该清真寺在清代多次扩建。康熙四十七年（1708），增建配殿袖亭，以窑殿穿廊构式与正殿相通。乾隆年间再次增修。道光年间，盖经学学舍 16 间，与北侧大门相通。同治年间，将原寺院东扩展，扩大前院，增修了邦克楼（宣礼楼），在寺庙中轴线上建通天阁楼，基本形成了现在的规模和形制。1933 年春，清真寺遭到日寇炮轰，部分建筑被炸毁，后修复。1945 年，再次修缮清真寺，并在此开办清真寺大学。寺内曾开设穆光小学校，教授回民子女。1996 年重新开寺，1982 年恢复宗教活动。2004—2007 年，先后两期按原形制完成清真寺修缮和复建工程。

通州清真寺坐西朝东，二进院落跨南北院。正院主体建筑及附属者有：砖砌大影壁一堵，影壁南北各有等制垂花门一座。邦克楼上层，歇山重檐筒瓦顶，丁头拱雀替，四周带廊，设二抹木护栏，苏式彩画，东面门额悬木匾一，横刻楷书"万寿无疆"四大字；下层为拔券结构一间，正交斜楞隔扇门四扇，东面门额悬木匾一，横刻楷书"大哉乾元"四大字。南北夹墙门各一，南北配殿各五间。第二进主体建筑乃礼拜殿，勾连搭四卷。前卷三间是敞厅；第二卷亦三间，第三卷三间，又南北各设横向抱厦三间，与第三卷勾连搭；第四卷五间，形制更为复杂。寺内现存刻石有四，一为明正德十四年记碑，字迹已剥蚀殆尽；一为捐产记碑，嵌于北跨院西厢房南山墙处；一为嵌砌壁上刻石，为捐助创办清真大学石刻；一为嵌墙刻石，记述捐助办学事。

通州清真寺邦克楼内悬挂的"万寿无疆"匾，据民间传说这与康熙皇

通州清真寺

帝巡视有关，杨良志、杨家毅的《走读大运河》一书记载了这样的传说：

康熙皇帝住在运河西岸的一家客店。一天，他身穿便服，随众人进入城内清真寺，考察人们在清真寺活动情况。后来，这件事被地方官知道了，于是把康熙住过的客房保护起来，设立了"宝座"。漕运客商集资买下了该客店，建成东关礼拜寺，在大殿里设置"万岁龛"。通州清真寺不甘落后，在同治初年的扩建中，修建了"邦克楼"，楼檐下挂上了这块"万寿无疆"匾。"万寿无疆"四字本是康熙为祖母孝庄文皇后贺寿时御笔所书，楼檐下挂上了这块匾，既寄予"万寿无疆"的美好寓意，也用以表示康熙皇帝曾到访这里。

据史料记载，康熙皇帝确实曾到通州运河巡视。康熙五十年（1711）春，当时运河还在封冻期，康熙皇帝巡视通州运河河堤，太子和其他六位皇子随驾同行。据《清史稿》记载："五十年辛卯春正月癸丑，上巡畿甸，视通州河堤。"在《康熙大事年表》中则记录得更加具体："正月视察通州河堤。二月阅筐儿港，命建挑水坝，次河西务，康熙帝登岸行两里许，亲置仪器，定方向，鼎椿木，以纪丈量之处。"运河沿岸流传着许多与帝王相关的传说，这与历代皇帝关注运河漕运、运河水务，数次巡视运河沿岸情况的史实相关。通州清真寺也因康熙、乾隆巡视运河期间的到访而增添了历史价值。

现在的通州清真寺历经多次增修、扩建，综合运用了中国古代传统建筑形制，呈现出了中国宫廷园林式的格局。规模宏大、建筑严谨、设计精巧。寺内画栋雕梁，色彩绚丽，气势庄重。既有古代建筑的神韵，也有当代文化的艺术气息，呈现了较高的建筑艺术水平。

二、寺畔有"十八个半截胡同"

通州清真寺所在的区域是通州城内的回民聚居地。这片区域以清真寺、小楼饭店以及十八个半截胡同闻名。南大街及十八个半截胡同是体现明清通州古城特色的一片区域。

这个地方为什么会称作"十八个半截胡同"呢？原来，一条南北走向的中街将马家胡同、熊家胡同、紫竹庵胡同、蔡老胡同、白将军胡同、头条、南二条、南三条等八条东西走向的胡同一分为二，形成十六条半截胡同。还有两条半截胡同，一条是最北的北二条胡同，其西端是扩建后的清真寺，它因清真寺扩建而成为半截；另一条是夹在熊家胡同和紫竹庵胡同中间的小胡同，本名就叫半截胡同。这些半截胡同加起来，形成"十八个半截胡同"这个听起来比较特殊的地名。

"十八个半截胡同"的形成源于通州清真寺附近的街区建设历史。先有清真寺，后有十八个半截胡同。通州清真寺是在元代中期形成的，十八个半截胡同的形成是在明朝建立之后，这期间经历了十分漫长的过程。在清真寺建成之后，围绕这里逐渐形成了回族民众的聚居区。为了便于居民

315

熊家胡同

到清真寺，就修建了这条南北向直通清真寺的"中街"，由此，就形成了"十八个半截胡同"的格局。

回族同胞在十八个半截胡同及附近区域生活历史悠久，形成了优秀的文化传统，创造了丰富的文化成果。"大顺斋糖火烧""小楼烧鲶鱼""万通酱豆腐"都是由回民创造的深受各族人民喜爱的清真食品，被誉为"通州三宝"。十八个半截胡同还出了不少优秀人才，他们身处各行各业，展现出运河古城通州的人杰地灵。如明代官至监察御史的马经纶，他重情重义，将好友李卓吾自河南接至莲花寺老家。在他的帮助下，李卓吾继续研究《易经》，并完成著作《九正易因》。李卓吾去世后，他又按其遗愿将其安葬在通州城北马厂村西迎福寺侧，并创立马闻道书院，宣讲卓吾先生的思想。李卓吾先生墓现已迁至通州西海子公园。出生于白将军胡同的白镕，官至工部尚书，是清朝一代名臣。爱国将领冯玉祥，也在白将军胡同住过很长一段时间。还有民国时期著名画家张舒和、历史学家金吉堂，万通酱园创始人、著名慈善家马兆丰等都与十八个半截胡同有很密切的联系。

三、民族团结的见证

运河沿线的城市中,许多清真寺的建立都与大运河息息相关,它们是文化融合的见证。明清时期,运河作为南北主要通商之路,沿岸商业发达,有经商传统的穆斯林,沿着运河城镇经商定居。因此运河沿线的城市中修建、扩建了许多清真寺。在这个时期,北京地区除了牛街清真寺、东四清真寺,又增加了西花市清真寺、锦什坊街清真寺、长营清真寺、笤帚胡同清真寺、三里河清真寺、张家湾清真寺、马驹桥清真寺、于家务清真寺、枣林庄清真寺、永乐店清真寺等。

其中,于家务清真寺也是运河岸边民族团结的见证。这座清真寺位于通州于家务村,是村子的标志性建筑,也是村庄历史和民族团结的见证。于家务清真寺始建于明代永乐年间,距今已有500多年的历史。其规模为

于家务清真寺主殿堂／孙佳丰 摄

通州区境内第二大清真寺，1986 年被通州区政府列为区级重点文物保护单位。清真寺占地面积 4386 平方米，建筑风格独特。主殿坐西朝东，按照中国古代建筑风格建造，为了增大空间采取了"勾连搭"式的建筑形式。大殿面阔三间，为三卷一厦式建筑，建筑面积 256.5 平方米。清真女寺于 1997 年建造，面阔三间两卷式仿古建筑，面积为 149.2 平方米，布局紧凑对称，木架和瓦顶多有变化，给人以壮观、肃穆的感觉。两殿能容纳 400 余人。寺院内设置男女浴池、教长室、学员室、库房、锅炉房、铺房等房屋 79 间。

于家务清真寺屡经风霜。20 世纪 70 年代，在淘寺院旧水井旁发现了多件义和团将士抗击八国联军侵略中国时用过的刀、枪等武器；大殿墙体青砖上的弹痕也记载了日本侵略者在我中华国土上的罪证。在这里回、汉两族居民，曾同仇敌忾共同抗日，于家务清真寺见证了民族团结的力量。20 世纪 60 年代，于家务清真寺险些被拆除。于家务村汉族党支部副书记何宝玉认识到这座清真寺的意义和价值，想方设法，极力保住了这方名胜古迹。

在数百年的历史中，清真寺经历过多次维修和扩建，最近一次的大规模修建是在 2003 年。在通州区委、区政府、文化委、民委、于家务乡政府等部门的大力支持下，多方筹资 120 多万元，翻修了清真寺的礼拜大殿、南北配房和大殿门楼等设施。此次翻建，采用了原扒原盖的方式，除在原地基础上抬高 1 米，其余皆保持了原有建筑风格。经历过数百年风雨侵蚀的清真寺在党和政府民族政策的关怀下，经多次维修和翻建，成为一座既体现民族风格又显现优美造型的清真古寺。

大运河漕运促进了通州与各民族之间的经济文化交流，除了位于大运河西侧南大街的通州清真寺，通州东关紧依古运河畔的地方，原本还有一座礼拜寺，旧时漕船到达通州后，需靠岸停泊数日装卸货物，船员中的穆斯林为了礼拜之需，与当地民众集资在东关下游南岸建了一座清真寺。该寺建于清朝中期，同治年间重建，后废弃。《东关清真寺碑记》底稿，讲述了该寺的修建："通郡东关，路水之滨，析津众乡未立有清真寺，庙宇微偏，规模又狭，兹于同治癸酉年（1873），众乡末相其基可筑三盈，计其资亦需千许，捐金以倡，共助同心……因为志其创造之始，增修之美，而并望后之同志者，永久而继续也，是为记。"这是人们友好往来，互帮互助的珍贵记忆。

　　运河文化以其博大的包容性和统一性，强大的凝聚力和向心力，跨越了广阔的地理界线，加强了中国南北方的文化交融，同时也使运河区域成为汇聚人才的文风昌盛之地。

通州清真寺内部

北京佑民观坤道院 / 徐睿凝 摄

济通南北——佑民观

佑民观是北京通州运河漕运古镇张家湾里二泗村的一座道观。1956 年，佑民观被认定为通州区重点文物保护单位。2009 年，北京市宗教局批准佑民观为对外开放的宗教活动场所，命名为"佑民观坤道院"。

一、道观坐落里二泗

"佑民观"的旧称为"里二泗"。"里二泗"现为道观所在的村落名字。里二泗村位于张家湾镇域东部，是运河沿线的古老村落。

佑民观山门上的"古迹里二泗"匾额

里二泗村历史十分悠久，在这里曾发掘出土古墓数座，墓葬时间至少可以追溯到战国时期。历史上，里二泗村几经更名。迄今可查最早的名字为"李二寺村"。这是因为村中本有一座古寺，坐落在村西土台上，称李二寺，村依寺名。《元史·河渠志》中有"李二寺至通州三十里"的记载。这里曾经紧靠潞河、萧太后河、凉水河、通惠河四条河流，是船行往来，人口流动之地。元明两代，漕船经李二寺村，过张家湾入通惠河，于是民间就流传着"船到张家湾，舵在李二寺"的民谣。也因为这个原因，在明清的一些史籍中，李二寺村又有"泗河涯"的称谓。

通州一带流传着"李二寺"这个村名来历的传说，也解释了"里二泗"称谓的缘由。郑建山编的《大运河的传说》就记载了这个故事：

村民李二想要通过攒钱修庙过上好日子，于是将攒下的钱放在地窖里。但是他藏钱的地窖被邻居的顽童知道了，钱都被偷走了。李二又换了藏钱的地方，结果还是如此。后来李二做了一个梦，梦里天兵天将都来帮他修庙，梦醒之后，李二叹息自己今生不能达成夙愿了，就去世了。第二天早晨，人们发现新庙修建起来了，就相互传说李二已经成仙了，这座庙就是他建的，从此这座庙就被称为"李二寺"。后来因为村庄面临四河，即潞河、萧太后河、凉水河、通惠河，就将李二寺改为"里二泗"了。

《日下旧闻考》也记载："元史所载李二寺即今里二泗也，地在张家湾。"证实了里二泗与李二寺是同一村的说法。"里二泗"既是村落名称，也曾是"佑民观"的旧称。作为漕运古镇张家湾中水路的重要节点，供奉水神的精神诉求在里二泗应"运"而生。《畿辅通志》记载："佑民观，在通州张家湾，即天妃庙，旧名里二泗。凡运船往来在此修醮……明嘉靖十四年道官周从善奏请赐额，观曰佑民，阁曰锡禧。"文献中除了对称谓的交代，还记录了里二泗"凡运船往来在此修醮"的情况，就是说只要是经过此地往来的船只，都要到佑民观中请道士设坛作法事禳除灾祟。当年盛景，可见一斑。

北京有一说法："西有白云观，东有佑民观。"将佑民观与京城内著名的白云观相提并论，可见其地位之显赫。随着嘉庆十三年（1808）北运河改道，里二泗村的漕运地位逐渐衰落，佑民观的香火也随之少了很多。

二、众神齐聚佑民观

"佑民观"之名是明嘉靖皇帝朱厚熜亲赐的，那时这个道观已经颇有名气了。明清时期它在北京地区具有很高的社会地位及影响力，曾经是"正一道"在北方的重要传承地点之一。

据《日下旧闻考》记载："里二泗近张家湾，有佑民观，中建玉皇阁醮坛，塑河神像。"佑民观旧建筑多在历史的变迁中毁掉，现在的主建筑是2004年里二泗村民及附近居士筹集资金修建的。坐北朝南，山门前是一座高约五米的四柱三楼式牌楼。牌楼上有一匾额，上书"保障漕河"。据说原匾

佑民观的"保障漕河"牌匾

为康熙御笔所书，但已不知所踪，现在的字为后人仿写。北门外不远就是古运河遗址。

佑民观现为四进院落，供奉着多位神像。第一进院落为灵官殿，供奉王灵官、河神、火神、山神及土地神。第二进院落是关帝殿，供奉关公、文财神和文昌帝君。第三进院落为圣母殿，是佑民观的主殿，正殿中供奉王母娘娘、妈祖、观音；圣母殿东西各有一配殿，东为药王殿，供奉孙思邈、华佗、扁鹊；西为子孙殿，供奉眼光娘娘、斑疹娘娘。第四进院落为斗姥殿，分为二层，上层供奉玉皇大帝及张道陵、许旌阳、王重阳、葛玄四位道教宗师，两侧有八大护法，楼下为六十甲子殿，供奉生肖神台；东西各有配殿，东面是三官殿，供奉天、地、水三官；西为祖师殿，供奉真武大帝、吕祖、邱祖。作为张家湾镇最大的庙宇，佑民观既体现着周边居民的生活祈愿，也曾经是民众参与文娱生活的公共场所。

佑民观玉皇阁斗姥殿院 / 徐睿凝 摄

　　里二泗的民间文艺生活十分丰富。一来这里人口流动频繁，南北商贾、船行水手多会集于此，彼此间的交流频繁；二来由于漕运的关系，人们对于河神、海神的供奉需求强烈，佑民观逐渐成为村民与外来人员竞相拜祭的地方。人们在此组织民间小戏演出，进行演戏酬神活动，这就促进了里二泗民间花会、庙会的兴旺。《燕京岁时纪胜》记载："里二泗河神祠四月四日有庙会，祠在张家湾运河之滨。昔年江浙两省漕运皆由内河，粮船至此停泊者数十艘。"四月四日的庙会是由来自江浙的船商自己出资组织的，目的是感谢河神、海神保佑了遥远旅程中往来货船的平安。民国时期，里二泗的庙会仍然远近闻名。据著名作家刘绍棠回忆，每年农历正月十五、三月十五、四月十八和五月初一，都要举行进香赛愿的盛大庙会，尤其以正月十五和五月初一的两次庙会最为隆重。各路民间花会艺人，高跷、秧歌、舞狮、龙灯、花棍、竹马、腰鼓、旱船、中幡、少林、十不全、小车会……

争先恐后奔赴里二泗河神庙朝顶进香。

佑民观中供奉了众多神灵以满足民众的不同祈愿需求。除了惯常所见的河神、火神、山神及土地神等神灵，佑民观中还供奉了妈祖，且妈祖被供奉在正殿之中，这在其他道观中是不多见的。因为这个原因，佑民观曾一度被称为"天妃庙"。佑民观还有"娘娘庙""保运观""里二泗庙"等称呼。

三、两位女神护漕运

佑民观最为显著的特点是同时供奉南方的海神与河神。这与佑民观所处运河沿线的漕运有关。

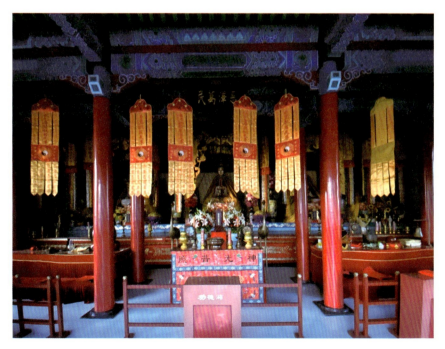

佑民观内供奉的妈祖／徐睿凝 摄

元大都的漕粮运输一直依靠京杭大运河，产生于东南沿海的妈祖信仰随着大运河来到北京。里二泗紧邻大运河，出于护卫漕运和禳除水患的祈愿，妈祖信仰在这里兴盛起来，佑民观的香火一度十分繁盛。鼎盛时期，这里是华北道教信徒祭拜的重要场所和附近乡民求子祈福的圣地，香火旺盛。

佑民观圣母殿内供奉着妈祖和金花圣母。传说，妈祖原姓林，福建莆田县湄州岛人。唐宋时期，泉州海上交通发达，湄州岛是海上运输枢纽之一。据《莆田县志》记载，妈祖林默娘，生于宋太祖建隆元年(960)三月二十三日。生时不啼哭，直到满月也不叫一声，于是叫作默娘。她自幼聪颖，诵读诗书。16岁踩浪渡海，救助了不少遇险的渔民。28岁那一年的九月初九，她在湄州岛湄屿峰羽化升仙，从此更加护佑海上航船。传说她乘席渡海，云游岛屿，人称龙女。又说她穿红衣飞翔海上。从此，妈祖便成了航海人的"保护神"。元代海运日增，更求助于妈祖。

自宋代以来，朝廷多次为林默娘加封。宋高宗赵构封她为"灵惠昭应夫人"；元世祖以"庇护漕运"为由封妈祖"护国庇民广济明著天妃"；明成祖朱棣封她为"弘仁普济天后"；清代妈祖被累计加封15次，其中康熙皇帝再封她为"天上圣母"。这些封号体现了妈祖"海上保护神"的独尊地位。

佑民观内供奉的铜铸金花圣母神像，是金花夫人与天上圣母合一的神像。《广东新语》中记载了这样一个传说：

金花本是民间一女子，十几岁的时候就做了女巫，一直未嫁人，人们称之为"小仙姑"。五月五端阳节，金花前往湖边观看龙舟竞赛，一不小心掉进湖里面溺亡，但尸身数日不腐败，还有异香。有一木块浮上湖面，酷似金花夫人生前模样，人们便立祠供香，将木头作为金花夫人的神像供奉。祠庙建在月泉旁边，人们把这个地方叫作惠福湖，溺亡金花的湖则称作仙湖，因为金花是于湖中成仙的。据说，当地人前往此地祈求子嗣，十分灵验。

传说中金花曾帮人助产，她是中国粤、桂、甘、鄂、浙等地传统文化中的生育女神。由于是湖中成仙，民众也向她祈求降雨或是护佑航运。两位女神均与"水"有关，佑民观将二神合在一起供奉，人们在此不仅祈求漕运兴盛，航运平安，还祈求恩泽延续，造福子孙万代，希望运河之水能够长长久久地温润这一方土地。

千年运河 润京城

下

王卫华 等 —— 著

北京文化艺术传承发展中心 —— 组织编写

团结出版社

目 录

/ 第八章 /
"乐"在运河——手工技艺与饮食 / 233

第五章

码头与漕运遗俗

　　码头，是大运河上的船只聚泊之处、物资集散之地。在作为京杭大运河北端点的北京，大大小小的码头曾分布于运河河道沿线：积水潭码头，是元代大运河航运的终点港湾；东便门码头，是明代京城重要的漕运枢纽；庆丰闸、平津闸等通惠河河闸处，亦建有装卸货物的码头堤岸；京东门户之地的通州城，更是大运河北端的巨大码头……

　　历史上，通州地区的码头群颇具规模，漕运、货运、客运，功能俱全，御用、官用、民用，等级分明。通州最北边的码头，是黄船坞码头，古人以上为贵，遂于此建宫廷御用码头；黄船坞码头之南有皇木码头和金砖码头，专为转运皇家建筑建材而设；通惠河口以南的运河西岸，建有石坝码头和土坝码头，两座漕运码头专为验收、转运南来漕粮而设；今东关大桥西端以南不远处，设有潞河驿码头，为水陆兼用驿站，外国使臣的驿船在处此泊岸；潞河驿驿亭以南，河道深广之处，设有民众用的货运码头，南北方各种货物在此交易转运；往南至大棚村、小圣庙村一带运河西岸，设有民用客运码头；沿河向南至张家湾又有上码头、中码头、下码头三处码头群，漕运、百货、商业、客运码头皆分布于此；张家湾码头下游东南处，有里二泗码头，为北运河河道东移之前的漕船停泊之处；通州北运河下游段南北两岸的漷县镇与西集镇，亦有马头村码头、和合驿码头、辛集码头……分布在运河两岸的码头，为货物集散提供了便利的条件，也给运河沿岸古镇、乡村带来了繁荣与兴盛。

　　近代以来，随着漕运的停止和城市的发展，运河码头因功能的丧失而多被掩埋、拆毁，遗迹大多已不可寻。然而，码头留给人们的记忆却难以抹去。因为在那些因码头而兴的村落里，至今仍然传承着与码头、漕运有关的节庆、庙会、民歌、故事等多种民俗活动和民间文艺，而沿用至今的村名、地名等村落文化也是承载记忆的载体，它们延续着人们关于运河码头的历史记忆与生活记忆。这记忆，是黄船坞码头的"柳荫龙舟"，是皇家码头岸上沉甸甸的皇木与金砖，是石坝码头隆重盛大的祭坝仪式，是官员使臣在潞河驿码头写下的精彩诗篇，是响彻通州运河码头上空的船工号子，是漷县商贸码头日日无歇的热闹市集……如今，漕运庙会上高高升起的漕旗、漕灯，高跷表演中欢快起舞的"鲶鱼姥姥"和"嘎鱼舅舅"，运河龙灯会上翻飞盘旋的蓝色双龙，里二泗庙中虔诚供奉的水神"天妃"和潮白河渡口可歌可泣的革命故事，无不承载着悠久而鲜活的码头记忆。而皇木厂村、砖厂村、大棚村、小圣庙村、里二泗村、马头村、和合站村、辛集村，这些因码头而兴的运河古村，也以其可考的历史沿革和地名文化，记录了运河码头的兴衰变迁。

码头记忆与漕运遗俗，使湮于尘世的运河码头，依然长存于浩瀚史海。

领略过积水潭码头的市井风情，漫游过东便门码头以西的玉河故道，让我们将目光聚焦在北京东郊的大运河段，沿着运河流淌的轨迹，探寻京东历史上那些辉煌繁盛的运河码头和传衍不衰的码头文化。

宫廷码头——黄船坞

京杭大运河的最北段，是天津至通州的北运河；北运河最北边的码头，就是历史上赫赫有名的宫廷御用码头——黄船坞。漕运时代，黄船坞处绿柳低垂，柳荫下停泊着华美的御舟，形成著名的"通州八景"之一"柳荫龙舟"。如今，大运河北起点处的黄船坞遗址，闸关屹立、五河交汇，依旧彰显着北京运河之都的首善风范。

一、运河首端御码头

黄船坞，曾位于通州城北五里，通州北关闸西端以南，是大运河上一处专门为宫廷服务的码头。此处附近是古代温榆河与潞河（今北运河）的交汇处，这里河面宽且水深，宜于设置码头。元代开坝河以转运白河（今北运河）漕粮时，这一带曾设有转运码头。明成祖朱棣迁都北京后不久，便在这一带设立了黄船坞码头。《日下旧闻考》记载："通州城北五里有黄船埠，河水潆洄，官柳荫映。永乐中设黄船千艘，以其半轮往江南织造，俗名黄船坞。"在康熙年间的《通州志》及光绪年间的《通州志》中亦有大致相同的记载。由此可知，黄船坞产生于明朝永乐年间，这比明朝嘉靖七年（1528）通惠河口由张家湾移至通州城北还要早一百多年。

设在大运河首端的黄船坞码头，"譬如北辰，居其所，众星拱之"，反映了中国传统文化中以北为贵的思想，是皇家权力与尊严的体现。在黄船坞望大运河上千帆万船"梯航入京"之景，君临天下之气势油然而生。黄船坞内停泊的黄船，是指专为皇家运输物资的船只。"黄船"之"黄"，因其雕饰金色龙凤而得，指出了宫廷用船形制的富丽华美，也突显了黄船坞码头等级的至高无上。古时行驶在大运河上的船只，都要对黄船进行避让，让其先行。因此，将黄船坞这座宫廷专用码头设置在大运河的最北端，也有利于漕船通行及航运管理。《大明会典》中关于黄船的数量、修造等事宜有明确记载："国初造黄船，制有大小，以备御用。至洪熙元年（1425），计三十七只。正统十一年（1446），计二十五只。常以十只留京师河下听用。成化八年（1472）奏准，照快船事例，定限五年一修，十年成造。其停泊去处，常用厂房苫盖，军夫看守。"这里"常以十只留京师河下听用"的记载与清代《日下旧闻考》中关于黄船坞的记载相呼应，说明京师的黄船就停泊在通州的黄船坞。

明清时期，通州黄船坞既停泊皇帝、皇妃专用的御舟，也同时是皇家的专用码头，宫廷从江南购置的御用物品，都需要在黄船坞发船或由此转运至京城。《日下旧闻考》记载，黄船坞的黄船一半是去往江浙织造的。江浙织造是明清时期主要为皇帝提供和搜罗丝绸、奇珍异宝等生活用品的机构，又称江南织造，是江宁织造、苏州织造与杭州织造的总称，又有"江南三织造"的称谓。江南织造局负责搜罗贡品，然后由黄船从南方运到通州。文学家曹雪芹的曾祖、祖父、伯父和父亲先后三代在金陵担任江宁织造，这样的家世与经历为他在通州创作不朽名著《红楼梦》提供了素材。除丝、棉织品，瓷器，珠宝等物品外，药材、茶叶、食盐、香料，以及时令果蔬、鲜鱼、牲畜、野味等，也是宫廷用品中的大宗。它们都要经水运到通州，在皇家码头卸载，再经陆路、水路运往京城。清代晚期，漕运停止，黄船坞码头遂废弃，宫廷采购的船只码头移迁至天津海河口。通州黄船坞的踪迹虽然被岁月湮没，但"黄船坞"地名却保留了下来，成为北京大运河历史上不可抹去的记忆。

二、"柳荫龙舟"通州景

昔日的黄船坞处，"河水潆洄，官柳荫映"，岸边高大茂盛的绿柳，垂下千条万枝，轻抚船坞中华丽夺目的皇船，形成一处体现着皇家高雅、富贵气质的"柳荫龙舟"之景，被明代文人列入"通州八景"。"柳荫龙舟"也是"通州八景"中直接体现皇家文化和运河文化的景观。

明清时期的许多文人墨客都写下了描写"柳荫龙舟"的诗作，如明代通州太守王宣的这首《柳荫龙舟》：

御舟连泊俯清漪，垂柳阴阴翠作围。
凤彩龙文壮图画，鸥沙鹭渚湿烟霏。
云稸浓润涵朝雨，水殿高寒晃曙晖。
圣主端居际昌运，年年锦缆傍苔矶。

诗中对"柳荫龙舟"之景的描述直观而生动，描绘出了黄船坞这座宫廷码头的非凡风采。由于黄船坞码头并没有被明确地记录在史书中，所以这首诗作对分析黄船坞码头的基本形制具有重要意义。运河研究专家周庆良在《浅说通州运河文化》一文中通过对这首《柳荫龙舟》的解读，还原了黄船坞码头的大致面貌：诗中前两句说"御舟连泊俯清漪，垂柳阴阴翠作围"，告诉人们码头处停泊的是"御舟"，是专为皇宫采办南方物品的船只；"翠作围"三字很重要，一语道出了码头泊船的地方是凹入河岸的，形状呈"冂"字形，三面环陆，还栽有浓密的垂柳，一面通运河；诗的第三句是"凤彩龙文壮图画"，第五、六句是"云穑浓润涵朝雨，水殿高寒晃曙晖"，说出了御舟的华丽和高大；诗的最后一句"年年锦缆傍苔矶"，是说连系船的缆绳都是织锦制作的，可见御舟的华贵，"矶"是高出水面的岩石，上面长满了绿苔，指出了泊船码头三面是用石块垒砌的。现代施工中发现的石壁，见证了诗中"苔矶"的描述。

柳树与龙舟是构成黄船坞"柳荫龙舟"景观的两大要素。柳树是大运河两岸最常见的一种树木，早在隋唐运河开凿时期，运河岸边就已广植柳树。宋代传奇《开河记》讲述，隋炀帝登基后，下令开凿通济渠。他采纳了虞世基的建议，在新开的大运河两岸种柳树，并御书赐柳树姓"杨"，从此柳树便有了"杨柳"的美称。在运河岸边种植柳树不仅是因为柳树具有观赏价值，更重要的是它具有实用价值。植柳是古代治河护岸的一种重要手段。明隆庆六年（1572）至万历初年（1573），万恭受命总理河道，在张家湾到扬州的数千里河岸上植柳70余万株。运河堤岸柳树成行，既可以为防洪提供埽材，还可以为纤夫提供阴凉。吴仲在《通惠河志》中也记载，要在码头附近栽种麻和柳树。如果遇到溃堤、溃坝的情况，泥沙、石块很容易冲跑。用柳条编成大筐，在筐里面填塞石块，然后大量抛下，这样就不易被水冲跑，对治理决口等情况十分有效。因此，大运河两岸以"林"字命名的地方，大多与柳树有关。

北运河一带除了"通州八景"中的"柳荫龙舟"，还有"漷县八景"中的"春郊烟树"，以及香河"淑阳八景"中的"古渡春阴"等，都是因大运河沿堤植柳而形成的著名文化景观。

三、 寻访黄船坞遗址

黄船坞遗址所处的通州北关闸一带，历史上曾是温榆河与潮白河两条河流汇流于潞河（今北运河）之处，也就是"通州八景"之一"二水汇流"

的景观所在地。它是北运河的起始点，亦是大运河的北起始点。北运河作为海河流域重要的排洪河道，关系着北京市及下游河北、天津的防洪安全。中华人民共和国成立后，北京市政府对北运河进行了多次治理。20 世纪 60 年代，为根治海河流域水旱灾害，经水利专家论证，于"二水汇流"处修建了北关分洪枢纽。北关分洪枢纽由北关拦河闸和北关分洪闸组成。北关拦河闸横卧于大运河起点处，同时疏挖了运潮减河，沟通起北运河与潮白河之间水系。在北运河下游梯级设闸，在凉水河入北运河口处下游建设了榆林庄拦河闸、在北运河出市界处修建了杨洼拦河闸，三座水闸分级拦蓄水量，在运河两岸农田引水灌溉、防洪排涝方面发挥了重要作用。

据《通州文物志》记载，1960 年建北关闸施工时，在黄船坞旧址处发现很多条石，被认为是当时码头的遗物。在后来的施工或取土时，附近还出土了大量元、明、清三代的瓷片，说明此处码头存续的时间跨度很长。2006 年，在永顺镇温榆河大桥以北附近施工时，还发现了黄船坞码头石壁。周庆良认为，志书上只记载了黄船坞在通州城北里，其究竟在今天的什么位置不明，而这座出土的码头石壁，基本上确定了黄船坞码头的具体位置。建于 20 世纪的北关闸由于运行多年，闸体老化，已不能满足新的防洪标准和要求，于是在 2007 年实施了北运河北关分洪枢纽改建工程，将原位于温榆河入北运河处的北关闸下移，在北运河、通惠河汇合口下 120 米处重建新闸。此闸设计精巧，与石桥巧妙融合，远观是仿古石桥，近看水闸隐于桥下。桥西侧设有一座船闸，可享通航便利，由此可遐想古时漕运之景。

随着河道治理及水利工程建设，在"二水汇流"之处已形成了"五河交汇"的新景观。在新建的北关闸西北方是温榆河，东北方是小中河（古潮白河），西面是通惠河，东面是运潮减河，正下方是京杭大运河（北运河），同时打造了连通渠（连通至运潮减河）。温榆河、小中河、通惠河三水相汇，北运河、运潮减河二水分流，五条河道水面连通，形成了如今大运河起点

通州北关拦河闸桥

处"五河交汇"的水利盛景。

2007年，水务部门结合河道治理、水闸改造等工程，用时两年，于2008年底在毗邻北关闸的位置复建起大光楼。大光楼始建于明嘉靖七年(1528)，历史上，它曾是大运河北端的标志性建筑，被誉为"运河第一楼"。其"大光"之名取于卦爻辞"自上下下，其道大光"。明清两朝，户部坐粮厅官员在此验收漕粮，所以又称验粮楼。由于它紧邻石坝，亦称为石坝楼、石坝大光楼、河楼。大光楼坐西朝东，面向运河，外看是两层，内部是一层，雕梁画栋，甚是壮观。复建的大光楼屹立在通惠河与大运河交汇处的西南角，在原址东北不远处。它的外形依据历史资料记载而建，只是面积有所增加。如今的大光楼，作为北关分洪枢纽的重要组成部分，既是北关拦河闸的管理用楼，也保留了大运河文化传承的功能。它与"五河交汇"的水系景观共同见证了黄船坞码头的历史变迁，也构成了大运河北起点的时代新景观。

皇家码头——皇木、金砖码头

在通州城北的黄船坞码头之南，曾设有装卸、转运北京皇家建筑所用建材的专用码头——皇木码头和金砖码头。其中，皇木码头居北，临近皇木厂，金砖码头在南，临近金砖厂，它们都位于今通州区永顺镇新建村东侧。因皇木和金砖是北京皇家建筑的主要建材，属于皇家专用的御用品，所以将两座码头设在宫廷码头之南，以保障运输无阻。通州大运河北端连续的三座皇家御用码头，充分体现了大运河对于王朝政权与首都建设的重要意义。

一、大运河漂来紫禁城

永乐四年（1406），明成祖朱棣下令在元大都基础上营造新都北京。诏令一下，修建皇家宫殿紫禁城的浩大工程便拉开了帷幕。彼时的大运河上，满载货物的船只络绎不绝。一批批巨木、砖瓦、石料等建材源源不断地流向北京，无数能工巧匠也沿着运河北上，为紫禁城的营建提供了物质支持与人力支持。永乐十八年（1420）紫禁城建成，常年航行于运河上的皇家运输船只仍如织如梭，将瓷器、玉器、丝绸、珍馐等各地精美物品汇聚皇宫。它们点缀着紫禁城，也服务着紫禁城的主人。大运河航运成就了紫禁城这一宏大建筑，也赋予其作为明清两朝最高统治核心代名词的文化意义，因此有了"大运河漂来紫禁城"之说。而最能直观体现紫禁城是大运河"漂"来这一事实的，就是当年从大运河运输到北京，用于建设紫禁城的"皇木"与"金砖"。

"皇木"是指皇室所用的木料，即用来建造或修缮北京皇家的宫殿，以及王府、衙署、坛庙、试院、学府、城门、牌楼、园林及陵寝等建筑的专用木材。我国古代传统建筑的主要建材之一就是木料。而与一般建筑相比，皇家建筑等级最高，其形制格外高贵宏大，所用的木料也尤其粗长珍贵。宫殿装修及殿宇内部使用的家具、摆设所需的楠木、格木、紫檀、铁梨、红木、鸡翅、硬合欢、花梨等贵重木材，亦都产自南方各省的森林。明成祖朱棣大规模兴建北京紫禁城宫殿和城垣时，便派大批官员前往云、贵、川、湘、鄂、赣等省，采伐珍贵木材入京。《明史·食货志》载："采木之役，自成祖缮治北京宫殿始。永乐四年（1406）遣尚书宋礼如四川，侍郎古朴如江西，师逵、金纯如湖广，副都御史刘观如浙江，佥都御史史仲成如山西。"永乐以后，明清两朝历代皇帝为修建宫殿、坛庙、皇陵、王府等，持续不断地从南方采办皇木，又由大运河运入北京。明清时期，大运河上运输的皇木一般以70—80根大木扎为一筏，大筏上都插有带"采办"字样的大黄旗，以警示皇木进京，沿线大小船只见之都要避让。明万历年间来中国的意大利耶稣会传教士利玛窦在《利玛窦中国札记》中，就记载了皇木进京的壮观景象：

一路看到把梁木捆在一起的巨大木排和满载木材的船，由数以千计的人们非常吃力地拉着沿岸跋涉。其中有些一天只能走五六英里，像这样的木排来自遥远的四川省，有时是两三年才能运到首都。

"金砖"是专供宫殿等建筑使用的一种高质量的铺地方砖。之所以称其为"金砖"，是因其质地坚细，敲之若金属般铿然有声。这些"金砖"产自苏州、松江等地，由苏州府专门制造，因为制作金砖所用的泥是产自当地的太湖泥，其土质须黏而不散，粉而不沙。金砖的制作工艺复杂，从选土练泥、踏熟泥团、制坯晾干、装窑点火、文火熏烤、熄火窨水到出窑磨光，往往需要长达一年半到两年时间。金砖制成后由水路运至北京。同皇木运输相似，行驶在大运河中的金砖运输船只上，会挂一个"苏州府"的灯笼，其他船只看到灯笼后，就知道是押送金砖的船，便会自觉避让，金砖即可畅通无阻地运送到北京。

二、皇木码头与皇木厂

大运河航运的兴盛，直接催生了沿岸码头的兴建，以及码头一带聚落的形成与发展。明清时期，大量珍贵的皇木经大运河北上入京，都需在北运河一带上岸存储、转运。为此，朝廷在北运河岸特设皇家专用码头——皇木码头，同时在码头附近设置储放皇木的木材厂——皇木厂。在北京通州至今尚存的张家湾皇木厂村，以及永顺镇皇木厂路、北皇木厂桥等村名、地名，都因存储由皇木码头上岸的皇木而得。

明代通惠河未通以前，大运河自南方运至京城的营建物料都在张家湾转运，遂曾于今张家湾镇皇木厂村一带设了皇木码头与皇木厂。现今张家湾皇木厂村内，还留有当时管理木厂的官吏所植的一株古槐，成为皇木码头繁荣与北京城建设的历史见证。明嘉靖七年（1528），通州城至张家湾之间的大运河道疏通，通惠河河口北移至通州城。通州城遂取代了张家湾，成为北运河新的水运枢纽。从南方采运来的皇木可以直接运到通州城北上岸存放，故在通州城北的今永顺镇新建村另设了一座皇木厂。直至清嘉庆十三年（1808）运河改道后，此厂方才废弃。

从嘉靖十六年（1537）至万历二十九年（1601），北京地区曾发生过

通州"三教庙"中展陈的皇木

七八次洪水，致使运河河水泛滥，河流携带大量泥沙将岸边的皇木厂淹没。皇木厂的木材有些被大水带入渤海，有些沉于运河河底。20世纪60年代以来，通州城东边运河处曾陆续出土了数根皇木，包括铁梨木、楠木、格木、硬合欢木等珍贵木材。1974年到1975年，在永顺镇运河河滩处，先后出土了两根巨大的皇木。一根是大枋木，长逾13米，截面呈方形，边长近1米；另一根皇木与第一根大小相当，为铁梨木，后来被移送到明十三陵定陵的地宫之内。2005年，在修运河两岸护岸挖槽和挑挖导流河时又有三根皇木被挖掘出土，其中最大的一根格木长10.85米，重3吨有余，截面为方形，边长均为60厘米，与金丝楠木同等质量。其一端截面上还烙有名称或数码，其中两个字是"顺太"字样。此皇木在运河底沉埋400余年，却毫不糟朽，质地尚十分坚硬，现展陈于通州"三教庙"内。皇木的发现，也为通州城北曾设立皇木码头并储存皇家木材提供了重要佐证。

与皇木运输相关的地名，除通州区的两处皇木厂外，还有朝阳区的神木厂。神木厂位于广渠门外通惠河庆丰闸南面，现名叫黄木庄，为明代永乐年间贮存修筑宫殿木材及加工的场所。《嘉庆重修一统志》记载："神

《神木谣》碑

木厂在广渠门外二里许，有大木偃侧于地，高可隐一人一骑，明初构宫殿遗材也。"清乾隆二十三年（1758），乾隆皇帝曾作《神木谣》以颂"神木"，称其"远辞南海来燕都，甲乙青气镇权舆，是称神木众木殊"。这首诗被刻于《神木谣》碑之上，此碑通高 2 米，宽 1 米，厚 0.6 米，现存于庆丰公园内神木厂遗址处。

三、金砖码头与金砖厂

明清时期，北运河岸亦设有专门存储和转运金砖的码头——金砖码头。它的设立及迁移与皇木码头是基本同步的。明代永乐年间，建设北京城的砖料经大运河运送，至张家湾后卸船转运入京，遂于此设搬运码头。工部为便于装卸、搬运和存储，又在附近设置砖厂，派专人负责验收、保护和转运。张家湾料砖厂最初设于新开路，但其地距离运河较远，后来改设于广利桥以北。砖厂建成以后，逐渐形成村落，遂以"砖厂"为名。今通州区梨园镇的砖厂村，就是明代运河中码头（今张家湾镇土桥村东北）旁存放南方所造城砖的地方。而由苏州府制造的金砖，也由大运河运到此处存放，再由陆路转运到北京城内。

吴仲重开通惠河后，运河航运的部分货物可以从张家湾运至通州城，因此在通州石坝码头形成一个砖厂，同时在通州北关外形成一个金砖厂，专门存储来自苏州的方砖。因此而形成的两座村庄就分别叫作"砖厂"与"金砖厂"。陈喜波和韩光辉在《明清北京通州运河水系变化与码头迁移研究》一文中指出，通州北关皇木厂和金砖厂的设置，应当与建造明帝陵有关。因为北关皇木厂和金砖厂皆位于温榆河附近，明代营建帝陵时曾在温榆河夏季水势旺盛之时将建筑物资运送至昌平沙河一带，再转运至陵寝营建工地，所以在通州北关设置仓场显然是出于物资中转便利的需要。

据《漂来的北京》一书记录，通州区博物馆曾从张家湾城址收集了不少带有印记或铭文的城砖，其中有城砖印记多达50余字。另外，在通州城乡的一些文物爱好者家中，也收藏着他们在通州区内收购的金砖。康和中先生就曾收藏14块明清时期金砖，每块金砖在侧面都有印记，最少的有3印，多的有5印，明代的一块金砖还在一侧面有咬口。印记内容多为朝代、年号、州县、窑厂等名称和年月以及窑主、工匠姓名等，表明当时朝廷严格要求制砖质量，把责任落实到州、县、窑厂甚至工匠。正是对质量的严格把控，才造就了金砖的坚韧。北京故宫和十三陵地宫的墁地金砖，历经数百年，仍然完整无损。

如今，漕运时代已经过去，昔日的皇家码头也已退出历史舞台。但每当我们看到皇家建筑中这些高大不朽的皇木、细腻坚固的金砖，每当我们提起皇木厂、金砖厂这些地名，那句"大运河漂来紫禁城"便在脑海中具化为一幅生动的图景，带领我们追忆北京城的建设历史与大运河的辉煌时代。

石、土二坝漕运码头与开漕节

　　通州的皇家码头之南，是明清时期专为漕粮船只停泊而设置的两座漕运码头，一座为石坝码头，另一座为土坝码头。其中，石坝码头是明代朝廷颁诏钦定专用且级别最高的漕运码头，任何私人商船客舫一律不准使用和停泊。从通惠河重开到北运河停漕的近 400 年中，石坝码头承担了漕粮转运北京官仓的关键任务，为北京的政治与经济发展做出了重要贡献。曾在石坝码头举行的盛大的开漕节，是留给人们的关于漕运时代码头文化的鲜活记忆，也是在大运河文化带建设的新时代机遇中，需要传承和保护的独具特色的北京大运河文化。

一、漕运码头：通州"二坝"

　　明代中期建起的通州石坝和土坝，与通惠河上的五座水闸合称"五闸二坝"，曾是盛极一时的漕运码头。明嘉靖七年（1528），吴仲疏浚重开通惠河，考虑到大运河北端的张家湾码头一带人烟过于密集，有碍漕运，遂在改建通惠河大通闸、庆丰闸、平津上闸和下闸以及普济闸五座船闸的同时，于通惠河口以南的通州大运河西岸，建成了南北毗邻的石坝码头和土坝码头。

　　石坝码头位于通州旧城北门外，今通惠河与北运河交汇处，西靠通惠河末端河道葫芦湖。码头为条石砌成，由此得名石坝码头。《通州文物志》记载，石坝码头长 20 丈，宽 11 丈，高 1.6 丈，砌成 18 步台阶。台阶延伸至北运河，以方便漕船驳岸。通惠河口南侧的葫芦头东岸，也建有一座台阶式石坝，为石坝码头的组成部分。土坝码头则位于通州旧城东门外，今东关后街以南和东关大桥西端以北的土坝居民区一带。码头以排桩挡土夯筑而成，故有土坝之名。石、土二坝码头都是验收、转运南方运来漕粮的地方，但两座码头位置和结构不同，在功能上也有明确的分工。石坝码头验收供帝王享用的好白米，承担正兑漕粮转运入京仓的职能，土坝码头则验收质地较粗糙的军粮，承担改兑漕粮转运入通仓的职能。通仓就是通州粮仓的统称；京仓则是设置在北京城内各处十三个粮仓的统称，两仓皆为明清皇家粮仓。乾隆年间的《通州志》记载："通之水利，漕河为大，东南粟米，舳舻转输几百万石，运京仓者由石坝，留通仓者由土坝，故通于漕运非他邑比。"这样明确的分工，实现了石、土二坝码头的高效运转。

　　为便于管理，石、土二坝码头还设置了较为齐全的管理机构和配套设施。明清时期，此处设石坝判官和土坝州同各一员，分别督管二坝漕粮转运事务。石坝判官负责管辖军粮经纪、水脚、船户及白粮经纪、水脚、船户六项人役，催督漕粮自石坝运抵京仓；土坝州同负责管辖军粮车户、船户两项人役，催督漕粮自土坝进入通仓。明代时在石坝码头上建有一座督储馆，清代称为石坝掣斛厅；土坝码头上也建有土坝掣斛厅。它们是石坝判官和土坝州同的办公地点。石坝东南高岗上临河建有一座大光楼，为户部验粮官员办公处，俗称验粮楼，又称坝楼。在坝楼西侧还设有祖斛庙，俗称斛神庙。庙中木案上放一铁质"祖斛"。斛是坐粮厅统一制作下发的量米用的木质量具。官员每领新斛或遇斛在使用中发生故障，都要去斛神庙抬出"祖斛"

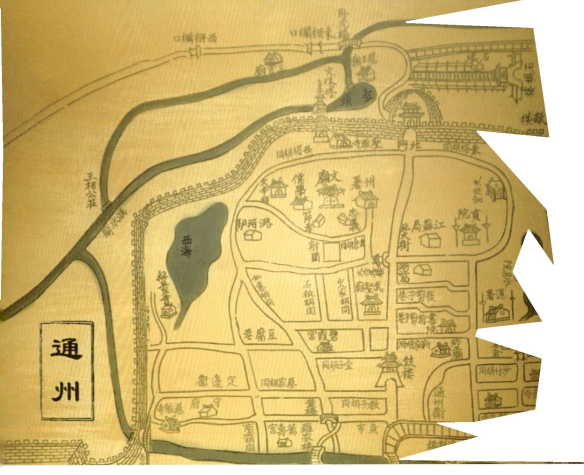

清代通州城池图中的石坝码头与土坝码头

比对其是否准确。如今，石坝和土坝两座漕运码头的遗址都掩埋在原处。不过，漕运制度的废止，并没有使通州漕运码头湮没无闻，昔日石坝码头那气氛热烈、场面盛大的开漕节，依然留存在人们的记忆中。

二、隆重盛大的公祭仪式

从明代嘉靖年间到清代末期的数百年里，每至农历三月初一前后，通州都会在石坝码头处举行隆重的祭坝仪式。它既是官方主导的祭祀活动，同时也是全民共同参与的节日庆典，代表着通州独有的运河文化传统，通州人民也称其为开漕节。

开漕节最早源于祭祀吴仲等先贤的盛典。《日下旧闻考》记载："通惠河之役，三人之功为最，故祭坝行粮时祀之。""通惠河之役"指的就是明嘉靖七年（1528），由吴仲主持的通惠河修浚改造工程。这一工程使京通一带深受其惠，人皆念吴仲之恩德，于是以祭祀活动追念其利国利民之业绩，表达对其的崇敬与缅怀。由于石坝码头的设立在通惠河修浚改造工程中意义重大，它不仅加快了北运河漕粮转运的速度，使京城仓廒充盈，也为漕运码头一带带来富庶与繁华。《明史·河渠志》记载："人思仲德，建祠通州祀之。"这座专为祭祀吴仲而修建的祠庙名为"通惠祠"，就建在石坝码头附近，祠内供奉着吴仲等诸先贤的长生牌。这里也是祭坝仪式的重要活动地点。祭坝仪式分为春祭与秋祭，尤以春祭为重。《通州民俗》一书写道，每年朔日前后，黄河以北的大运河的冰凌消融，南来的第一批货船陆续抵达通州北关。这时，石坝码头就会择日举行春祭，以祭祀吴仲等疏浚通惠河有功之人，同时庆祝大运河开漕，祈求神灵保佑漕运平安。春祭又有公祭、民祭之别。公祭由官方主持，政商各界头面人士参加，是正式的祭祀活动，在开漕节当天首先举行。

祭坝当日清晨，户部总督仓场满汉侍郎，率坐粮厅从五品以上官员、石坝州判、土坝州同及经纪领家等，到通惠祠焚香祝祷，请诸先贤长生牌登肩舆。众人簇拥肩舆登上石坝码头，恭列先贤长生牌于供桌。司礼诵读通惠祠碑记后，主持参与者按等级列队，依次向吴仲、何栋、尹嗣忠、陈璠等先贤的神位焚香敬拜。一旁锣鼓管笙雅乐齐奏，由人装扮的狮子蹲踞在侧。祭拜礼完成后，众人随仓场侍郎将长生牌恭送至卧虎桥南，继由州判与数名经纪恭送入天后宫南侧门，经南夹道至通惠祠归位。而后，仓场侍郎与坐粮厅官员则到卧虎桥东南掣斛厅略视察后，南行登上大光楼，凭栏俯望粮船，检验开春后第一批漕粮。军、白粮经济持斛、斗、升等量器，陆续到掣斛厅校测准确，再送至祖斛庙供奉，以保证度量精准、公平无欺。这一系列仪式性的环节在朝廷官员和神灵的见证下进行，标志着新一年漕粮运输、验收等程序正式开启。神圣而隆重的公祭仪式结束后，蹲踞石坝两端的狮子在鼓乐声中翩跹起舞，标志着喜庆而热烈的民祭活动开始进行。

三、开漕节上的花会献艺

民祭活动由商民百姓组织参与，彼时各路花会在石、土二坝码头登场献艺，将开漕节的群众性和趣味性表现得淋漓尽致。众多花会中最先在石坝登场表演的，是由专业脚行扛夫组成的双石会，他们的表演以力量取胜，并伴以一系列惊险刺激的动作，如单臂举石锁、仰卧蹬磨盘、叠罗汉、耍石礅等。双石会中有一个特别的角色——"坝神"，他是从"五闸二坝"的闸夫和扛夫中遴选出来的大力士，专门表演负粮、运粮等动作，其身负千斤，仍泰然自若。观众见之无不惊呼喝彩。进香叟妪见"坝神"现身后，纷纷向其跪拜焚香，感谢石坝创立者的功德，并祈求"坝神"保佑家人平安。

"坝神"表演结束后，身着明代官服的演员登上石坝，表演富于戏曲性的"巡坝"，以效仿当年吴仲治理通惠河的故事。巡坝是民间向官府反映漕运设施修整意见的一种惯制。表演扮演官员的演员在石坝上边指点边唱念，除固定唱词外，唱念内容往往应机而变，实际说的是当下哪段坝需修缮、哪段河需疏浚。这种半人半神的意愿，往往会被官方采纳。巡坝队伍前有长号、锣鼓开道，后有旗、伞等仪仗相随，从石坝开始，一路行经石坝楼、潞河神庙，沿运河西岸迤逦南行至土坝，而后折返回到北关。

"巡坝"表演后，高跷、小车、少林、笼灯、竹马、跑驴、扛箱、大鼓、吵子、五虎棍等几十档花会登场献艺。其中，善字老会表演的大头舞，是每年必先出场的舞剧。表演者头戴大号纸糊盔具，只在眼、口部留出洞。舞蹈只舞不唱，常跳的是"月明和尚度柳翠"。该故事讲述僧人月明坚持讲法，最终度化风尘女子柳翠皈依佛门，故事主题是教化世人要放下冤仇，常怀善心。据说该剧每年必最先登场，用意是以演剧教化民众，化解"通州坝（霸）"的好勇斗狠之风。接下来，表演"莲花落""河南坠子""凤阳花鼓"等地方戏曲、杂耍的班子在石坝东南空旷地带撂地唱演，收取赏钱；"高跷会""地秧歌""小车会"等花会则先在石坝献艺，继而至掣斛厅、石坝楼、土坝、黄亭子等处流动演出。花会献艺表演时，沿途商业码头及其旁边的商业店铺，都在门前摆上茶桌供花会表演者饮用，并在此处各显其能表演一番。随走会观看者成千上万，摩肩接踵，繁闹异常。之后，各档花会在观众的簇拥下浩浩荡荡，来到运河岸边的小圣庙进香。官员及众花会上香完毕后，则宣布开漕节仪式的结束。

开漕节仪式结束之后，官员集中在石坝衙门公宴，经纪人等去城内饭馆酒楼聚餐，老百姓则在运河边品尝烧鲇鱼、老烧酒等地方风味，余兴未消。从这一天开始，漕船、商舟、客舫往来穿梭于大运河上，日夜不息。这片繁荣景象，一直到大雪时节运河封河时为止。秋末冬初的秋祭，就是与开漕节相对应的停漕节。彼时各官员依例到各庙宇上香，酬谢神灵庇佑，本地的小车会、高跷会等也会前来走会。但因天气已经转冷，漕船粮帮已陆续南返，所以场面规模远不及春祭时盛大。

清朝末年，随着大运河水运的衰落，开漕节也随之消失。近年来，为了推广通州民俗文化，发展文化旅游产业，在政府及各方的努力下，开漕节被重新演绎。在通州运河公园，一年一度的通州运河艺术节复原了明清两代的古老"开漕节"仪式和民俗表演，使古代通州独有的大型文化活动重现于大运河畔。

驿站码头——潞河驿

潞河驿是大运河上的第一座驿站码头，它位于通州旧城东门外逦南运河西岸，即通州东关附近的赵登禹大街 5 号院东侧，是北京地区独有的水马驿站。明清时期，由水路进京的外国使节都要在此处下船登岸。潞河驿码头的规制极高，码头旁以皇家建筑规格建造的"黄亭子"，是驿站码头的重要标识，也是通州国用与民用码头的分界标志，尽显皇家的尊贵与威严。

一、京东潞河水马驿

"驿"在古代是行旅传舍，即传送公文的人或往来官员暂住、换马的处所。它既有邮政、交通、车船站点的功能，又是一处管理机构，各个朝代都设置驿站及官员。古代驿站分水路和旱路。旱路用马、驴、骡、牛等为驿递工具，所以此种驿站被称为马驿；水路则用船，故称水站或水驿。明成祖迁都北京后，十分重视运河驿传系统的建设，从顺天府（今北京）到应天府（今南京）设置水驿 40 余所。明代永乐年间，朝廷为接待由水路进京的外国使节上下船，在潞河（北运河）

岸边特设一座驿站码头——潞河驿。因潞河驿具有陆驿和水驿的双重功能，故又称为潞河水马驿。当时这样的水马驿在顺天府（今北京）地区仅潞河水马驿一处，而在整条京杭大运河上也仅有通州的潞河水马驿和临清州的清源水马驿两处，足见潞河水马驿在大运河交通史上的重要地位。

潞河驿作为大运河上的第一座驿站码头，是大运河水路系统的重要节点，有着"大运河头第一驿"的美誉。又因中外使节往来于大运河时，这里是入京的最后一驿，也是出京的最先一驿，因此又有"京门首驿"之称。由于潞河驿的特殊功能与地位，官府对其配置规格极高。嘉靖年间的《通州志略》对潞河驿的配置有详细记载：

上马一匹，编粮三百五十石；中马一匹，编粮三百石；下马一匹，编粮二百五十石；骡一头，编粮一百石；驴一头，编粮五十石。站船一只，编粮四百五十石。潞河驿有上中下马二十六匹，驴八十九头，站船水夫一百二十名，共粮一万七千五百五十石，还有银钱几千两。

关于潞河驿的结构布局，《通州志略》记载："潞河水马驿有正厅七间，后堂十间，正厅前廊房东西各五间，后堂前廊房东西各三间，仓库厨共二十四间，驿丞厅三间。"潞河驿在明代隆庆中期曾毁于大火，万历五年（1577）时又在原址再建。重建后的驿舍门匾上写着"四方同来"四字。驿舍内西部为总会铺，也叫递运所，接收陆路水路而来的各方文牒等传递物品。东部为来宾馆，是封疆大吏回京暂时休息的地方，后来称为抚夷馆，接待附属国来宾使臣等。

清康熙三十四年（1695），为保证漕船运粮，通州潞河驿被南移至张家湾城南门外萧太后河南岸，与合河驿并。这个驿站沿用多年，张家湾村的馆驿胡同也因此被流传下来。康熙年间的《通州志》记载："国朝康熙三十四年（1695）以潞河驿归并和合驿，两驿驿务俱和合驿驿丞管理。"从此，无论是外国使臣入京、官员上任回朝，还是南方举子赶考、商人旅客来往京城，只要走水路多在张家湾登岸上船后出入北京。通州东门外的潞河驿则不再专门做作为送使节和官员的驿站使用。清乾隆年间，于通州潞河驿旧址处修建东路御酒厂，该酒厂南面曾建了一个大型冰窖，以供应酒厂所需。1949 年后，潞河驿仅余递运所院落，已改为商业用房。随着城市的建设改造，残存的潞河驿古建也已被拆除。

二、对外交流之要所

古时，大运河不仅是全国最重要的运输线路，同时也是对外交流的重要通道。各国使臣、宗教领袖上京晋见、朝贡大多经由大运河往来。而这些使者北上入京都在潞河驿下船，朝廷则派礼部官员到此接待；使节回国，礼部官员要送到潞河驿，待到使节乘上驿船后方才回京交差。潞河驿所接待官员的品级和任务的频繁程度都堪称全国之最，是国家对外交流的一个重要场所。

作为各国使臣水路入京的第一驿，潞河驿给他们留下了深刻的印象。关于它的记载常见于各国使臣的行记中。明洪武二十二年（1389）七月十八日，朝鲜著名文臣、学者权近在辞别北平的燕王后，抵达通州。他在《奉使录》中写道："通津驿发船，古之桑乾渡，今谓之白河，亦名潞河。"其中提到的"通津驿"，即潞河驿。明弘治年间，第一个行经运河全程的朝鲜人崔溥写成《漂海录》，其中记载：

二十八日，至北京玉河馆。是日晴。舍舟乘驴，过东岳庙、东关铺，至潞河水马驿，一名通津驿，中门大书"寰宇通衢"。驿西有递运所，西北有通州旧城。通潞亭在城之东南，东抱白河，白河一名"白遂河"，或谓之"东潞河"。

明景泰年间，日本僧人笑云瑞訢所撰的《笑云入明记》（又名《允澎入唐记》）记载，景泰四年（1453）九月二十五日，抵达通州"通泮驿"，"马船、快船、孔船、站船、运粮船等四来，诸船皆系于此"。这里的"通泮驿"指的就是"通津驿"。同书记载归程情况说："（二月二十八日）午前出会同馆，马六十匹，骡四十匹，驴一百匹，车一百二十两（辆），晚至通州通泮驿。""三十日，朝辞通泮驿登船，晚泊张家湾。"明嘉靖年间，日本僧人策彦周良在其《入明记·驿程录》中记载："通津驿，自和合至通州一百里，此间有张家湾。"可见，各国使臣行记中关于潞河驿的记载，与史料中的记载相互应照，也可由此想象当时各国使臣在潞河驿码头泊舟上岸的情景。

潞河驿也多出现在我国官员、名士的诗作中，成为吟咏的对象。明代散曲家金銮曾作《通津驿》，诗云："野泊初经夜，舟移独避滩。风轻云气薄，月静水光寒。"明代著名儒臣薛瑄曾作《发通津驿三首》：

（其一）
六月官船发潞阳，水村烟树共微茫。
天门忽已如天上，秪见青山一带长。

（其二）
新捧天书带紫泥，又承恩旨按三齐。
通津南下波连海，渺渺风帆去似飞。

（其三）
五色天书出禁中，儒臣将命按三东。
沧波南下通洙泗，鱼跃鸢飞总帝功。

周庆良在《浅说通州运河文化》一文中还讲到了明代嘉靖年间，日本国大使策彦和尚来中国拜见明世宗时在潞河驿发生的一个故事。以往日本使者每次来北京进见中国皇帝，在回国时，礼部理应为正、副使和重要随从备马，为随从役吏备驴，并送到通州潞河驿，乘船沿运河归国。而此次日本国使节回国。礼部都一律备驴骑乘，策彦对此向礼部提出意见，最后还按以往规定，给使节备马并送到潞河驿。这成为人们记忆中的一段趣闻轶事。

三、驿站标识"黄亭子"

在潞河驿码头旁，曾有一座驿亭，是使节及官员小憩等候驿船或下驿船登岸整装的地方，亭内立"潞河水马驿"碑。这座驿亭外形十分高大醒目，为四角攒尖带宝顶，亭顶铺瓦黄色琉璃瓦，所以又称为"黄亭子"。黄色在古代是指大地的颜色，是大地中央的正色。在封建王朝时代，以黄帝为中央，所以黄色是皇家的专用颜色。在整条大运河沿线，除通州潞河驿驿亭是黄色外，其水驿驿亭都为灰色陶瓦砌筑，体量与潞河驿驿亭相比也小很多，这就更加体现了通州的大运河北端第一驿站码头的特殊性。作为潞河驿的标识性建筑物，"黄亭子"代表国家接送外国使节于此，其建筑等级之高，彰显着皇家气派。

"黄亭子"不仅是潞河驿的标志，也是漕船与民船的分界线，对通州码头具有特殊意义。历史上，"黄亭子"附近有大片浅滩，大部分水面不能行船，只有靠近西岸的一条窄而深的航道才能过船。为了保证漕运要务完成，浅滩处的这条主航道只准许驶往土、石二坝码头缴纳漕粮的官用漕船通行，而民用的商船、客船只能停泊在浅滩之南。这座"黄亭子"正好建在潞河驿码头的岸上，其北为漕运码头，其南为民用码头。这是因为，与停泊在上游的宫廷码头、皇家码头、漕运码头的船只相比，使节和官员所乘的驿船体量较小，其往来码头的频次也较少，并不会影响漕船开过浅滩，故把驿站码头设在浅滩窄流处，并以此为界，凡民间客货船只一律不许越过黄亭北上与漕船争用码头。这样，"黄亭子"就成了大运河北端官用码头和民用码头的界线，集中体现了漕运时代通州北运河兴盛而有序的码头文化风貌。

　　到了清代康熙至光绪年间，"黄亭子"成为帝王去东陵祭祖时等候过运河浮桥的御亭。《漂来的北京》一书中还讲述，清朝末年时，慈禧太后因清廷内外交困而寝食不安，生病不起，于是下诏征集全国名医前来北京为她医治。有一名江南名医遂乘船沿大运河北上，至张家湾登岸入京。他在京 40 余日，与诸位太医给慈禧会诊医治。太后痊愈后，他乘车出崇文门、东便门，直至通州，送行官员在"黄亭子"处送其乘官船回往故乡。在时代的变迁中，"黄亭子"被废弃，唯以地名留存在人们的记忆中。

　　潞河驿码头虽已无建筑实体，却仍有可寻踪的遗址。2003 年，在铺设穿运河燃气管道工程中进行竖井挖掘作业时，在今东关大桥西端迤南约 50 米处发现了码头的石壁，填补了驿站码头记载的空白。2010 年，通州区在第三次文物普查中，在东关附近的赵登禹大街 5 号院，发现了乾隆年间的东路御酒厂旧址，即明代永乐年间的潞河驿遗址。余颖在《张家湾古驿传奇》一文中写到对潞河驿遗址的考察，得知出土的"黄亭子"琉璃瓦和部分汉白玉构件，曾存在三教寺内，现放于通州大运河森林公园的漕运码头影视基地，但其实物难以辨认。根据 2020 年发布的《通州区大运河文化带保护建设规划》，通州区将对潞河驿古建筑进行恢复，这一著名运河驿站码头在不久的将来将重现旧时风采。

客货码头与民间信仰

通州的驿站码头之南，是与国用码头相区别的民用码头。这一带河道深广，南来的客货船只在此停泊，成为通州与张家湾河道间"万舟骈集"之景的重要构成部分。通州的民用码头虽不像皇家码头那样装饰华贵，也不及漕运码头那样规模宏伟，但它与普通民众的生活有着密切的联系，因而最富生活气息。民用码头一带的生活空间与民间信俗，直接反映了大运河对民众生活的深刻影响，成为北京大运河文化记忆的重要组成部分。

一、货运码头与客运码头

民用码头分为货运码头与客运码头两类。通州的货运码头在通州城东关外以南的大运河西岸，大约在今东关大街沿岸的大河沿一带。南北方的各种货物在此上岸，交易、转运。这些货运码头为自然河流跳板式，无其他设施。这种形式的码头随河水涨落后的自然河岸而不断变化，南货上岸或北货装船，靠跳板上下船。据《通州文物志》记载，金元时期，货运客运码头曾在漕运码头附近，即今土坝居民区及其以北临河处。明嘉靖七年（1528）以后，土坝设为漕运码头，货运码头便向南推移至今大河沿一线的位置。

货运码头亦为商业码头，昔日众多民用商船停泊在货运码头处，各种为货物交易服务的货栈、店铺鳞次栉比，遂逐渐地在运河西岸形成了三条大街。其中，北面的叫东关大街，中间的叫江米店大街，南面的叫蛮子营（今称上营），此三街相连，傍河而成。尤其是通州东关大街，它不同于北京及其他州县城市的城门内外大街，在同一条延长线上，而是在城东门外迤南，傍着大运河，呈西北—东南走向，和东门内大街延长线基本是垂直的。在大街两侧，又有许多胡同和街区，它们的形成都与这处的大型民用商业码头有关。此外，在通州城北关通济桥北还有一个下关货运码头。明代时期，通惠河不行民用商船。直到清康熙年间，朝廷才允许商船走通惠河，并大力治理通州运河，使货船可以行至通惠河口以北。陈喜波和韩光辉在《明清北京通州运河水系变化与码头迁移研究》一文中指出，清康熙以来，商船可以在北关通济桥北运河西岸停靠，所以在这里也形成了一座货运码头。今永顺镇下关一带尚有骆驼店、茶叶货栈、盐滩等地名，足以说明此处曾是民用货船码头。

在货运码头以南，永顺镇大棚村、小圣庙村一带的大运河西岸，就是客运码头，它的形制与货运码头相同，亦为简约灵活的自然河流跳板式。大运河北端的通州客运码头，设置在通州诸码头的最南面，是因为在此停泊的客船在诸种船只中势力最弱。在大运河航运途中，民用客船需对驶往上游的皇船、官船、漕船、驿船、商船等进行避让。所以，通州码头群按照等级高低由北向南排布，这也是出于保障航运通畅的需要。此客船码头应于明嘉靖七年（1528）自然形成。商旅来往京城走水路皆自此登舟上岸，饮茶候船等车。清嘉庆十三年（1808）后，运河自大棚村附近改道，走康家沟（现在河道），小圣庙前河道不能行船，从此只余大棚村客船码头，但遗址尚有二处。

二、码头聚落的寺庙与地名

通州民用码头一带因商旅往来而聚船民、兴百业，逐渐形成村落。码头边居住的百姓和靠运河谋生的商民，无不对以运河为核心的生活寄托着美好的愿望，而这种愿望逐渐化为对运河水神的崇拜与信仰。昔日通州民用码头一带的诸多庙宇，就是当地民众水神信仰的载体，它们也形成了具有大运河特色的地名文化。

在通州货运码头的旁边，曾有由多省商人捐资建造的一座大王庙。庙中供奉的是金龙四大王。这位金龙四大王，名谢绪，是南宋会稽(今浙江绍兴)人，东晋太傅谢安之后裔。谢绪兄弟四人，其排行第四。兄弟四人中，谢绪虽最年少，却为人慷慨。他喜好读书，却不求做官，后隐居于钱塘江畔的金龙山，故名"金龙四大王"。元兵攻破临安时，谢绪悲愤难抑，遂投江自尽。后人彰其刚烈，集资建庙塑像奉祀。元末明初，民间传说谢绪死后被封作河伯，显灵让黄河改道，帮助朱元璋灭了大元，建立明朝。朱元璋登基称帝后，册封谢绪为"金龙四大王"。《陔余丛考》记载，"永乐中，凿会通渠，舟楫过河，祷无不应。于是建祠洪上"，再到后来广泛传播，"江淮一带至潞河，无不有金龙大王庙"。金龙四大王遂成为大运河沿岸供奉最多的水神。据周庆良在《浅说通州运河文化》一文中讲述，此庙的建制不算大，只有面向运河一进院落，但较高级，正殿和配殿都是两层楼。山门外还有戏楼，为娱神，商绅请戏班在这里演戏，祈求"金龙四大王"神灵保佑商人在运河上航行安全。

通州客运码头所在的大棚村和小圣庙村，也曾有人们为保佑航运而建的寺庙，这两处地名也是由此而来的。永顺镇茶棚村东曾有一座明代修建关帝庙，其全名为"茶棚关帝庙"。由于其在大运河北端客船码头之侧，出入北京而走水路者皆经此庙上下船。关帝庙中的道士便在庙前搭设席棚，向过往客商、漕夫、渔民、官员、文士等入庙进香祈拜者施舍茶水。行旅们在上下船时常在茶棚内饮茶等待车船，同时祭拜关帝，祈求关帝神保佑其平安、富足。久而久之，通州客船码头上的关帝庙就被人们叫作"大棚关帝庙"。此地渐渐形成村落后，就以庙名作为村名。通州人习惯将村名简化，便甩掉后面三字叫"大棚村"，这个村名沿用至今。

小圣庙村的形成也与码头和寺庙有关。客运码头一带的小圣庙村，曾建有一座供奉河神的小圣庙，来往船只经过此地时，皆下船上香，以祈求平安。这里香火甚盛，日久便形成一村落，并以此庙命名。值得一提的是，小圣庙内所供奉的河神为潞河河神，他是天津、通州、河北一带信奉的区域性神灵，代表了北运河地区独具特色的民间信仰文化。

三、北运河一带的小圣信仰

小圣，又称"平浪元侯"，是北运河沿线地区共同崇拜的地方性水神。清举人王彤甲所撰《元侯龙神庙碑记》详细地记载了小圣信仰的由来："邑城之东滕蒿林村，旧有龙神祠一所，在县城为龙庙。考《县志》，侯名经，姓滕氏，年十二补弟子员，当时号为'神童'。明嘉靖二十三年（1544），顺天乡试，归至天津，坠河死。死尸浮，面如生。数月驸马显圣，嘉靖敕封'北河平浪小圣'，清康熙敕封'护国镇河显佑济运平浪元侯灵应尊神'。至今沿河多有庙宇，香火不缺，是岂偶然者哉？侯生为名士，殁作圣神，不但为滕姓光显，即业托桑梓者，一皆蒙其普照。"根据记载可知，小圣神名为滕经，是明代直隶清河县书生，他在 23 岁时，赴京赶考，因乡试不第，于天津落水成神。

胡梦飞在《中国运河水神》一书中指出，小圣信仰概始于明代中后期，发展于清初，盛行于清代中期。明清官方史料中并无加封"小圣"或"平浪元侯"的记载，故嘉靖、康熙所加封号当为民间伪造，借此增强神灵的正统性和合法性。而碑记中的"沿河多有庙宇，香火不缺"则是事实。因为"小圣"具备平息风浪、护佑航运的职能，作为河神的小圣信仰在运河地区广泛流传。关于小圣庙的记载，最早见于康熙年间的《天津卫志》："小圣庙，一在城外东南隅，明崇祯五年（1632）敕建；一在河东盐坨，有石牌坊。"而关于通州地区的小圣庙，乾隆年间的《通州志》记载："小圣庙，一在北门外，一在张家湾。"但目前通州各地兴建的小圣庙不止这两处，其中最著名的，就是通州客运码头处的这座小圣庙。旧时通州在石坝码头举行开漕节时，负责漕运的各级官员，以及献艺表演的各路花会会首，都会在随观民众的簇拥下，来到城南客运码头处的小圣庙上香拜祭。因这座小圣庙而得名的永顺镇小圣庙村，至今仍在当地流传着有关小圣显佑的传说。郑建山在其选编的《大运河的传说》一书中收录了这样一个故事：

传说，很久以前，小圣庙是通州城南、北运河岸边一个2000多口人的小村庄，那时它不叫小圣庙，而是一个地主家的庄园，叫王家园。由于这家信奉神仙，就在庄园里修了一座供神的庙，后又叫小庙庄。

有一次，给皇上运粮的船队刚到小庙庄附近，突然船队像触了礁似的打横，怎么摇也走不了，有一个船夫看见河里有一个头上长了一个角，似龙模样的东西，身上骑着一个稀奇古怪的人。这个消息从前传到后，船夫和押船的官吏大为吃惊。当时船上运的全是"皇粮"，谁也不敢耽搁，官吏赶紧派人报告了当地官府，官府马上找了几个木匠和泥瓦匠，就按船夫看见的模样，用木头当骨，用泥作肉，塑出了古怪人骑独角龙的形象供到小庙里，还举行了隆重的烧香上供仪式。从这以后，船队一路过这儿，就得烧香上供，这个稀奇古怪的人被称作"小圣爷"。从此，这个庙开始叫"小圣庙"，村子也随着改为小圣庙村了。

如今，通州永顺镇的小圣庙村依然沿用着这一地名。北运河南岸、临近大运河森林公园的一条街，也仍叫"小圣庙路"。在现代城市建设中，小圣庙村西的东六环路上，亦有以其命名的"小圣庙桥"和"小圣庙收费站"。这些古今地名，承载着人们关于小圣庙及通州客运码头的历史记忆。

高碑店码头的漕运庙会

　　高碑店村历史上曾是通惠河上一处商贾云集的漕运码头，它依运河而生，因漕运而兴，漕运文化在这里打下了深刻烙印，影响着世代高碑店人民的社会生活。传承至今的高碑店漕运庙会，上演着独具特色的高跷秧歌等庙会活动，将这里的漕运码头文化以民间文艺的鲜活形式表现出来，是北京大运河漕运民俗文化的代表之一。

一、漕运码头的庙宇与庙会

　　高碑店村是京东一带著名的运河古村。早在辽金时期，高碑店村一带就是京城与大运河之间的一处交通驿站，时称"郊亭"。元代通惠河开通，在此修建郊亭闸（后改名平津闸），闸口处逐渐形成货物装卸、转运、集散的漕运码头，盛极一时。明清时期，作为通惠河漕运码头的高碑店村，漕运繁忙，商贾聚集，渐成集镇。人们为此修建庙宇，祭神明、开集市，成为当地人民俗生活中不可或缺的部分。

　　高碑店村的庙宇很多，其中与高碑店村民生活最密切的是龙王庙、将军庙、五帝庙、朝阳庵、娘娘庙等。过去，高碑店村北的平津闸被称为"老闸口"，它是高碑店村人去往京城的必经之处。老闸口的南岸路东是一座坐北朝南的龙王庙，庙内供奉龙王。此庙是因传说龙王主管水而临河所建。据现存的明代嘉靖年间专职督管通惠河河道的都水司郎中吴遵晦所撰的《龙王庙碑文》记载，水工部司管漕运的人在高碑店闸口的龙王庙巡视。可见，龙王庙与漕运密切相关。老闸口的北岸路东是一座将军庙，庙中原有一尊将军的塑像，一手捧幡，一手挑着大拇指，身着蓝衣，腰挎宝剑，看守着漕运。闸口不到200米的后街处有一座五帝庙，通常被村民叫作"后街五帝庙"，而在高碑店村前街处还有一座"前街五帝庙"。高碑店村西建有朝阳庵，村东建有娘娘庙。娘娘庙坐北朝南，内供奉"三霄娘娘"，是高碑店村最大的一座庙宇。庙宇往往是一个村落的

高碑店村的将军庙

信仰中心，高碑店村庙宇之多，体现了这座运河古村的村域规模与经济实力，反映了漕运码头与集镇之间的历史渊源。

高碑店村的庙宇及其有关的活动，在当时人们的生活中曾扮演着重要角色。清末民国初，高碑店村民的文化活动主要集中在历年传承的龙王庙、关帝庙、朝阳庵、五圣祠和娘娘庙五大庙会上，因这些庙会都集中在漕运码头附近，故统称为漕运庙会。在这些庙会中，尤其以每年农历五月初一到初五的娘娘庙庙会最为盛大。娘娘庙庙会的会期是从五月初一至五月初六，因为会期正赶上五月端午，所以村里人也称娘娘庙为"五节庙"，端午节也成为高碑店及周边多个村落最隆重的节日。五月初一时，娘娘庙的僧人和高碑店村的村长会在庙里上香请娘娘。娘娘庙还有抢头香的习俗，等到清晨开庙门，谁要抢到头炷香，就会获得娘娘更多的佑护。除了到神前烧香之外，还要在上香路中举行"拜香""跳墙"和"送驾"等仪式活动。

娘娘庙庙会也发挥着集市的作用，交易物品多为农业生产用具、日常生活用品及应节食品。此外，还有从城乡各处涌来的花会、杂耍、游艺等娱乐项目。开庙期间，香客纷拥，摊贩云集，游人不绝，热闹非凡。从清末到民国，高碑店村的娘娘庙庙会始终未中断过。自日本发动侵华战争至改革开放，庙会活动则随时局动荡，几度取消与恢复。改革开放以后，高碑店修建漕运文化广场，重建龙王庙、将军庙等建筑。2006 年，漕运庙会得到恢复，其传统文化项目得以传承。

二、漕运庙会上的文化活动

高碑店漕运庙会的文化活动非常丰富。其中，"升漕旗"和"升漕灯"仪式，最具漕运码头的文化特色。漕旗、漕灯是皇家运河的标志。迎风招展的漕旗昭示着漕船即将驶入京城，漕船要升船旗致敬，并相接缓行。漕灯是特设在通惠河漕运闸口，夜晚为漕船指示方向、引导行船的航标灯具。数百年间，漕灯曾每天在日落黄昏时点亮升起，为夜航船只指示着闸关的方位，传递平安航行的信号。漕船在此调整航向，顺利驶向京城或返回故乡。如今的高碑店漕运庙会，保留了在平津闸口升漕旗、升漕灯的项目，这是漕运码头留给人们的鲜活的历史记忆。

高碑店漕运庙会中，画像、吹糖人、买年货、猜灯谜和写书春，是庙会市集上常见的民俗活动。画像，源于古代民间，指有绘画技能的画匠逢年过节在庙会、集市上为人画像，虽然年年如此但庙会上的人们仍对这一传统情有独钟。吹糖人，是用黄米糖、熟麦芽糖加热吹制人形、动物、果品等物品。庙会上，艺人熟练地把糖稀捏成空心后插进吹管，趁热顺势吹拉捏转，做成各式各样既可观赏又能食用的糖人、动物。吹糖人在庙会上最受孩子们喜爱。

此外，民俗节日上的漕运庙会，也融入了丰富的节日习俗。庙会上春联福字、吉祥年画、日用百货、服装玩具、时令水果、干果食品、传统小吃、图书音像、旅游纪念品和各地土特产等年货，琳琅满目，供人们挑选购买，是为买年货。猜灯谜，从唐代起流行于宫廷和民间。元宵之夜，漕运礼俗堂里有数百条中、英文灯谜，中外游客竞相猜谜。书春，即写春联。民间百姓喜欢把自己喜好的新春吉祥话语写成春联。漕运庙会上，有很多"书春"先生现场书写春联，人们带回家中，要的是春节喜庆欢乐的吉祥兆头。

漕运庙会上还有威风锣鼓、腰鼓、小车会、扭秧歌等民间游艺项目。威风锣鼓，源于尧舜时期的大型祭祀和战争助威，是中国流传广泛、具有民族特色的民间表演艺术之一。高碑店威风锣鼓以大中型锣、鼓、钹等打击乐器合奏，鼓乐手头戴金盔、身穿黄衣、腰系红绸、脚蹬云靴，在乐旗号令手的指挥下，队形如战场对阵，鼓乐手身姿如将士出征，鼓乐震天动地。

高碑店腰鼓队，也是每年漕运庙会不可缺少的表演力量。腰鼓，传说秦汉时期驻守万里长城的士卒用鼓警示敌方，战斗时以鼓壮军威，胜利时击鼓庆贺。在民间，战鼓则演变为筒状牛皮或羊皮腰鼓，人们在节庆庙会中系腰鼓披彩绸击鼓起舞。表演有"十字步""三步一停""四步一望""金鸡啄米"等动作程式，除此之外也会即兴表演。

高碑店村小车会，在漕运庙会深受游客欢迎。小车会，又叫云车会或太平会，盛于唐代，是民间花会主要会档之一，表演以小车为主要道具，还有车夫、娘娘、公子哥、媒婆、济公、罗锅、瞎子、丑妞、顽童等形象，他们和着欢快的唢呐锣鼓翩翩起舞，走平路、弯路、泥路，体态滑稽可笑，诙谐中透着秀美。

漕运庙会上表演的扭秧歌，主要流行于中国北方地区，是具有代表性的民间传统娱乐形式之一。庙会上，扭秧歌的人们扮成货郎、渔夫、田公、公子、拉花妹等，手舞花扇、手帕和彩绸，载歌载舞，尽情抒发幸福愉悦的心情。而漕运庙会上最具地方特色的民间文艺活动，就是高碑店村的高

高碑店村高跷博物馆

跷秧歌，它从光绪年间传承至今，历来是高碑店漕运庙会上最精彩的传统节目之一。

三、高碑店村的高跷秧歌

高跷秧歌，是高碑店漕运庙会上的经典节目之一。高跷，也称拐子，源于古代先民的生存、劳作，他们将木棍缚踏足下，采集树上的野果和高处的作物。踩高跷是古代百戏的一种，早在春秋时期就已出现。汉魏六朝称踩高跷为"跷技"，宋代称"踏桥"，清代以来称"踩高跷"。北京地区称之为"高跷会"。受中国高跷文化的影响，高碑店村于光绪年间成立高跷会。高碑店村村民周文华家，藏有高碑店高跷会的门旗和瓶旗的两根飘带，飘带上写有"高碑店老会成立于光绪十二年（1886）"，距今已有130多年的历史。高碑店高跷的表演时间，一般都在农历正月十五前后闹"红火"的活动中，以及农历五月的娘娘庙庙会中。

高碑店村高跷会的十四个角色
／孙佳丰 摄

高跷跷具／孙佳丰 摄

　　高碑店高跷秧歌的特点，首先体现在角色上。高跷秧歌表演时有小头行（蝎子精）、大头行（蜈蚣）、武扇（鹿精）、文扇（狐狸精）、两个打锣的（蝴蝶精）、两个打鼓的（蛐蛐精）、渔翁（白石精）、樵夫（青石精）、后兰（鲤鱼精）、膏药（王八精）12 个传统角色。高碑店高跷秧歌则以村庄历史悠久、依水而兴的文化背景和生活传统为源泉，创造性增添了两个新角色：老太太（鲶鱼姥姥）和花子（嘎鱼舅舅）。表演时生、旦、净、末、丑，角色齐全，文武练班兼备。既有轻盈优雅的舞姿，诙谐逗乐的情节，也有刚强粗犷的力度，更有惊险过人的绝活。高碑店高跷秧歌的武跷表演动作有劈叉、摔叉、拿大顶、蝎子爬等，还有展露个人绝活的"小场"，如单腿跳、过高凳、叠罗汉等。文跷表演动作有跳花篱笆、堆山子等。高碑店高跷会尤其见长的要属"逗坡"技巧，其中，从娘娘庙 13 级台阶练最吸引人，这也是其他高跷会不能比的。

　　高碑店高跷会自成立以来，一直得到村民的欢迎与拥戴。但在 20 世纪

高碑店高跷老会会旗 / 孙佳丰 摄

高碑店少儿高跷会 / 孙佳丰 摄

50 年代之后曾一度中断。改革开放后，实现了快速发展的高碑店村继续坚守文化、延续情怀，先后三次恢复高碑店村高跷会，不断传承高跷秧歌传统文化。在高碑店高跷秧歌的百年传承中，前后经历了五代踩高跷人，他们对高跷秧歌的传承与创新，推动了高跷事业的不断前进。在重建发展高跷老会的同时，高碑店也成立了少儿高跷会，不断吸收年轻力量，为高碑店高跷事业的传承和发展注入了新的活力。高碑店高跷老会技艺高超、表演精湛，在众多高跷队中出类拔萃。他们多次应邀参加北京地区其他花会组织的表演和比赛，屡次拔得头筹。

自 2005 年，高碑店高跷老会开始走出国门，先后走赴英国伦敦、澳大利亚悉尼、美国洛杉矶、加拿大温哥华等地表演，将高碑店人的风采和技艺呈献给了世界。2009 年 10 月，高碑店村的高跷秧歌被列入北京市第三批市级非物质文化遗产代表性项目名录，这项诞生于漕运码头的民间花会在新的机遇中继续传承发展，成为北京大运河文化带上不可忽视的文化标志。

通州运河码头的船工号子

通州运河船工号子，是指通州到天津段运河（即北运河）的船工号子。在北京漕运的兴盛时期，北运河上帆樯林立，南来的船只浩浩荡荡地驶向大运河北端的码头。此起彼伏的船工号子，指引着漕船起锚、立桅、摇橹、闯滩或是货物出舱，成为北运河上一道独特的风景。而曾与通州运河码头共兴衰的船工号子，并没有因漕运时代的过去而消失。在传承人和文化工作者的努力下，通州运河船工号子经过几百年的传承，成为运河文化和北京文化的标志性符号之一。

一、响彻码头的船工号

劳动号子是一种产生并应用于劳动的民间歌曲，"号"者，"大呼也"，有号召、召唤众人共事一致之意。号子是呼喊、呼唤之声，与人民的劳动生活紧相伴随。在人们进行体力劳动时，为协同使劲，统一步调，减轻疲劳，就会唱起劳动号子。流传在通州北运河的船工号子，就是最富有特点的劳动号子之一，它最初是由码头的船工们触景生情，即兴唱出来的。行驶在北运河上的船只若是由北向南，便是顺风顺水，若是由南北上，则是逆流而上。如果没有纤夫的牵挽，船只是难以行进的。

英国人斯当东所著《英使谒见乾隆纪实》中，就记载了清乾隆年间北运河上的纤夫拉纤的场景：

纤夫排成一条直线拉船的时候，嘴里唱着一种流行歌。这一方面是为了统一步伐，增加拉的效力；另一方面也是为了借着唱歌尽使其忘掉劳动的辛苦，甚至使其情绪更加兴奋。平均每一个游艇用十五个纤夫。全体载运使节的船只总共由五百名纤夫拉。两班纤夫轮流调换，还要有准备调换的五百人。这些纤夫都很健壮，肌肉发达，但都显得特别拱背。在夏天他们赤露着上身，皮肤是铜色的。遇到水浅的地方，他们须要赤着全身下水拖船，他们的下身皮肤却也相当白皙，并不像上身那样颜色。

在长期沿河而行的艰苦劳动中，号子成为船工们提高效率、抒发情感的工具。一声声激昂高亢的"呐喊"，体现了船工们热爱生活、勤劳淳朴的本质。船工号子的演唱形式除起锚号为齐唱外，均为一人领唱众人和，领唱根据劳动情况即兴编唱指挥劳动动作的"行话"。

通州运河船工号子种类繁多，目前已知的船号大致分为10种：起锚号、揽头冲船号、摇橹号、出仓号、立桅号、跑篷号、闯滩号、拉纤号、绞关号、闲号。开船前，撤去跳板，喊起锚号，此号紧凑有力，基本为无旋律齐唱。用篙把船头揽正，顺篙冲船至深水处喊揽头冲船号，此号稳健有力，无旋律。船至深水处顺水摇橹时喊摇橹号，此号简洁明快（有的曲调只有两个音），坚毅，有弹性。卸船（或装船）时喊出仓号（装仓号），此号较自由，旋律性强，为单曲体结构，根据活路可即兴编词，具有豪迈乐观的特点。逆水行船前立桅杆时喊立桅号，此号简洁有力。升起篷布时喊跑篷号（船工忌讳"帆"音，把"帆"叫作"篷"），此号比立桅号慢些。船搁浅时船工下水推船时喊闯滩号，此号用立桅号曲调，只是速度慢些，更扎实，有张力。纤工背纤拉船时喊拉纤号，此号悠长，缓慢，稳健。休船时把船用绞关拉上岸，推绞关时喊绞关号，此号用拉纤号曲调，只是不唱悠长部分，

纤夫的雕塑

节奏性增强，也称"短号"。闲号是船工休息时喊的号子，比较自由，旋律性强，为即兴编词演唱。

昔日漕运盛期，北运河上日夜运输漕粮，运河号子声响彻云霄、气势磅礴，以至于靠岸而居的人们称之为"十万八千嚎天鬼"。由此可以想象当年漕运之繁忙和喊号子的盛况。

二、北调南腔通州味儿

通州运河船工号子，是在漕运中形成的艺术形式，其风格特点可概括为"水稳号儿不急，词儿带通州味儿，北调儿含南腔儿，闲号儿独一份儿"。

"水稳号儿不急"是由运河的水势特点决定的。运河是人工开凿的河流，担负着沟通南北交通的重任。因此，经过的地方都是平原，水势平稳和缓。

因此，运河船工号子虽也高亢浑厚雄壮有力，但却不像黄河号子那样激烈紧张，而是平稳柔和，优美抒情如歌，没有紧张激烈的节奏，这贴合了运河水势平稳和缓的特质，成为通州船工号子区别于其他船号的独特之处。

"词儿带通州味儿"是说通州运河号子的唱词具有鲜明的通州地方语言特色。主要体现在唱词多用儿话音，如：三儿、日儿吧、人儿、鞋儿等，以及一些具有通州地方特点的衬字、衬词，如四儿搭四儿的、一了个的、来溜等。另外，通州人特有的通俗易懂、幽默风趣的表达方式，使船工号子更具地方色彩。如通州人称媳妇为"做饭的人儿"、称男人为"一百多斤儿"等。这些具有地方特点的唱词，使得通州运河船工号子散发着北京民歌中的京味儿和乡土气息。

"北调儿含南腔儿"是指通州运河号子也含有南方民歌音调。这一特点在速度较慢、曲调平缓的号子中表现得最明显。通过对比分析通州运河号子和南方民歌的音调，可以发现其和南方民歌有着千丝万缕的联系，如运河"拉纤号"和"出仓号"，与江苏民歌《无锡景》《紫竹调》《茉莉花》《如皋探妹》等多处音调相似。此外，中央音乐学院教授周青青在名为《北京通州运河号子中的山东音乐渊源》一文中对比了通州运河号子和山东民歌的曲调旋律，认为通州运河号子与山东民歌也有一定的相似之处。这一现象与漕运有关，漕运使南北文化互相融合撞击，形成了灿烂的运河文化，运河号子作为其中的一个重要组成部分，是南北文化交流的例证。山东漕运号子随着运河来到北京，既满足了通州码头航运劳作的需要，又在北京通州留下了山东音乐的印记。

"闲号儿独一份儿"是说通州运河号子中有一种不因劳动而产生的号子，在其他河号中非常少见。闲号的"闲"，指的是"闲体"和"闲心"，通常是在漕船即将到码头或是干完活儿后，喊号者为引来岸边人们的呼应而唱的号子。《通州民俗》一书中记录了常富尧采录的一首"闲号子"，其唱词是：

> 嗨！年轻的小伙儿哎，缺少一个做饭的人儿来了。
> 一百多斤儿哎，难为你来驮来了。

这首闲号演唱的情境是年轻的船工向岸上的姑娘表达爱慕之意，可见通州运河闲号也是船工和船上、岸上的人进行交流的一种方式，其内容十分轻松愉快，是通州码头船工们劳作完成后重要的休闲方式。

三、留住运河号子的人

通州运河船工号子以家庭、师徒、互学的方式传承，其渊源根据演唱者的回忆可追溯到清道光年间。光绪二十七年（1901），漕运废除，通州码头地位逐渐下降，官漕消失，但通州民用码头的职能并未衰减。直到 20 世纪 40 年代运河因大旱断流，北运河上的民间客货运输才彻底停止，与运河共兴衰的号子也逐渐失去了生存的空间。幸运的是，这段鲜活的记忆依靠一代又一代的传人而得以流传至今。

通州永顺镇盐滩村赵家，是通州运河号子唯一的传承家族，其中已逝的赵庆福生于 1930 年，成长于漕运末年，是北运河上最后一位纤夫。据赵庆福的儿子赵义强讲，父亲的号子是从曾祖父那里传下来的。曾祖父将号子传给了爷爷和父亲的姨夫，爷爷和父亲的姨夫又将号子传给了父亲。据《北运河民俗志·第二卷——图像、文本与口述》中记述，赵庆福对漕运和漕船有着天生的热爱，他在 10 岁出头的时候，就成了漕运营生群体中的一员。尽管拉船的生活辛苦，但赵庆福却喜欢船上的生活。跟着船工们在船上耳濡目染，赵庆福很快就熟练掌握了漕船上的种种活计与规矩。赵庆福在世的时候，每天清晨都会到离家不远的运河边上，亮开嗓门吆喝一阵船工号子。在 20 世纪八九十年代的文化采集工作中，赵庆福为运河号子的留存和保护做出了巨大的贡献。通州运河号子成为北京市非物质文化遗产后，每当媒

常富尧老先生表演
通州运河船工号子
/ 孙佳丰 摄

体或学者来采访时，他也总是精气神十足地来到运河沿岸唱响运河号子，慷慨地向来访者诉说自己与河号的故事。赵家人也经常全家上阵参加运河号子演出，积极传承与传播通州运河文化。尽管漕运已经消失多年，但赵家人凭借着对运河号子的热爱和内心的坚守，始终致力于运河号子的宣传和保护工作，让运河号子得以继续回荡在大运河沿岸。

谈起通州运河船工号子，不得不提到通州区文化馆的退休职工常富尧。正是常富尧老人率先发掘并整理出了通州运河船工号子，才使这些民间音乐不至于被历史所湮灭。常富尧从 1987 年开始参与政府的民间文化调查工作。当时文化部在全国范围内组织编纂《中国民间艺术十大集成志书》，北京市也进行民间歌曲征集，作为通州文化部门基层工作人员的常富尧在通州大运河沿岸逐村走访，最终采录了 14 首运河船工号子，成为《中国民歌集成·北京卷》的开篇之章。

此后，常富尧利用业余时间，继续搜集运河号子。正是在这段时间，他认识了后来运河号子最重要的传承人——赵庆福。借助赵庆福清晰准确的唱腔以及提供的宝贵信息，常富尧才得以完善自己之前采集的河号资料，最终录制了完整的 22 首运河号子。通州运河号子的成功申遗也多亏了常富尧。2005 年，他提议通州申报"运河号子"这个非遗项目，几经波折，通州运河号子最终于 2006 年被列入北京市非物质文化遗产名录。

运河号子被重新发掘后受到了通州区政府的高度重视，在通州区文化馆的推动下，居住在通州区的一群老年人组成运河号子表演队伍，通州区烟草局也成立了自己单位的号子队。由常富尧和赵家传承人担任主力的号子队，参加过数百次演出活动，他们表演的运河号子也是"通州区运河文化艺术节开幕式"的保留节目。2018 年，常富尧与赵庆福作为顾问，参与了北京物资学院的原创舞剧《运》的创作。舞剧《运》的故事根据赵庆福口述的家族历史写成，并将通州运河船工号子融入舞蹈艺术创作，以其作为全剧的音乐符号和贯穿线索，再现了运河号子一领众和的震撼场景。常富尧和传承人赵庆福、赵义强还推动参与了"号子进课堂"传承系列活动，将运河文化、号子的基本知识通过课堂传递给更多的年轻人，不断为通州运河号子的传承注入新的血液。

张家湾码头与里二泗庙会

通州地区的张家湾，自辽代开始就是通州古运河上最繁忙的码头之一。元代大运河漕运进入鼎盛时期，张家湾城也因此一举成为京畿第一漕运重镇。明成祖迁都北京后，大量漕粮和物资在张家湾集散中转，由此形成多处颇具规模的码头群。张家湾镇东南部的里二泗村，曾为北运河与通惠河的交汇处，是张家湾镇的一处重要码头。里二泗村作为运河码头聚落所形成的地方信仰，催生了以佑民观为核心场域的庙会活动，它承载了北运河的历史记忆，是通州区重要的非物质文化遗产。

一、张家湾古镇的码头群

通州地区的张家湾古镇因漕运而兴，其规模虽比通州城略小，但其作为运河码头的繁华程度，并不逊于在其上游的通州城。张家湾码头的形成时间，比通州码头的形成时间更早。早在辽统和六年（988），萧太后下令开挖的运粮河在张家湾汇入潞河（今北运河）。张家湾是潞河上游众多河流交汇之地，且南邻夏谦泽和延芳淀等大片水泊，它们既可以调节下游河道的水量，又可供漕运船只停泊。张家湾因此成为北运河上的漕运枢纽，由此开始了作为漕运码头的历史。

至元二十二年（1285），本擅长海道运输的万户侯张瑄首次指挥运粮船队由天津驶入白河（今北运河），逆流而上向北试航，最后在张家湾处卸粮装车，转运至大都城。随着内河航线的开通，南下北上的粮船、货船、客船，都到此地停泊转运，张家湾也就日渐发展成一个喧闹、繁华的码头商业区。忽必烈为嘉奖张瑄的功劳，将这个码头城镇命名为张家湾。元代郭守敬开凿的通惠河也在张家湾汇入北运河，这也进一步强化了张家湾漕运重镇的地位。

明代初期，张家湾以北的大运河道淤浅胶舟，从南方沿运河而来的漕艘客舫、货船使舟，都只得行驶到张家湾，再转入通州或京城。张家湾遂成为各种物资的集散中转地，以及官员旅客的弃舟登岸之处，设有漕运、百货、商业和客运码头，繁盛一时。嘉靖年间的《通州志略》中记载张家湾为"南北水陆要会之处，人烟辐辏，万货骈集，为京东第一大码头"。

至迟在明弘治初年，张家湾已经形成多处码头群。根据位置可以分为张家湾上码头、中码头、下码头。张家湾上码头，位于今张家湾上马头村。明代初期，为使在张家湾转运的漕粮能够直接到达通州，明政府疏浚了通州至张家湾潞河段。但漕船只能行驶至此，于是在河两岸设码头，是为上码头。

张家湾中码头设于明永乐年间，在今张家湾镇土桥村东，是营建北京城所需砖料的专用码头。明代营建北京城所用砖料多在山东、苏皖等地烧造。这些砖料沿京杭大运河输运至此，先存储在河畔的砖厂，再陆运至北京城各工地。今通州梨园镇砖厂村之名称即来源于此。

张家湾下码头，包括漕运码头、百货码头和商业码头。漕运码头在张家湾通惠河口南面及以西位置，即今张家湾城南城墙遗址附近区域。此码头是元代开凿通惠河后形成的，漕粮至此陆运或经通惠河转运至北京城内。

通惠河口以北是百货码头，来自南方的木材、石材、江米、食盐等大宗物品在今张家湾村东的运河西岸上岸储存，在这里批发或中转，由此形成皇木、花斑石、食盐、江米等专用码头。在萧太后河河口以南，张家湾镇村东边古运河西岸还有一个商业码头，明代来自各地的物资在此交易转运，傍河形成一条商业繁华的街道，长近千米，故又称长店。在明代浑河（今凉水河）右岸今张家湾镇的瓜厂村，还有一个瓜厂，储存来自南方的木瓜。这些码头因处于张家湾镇的运河下游位置，故在历史上称作下码头。

明嘉靖七年（1528），通惠河口北迁至通州城北，从此之后，通州码头承接了张家湾码头的漕粮转运功能，张家湾码头的功能遂转变为以商业和客运为主。《长安客话》记载："自潞河南至长店四十里，水势环曲，官船客舫，漕运舟楫，骈集于此。弦唱相闻，最称繁盛。"张家湾的客运码头遗址，就在张家湾城南门外以西，萧太后河宽阔的河湾一带。清嘉庆十三年（1808）运河改道后，张家湾码头开始走向衰落。原分布于张家湾

张家湾城南门外以西的客运码头（张家湾博物馆——张家湾古城复原模型）

的各类码头大多失去作用，唯有食盐中转码头继续使用至民国初年后废弃。至此，张家湾作为运河码头的历史彻底结束。现在的张家湾已不再承担漕运功能，但这座码头古镇的历史遗存与民俗生活，依然记载着过去那段漕运辉煌的历史。

二、船到张家湾，舵在里二泗

张家湾镇的里二泗村，是北运河畔伴水而生的一处村落，曾为张家湾地区的一处重要码头。古时，张家湾城之东有通惠河，中有萧太后河，南有凉水河。萧太后河、凉水河与通惠河汇流后，流经张家湾城东门，行二里至里二泗村，汇入白河（今北运河）。运河漕运兴盛时期，里二泗码头至张家湾码头的船只首尾相接，所以通州流传着"船到张家湾，舵在里二泗"的俗语。

里二泗村，因临"泗河"而得名。"泗河"，以四河汇流而得名。元初潮白河、温榆河、通惠河、浑河在张家湾附近汇合后，称为"泗河"。里二泗位于张家湾下游，泗河在流经里二泗村时分为两股，分别从村落南北流过，位于两条泗河之内的里二泗村因此得名。元代时，里二泗村又称"李二寺"，据说是因村西的一座李二寺而得名。李二寺之名首现于《元史》："今岁新开闸河，分引浑、榆二河上源之水，故自李二寺至通州三十余里，河道浅涩。"民间传说李二寺是由天神帮助一个名叫李二的修庙拜佛的穷人而建。后来村名也以寺庙为名。村民们常说后来的"里二泗"就是由"李二寺"谐音而来的。而李二寺庙，后来也被村民们称为"里二泗庙"了，也就是现在的里二泗佑民观。

里二泗佑民观的产生与发展与大运河息息相关。据《漕运古镇张家湾》一书介绍，当年海运官吏张瑄亲率数十艘海船，沿潞河将漕粮顺利运抵张家湾，此后每次海运也都较为顺利，漕运官兵都认为是"水神天妃"在保佑他们一路平安。为感其灵验，他们就选址在里二泗村白河边修建起一座

里二泗佑民观圣母殿

天妃庙，之后每过此处都要停船进香。随着漕运事业的日益发展，天妃庙的香火也愈加旺盛。在北运河河道东移之前，南方各省漕船经过里二泗码头，漕运官丁都要弃舟登岸，到庙中进香膜拜，祈求保佑。过往商旅以及附近村民百姓也到庙中拜神祈福。明嘉靖十四年（1535），道长周从善主持扩建了天妃庙，并请明世宗赐名"佑民观"。

根据《北运河民俗志第一卷——基于文献与口述的考察》一书中搜集的调研资料可知，明清时期，里二泗佑民观对于运河漕运依然有着重要意义。明万历十年（1582）漕运总督汤世隆为祈求保佑漕运重修庙宇。清康熙二十年（1681），康熙帝率众人驻跸佑民观，察看河道，研究疏浚方案，处理朝政。康熙三十九年（1700）康熙帝又率众子驻跸佑民观，让其子孙了解漕河治理的重要性，亲笔书写"保障漕河"四字为匾。此匾后来不知所踪，现佑民观牌楼背面所题"保障漕河"为后人仿写。

据《里二泗村志》载，早期里二泗村不仅有此庙，还有如意坛、小龙王庙、土地庙等，但这些庙宇早已难觅踪迹，鲜为人知。而佑民观却一直香火不断，远近闻名，成为里二泗村和张家湾的重要文化标志。因为它不仅承载了人们对于通州漕运的历史记忆，更延续着当地民众丰富多彩的民俗生活。

三、里二泗的高跷会与小车会

里二泗佑民观在通州一带极负盛名，其庙会活动也在通州地区影响极大，是通州漕运文化和张家湾码头文化的重要表征。里二泗的庙会由来已久。《帝京岁时纪胜·里二泗》记载："里二泗近张家湾，有佑民观……前临运河，五月朔至端阳日，于河内斗龙舟、夺锦标。香会纷纭，游人络绎。"《北京市志稿·庙集》亦记载："里二泗河神祠四月四日有庙会，祠在张家湾运河之滨。昔年江浙两省漕运皆由内河，粮船至此停泊者数十艘，凑费演戏酬神。远近游人……年必万人攒动，红男绿女，少长咸集。庙外有百货摊。"由此可知当时里二泗庙庙会活动之盛大。

里二泗每年的庙会不仅次数多，而且日期长，以正月十五至三十、五月初一最为盛大，内容也丰富多彩。庙会上，张家湾地区南八会、北八会所属的高跷、小车、秧歌、少林、狮子、大鼓、龙灯、十不闲、竹马、中幡等数十档花会，彩台弦唱、集中表演。庙会还有商贸活动，包括农具、服饰的售卖，各种小吃更是应有尽有。届时，四周村民扶老携幼前来观赏游玩，佑民观内外人头攒动，盛况空前。在庙会上竞相献艺的各路花会中，里二泗高跷会和里二泗小车会总会大显身手。它们是里二泗庙会中传承至今的经典文艺活动，如今已成为通州区级非物质文化遗产保护项目。

里二泗高跷会有300多年历史，至今已有14代传人。新中国成立前，里二泗高跷会多随庙会活动。新中国成立后，高跷会多是配合政治活动及节日庆祝活动。里二泗高跷会角色为12个，即武角4个、文角4个，俊锣、丑鼓各2个，有时增加丑婆和花子各一人，共14人。以《水浒传》中梁山

里二泗小车会 / 王晴 摄

里二泗小车会 / 王晴 摄

英雄人物为主。武角陀头、武扇、小二哥、"膏药"；文角渔翁、樵夫、文扇、渔婆；此外有丑鼓、俊锣各2人。里二泗高跷会是文跷武跳，动作体态优美，戏曲色彩浓郁。表演有逗坡、走圆场、堆山子、上板桥等。表演时除作"苏秦背剑""怀中抱月"和蹲、跳、鹞子翻身等动作外，还有蹦高桌、跳板凳、跑旱船等。现在，高跷在通州已经不多，只有张家湾里二泗的高跷会与高碑店的高跷老会比较活跃。

里二泗小车会最晚成立于清代。现在，里二泗小车会有成员20余人。小车会的角色十分丰富，包括膏药、甩头冠子、公子、大眼袋、媒婆、傻柱子、傻丫头、打锣人、拉车人、坐车娘娘、推车老人等17个角色。有时根据故事情节，增加猪八戒、小媳妇、小毛驴、赶驴人、算账先生、挑担人、"帮车的"等角色，最多可安排26人同时表演，外加鼓乐队5人（或童男童女）。里二泗小车会表演内容十分丰富，李吏、戴立军主编的《不能隔断的记忆》一书中介绍，小车会的情节包括"傻柱子赶驴娶媳妇""梁祝之恋""猪八戒背媳妇""孙悟空开路""跑旱船""扑蝴蝶""五福捧寿"等诸多戏码。根据不同戏码，其表演有上坡、下坡、走泥路、崎岖小路、涉水过桥等不同场面，还表现有人物愉快、害羞、欢乐、恩爱、紧张、急躁等不同的心情。每当"娘娘出宫"（套路）时，列队走成圆形，甩头冠子带队，公子串队走，鼓点密集，节奏加快。"逗桥"是最精彩的环节，每个人不间断地走桥，"膏药"从中逗趣，搞破坏，过桥的角色相继痛打"膏药"，最后成功过桥。"卧车"是表现小车掉到泥里面，车带瘪气的套路，"膏药"这时候非常着急，请求其他角色一起来把车拖走，成功解救后公子四人更加欢喜，步调雄健有力，诙谐幽默，逗人取乐。

里二泗小车会不仅是里二泗庙会表演的主力，还经常到其他村镇进行演出，并积极参与通州运河文化庙会、通州小吃节等各类文化活动，这让里二泗的村落文化在日常生活与文艺展演中，实现了更好的传承与传播。

漷县的码头与运河龙灯会

漷县镇地处通州北运河段下游，漕运繁忙时期，众多民用商船在这一带的河道浅滩处靠岸停泊，为去往上游码头的皇船、官船和漕船让行。漷县镇的马头村，就是当时商船聚泊的码头。这里因商货交易而日渐繁盛，遂形成聚落，并以马头命名。马头村虽不及通州码头和张家湾码头知名，却是北运河乡村繁荣的典范，并传承着具有浓烈运河色彩的民间文化。漷县镇马头村的运河潞灯会与张庄村的运河龙灯会，传承至今仍非常活跃，它们代表着通州独具特色的运河文化。

一、马头村与马头集

漷县的马头村，是一座依运河而生，因码头而兴的古村。据《通州志》记载，马头村辽代已成村。丁、庞、李三姓至此地定居，因处北运河南岸，历为交通要道和漕运必经之地，于村北河边建有码头，开设店铺，故依同音而名马头。

马头村码头，属于民用商业码头。据《千年古镇漷县》一书介绍，漕运时期，马头村北的白河（今北运河）河面虽宽，但浅滩很多，只有河道中心水深处方可行船。但此航道极窄，船只无法并列行驶。朝廷为保证漕粮和其他必需品运输，以满足京城皇家、官员和军队的需求，必须保障漕船、官船和驿船优先行驶，民用商船则只能在浅滩处两侧等候，有时等候时间长达数天。但民船运载的货物如海鲜类及南方水果等不宜保存，于是商民们就将船靠南岸停泊进行临时交易，以减少损失。这些商船靠岸停泊的地带正位于运河转弯处，这里因为河水的冲刷，南侧河岸较陡，水较深，便于商船停靠，此处便形成了装卸货物的码头。如今，在马头村北运河南侧还保存着大运河商贸码头遗址，在长约300余米的河床上，底部为一层匀细河卵石，不但可以起到防止河水冲刷河床的作用，而且还有助于商船装卸货物。码头与村落之间有运货陆道，尽管现在变得狭窄，土质却依旧坚硬，是马头村码头的历史见证。

马头村的产生与繁荣，离不开其作为码头而形成的商贸活动。大运河开通后，马头村码头成为重要的商贸集市，在京畿一带颇具影响力。马头村处于通州南部水路交通的要道，四通八达，其向西可至京南部的大兴、廊坊诸县，从这里过去比转道到通州和京城要近得多，向东则直达河北香河、大厂、三河等地一些古镇。今通州南部区域、大兴县东南郊区域和廊坊地区北部区域的大量商户，便从此处采购南方商品，或将北方部分特产运到这里销往南方。更有很多远道商家为了便于经营，在此搭建房屋定居。因此，现马头村码头一带聚集众多在此开店铺安家的商户，形成村落，也形成独特的"马头集"传统。"马头集"区别于其他古镇集市那样隔三差五地择日举办，而是日日为集，举办频次甚高。《通州地名志》记载，明代漕运鼎盛时期，此地店铺林立，终日为集。"马头集——常市（谐音：常事）"，也成为一句当地特有的歇后语流传下来。

悠久的运河码头历史，孕育了马头村独具特色的村落文化。首先，马头村的姓氏很多。马头村现有登记的姓氏多达130余个，为北京之最。溯其根源，均是漕运时期外来商户定居于此而成。其次，马头村的商号很多。

马头村村史馆壁画

据统计，仅在民国时期马头村就有上百家字号在进行经营，即便是新中国成立后，一些商铺依然活跃。这是马头村商业市集传统的延续。同时，马头村有很多的庙宇，包括土地庙、崇兴寺、紫清祠等共 10 余处，其中多处尚有遗迹。众多庙宇，反映了运河商业码头为村落带来的繁荣。

马头村围绕着庙宇和集市展开的民俗活动也是丰富多彩的。马头村在辽代便有"邑会结社"的习俗，明代漕运兴盛时期，"邑会结社"演变成为民间花会。各商家店铺为了扩大宣传力度，纷纷组织成立各种花会，在店铺开业、庆典和各庙会期间举行表演，吸引周边百姓前来观看，从而扩大商业店铺的知名度。马头村的民间花会有龙灯、小车会、高跷等。其中马头村的潞灯会传承至今，深受人们喜爱。

二、马头村的潞灯会

潞县镇马头村的运河潞灯会，前身为小车会与龙灯会。马头村小车会表演的是明朝一家五口在沿运河北上逃难一路上发生的故事，后人用秧歌的形式，通过幽默、滑稽的表演手法，再现故事中的各个情节和各人物的心理状态。其目的是发扬助人为乐、惩恶扬善的侠义精神。龙灯会则是通州民间舞蹈中最富有地方特色的表演形式。新中国成立前，通州境内的龙灯会共有 6 档，多分布在沿河村镇，包括马驹桥镇的西店村、西集镇金各庄村和潞县镇的马头村、张庄村、军屯村及长凌营村。

马头村龙灯会建于清光绪二十六年（1900）。据艺人李海、刘忠介绍，潞县镇马头村龙灯会，是本镇长陵营村农民齐恩兆在马头村做长工时传下来的。马头村龙灯会于每年年头岁尾、祭祀、喜庆节日时表演。《中国民族民间舞蹈集成（北京卷）》中，记录了潞县镇马头村龙灯会的表演过程。农历正月初一或走会之前，龙灯会都要到村里的娘娘庙烧香磕头，这种仪式遇旱年更是必不可少，一图走会平安，免出差错；二图全年顺当；三图祈雨消灾；四为感谢龙王赐福于民。在祈雨活动中，"龙绕沙滩"套路表演，最易产生共鸣。双龙在离地面一尺左右盘旋，时急时缓，然后"双龙翻身"，龙头高昂似冲天腾飞状，突然疾速俯冲下来，再继续首尾相接，呈圆形拖地盘旋。表演到此时，围观人们连续高呼："龙绕沙滩喽……"这表达了人们祈望龙降甘露、沙滩地能丰收的心愿。

如今的马头运河潞灯会是在人民抵御八国联军侵略之后，李久安、宋六爷、张文瑞、刘焕奎等老艺人，将一位老汉的故事以及对侵者略的憎恨通过改编融入车会中，并将龙舞与"小车会"同舞，命名为马头运河潞灯会。马头村龙灯原为九节龙，后改为七节。1939 年，李海、刘忠又将单龙改为双龙。马头村龙舞与"小车会"同舞，谓之"龙车"。这样表演看起来更红火，更能增加喜庆、热烈的气氛。此舞为水、火二龙共舞，由一龙珠（当地称"蜘蛛"）引龙戏舞。舞珠者一上场就要全神贯注，灵巧洒脱引逗双龙。动作套路间均用固定的队形连接，每个套路都要面向两个方向表演。

舞龙时伴奏为打击乐器，大鼓是乐队指挥，同时也是舞蹈动作指挥者。舞珠人引导队形的变化，如做拐弯抹角、换把翻身、圆场摆队、跳跃翻腾等动作，则由大鼓提前发出 | 冬冬 冬 | 冬 0 | 的信号，只有这样所有舞龙人才能协调统一完成以上动作，艺人们称这种明显的收尾点为"冬冬乙"。李海老艺人讲："没有我们的冬冬乙，就起不了会。"打击乐根据舞蹈情绪决定伴奏轻重缓急。如"二龙戏珠""跳杆""跳龙腿"套路，节奏就要求欢快而热烈，"过龙腿""龙打滚"套路节奏就要慢，"金龙盘玉柱"则由缓到急，但全部舞表演并不受打击乐节拍的制约。

2022 年，马头村的运河潞灯会作为漷县镇传统舞蹈项目的代表，入选第五批通州区级非物质文化遗产代表性项目名录。

三、张庄运河龙灯会

运河龙灯会不仅在漷县镇马头村有传承，张庄村的运河龙灯会亦享誉四方。漷县镇张庄村龙灯会，又名通州运河龙灯，是一项北京市级非物质文化遗产保护项目。这项古老技艺可追溯到清道光十四年（1834）。每逢年、节、祭祀和灾害，张庄龙灯会都要走会。如在正月初二、正月十五起会，营造节日气氛；在二月二龙抬头、三月三娘娘庙庙会起会，祈求风调雨顺、五谷丰登；遇到旱、涝、病虫等灾害年头起会，祈求减少灾害。龙灯会起会地点在张庄村中关帝庙和村外运河边的冰雹庙。起会时间在农历六月二十四，相传这天是关老爷的生日，这天起会，是为祈求关帝神灵保佑苍生。

张庄村龙灯会的蓝色双龙及龙头的方口造型在北京地区较为少见。蓝色代表"水"，带有鲜明的运河文化特色。据北京市民间舞蹈专家董敏芝讲，她在组织全国龙灯表演时，发现安徽、江苏、浙江等地区多有蓝色龙，这证明了大运河漕运使南北文化在通州地区交汇、碰撞融合，并在通州扎下

通州运河龙灯 / 杨赫 摄

了根。运河龙灯龙身长 15 米，分七节，龙头长 1.2 米，龙尾长 1.2 米，总长 17.4 米；龙皮用"五幅白布"缝制，用蓝颜色粉勾画出龙鳞、龙尾、用"线麻"制作龙须；用白松木条竹篾制作龙骨架。龙骨架为圆形，直径 0.3 米，用细铁丝或竹篾编制，中空，外套红布；龙珠置于 1.6 米长木杆上，可转动；龙把均由 1.6 米长的木杆制作，一头固定在龙腹部、龙头下颌和龙尾；早年间每节龙架里都要制一蜡座，舞龙时将蜡烛点燃，插在座上，蜡座是一个"万向轴"，不管龙身如何倾斜、翻滚，烛光总是朝上。现在的龙灯，蜡烛已被灯泡替代，会有一个小型蓄电池固定在龙节上为灯泡供电，光亮无比。此外，龙眼、龙珠也都装上灯泡，届时巨龙浑身泛着蓝光，龙珠闪着红光煞是好看。

张庄龙头的造型也十分少见，即方型龙头方口大张。张庄村龙的制作工匠曾维善讲，这是老辈儿传下来的，飞舞的巨龙必须张着大嘴，这样的神态才是呼风唤雨的龙王。龙口大张，有动态感，使龙的造型更加完美。张庄村的龙还有一处与众不同之处：龙脖处系五只大铜铃。会头谢文荣说，铜铃也是老辈儿传下来的，这样的龙舞起来，铃声大作，增加了龙的威武，也渲染了节日喜庆气氛。

每次起会（又称响筛）之前，演员和乐队在村中关帝庙集中，化妆、换装后执龙出庙门，乐器中唯有吊筛击打，听到筛声，百姓们纷纷走出家门，邻村人听到筛声也纷至沓来。人流拥着双龙奔村外运河边冰雹庙，会头香后，舞龙开始。双龙先在庙前舞，而后进村，边舞边走，遇到茶桌就要停下来舞上一番，绕街一周后在村中关帝庙前舞毕收场。老年间耍龙有 30 多种套路，现在只整理出 13 套包括龙翻身、单跳龙把、双跳龙把、龙劈叉、串花篱笆、钻黄瓜架、压龙尾、钻龙尾、甩龙尾、龙双绞、龙打挺、龙盘窝和龙过背等。正月十五元宵节，夜舞龙灯最精彩。龙节里灯光闪亮，两条蓝龙上下翻飞，红红的龙珠像一团火球，引得双龙追逐，围观的老百姓有的手执荷花灯，有的用禾叉扎上玉米骨，蘸上煤油，当火把用，火苗飞蹿。蓝色的蛟龙在如银海的灯火中游弋，煞是好看。

漷县镇的马头潞灯会和张庄龙灯会，作为植根于民间的艺术形式与生活传统，具有浓郁的乡土气息和北运河地域特色。它们承载着运河沿岸民众鲜活、立体的历史记忆传承百余年，成为大运河文化和北京文化重要的组成部分。

西集的码头与摆渡口

西集镇位于通州段大运河下游北岸，行经西集镇西界和南界的，是大运河在北京境内的尾闾河段。这段运河河道上曾建有多处码头，和合驿码头和辛集码头是其中较为知名的两座，以其为名的村庄，承载着关于它们的历史记忆。曾为北运河主要支流的潮白河，流过西集镇东界，这里村落密集，但地势低洼，河堤易溃，故设有多处灵活简易的摆渡口，以供村民往来通行。尹家河村的古渡口至今犹存，诠释着运河畔的古渡文化。处在京东外围的西集镇，也是抗战时期的前哨阵地，一座座古渡码头，见证了西集的烽火岁月，传续着北运河畔的红色记忆。

一、和合驿码头与辛集码头

西集镇有一座名为"和合站"的古村，它的由来与曾设于此的驿站码头有关。"和合站"在《元史》中本名"合河驿"。据周庆良在《颐和西集》"镇域内村名由来"篇章中记述的考证可知，和合站村最晚于元代已经存在，原村名应为合河村。"合河"是指北泗河（外白河）与南泗河（内白河）这两条河流合并在一起。内、外白河本为一条河，流过通州城边后分成两道河汊，齐向东南流，当流到吕家湾村南后，又合流在一起。元代时，西集还没有吕家湾村，吕家湾村是明初迁民所建的聚落，当时此处还是合河村的范围。朝廷在白河合流之处设置了一座水上驿站，用船在运河上传递政令和信息，迎送运河上的官员和使节。合河村因水路驿站码头设于此，而易名合河驿。

合河驿的建置规模在明代有所变化。据明嘉靖年间的《通州志》记载，明嘉靖年间，合河驿曾有粮金站船 10 只，甲夫 100 名。铺陈什物各 10 付。后改拨站船 6 只，甲夫 51 名。铺陈什物各 6 付。丁金馆夫两名，总计人数 153 名，可谓是繁荣一时。那时，外白河为驿道，在通州城东迤南设有潞河驿。到了明代中后期，北泗河淤浅而不能行运，只靠南泗河漕运。同时因驿弊颇多，百姓负担过重，于是在万历四年（1576），将合河驿迁到张家湾城南门外，此处驿站则废弃。"驿"与"站"在古代功能相同，意义相通，故"合河驿"也可称为"和河站"。驿站从合河站村迁走后，白字先生便以谐音与和合二仙（古代爱神）混在一起，便写成"和合站"。虽然和合站码头随时代变迁而湮没，但人们对于这座水路码头的记忆与情结犹在。2021 年，大运河北京段 40 千米河道正式旅游通航，北京市文旅部门也正结合北京（通州）大运河文化旅游创建 5A 级景区建设。在这个契机下，通州区为了满足游客上下船和交通接驳的需求，在大运河沿线 1 号码头、2 号码头、漕运码头和柳荫码头的基础上，新建了儒林、和合驿两座码头。这座和合驿游船码头建于原和合站码头旧址以西的运河北岸，它同时也是京杭大运河香河段游船航线上的一处重要码头，对京冀运河互联、文化互通具有重要意义。

和合站码头之东，曾有一座辛集码头。清代及其前称为"新集"，即指新的集市。与潞县镇马头村码头的产生原因相似，此村之南是大运河，

尹家河渡口

河的上游浅滩较多，此处的较大。有浅滩处，能行船的河道较窄。明代，为了保障运河上浅滩之处漕船、皇船、官船、驿船先行通过，民间商船就得停泊在浅滩下游，等待上述船、筏通行后，再行驶过滩。有时商船等待时间较长，急于销售船上所载货物，便在停泊处岸边设摊卖货，由此逐渐形成集市。这里的集市同西仪老集相比，是新开辟的，故名"新集"，进而形成村落后，便以"新集"而名。古时"新"与"辛"字通用，故后又作"辛集"，沿用至今。

二、潮白河上的百年古渡

摆渡，是运河两岸百姓出行极为重要的交通方式。所谓摆渡，就是在河的两岸选择适当的地点，用船把行人与车辆运载过河抵达彼岸。设置摆渡的地方称渡口，俗称摆渡口。据《通州民俗》一书记述，新中国成立前

2018 年的尹家河渡口 / 孙佳丰 摄

后在通州城附近的北运河段，先后曾有土坝、药王庙、铜官庙、杨坨等几处可从河东各村往返州城的渡口。潮白河上也有尹家河摆渡口、赵庄摆渡口、于辛庄摆渡口等。它们主要是为了满足普通百姓的生活出行的需要，大多由百姓自发出资建设。

渡口码头，是摆渡口的重要设施。一般来说，渡口的位置会选定在河水深浅适度的河段，水过深不宜撑船，水太浅则容易搁浅。同时，渡口边需有通往各村的大道。选定渡口地点之后，先要在两岸相对之处各筑一个码头。建筑码头需要在岸边向河心探出的位置，砸一圈木桩，把中间填入砖石，再放上足够的荆条和秫秸，踩实后再铺上一尺多厚的土，边铺边踏而成一个凸出岸边、形似半岛的地方。这个地方是备做车马行人上下渡船之用的。两个码头上还要各栽一根木桩，备作渡船靠岸时拴船所需。说到北运河一带的摆渡口，不得不提的就是西集镇尹家河村的百年古渡。尹家河村在西集镇东部，村东与河北省廊坊市香河县王店子村隔潮白河相望。

这里，就有一处渡口。如今，从尹家河村委会门前向东直行至潮白河畔，就可以见到这座有百年以上历史的古渡码头。

据村史记载，尹家河自明代建村以来，便在村东建有摆渡口。当时尹姓富户自福建漳州北迁至此地，在潮白河西岸定居，该富户颇具势力，曾在河边设渡口、码头，植芦苇，对当地影响较大，故本村以尹姓和临河而得村名。200 多年前，河东岸大户为方便人们过河，积德行善，投资修建了一座小石桥，一直用到近代，后来因为水灾频发，石桥被大水冲垮，只能恢复摆渡。2012 年 7 月 21 日，北京地区遭遇了一场百年不遇的特大暴雨袭击，渡船沉入河底，所有两岸来往行人及车辆改道赵庄渡口过河。三个月后，尹家河渡口又买船恢复摆渡。渡船船身是铁制的，并能摆渡一辆轻型汽车。尹家河摆渡口历年来没有建过正式房屋，只是夏天为遮风避雨，冬天为避寒挡雪，临时在河边搭建了一座窝棚。有时东西两岸各栽一根木桩，中间拉上纤绳，就开始渡河了，人们会根据水流情况，移动木桩位置，左右移动可达 8—10 米。

百年以来，无数渡客乘坐由摆渡人驾驶的铁皮木板组接的小船渡过潮白河，往返京冀两地。如今，在潮白河河面上，有一条钢索横跨两岸。钢索上搭着两条铁链，铁链一端连着能自由滑动的锁扣，另一端分别固定在同侧的船头和船尾。摆渡时靠人力拽动柱榔上的铁索移动船只。2018 年"北运河流域民俗文化普查活动暨民俗志编纂"项目在尹家河渡口调研时，曾对渡口的摆渡船工李国新进行访谈。他是香河县王店子村村民，那年 57 岁的他，做船工已有 30 多年。据李国新介绍，他祖辈四代都做过船工，从最早的木质小船到木质大船，再到现在的铁船。曾经大的木船载重可以达到三四吨，需要四个或六个人一起撑篙。现在渡口只剩下李国新和他 67 岁的叔叔李连两个船工，他们不管风吹日晒还是雨雪风霜都保障着两岸的通行便利。当时摆渡的收费标准是大车 10 元，电动车 3 元，单个人 2 元。对渡

尹家河村党支部旧址示意沙盘 / 孙佳丰 摄

口两岸的王店子村和尹家河村村民，以及婚丧的队伍、亲戚熟人、残疾人、乞丐、政府人员、媒体人员等都不收取费用。李国新介绍，这处渡口也像城市中的其他交通方式一样，会遇到早晚高峰的情况。可见，摆渡早已成为两岸人民生活的一部分。

尹家河渡口，是北京远郊潮白河上最后一个渡口。它的存在，延续着村落的传统，联结着两岸的情感，承载着时代的记忆。

三、渡口码头的红色记忆

位于北运河与潮白河之间、京冀交界地带的西集镇，具有十分重要的战略地位，是抗日战争和解放战争时期人民武装力量的重点活动地区。有着百年古渡历史的尹家河村，就是中共西集地区的第一个党支部的诞生地，也是通县早期红色政权所在地。

抗日战争时期，尹家河人民同仇敌忾，与日本侵略者做了英勇顽强的斗争。尹家河村革命烈士郑会为国捐躯的事迹，始终铭记在人们心中。现尹家河村史馆的展板上，就记述了这一英雄事迹：

郑会是冀东军分区通县支队，独立营排长。有一年，他去运河西岸码头侦察情况，在返回的途中遭到敌人的伏击。为了掩护另一位同志把情报送回军分区（当时军分区驻地在京东蓟县），早已把子弹打光了的他，握着最后一颗手雷冲向敌人，与其同归于尽，壮烈牺牲。

1940 年以后，中国共产党领导的"蓟宝三"联合县和"平三蓟"联合县多次派人渡过潮白河，深入侯各庄村驻扎，秘密开展活动。并以沿河一带的赵庄、尹家河、于辛庄等村庄为依托，开辟了抗日游击根据地。1944年 7 月，中共通、三、香联合县成立，共产党在西集地区秘密发展中共党员 36 名，并在尹家河村建立西集地区最早的第一个党支部。为了保护解放区胜利果实，中共通（县）、三（河）、香（河）共产党代表大会于 1945年 10 月在尹家河村召开，并决定在通县单独建县。1946 年 1 月，并在尹家河村成立通县县委、县政府和西集二区区政府。1946 年 1 月，通县党、政、军、群组织在尹河村举行了县委、县政府成立大会，庆祝通县成立，同时，成立西集二区区委，县、区政府机关均设在尹河村。时任县委书记李英明、县长鲁平、石伍德等同志在尹家河领导农民开展革命工作。1946 年 4 月30 日，国民党第 92 军第 21 师的一个下属团进犯尹家河，冀东第 14 军分区主力 53 团打阻击战，县委县政府转移。在县委、区委二级政府的领导下，村民在反"围剿"中表现出大无畏的爱国主义精神。1948 年，为解放北平，尹家河群众在村东潮白河上搭建两座浮桥迎接解放军进入北平。在解放北平的战役中，尹家河村共产党员还组成担架队，抢救伤员，他们不怕牺牲、奋勇向前。

解放战争时期，西集北通往香河县的交通要道——于辛庄渡口，也在战争中发挥过重要作用。据《颐和西集》记载，1945 年 9 月抗日战争胜利之后，为了巩固扩大东北解放区，我军 10 万人昼夜兼程赶赴东北，历经河北省南部、中部，10 月上旬抵达西集。在西集稍作休整，征收物资后到了于辛庄，部队联系当地村干部，让其准备过河船只和摆渡人员。村里立即动手准备了几条五丈多长、一丈多宽的大摆渡船，并备好大煞绳。船工于福龙、于大茂等人，分批次渡部队过河。每船每次能摆渡五六十人，一天 24 小时昼夜不停。船工开始时用杉篙或竹篙撑船，临近对岸时就把大煞绳抛过去，对岸人员接到绳子后用力拉船靠岸。后来，村里还发动当地老百姓搭建了一座浮桥，送部队过河。40 多天共运送部队 10 万人。

中华人民共和国成立后，于辛庄渡口一直在使用，直到 1997 年在此处修建了橡胶坝，渡口才废弃不用。即便这处渡口已无迹可寻，但关于它的革命故事，却始终深刻在沿岸人民的记忆里，成为人们赓续红色血脉的精神滋养。

第六章

运河之藏

粮仓与博物馆

我国是一个传统的农业大国，自古以来粮食问题是关乎国计民生的大问题，其中粮食仓储被视为"天下之大命"。自夏朝开始，仓储制度就是国家的一项重要保障制度。随着元代运河贯通到积水潭码头，漕运直通都城中心，北京城中的粮仓因其区位优势在国家宏观调控和人民利益保障方面都发挥了重要作用。

本章所关注的是储存进京漕粮的粮仓和保存运河相关文物的博物馆。粮仓是储存粮食的物质空间，是运河顺利实施漕运功能的重要设施；博物馆是保存、记录、传播运河文化，展现地域民俗风情的重要载体，两者本质上具有相通性。本章前半部分将视野放在北京因漕运而兴的粮仓以及漕粮管理的制度上，从宏大的古代粮仓建筑及其管理体系中探索昔日粮储之盛景。大部分粮仓随着历史的演进消失了，但还有一些在京城市中心或通州漕运重镇保留下来的珍贵的遗迹，这些遗迹甚至在今天的城市建设中还发挥着作用，进行着跨越古今的对话。

本章后半部分选取北京运河沿线具有代表性的 6 家博物馆进行重点描绘。它们通过实物、雕塑、布景、图片、文字的展示以及现代智能光影等技术，对运河的历史沿革、文物古迹、文化典故、传说故事、现代艺术品等方面进行了生动的呈现，为人们展示了深厚的大运河文化。本章所涉及的博物馆，除了朝阳区乡情村史馆外，其他都在通州区。本章根据博物馆所属级别及经营方式的不同，按照区级、乡镇级、村级及先国有后民间的顺序分别进行了介绍。

"仓廪实而知礼节，衣食足而知荣辱。"运河的兴盛润泽了古都北京，让这片土地兴旺、发达，让这里的生活丰富多彩，充满生机。

"京师十三仓"之一的禄米仓

南粮北运饷京城——京通二仓

我国有着悠久的贮粮文化。考古发现的汉代"华仓"、唐代"含嘉仓"、江苏镇江宋代粮仓遗址以及元、明、清三代的众多粮仓都充分说明了这一点。粮贮具有重大的社会功能，受到历代管理阶层的重视。以京通二仓为代表的皇家粮仓，就是养育京城百姓的珍贵宝库。

一、北京的"五坛八庙十三仓"

北京城市的水系脉络和水源利用与漕运关系密切。隋炀

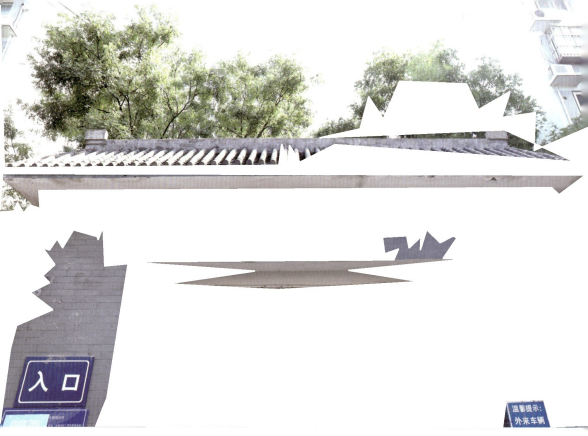

海运仓

帝时期，朝廷以洛阳为中心开凿大运河，使江南地区的丰富物资通过漕运输送到京师，其中主要物资就是粮食。北京城位于永定河洪冲积扇的脊部，地形由西山山麓向东南逐渐倾斜。作为华北地区的降雨中心之一，北京西山的雨量较充沛，地下水较为丰富。但是，当北京成为都城以后，随着人口剧增，城市用水及粮食需求大增，寻求地表水源、开通运输通道成为帝国亟待解决的事情。

在北京有句流传已久的俗语——"五坛八庙十三仓"。"五坛八庙"指的是明清两朝皇室的祭祀场所，"五坛"是天坛、地坛、日坛、月坛、先农坛；"八庙"为太庙、奉先殿、传心殿、寿皇殿、雍和宫、堂子、文庙和历代帝王庙；"十三仓"则指清代北京城中的十三座粮仓。

元代为了储存巨量漕粮，政府在都城和通州设置官仓数十个。明朝时政府在京城和通州设置了京通二仓，京仓为天子之内仓，通仓为天子之外仓。

清初，北京仓主要沿用明代的京仓，一共有 8 个，分别是禄米仓、南新仓、旧太仓、富新仓、海运仓、北新仓、兴平仓、太平仓。在康熙至乾隆年间，清政府在东城陆续扩建和增建增修了 5 个仓廒，分别是本裕仓、万安西仓、万安东仓、裕丰仓、丰益仓。从此京仓达到 13 座，被称为"京师十三仓"。再加上通州的中、西二座官仓，总共是 15 仓。这些粮仓是北京城运行的重要物质基础。其中 7 座分布于内城，据清代震钧《天咫偶闻》记载："京仓之在城内者，北曰北新，曰海运；南曰富新，曰南新，曰兴平，曰旧太，皆在朝阳门北，曰禄米，则在朝阳门南。"这之中规模最大的便是南新仓。现在平安大街的东端，还可以依稀看到这座古粮仓的部分风貌。这些粮仓共同担负着京师储粮的重任，维系着帝国行政中心的正常运转，是漕运制度和太仓制度的见证。

那些设在都城的官仓之所以被称为皇家粮仓，一方面是因为供应了皇室、王公、文武百官的俸禄及军队粮饷；另一方面，也用于平抑粮价、放赈或设粥棚救济京城以及附近州县的灾民，以安定民心。因为这些官仓建于天子脚下，自然更多了一层皇家的意味，因而也就有了"皇家粮仓"的尊称。

二、维系帝国运行的漕运制度

我国的漕运历史最早可追溯到秦代。汉朝建都长安后，每年都将黄河流域所征粮食运往关中；元朝时期，为了储存巨量漕粮，就在大都城和通州设置官仓数十个。

在没有铁路、高速公路的农耕时代，历朝政府都十分重视将全国各地征收的粮食由水路运往京师，供宫廷、官员和军队食用，由此便诞生了一个专用名词"漕粮"。以此类推，运粮的专用船只称"漕船"；以人工开凿或疏浚用以运输漕粮的河道，称"漕河"或"漕渠"；主管漕粮收缴监押

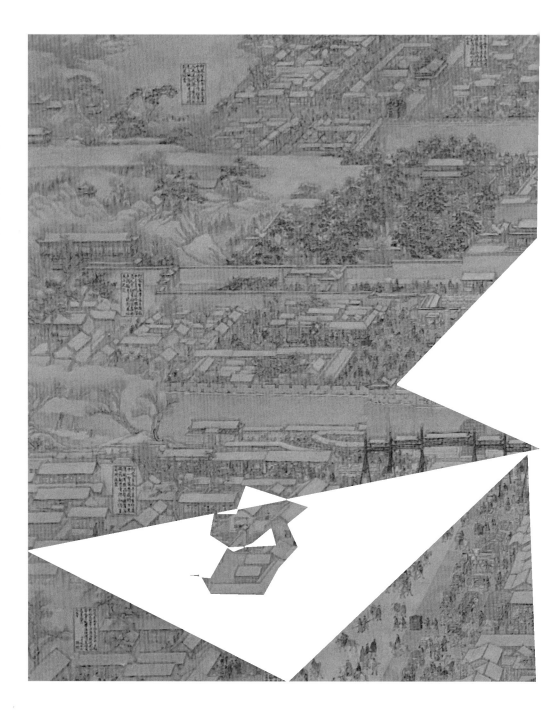

《皇都积胜图》（局部）
描绘了北京正阳门一带因漕运畅通，商业区店铺林立的繁荣情景

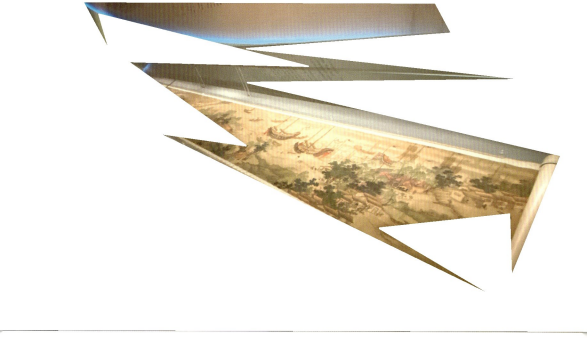

国家博物馆收藏展出的《潞河督运图》/ 徐睿凝 摄

运输的官员就是"漕运总督"了。清《御制通州石道碑》载:"潞河为万国朝宗之地,四海九州岁致百货,千樯万艘,辐辏云集,商贾行旅梯山航海而致者,车毂织络,相望于道,盖仓廪之都会而水陆之冲达也。"北京的繁盛来自通州源源不断的漕运接济。

从北京到杭州的京杭大运河,就是运输漕粮的漕河。当时地处江南的江浙一带已成为我国南方地区最主要的粮食产地和经济中心。所以,当时有"苏湖熟,天下足"的说法。大运河也承担着其他大量货物的运输和南来北往的客运。漕运是我国历史上一项重要的经济制度。唐代司马贞的《史记索隐》曰:"车运曰转,水运曰漕。"这说明最初的漕运是指从水路运送粮食,也指人们的乘船行为及船具,是利用水道调运粮食或其他物品的一种专业运输形式,是旧时将征自田赋的粮食经水路运往京师或其他指定地点的运输方式。水路不通处辅以陆运,多用车载或人畜驮运,故又合称"转漕"或"漕挽"。漕运的方式有河运、水陆递运和海运等。

元代,自元世祖至元二十四年(1287)起,大都京仓由京都漕运使司管理,通州、河西务及其以南至临清、淇门等各河仓均由都漕运使司管辖。

京都漕运使司和都漕运使司俗称为内、外两司。

清代，通惠河在康熙时期最为兴盛。康熙把三潘、河务、漕运当作统摄天下的三件大事，"书而悬之宫柱之上"。康熙三十五年（1696）疏浚通惠河，航运能力大增。名画《潞河督运图》真实再现了当时通州段的繁荣景况。次年，为了使漕粮自大通桥水运至东直门、朝阳门一带京师诸仓，又复通护城河。

三、食为政首，粮安天下

1292 年，郭守敬主持开凿了从元大都到通州的运河，翌年竣工。当时运河上建造了 24 座水闸，通过上下闸的相互启闭来调节水位，解决了北京地区地势西北高东南低影响水运的难题，从而使货船可以由低向高行驶，直达积水潭码头。据说通航这一天，来自江南的粮船在积水潭的东北岸挤满，

南新仓附近的郭守敬塑像

在玉河上也是浩浩荡荡排队驶行，大都城的人们争相观看，夹岸热烈欢呼。当元世祖忽必烈在万宁桥上看到积水潭中舳舻蔽水的盛况时也不禁大喜，当即将从万宁桥到通州的河道赐名为"通惠河"。通惠河的开浚，大大促进了京城仓储事业的发展，汩汩不断的通惠河，使京、通仓储连为一体，如同血脉一般支撑起北京的发展。

漕运为"国之要政"，但在隋唐以前，无论从漕运的规模、范围、运程、运物还是管理机构、组织体

系等各方面来看，都处在较低的水平。唐朝时期漕运制度基本建立，产生了长运法与转运法；宋元时期对漕运制度作了进一步发展，实行雇用包运制；明清时期"行漕法规"趋于完备，实行支运、兑运和直达法。漕运制度的完善，维系了生产力和生产资料的平稳，为社会的安定和国家的昌盛提供了有力的保障。

因为京通二仓粮储关系到京师的食粮供给和社会安危，所以受到朝廷的高度重视。他们建立了严格的管理和监督机制，并在东城裱褙胡同设立了总督仓场公署，由总督太监、户部尚书或侍郎等专门负责管理粮仓事务。京通二仓的粮储一直是国家财政状况变化的指示器，比如明代中叶以前，国家财政稳定，京通粮储也充盈；后来国家财政状况逐渐恶化，粮储也日益匮乏；到了明朝末年，京通粮储更是入不敷出，以致无力利用粟米来平抑粮价，也无力赈济受灾饥民。在这种情况下，大明王朝的统治也是岌岌可危了。

在电视剧《天下粮仓》中，有这样一个片段，主人公米河在私塾听老先生给孩子们上课，老先生随手写下一个字：富。告诉孩子们："尔等可知，观古人造字，富字田起也。"随即又写下一字：累。又向孩子们道："累字为何这样写？观古人造字，头上有田方知累也。"此时，米河才恍然明白，作为朝廷官员，头上顶的不只是顶戴花翎，而是一个"田"字。所谓"国以民为本，民以食为天"，一个国家只有良田丰收，粮仓富裕，百姓才能安居乐业，国家才可国富民强。

早在春秋时期，齐国的管仲就曾强调过粮食生产和粮食储备对于国计民生的重要性。他说："粟者，王之本事也，人主之大务。有人之途，治国之道也。"在传统的农耕社会，这一主张被历朝历代发展为重农思想。学习了解古粮仓的文化知识，进一步探寻古代应对粮食安全、粮仓存储、漕粮运输等问题的办法，有助于我们更好地理解中国深厚的农耕文化。

古今融通——南新仓

大运河畔的全国文物保护单位南新仓

南新仓是大运河（北京段）世界文化遗产的一部分，位于东城区东四街道，在平安大道东端，东四十条 22 号。该仓于明永乐七年（1409）在元代北太仓的基础上改建而成，此后一直是专门储藏皇粮、俸米的皇家粮仓，俗称东门仓。

一、水运漕粮来

元至元三十年（1293），著名水利专家郭守敬主持开凿了从元大都到通州的运河——通惠河，使南方各省北上的漕粮能够经驳船到达北京周边甚至直达城市中心的码头、泊口清卸漕粮，再分批陆运，纳入官仓储存。需要入仓的粮食则从东便门的大通桥转入东护城河，或是陆路运至朝阳门各仓厂。

明清两代的北京经济迅速发展，粮食需求日益增长。江南的粮食运抵京城之后还要妥善储存，为此，朝廷下令在北京城中修建了包括南新仓在

大运河畔的
全国文物保护单位南新仓

内的许多粮仓。以前供应京师的粮仓多建在通州，通惠河开凿后，京城之中的粮仓如雨后春笋般涌现出来。20 世纪 50 年代，雍和宫西侧出土了元代"京都漕运使王德常去思碑"，为漕运史增添了一份宝贵的实证文物。这位漕运史官的碑上刻有如下文字："至正十五年（1355），京师有五十四仓，储粮达百万石。"呈现了当时漕粮运储的情况。

在全国密如星宿的仓厂中，南新仓的地位非常突出，它与皇家权威、皇城百姓息息相关。粮食储备是百姓之根、立国之本，也是朝代兴衰最敏锐的"晴雨表"。明永乐时期，明成祖朱棣一方面下令大量修船建仓；另一方面在东城区裱褙胡同设立总督仓场公署，统筹漕运仓储大业。当时北运的漕粮每年达到 400 万石，是元代的数倍，实在是一个让人叹为观止的数字。之后朱棣还在北京设立军卫，专司守卫仓储皇粮。南新仓就是这个时期在元代北太仓的基础上扩建起来的。它被提升为中心仓，辖八个卫仓。从此，南新仓周边就簇拥着一大片粮仓：北侧有海运仓、北新仓；中部有旧太仓、兴平仓和富新仓；南侧有禄米仓。

那么为何会形成这样的粮仓群落布局呢？北京城里有句俗话："内九外七皇城四，九门八镇一口钟。"这句俗语清晰地说明了北京城市的空间布局和时间线索，内城九门每个门上都有一个镇门宝物。有些城门被拆除后，镇门宝物和城门美景就成了口口相传的奇闻趣事。以南新仓为首的粮仓集群就位于内九城的东侧朝阳门（旧称齐化门）附近。从前城门洞北侧墙上曾镶砌一方刻有谷穗的石头，俗称"朝阳谷穗"，象征此门为进京粮道。这是朝阳门的标志性景观之一。齐化门经常被戏谑称呼为"奇货门"，意思是奇珍异宝由运河运来从此门入城。

朝阳门紧依护城河，有着乘舟之便。更重要的是东行 40 里，就是京杭大运河通州码头。南来的漕粮登陆后可以直抵南新仓，而紫禁城与南新仓也不过是一箭之遥。经大运河，南来的漕粮在通州卸船后，经朝阳门入京，故有"粮门"说法。这片区域具备对于粮仓储备来说优势突出的区位特质——地势居高，通风良好，仓储的粮食不易霉变；加上特定的仓储建筑，可以确保漕粮在此妥善存放。

二、粮储大规模

这么多的漕粮如何在没有先进仓储技术的古代存放呢？是怎样确保粮食在适宜的温度、湿度、密实度中存放，保持其新鲜和味道的呢？这仰赖于粮仓庞大的建造规模和独树一帜的结构设计。

古代的"仓"其实是个总称，"廒"才是收藏粮食的库房。明代南新仓在构造上以廒为储藏单位，每 5 间为一廒。清沿明制，南新仓在清代为砖砌廒房，悬山顶，五开间。有一座一廒者，有一座二廒联排者。每廒面阔约 23.8 米，进深为 17.6 米，高约 7.5 米，前后出檐。五花山墙，围墙厚达 1.3 米至 1.5 米，围墙墙厚达 1.3 米至 1.5 米。建筑屋顶采用悬山形式，合瓦屋面上施瓦条脊，两端原有蝎子尾，现残缺不全。由于是京师储粮重地，在外观上，南新仓与城墙一样按军事标准建造，建筑用料与结构都是顶级配置，比如院墙全部用城墙的大城砖砌成，坚固耐用。廒架结构是传统木架结构，基本都由直径 30—60 厘米的独棵圆木制作而成。这些巨大而珍贵

南新仓现存仓廒

的木料伐自四川、湖南、湖北、江西、浙江、山西等地，经由运河水运而来。仓房的墙砖虽然较小，但每一块也足有 12 千克重。由此可知仓房的修建过程也是十分艰辛的。涉及国之重器，所有的建筑用料都是经过严格检验和测量的。

清代的仓廒建筑设计比元、明两朝更加严密。为防止水，地下修有排水管道；为了防潮，每座仓厂的地基都是三合土夯筑的，然后铺撒一层白灰，再用砖铺地面，上加棱木，最后铺满松板；为通风以透泄郁热之气，每座仓廒设有气楼和闸板；廒的墙体底部厚达 1.5 米，顶部约为 1 米，足以确保粮仓内部温度的恒定。雍正三年（1725）新米到京时，正逢大雨连绵，京仓各廒多被雨水所浸。皇帝派内务府总管来保，查勘各仓情况。来保在勘察过程中发现，很多仓廒被淹情况严重，而南新仓并无大碍。他看到廒内有几根大毛竹高出米堆，奇怪地询问缘由。原来，这是仿效江南藏米之家，在收贮的新米中插入竹子通气，以透泄污蒸之气。可谓匠心独具，体现了古代工匠们的智慧。

为了尽可能多地储存粮食，南新仓在构造上采用大空间设置。其仓廒

南新仓屋顶

的容量极为可观，按每仓最少储粮 100 万石（5 万吨）的储量来计算，南新仓可储存近 1 亿斤的粮食。据记载，清朝初期南新仓有廒 46 座。身为皇家御用，南新仓更是不断扩建。康熙三十三年（1694）添建 5 座，康熙五十五年（1716）又添建 5 座；雍正元年（1723）添建 9 座；乾隆元年（1736）添建 1 座，此时南新仓已经有廒 66 座；到宣统年间又增建到 76 座，其规模可谓是京城之最。

三、粮仓换新貌

南新仓的建造体现着古代劳动人民的勤劳、勇敢和智慧。它是全国仅有、北京现存规模最大、现状保存最完好的皇家仓廒，是首都北京城市史、漕运史、仓储史的经典历史见证。南新仓也是承载大运河漕运及配套仓储设施信息的珍贵实物遗存，对研究古代漕运仓储制度和仓储技术具有重要参考价值。1984 年，南新仓被公布为北京市级文物保护单位，2013 年被国务院列为第七批全国重点文物保护单位。

现在南新仓存仓廒 7 座、廒房合计 9 廒，仓场东侧遗存部分旧仓墙。这些建筑在高楼林立的街区中耸立。南新仓虽已失去了古粮仓存储粮食的功能，但它仍与人们现代生活中的饮食文化有着密不可分的关系。借着古韵绕梁之香，南新仓正在逐渐成为北京创意文化产业的前沿阵地。南新仓古仓群和新商业区还形成了以饮食文化为主题的"南新仓文化休闲街"，

在挖掘南新仓古朴厚重传统文化的同时，进一步扩展它的商业价值和实际功用，将古老的粮仓建设成高档文化休闲场所。现代南新仓形成了"新的在旧的中，时尚在历史中"的特色，在区域文化建设中承担着重要的责任。目前整个街区占地面积 2.6 万平方米，建筑面积 3.2 万平方米，步行街总长千余米。由南新仓古仓群、仿古建筑群和南新仓商务大厦底商组成，经营业态分为文化、休闲两大类，涉及艺术文化、演出文化、美食文化等。

和上海的石库门相仿，在旧貌换新颜的南新仓历史文化街区内，分布着艺术画廊、音乐传播中心、影视文化俱乐部、文化传媒工作室、昆曲小剧场、会所、中外特色风味餐厅、酒吧、茶苑等众多特色小店，传统与现代的结合为这里平添了勃勃生机。2007 年，这座百年"皇家粮仓"因上演厅堂版昆曲《牡丹亭》名噪一时。在繁华的都市中，快节奏生活的人们闲暇时能到这里来听昆曲、品香茶，重新了解南新仓的历史，何尝不是一种慢节奏地放松呢？

2006 年，南新仓文化休闲街被定为扩建的世纪特色商业街区之一，成为古典特色商业街区发展的有效尝试。南新仓文化休闲街将文物古迹与现代商业业态相融合，成功打造了具有中国文化特色的文化品牌。古老粮仓同时还承担着文化教育功能和商业发展功能。人们将其悠久的故事通过多元文化和商务共融的方式讲述出来，吸引了更多的人靠近它、了解它。京城旧粮仓如今已成为现代生活的"新粮仓"。

南新仓街区新貌

北新仓胡同

见证历史波澜——北新仓

　　北新仓位于东城区北新仓胡同甲 16 号，为元明清三朝官署仓廒。在清初共有仓廒 49 座，随着粮储需求的增加，仓廒数量在康熙年间发展到 85 座，现存 7 座。1984 年北新仓由北京市人民政府公布为北京市级文物保护单位。

一、粮储仓廒中

　　民以食为天。我国历朝历代对粮食储备都十分重视，在制度上体现为对仓储设施的严格管理，在建筑上体现为对粮仓及其附属设施的功能细化。北新仓作为京城重要的粮仓之一，在不同的时代都承担着重要的职责。

"仓廪府库"是古代中国仓库的总称，储备着国家各类基础物资。其中"廪"存放米，"府"存放文书，"库"则是存放武器的地方，"仓"则是存放谷物的地方。在明清时期，"仓"也是建筑群的总称。

每院仓房都包括殿座、龙门、官厅、监督值班所、官役值班所、大堂、更房、警钟楼、激桶库、太仓殿、水井、仓神庙和土地祠等建筑。每个建筑都有专门的用途，分工十分明确，如龙门、官厅、大堂、科房等附属建筑都是各级人员办公用房，其中大堂又称监督值班所，是官仓的负责官员的办公室，科房又称官役值班所，是一般职员的办公室；警钟楼、更房为报警巡更人员所用。仓内还建有仓神庙、土地祠、关帝庙等为祭祀之用。另有激桶库和水井，供救火之用。整体建筑的构架形式与明代何士晋撰《工部厂库须知（卷四）》中"修仓厂""鼎新仓厂"的记载基本一致。

今日北新仓

元明清三代对粮仓建筑的形式、尺寸、用料都有规定。针对检查维修也有制度，对贮粮方法也是逐步改进。元代廒座地面铺席，极易腐烂；明代改为下砌砖，上铺木板；清代仓廒的建筑技术比元明时代已经有了较大改进。首先为了通风防水，每座仓廒所选地址都在高处。仓廒四周筑有高大围墙，地下修有排水管道。其次廒的墙体底部厚约 1.5 米，顶部约为 1 米。如此厚的墙体，可以使粮仓内部保持相对的恒温。仓房各廒前出檐，廒顶开气楼，可以保证粮食水汽蒸发，防止霉变。此外，墙下还开窦穴通气，还用竹篇编成隔孔，钉于窗上以防鸟雀。这样，廒下防止了潮湿，这样，廒上改进了通风条件，延长了粮食的贮存时间。

粮食运达京仓的时间一般集中在夏、秋季。新到的漕粮由于较湿，要先晾晒。常年存放的粮食也需要翻倒、除糠。因此，廒外设有晾晒场。高标准的建筑设计和施工，既保证了粮食安全，也使得粮仓历久弥坚。

明初官仓有严格的收支制度，对仓库重地控制严格。除了交粮和验收人员外，任何人不许进入粮仓。这些都反映了漕运制度的严谨性以及朝廷对于官仓管理的重视。

随着社会与经济的发展，仓廒储存规模一再扩大。仓廒的容量极为可观，仓廒数目也逐年增加。为了便于管理，储存粮食的殿座都是以单字命名的，部分使用干支命名，例如"甲、乙、丙、丁……""子、丑、寅、卯……"部分采用《千字文》命名，如"天、地、玄、黄……"等。虽然建筑规模庞大，但管理井然有序，戒备森严。北新仓作为北京地区现存为数不多的仓房建筑，亦是我国古建筑中的一个特殊类型。它的其建筑布局、结构形式、运作方式和管理体制，都为研究我国古代仓储制度和仓房建筑提供了宝贵资料。

二、法科大学校

历史上北新仓的用途几经更改，其命运与历史进程连接在一起，见证了时代的变迁。

1900 年，八国联军进京后，曾强占北新仓，北新仓官仓贮粮的历史就此结束。此后北洋政府将北新仓改成陆军被服厂。日伪时期北新仓成了华北陆军医院，还被当作枪炮库。1945 年北新仓是国民党陆军医院、陆军医学院、陆军兽医医院、陆军卫生材料厂所在地。新中国成立后，北新仓被收归国有，为军队使用。可以说北新仓以自己的方式，参与了这段苦难史，其仓墙东北角还还残存着射击孔。

北新仓还与中国法科教育有着千丝万缕的联系。1912 年，民国政府意识到当时法律人才的匮乏，有必要开办专业学校进行人才培养，批准了北京法学会的申请，同意建立专业学校。法学界著名人士汪有龄、江翎云、

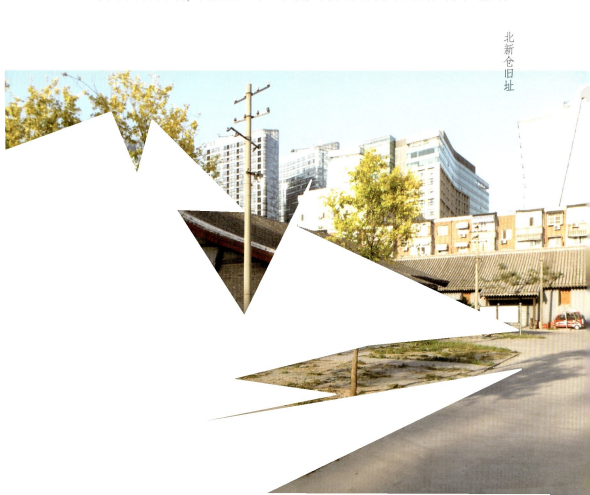

北新仓旧址

黄群、蹇念益等人共同创办了朝阳大学，汪有龄为第一任校长。它是一所以法律系、政治系、经济系为主的著名法科大学。学校就设立在北新仓。1930年，在高等学校体制变革中，由于学校里只有一个法科而更名为朝阳学院，但一直沿用朝阳大学印信，人们也一直称其为朝阳大学。

抗日战争时期，朝阳大学先后迁至湖北省沙市、四川省成都市和重庆市，抗战胜利后，迁回北平。1949年朝阳大学由人民政府接管，在原址上建立了中国政法大学。次年2月，中国政法大学与华北大学、华北人民革命大学合并为中国人民大学。

朝阳大学虽然是一所私立的法科大学，但却在中国法律教育的发展史上享有盛誉，人称"南有东吴，北有朝阳"。"东吴"是指上海的东吴大学法学院，崇尚海洋法系，即英美法学；"朝阳"指的就是朝阳大学，崇尚大陆法系，有"无朝（阳）不成（法）院"之说。朝阳大学对我国近现代法学、经济学、政治学的发展和近现代司法制度建设发挥了重要作用，是我国的法学摇篮之一。

三、胡同留"仓"名

通惠河开通之后，北京的大量粮仓建筑因漕运兴建。到了明朝，因北城墙南移，使许多重要仓库的配置也有了变动，北侧有海运仓、北新仓；中部有南新仓、兴平仓、旧新仓、富新仓；南侧有禄米仓等。清代的时候，又陆续发展为"京城十三仓"的布局。清咸丰五年（1855）以后，随着黄河北徙，阻断了运河的航运畅通，漕运逐渐减少。光绪二十七年（1901）开始，南方各省原来交漕运的米粮不再漕运，于是漕运逐渐成为历史。进入民国后，许多粮仓无米可储，便改作他用，有的变成居民区。但这些粮仓储粮的历史通过地名的方式留存下来。

许多粮仓附近的街巷多以老粮仓的名称命名，例如通州中仓附近的周

海运仓历史沿革 / 杨赫 摄

仓庵胡同，以及朝阳门附近的北新仓胡同、海运仓胡同、禄米仓胡同等。其中海运仓与北新仓同属一地，分别是并列两个院落的南门与北门。海运仓的名称记录了漕运历史中也有海上运输的参与。元代的时候，北京所需的粮食均从南方运来，主要由海上运至直沽海口，再由白河、通惠河运至大都。明正统十年（1445）在此建立官仓——海运仓。同年在江苏淮安、徐州和山东临清、德州等地建有分仓，令附近各省运漕粮至分仓，再由军队押运经通州至京城海运仓。

中华人民共和国成立后，海运仓逐渐成了居民区。21世纪初，北京政府对海运仓、北新仓、夹道仓、南门仓和东门仓地区进行大规模改造，建成新型居民住宅区，并沿用"海运仓"之名。北新仓胡同、海运仓胡同等名称，将古老粮仓与北京特有的街巷建制——胡同联系在一起，作为和居民密切联系的居住空间，仿佛是这座城市肌肤上的纹理，流淌出生动而

海运仓落成纪念碑文

又细腻的生活景象。人们都说"北京有名的胡同三千六，没名的胡同赛牛毛"。很多胡同里的一块砖、一片瓦都有上百年的历史，将过去融入未来，北新仓的遗迹亦是如此，已成为北新仓胡同街区文化的一部分。

北新仓现存的仓廒多为清代建筑，个别为明代建造。留存北向仓门三间，建筑屋顶采用悬山合瓦皮条脊，有的前后出檐橼，不用飞头；有的为封护檐做法，檐下施菱角檐；山墙上还设有石制棕垫，用以代替山墙处的木制梁架，这种方法将屋架省略，构造简单、施工方便，被称为"硬山搁檩"。粮仓平面呈不规则矩形，建筑通体采用城砖砌筑，殿座明间前均建有抱厦，且大多数仓廒前后檐和山墙开窗，合瓦屋面，部分仓殿屋面带正脊。值得一提的是，北新仓的部分仓墙被遗留下来，在高楼林立之间，讲述着古往今来的沧桑之变。

通州储粮——大运中仓

大运河畔的全国文物保护单位中仓

通州中仓始建于明永乐年间，位于通州区中仓街道中仓路街 10 号。它东临南大街西侧居民区，西临中仓路，南临悟仙观胡同北侧居民区，北临西大街。2001 年被公布为通州区文物保护单位。

一、万舟骈集中仓实

中仓是通州中心城区一个街道的名称，位于大运河北端与长安街延长线东头交汇处的通州核心区，因明永乐年间设立皇家粮仓大运中仓而得名。通州是京师东大门，也是京杭大运河北端重镇，是大运中仓的所在地，也是古城西大街和南大街的所在地。东北和南方各地，甚至是海外来客，从通州到北京必经中仓。历史上，这里既是漕运仓储重地，也是"通州八景"之一"万舟骈集"所在地。

通州城因为在京都粮库中的重要地位，这里的粮仓俗称为天仓。明永乐年间，为储放军用粮馆，朝廷于通州创建了三座大型漕仓，总称"通仓"。

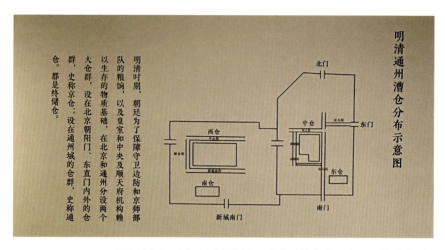

国家博物馆《大运河文化展》明清通州漕仓示意图 / 徐睿凝 摄

因为此仓居中，故称"中仓"。明正统元年（1436）定名为"大运中仓"；隆庆三年（1569），大运东仓之神武卫仓并入此仓。

元明清三朝，每年要从浙、赣、皖、湘、鄂、鲁、豫诸省，源源不断地运来三四百万石漕粮，其中的十之二三储存在通州。每当漕粮上坝，船帆和桅杆绵延数十里，蔚为壮观。在通州，古粮仓是漕运进京存放粮食的重要场所，而在明代京通"天仓"中，通州的大运中仓是位居第五的京都大仓。大运中仓原位于通州旧城南门内以西，其周长1237.2米，占地面积12公顷。东、南、北三面各设一门，南门为陆上转运漕粮的收纳处，东门为陆运入仓的收纳处，北门为支放漕粮的通道。最初仓内分设通州卫、通州左卫、通州右卫、定边卫等4卫军仓群；明隆庆二年（1569），大运仓的神武卫仓并入此仓。明嘉靖四年（1525），此仓存有廒130座，共697间；至嘉靖二十八年（1549），有廒145座，共723间，另有露天粮囤222个。此外，仓内还有督储官厅1座；三面门内各设挈解1座，各卫仓附近有小官厅1座，消防井1眼。

光绪二十六年（1900），八国联军入侵通州时驻扎在此。次年，北运河停漕，此仓废弃，后为军阀部队占用。中华人民共和国成立后，此仓收为军用。现在，尚余仓墙残段约 150 米；仓场遗址内散存一些巨大古镜式柱础、石碾、台基条石等仓廒厅舍建筑构件，北墙外保存古槐一株、仓神庙碑身一块。

二、存储仓粮用途广

粮仓的基本功能是保证日常粮食供应，以及在丰年收蓄粮食以备灾荒；在国家实际管理运行过程中，粮仓还能发挥更大的作用。古代粮仓大致可以分为三类，即义仓、常平仓和官仓。义仓，又称社会仓，多设于村落之中，用于农民贮粮，以备荒年之需。常平仓为官府粮仓，设于州、县府衙，由官府在丰年收粮贮存，以便灾年开仓赈济灾民。简单来说，常平仓就是由政府主导，粮价下降时，平价收粮，不致谷贱伤农；粮价飞涨时，投粮食于市，不致谷贵伤民，起到调控市场、平抑粮价的作用。而官仓则是专供朝廷中央开支的粮仓，设于王朝国都，所贮粮食用于皇室开销、官员俸禄给养及军队粮资，所谓"俸米旗饷，计口待食，为一代之大政"。

储存在通仓的漕粮有多个方面的用途。第一个用途是供应守卫北京与长城部队的粮馆。清朝定都北京后，在京师不仅有庞大的官员集团、数量众多的八旗兵，还有八旗官兵的数十万家属，都要仰仗京通二仓的漕粮储备。第二个用途是紧急状态下，临时调拨部分漕粮充当军粮。在明朝，除京军月粮之外，朝廷有时还从京通二仓调拨部分粮食，充作边镇军储。在清代，漕粮常被调拨充当各地驻军的军饷。这里面有很多种情况，如漕粮和南米相互抵兑，为方便起见，就近在军队驻地应征漕粮拨充为军饷。还有一种情况是将某地漕粮截留充当驻军军饷，通仓的漕粮常被截拨，用作大兴、昌平等地军米。第三个用途是平抑京城的物价。在明朝，当北京粮价太高时，朝廷一面打击囤积居奇、哄抬物价的行为，一面低价将漕粮出售到市场，平抑物价，保持经济的稳定。第四个用途是赈济饥民，灾荒年代，这是老百姓的救命粮。

明初，大运中仓设立，仓内储存从南方运来的漕粮。廒房虽有通风防潮设施，但是难免出现霉腐损坏的现象。发酵的粮食是酿酒的好原料，在大运中仓西面不远处出现了酿酒作坊。守仓官员变废为宝，还能赚得额外收入，而酒坊主也有了稳定的原料供应，互惠互利。到后来，因利益的驱使，守仓官兵胆子越来越大，有时会把仓内漕粮也倒卖出去。尽管利用漕粮酿酒的行为受到人们的谴责，但是在利益的诱惑下，中仓地区的烧酒行业兴盛起来了。久而久之，制酒工人、购酒商人及其他一些商贩聚居于酒作坊附近，形成一条南北向胡同，称为烧酒胡同。烧酒业的蓬勃发展超乎人们的想象，以至于诞生了一首反映酿酒劳作的《踩曲歌》：

加油加油多加油儿，
加上劲子踩到头儿。
大伙儿回头看，
这头儿低，那头儿高。
人往高处走，水往低处流，
干活儿千万别偷油儿。

让人们对曾经火热的劳作场面多了些想象的画面感。通州丰富的粮食储备给酿酒业的产生与发展提供了便利条件，从《通州镇街巷名称图》上看，中仓小区西北部有三条胡同，从东往西依次为大烧酒胡同、中烧酒胡同和小烧酒胡同。

三、填仓奉神敬韩信

中国民间有一个与粮仓有关的节日，称作填仓节，又叫添仓节，为每

今日中仓街区的周仓庵胡同

年正月二十五，据说这一天是仓神的生日。填仓节在不同的地区节俗不大一样，北京的习俗是正月二十三是"小填仓"，正月二十五为"大填仓"。有民谚曰："过了年，二十三，填仓米面做灯盏。拿箕帚，扫东墙，捡到昆虫验丰年。"还有"填仓，填仓，小米干饭杂面汤"，"点遍灯，烧遍香，家家粮食填满仓"等谚语。到了这一天，人们或饱餐一顿以表示填满了仓；或在院里、打谷场上，用筛过的灶灰撒出一个个大小不等的圆圈，称为"囤"，在里边放些五谷杂粮以示仓满；或祭祀仓神，以祈下一年五谷丰登、粮食满囤、获得丰收。

在填仓节这天，京师各粮仓司隶及粮行商贩都要张灯结彩，燃放鞭炮，设供致祭，焚香叩拜仓神。中仓社区附近的通州旧城西大街西仓上，曾有一座仓神庙。据《清史稿》记载："司仓神，通州三仓，旧惟西仓有祠。京内七仓，惟右翼兴平仓有祠，雍正间重葺。繇是左翼置庙海运仓。京外五仓，置庙储济仓，并立神位。"可见北京地区至少 3 座仓神庙，西仓仓神庙，即通州仓神庙，另外两处是东四十条附近的兴平仓仓神庙和东便门附近的储济仓仓神庙，其中以通州仓神庙最有名。据说在朝阳门外的东岳庙原来也有一座仓神庙，但后来湮没无闻了。

仓神是谁呢？仓神的原型是仓星，据《晋书·天文志》记载："天仓六星，在娄南，谷所藏也。"后来仓神被人格化，也与历史人物的事迹联系在一起，于是普遍奉韩信为仓神。这一点在清代韶公的《燕京旧俗志·岁时篇·添仓》一书中记载："相传仓神为西汉开国元勋韩信，俗称之曰韩王爷。其神像系一青年英俊者，王盔龙袍，颇具一种雍容华贵之象。"因为韩信当的第一任官职是仓官，后来又明修栈道，暗度陈仓，所以后来民间将韩信视为粮官的祖师爷，奉为仓神。东岳庙里现在还供有韩信的神像。民间也流传着这样的说法：从前北方大旱，粮食颗粒无收，官府不但不体恤百姓，还继续横征暴敛，有位守粮仓的官吏对百姓动了恻隐之心，偷偷开粮仓，救济百姓。他知道自己私开粮仓罪责不轻，等到百姓取走粮食后，便点火烧着了粮仓，自己也跳进了火里，死后成为仓神。传说这件事发生在正月二十五日，后来，人们就在这天设供纪念这个好心的仓官。久而久之，相沿成俗，这一天便演变为祭祀仓神的节日了。

清代时皇家粮仓司隶在祭祀仓神后，还常常要举行敬蛇典仪。因为旧时粮仓常鼠害成灾，为减少粮食被老鼠祸害，皇粮仓内多养蛇来捕鼠护仓。为感谢蛇的守护，粮仓常以鸡蛋及鸽子敬祭，犒劳护仓之蛇。

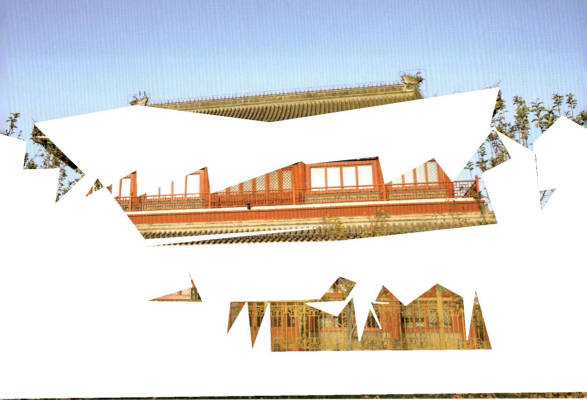

大光楼（验粮楼）

京城验粮楼——大光楼

京杭大运河岸边有不少楼宇建筑，比如浙江嘉兴的烟雨楼、苏州的枫江楼、无锡的云起楼、常州的飞霞楼、扬州的平远楼、江苏淮安的镇淮楼、济宁的太白楼、聊城的光岳楼、天津的钟鼓楼等，这些建筑既有实际功用，又是中国古建筑的精华之作，是运河景观的重要组成部分。北京通州的大光楼就是一座实用又美观的建筑，它曾是运河岸边的验粮楼。

一、万船北来到此楼

通州是京杭大运河的最北端，因"取漕运通济"而得名，

地砖上的《潞河督运图》/ 徐睿凝 摄

自然担负着通济京城的使命，"不见潞河之舟楫，则不识帝都之壮也"。当漕船南来，行至京杭大运河与通惠河的交汇之处，壮丽的大光楼便遥遥可见了。大光楼是昔日漕粮运输到京城的验粮楼，也是今日运河岸边的独特水工景观。

据《通州志》记载，大光楼始建于明嘉靖七年（1528），为巡仓御史吴仲督建，同治十一年（1872）重修过。大光楼同燃灯塔一样，都是大运河北端的标志性建筑。这里曾经是专门为户部官员在通州漕运码头上验收漕粮而设的办公楼，亦称"验粮楼"，因建在石坝码头高岗处又俗称"坝楼"，又因紧临大运河，所以也叫"河楼"。"大光楼"中的"光"字应读作"广"音。"大光"二字取自《易卦》"其道大光"，寓意前景光明，同时告诫验粮官员要清正廉洁，这样国家的前途才能宽广。清乾隆年间通州坐粮厅厅丞冯应榴在《潞河督运图》上的跋语中写道："有楼曰大光，义取损上以益下也。"意思是以百姓得益为先。这个理念体现了我国自古以来的重农思想，传达了稳定社稷"食为政首"的思想，也表明了粮食安全的重要性。

大光楼原址在旧城北门外的东边、石坝码头旁。此楼临河两层，下层是又高又宽的券洞，粮船可以通过。昔日登顶大光楼，便可以见到万船南来的盛景，蔚为壮观。清人程德润是一位主掌一省司法的廉访使。一年深秋他进京朝见皇帝后，便来到通州大运河北端，观赏漕运盛景。登楼后题写了一副楹联，描摹其壮阔景象：

高处不胜寒，溯沙鸟风帆，七十二沽丁字水；
夕阳无限好，看燕云蓟树，百千万点米家山。

上联渲染大光楼之高耸，放眼望去，船行于运河之中，令人不免遥想到天津的三岔河口，一派长波浩渺、气势宏阔的景象；下联写北望京城，落照余晖，远山云色，近树葱茏，如同米芾父子的泼墨山水。后来这副楹联便挂在大光楼明间的廊柱上。

大光楼是漕运的产物，也见证了漕运的繁华。登顶之后凭栏远眺，可见昔日明清"通州八景"中的"柳荫龙舟""二水汇流""万舟骈集""古塔凌云""波分凤沼"等景观。今天"古塔凌云"犹可见，"二水汇流"已为"五河交汇"所代替。

二、入京漕粮验收严

大光楼虽是验粮楼，但要进行漕粮验收，还需要石坝码头和土坝码头等诸多水工建筑共同配合，实现严谨的漕粮验收过程。漕运繁盛之时，按照户部规定："漕粮抵通，坐粮厅验收起卸"，每天验粮三万石。如果不能验足三万石，就会导致"大堵船"。据光绪年间的《顺天府志》记载，等候验粮的船只绵延二十里之遥，惊动了皇帝，皇帝亲自过问，要求随到随验。对数量如此庞大的漕粮进行高效周密的验收入库，成为漕粮工作的重中之重。

清代每年平均从山东、河南、江苏、浙江、安徽、湖南、湖北等省征收米、麦、豆等粮食460多万石。漕粮先运到运河通州段的石、土两坝，用驳船将石坝漕粮经通惠河各闸口运到东便门外大通桥附近停靠卸粮，再用车辆运到各京仓；另一部分漕粮则运到通州中、西两仓。清代有人写诗说，"崇栏杰阁悬巍昂，向背两水流洋洋"，两水是指北运河和通惠河。这句诗便是形容漕粮验毕、装袋、入藏仓廪的工作场景。

为实现石、土二坝码头的高效运转，朝廷制定了《漕运则例》，对二坝码头进行了明确分工：石坝承担正兑漕粮转运入京仓的职能，土坝码头承担改兑漕粮转运入通仓的职能。通仓就是通州粮仓的统称；京仓则是设置在北京城内各处十三个粮仓的统称，两仓皆为明清皇家粮仓。石、土二坝码头还设置了较为齐全的管理机构和配套设施。明清时期，均设石坝州判和土坝州同各一员，分别督管二坝漕粮转运事务。石坝判官负责管辖军粮经纪、水脚、船户及白粮经纪、水脚、船户六项人役，催督漕粮自石坝运抵京仓；土坝州同负责管辖军粮车户、船户两项人役，催督漕粮自土坝进入通仓。

明代时在石坝码头上建有石坝公馆一座，也叫督储馆。石坝公馆以南有个石坝斛斗厅，清代石坝斛斗厅移至明代石坝公馆；土坝码头上也建有土坝斛斗厅。斛斗厅是州判和州同的办公地点，也叫作督漕公解。在坝楼西侧咫尺之遥设有祖解庙，俗称解神庙。庙里的木架上放着一张铁质的"祖解"。解是量米用的木质量具，由坐粮厅统一制作下发。石、土二坝均建有号房，也称"窝伙"，作为役员们休息处和临时粮仓，以应对刮风下雨的坏天气或粮食无法及时搬运的情况。二坝还设有袋厂，用于装运漕粮入京、通二仓，由运粮置袋经纪掌管。在土坝码头以南的东岳庙，还建有储存铺苫粮垛、扬晒漕粮等需用芦席的席厂，这些物资储备对二坝来说是十分关键的。

在漕运中，军粮的运输最为紧要。清代时，为了防止军粮在运输过程中出现差错，出现了一种专门用来管理军粮运输的小扇子，名为

通州区街道基础设施上的"密符扇"
／徐睿凝 摄

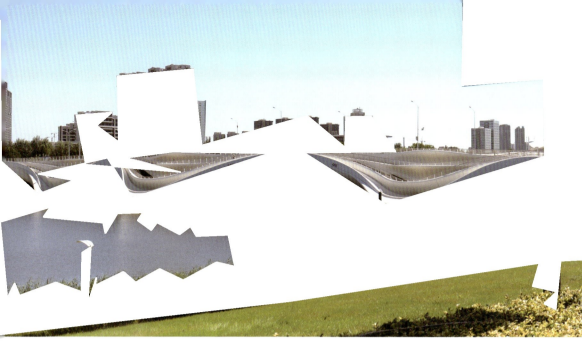

大光楼南面的千荷泻露桥 / 徐睿凝 摄

"密符扇"，这是记录军粮经纪人身份的密码。军粮经纪人是明清时期漕运的一个重要角色，按规定，漕运之军粮向来由漕帮负责，具体的运粮负责人便称军粮经纪人。这种密符扇从明代开始就在运河漕运中使用，随着军粮经纪人的变化，扇子也在不断地变换着主人，但持有的密符却永远保持不变。现在，有把珍贵的密符扇就收藏在通州博物馆中。

三、大光楼上览胜景

大光楼不仅有实用功能，在闲暇时节，也一度是文人墨客观景的好去处。而真正使大光楼从功能楼转变为观景楼，还是从清朝的乾隆皇帝开始的。据文献记载，乾隆皇帝东陵祭祖，途经通州曾在大光楼小憩。登上大光楼凭栏御览，潞河两岸广阔无垠的美景尽收眼底。远眺西北天地间的燕山山脉，云雾缭绕，层峦叠嶂，美景令人惊讶。近前参差错落闲居农舍笼罩在氤氲烟雾中。河边沙鸟野鸭腾起，农舍的鸡鸭鸣叫，停泊在柳荫中带有阁楼附豪华雕饰的黄船坞，引得乾隆诗兴大发，随即吟诗一首："郡城埠坝枕河涯，烟树参差万户披。试上高楼眄空阔，也应并入谢家诗。"诗中感叹登楼之后看到的秀美山河。

现在复建的大光楼，矗立在五河交汇处北关七孔桥弧形拦河闸西侧，为一处歇山脊黄色琉璃瓦的建筑，面朝运河，临水而建，矗立于石坝之上。楼高两层，面阔三间，进深三间，四面围廊带护栏，古色古香，壮观雅致。约17米高，气势磅礴，建筑结构参考了中国古代楼阁，摒弃了旧楼拱券式门洞基座，按照古代楼阁建筑的基本规律，采用歇山脊，两层钢筋混凝土框架结构。首层有廊，廊柱为两层，外层22根檐柱托起上层飞檐七踩溜金斗拱，内层18根金柱间镶嵌传统古建的围墙与隔扇门窗。二层楼阁，四周设木制护栏可供游人观景，护栏内18根金柱间，四周均是隔扇门窗。

新大光楼结合北关闸等重要节点，构建了现代水工文化展示空间，对古时验粮文化进行重塑，是人们了解水工文化和验粮文化的良好平台。大光楼临水而建，天然与人工形成的五条河流为襟为带，逦丽奔流。河上横跨新通济桥、玉带景观桥和旧时北浮桥等连接通向四面八方的公路桥，这些桥交织在古建筑群周边，如丝如带。

通州博物馆文物

漕运记忆——通州博物馆

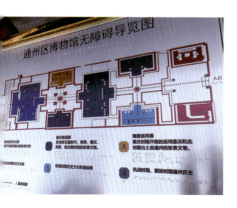

博物馆导览图

　　在大运中仓遗址附近，坐落着一座具有通州历史烙印的展馆——通州博物馆。它位于北京市通州区西大街9号，新华大街闸桥西南侧，占地面积近2000平方米，建筑面积939平方米，展陈面积872平方米，可容量200人，是一座集文物收藏与保护、科学研究、陈列展览、宣传教育为一体的地方综合性博物馆。

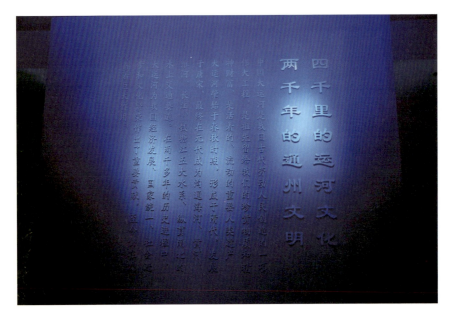

博物馆前言

一、通州历史的缩影

通州博物馆是通州区文物保护单位。其主体建筑已有 100 多年，在历史的变迁中几经沧桑，成为现在的博物馆。

清康熙十二年（1673），此地修建三官庙。庙里供奉着"赐与福寿"的天官、"赦免罪恶"的地官和"解除困厄"的水官三位神像。1923 年，北京万国道德会通州分会在三官庙遗址上采用清代砖木结构，作为活动场所，并在院内戗檐砖的墀头之上雕刻会标"卍"字，俗称"万字会院"。1948 年 12 月，此为通州市人民政府机关所在地。1964 年曾改作东颐饭店。1979 年为通县老干部管理处办公地。1991 年，此地动工重修，改建为通州博物馆，并于 1992 年 1 月正式开放，得到了社会各界的高度认可，成为青少年爱国主义教育和校外教育基地。2015 年，通州博物馆对展陈及设备进行了全面升级改造。改造后的通州博物馆，秉承"小馆做出大文章"的理念，将一座传统与现代、时空与文脉结合的综合博物馆呈现在参观者面前。

通州博物馆是一座保存完好的清代两进四合套院，典型的北京建筑风格。馆舍坐北朝南，南向二进院落，平面布局为长方形，入口处大门较为开阔，中轴线上主体建筑有大门三间，明间为通道，前后设垂带式石阶踏跺可上下走动，吞廊处步步锦棂上下合窗装饰。大门两侧分别接耳房各一间，东西配房各一间，主体建筑均为硬山筒瓦过垄脊屋面，墀头高浮雕折枝花，与苏式彩绘融为一体，庄重典雅。为便于游人参观，在新华大街新辟北门，增建抱厦三间，砌筑弯道石级，两侧设汉白玉护栏和浮雕蟠龙望柱，栏板透雕宝瓶。另外，院内的木构件四周覆盖油漆彩画。院中央有一圆形花坛，

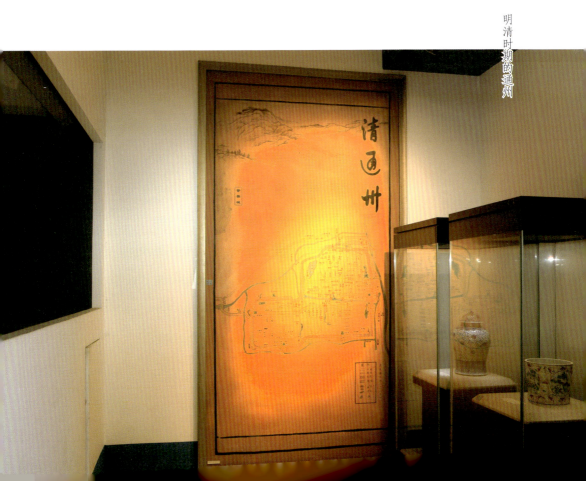

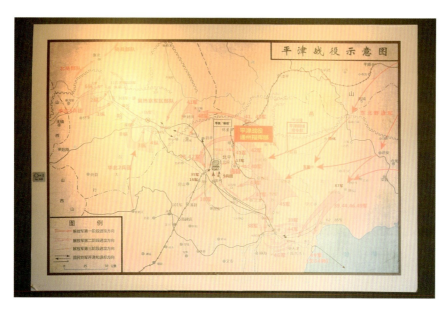

通州与平津战役

由青砂岩石围砌而成，外刻有浮雕龙纹，内植丁香一株。每值花季，清明雨前，芳香四溢，古朴幽静。

博物馆内以历史朝代划分了六个展厅：通州运河文化展厅、秦汉驰道展厅、隋唐运河展厅、辽金元时期历史文化展厅、明清时期历史文化和漕运展厅及抗战时期至解放后的通州历史厅。其中，通州运河文化展厅为主展厅，此展厅通过馆陈的形式，展示了通州地区与运河有关的珍贵文物。

通州博物馆用历代文物、古迹照片、石刻拓片等历史资料再现了通州区自新石器时代、战国时代及西汉置县以来 2200 年的历史沿革，特别呈现了当地漕运的兴衰历程，是通州历史的详细记录者。

二、"铜钟"与"密符扇"

博物馆内现有馆藏文物 2000 多套，包括陶器、瓷器、铜器、书画、金

铜钟

银器、石刻、契约、匾额以及印记城砖货币及杂项等九大类将近6万个单件。其中的一座铜钟和一把密符扇是博物馆的镇馆之宝。

博物馆内的一座铜钟铸造精良，为北京地区罕见的大型古钟，堪称国宝。这座铜钟称为宝光寺铜钟，是大明景泰年间铸造的。铜钟原悬挂于宝光寺钟楼上，该寺位于直沽（今天津）、河西务等地入京要道南侧的茨藻庄（今台湖镇次渠村）。1976年唐山地震时寺庙受损，这座铜钟被取下收藏。1992年，被运到通州博物馆收藏并展陈。

此铜钟高1.7米，口径1.1米，重约3500斤，是北京少有的大铜钟。它圜顶圆肩，直身侈口，造型端正庄重。钟身顶部的钟钮为两只连体的龙子蒲牢，其造型为牛头鹿角、蛇身鹰爪，姿态俯身探颈，昂首凝眸，怒目圆睁，四臂肌劲，五爪扣抓钟顶，气势如虹；须发更是根根分明、惟妙惟肖；钟肩部近界处饰一环复线覆莲瓣，均匀分布，线条一致，每朵莲瓣内铸有一个梵文字符。钟身刻有"大明景泰""皇图永固""帝道遐昌"及"御用监太监尚义"等4组汉文楷字，另有梵文经文、藏文及未识文字三种铭文，布满了佛教的咒牌、种子字和真言。钟裙近连弧口处圆月间，犹有周易八卦的符形，体现了本土文化与外来文化的相互影响与融合。

这座体量壮观、纹饰精美、铭文清晰、音色浑圆的铜钟不仅在宗教信仰传承、佛域空间构建等方面颇具特色，更为当下研究古代社会思想形态提供了实物资料，具有很高的历史、艺术及科学价值。

军粮经纪密符扇为通州博物馆另一镇馆之宝。此扇是明清漕运史上的重要文物，因全国仅此发现一把而愈显珍贵，捐赠者是清朝军粮经纪人的后代陈乃文。它制作于清高宗年间，上弧弦宽52.5厘米、下弧弦宽22厘米、纵长17.5厘米，幅面大气，比例适当。宣纸扇面正反各绘50个符号性状。

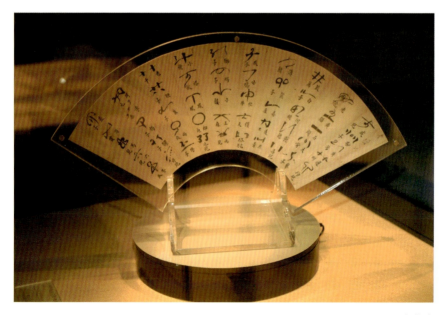

密符扇

每符形下面，多以小楷横写符号名称，而最下端符形每隔一行以小楷竖写一名，共 10 名竖写。符形与符号合之为一组，乃一名军粮经纪人代号，或称之为密符。其符形创造类似汉字六书中之象形、假借与会意造字原则，样式简单，却与国家漕运的兴衰息息相关。

通州是京杭大运河北端重要漕运转储枢纽，清朝在此设置了收纳漕粮的粮仓。各地漕粮经大运河抵达通州的码头，官府会委派官员对其品质加以验收，合格之后才能装袋转入通州各仓。负责验收漕粮的职业——军粮经纪应运而生。由于漕运事关重大、牵扯众多，为防止冒名顶替、勒索舞弊等情况发生，每名经纪都为自己设定了一个独有的密符，他们在自己验讫完成的漕粮袋外部的显著位置，迅速用上好的木炭（也称"福炭"）画上自家专用的密符，称为"戳袋"。他们就要为自己验收的漕粮质量负责任。粮厅官员或巡查御史会再次对漕粮的数量和质量进行抽查，如若发现漕粮不符合规定，便通过此扇按图索骥，按袋上符形查出其符号名称，再对照记录军粮经纪人的花名册查出其姓名，就可以找到不称职的经纪人并严厉惩处。

军粮经纪密符扇宛如一把执法的利剑，成为漕运这一重大经济活动中打击腐败造假的"秘密武器"，体现出一种廉洁高效、公平公正的管理监督制度，是典型的漕运文化的产物与史证。它见证了昔日京杭大运河漕运码头的繁华，展示了古人在军粮管理及维护漕运秩序方面的智慧，也因此成为大运河漕运历史的一段佳话。

除了这两个镇馆之宝，博物馆还收藏、展陈了许多具有地域特色的文物。如：方形浅耳验粮盘、八角形石权等验粮专用器物，仓场总督衙门《漕运底账》及《漕运布告》，修船的船钉与铁锚，张家湾印记城砖，等等，这些物品默默展示着漕运在古代通州及国家经济生活中的重要地位。

三、华彩展现漕运景

通州博物馆的一大特色是以色彩展示漕运景观，借助古代画轴、现代油画、地图、多媒体影音设备等各种载体，力求具体生动地展示通州的历史进程，尤其是漕运景况。

"京鲁段运河源流图画轴"是通州博物馆的珍贵展品。这幅画卷长745厘米、宽30厘米，源于清代雍正时期，为山东济南府章丘县监生、州吏目张为衡绘制。画面主体为墨线双勾运河河道与沿途所纳诸河流及其源

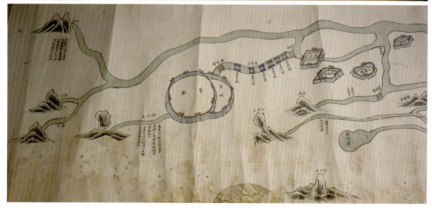

运河源流图

通州博物馆展品 1/ 路迪雨婴 摄　　　　通州博物馆展品 2/ 路迪雨婴 摄

泉和蓄泄湖泊，内填浅绿色，多处地点缀以山脉村树，显示小写意手法，一些地方还有工笔风格。主要内容是山东台儿庄至首都北京几百公里运河两岸的湖泊、闸坝、山川、河流和一些城池的分布。画作共六百余个点位，详细描述了这段运河沿岸的地理风貌。此画曾流落日本，后由国人购回收藏，几番辗转后捐给通州博物馆。此画是研究运河文化的重要史料，具有很高的研究价值和历史意义。

隋唐运河展厅展示出了一幅描绘隋炀帝大业四年（608）下令开凿"永济渠"场景的油画。画面色彩明亮，画中的人物栩栩如生。另一幅《永济渠流域图》也是一幅清晰明了的北运河地图。辽金元时期历史文化展厅有一处巨型的走马灯。它的外围分为六面，每面饰以通州特有的非物质文化遗产剪纸技术，讲述了"通州"地名的由来和"漕运通济"对通州历史的影响。

通州博物馆展品 3　　　　　　　　　　通州博物馆展品 4

　　为了更好地展现通州的运河文化，通州博物馆还配有多媒体影音设备。在运河文化展厅中，超大的弧幕投影声情并茂地向观众讲解大运河的历史变迁和巨大作用，让观众身临其境地了解运河文化的来龙去脉，全面感受通州历史的沧桑和京杭大运河绵延千里的文明传承。

　　这种采用高科技将昔日盛世再现的展览方式在其他展厅也有所体现。如秦汉驰道、抗战时期展厅及解放战争时期通州历史展厅，都利用墙面投影的方式进行辅助介绍；隋唐运河展厅的油画通过加入声光技术，营造出一种动态的效果；辽金元时期历史文化展厅的五组浮雕在演绎过程中通过光效呈现颜色的晕染；明清时期历史文化和漕运展厅设置一个全息影像展示，通过裸眼 3D 技术让人们身临其境地感受明清时期通州漕运的繁荣与优美的人文、自然景观。

　　通州博物馆是人们了解通州、认识通州的一个重要窗口。它展示着通州的漕运历史与运河文明，对于研究、保护和传承运河文化具有重要意义。

张家湾博物馆

古镇明珠——张家湾博物馆

　　张家湾博物馆位于北京市通州区张家湾镇太玉园小区。作为一座乡镇级博物馆，无论是在建筑规模还是在陈列技术方面，张家湾博物馆均处于同级博物馆的前列。张家湾是运河边的一颗璀璨明珠，因其得天独厚的航运条件，漕运货船往来不绝，被冠以"运河第一码头"的称号。优越的地理位置，良好的人文环境，使张家湾在南北方政治、经济、文化的交流中发挥了重要作用，同时也逐渐形成了独具特色的镇域文化氛围。

在此地建立博物馆，不仅可以让众多历史悠久的文物得以保护和传承，也使张家湾附近的运河遗迹备受关注。

一、石桥再现古镇繁华

张家湾博物馆建立于2015年，总面积近2000平方米，是集运河文化、红学文化、民俗文化为一体的综合型博物馆。其展室分为上下两层，一层分为"序厅""梦回古镇""运河史话""运河明珠""史海风云""红楼追梦"六个区域，二层分为运河文物·展现历史、运河情怀·地灵人杰、运河繁荣·城市发展等几个板块。馆内现藏展品众多，有从运河里打捞上

张家湾博物馆照片墙

来的古船、铁锚、精美瓷片，还有曹雪芹墓葬刻石这样重量级的文物以及红学著述、红楼画册、红楼故事字画等珍贵书籍，体现了运河文化、古朴民俗、时代发展、现代文明的深刻内涵。

张家湾博物馆的金属大门上装饰有运河商船往来、千帆竞发的浮雕。大门两侧的墙壁分别是通运桥和曹雪芹书写《红楼梦》的浮雕石板。进入序厅后，顶棚的设计是"漕运古镇·运河明珠"八个红色篆书大字，突出了漕运对大运河文化的重要性，彰显了张家湾博物馆深厚的历史底蕴；一侧的展示墙为一幅巨型的京杭大运河沿岸风情图，悬挂的照片多为运河岸边标志性建筑，如"一枝塔影认通州"之称的通州燃灯佛舍利塔；序厅尽头还有著名红学家冯其庸书写的"张家湾博物馆"几个大字，熠熠生辉，格外耀眼。

在代表古城文化的"梦回古镇"展厅中，有一座按照1∶4比例复刻的古通运桥，是张家湾博物馆内的一道恢宏景观。据记载，原桥是一座木板桥，位于张家湾古镇遗址的南门外，距今已有400多年的历史。此桥因横跨于萧太后河上，所以被称为"萧太后桥"。明朝万历三十三年（1605）此桥被改建成石桥，御赐名"通运"。改建后的通运桥为南北向，全长13丈，宽3丈，桥两侧设石栏，为一色的青砂岩，每侧各有雕狮望柱22根，神态各异。柱间镶置浮雕宝瓶栏板21块，用长方块花岗岩横砌金刚墙，瓶纹大小一般，纹饰有别，甚为别致。桥身均由花岗条石砌成，桥面车痕累累；中券阔二丈七尺，侧券阔二丈一尺，分水石距缴背石高近一丈，运船穿洞不必免帆。正券当中圆肩之下两壁，各嵌一块碑记。边券外与雁翅接连，雁翅正中之上置滚石，雕为饕餮状镇水兽，挺颈侧首垂视流水，十分生动。1959年，通州区政府将通运桥定为区级文物保护单位；1996年，北京市政府公布将通运桥列为市级文物保护单位。张家湾博物馆较为真实地还原了通运桥本来的面貌，体现了其传承古镇历史文脉的地位与功能。

博物馆里的通运桥

　　在仿制的通运桥两旁，循环播放着用现代声光电多媒体环绕技术制作的《潞河督运图》复原动画。据记载，《潞河督运图》绘制于清朝乾隆年间，画卷全长达 6.8 米，图中绘有官船、商船、货船、渔船等船只 64 艘，官吏、商贾、船户、妇孺、杂役等人物 820 余人，讲述了通州的漕运历史以及潞河两岸百姓的生活场景，极富生活气息。现代媒体技术形象地展示出了古镇的繁华，商贾辐辏、帆樯林立之景，拉近了历史与现实的距离，给人以沉浸式的体验感。

　　在复刻的通运桥旁边，立有多个汉白玉所制的碑林。其中有碑底座饰为二龙戏珠图案的敕建福德庙碑座和敕修通运桥碑，记述了捐资改建石桥与建庙镇桥之事件；还有山西会馆碑，在碑上可以看到对山西进京的官员、商贾和赶考的举子进行价值观引导的碑文。除了复原石桥、石碑拓片之外，引人瞩目的还有张家湾古城原景还原沙盘。通过沙盘，可以更加详细地看到古城张家湾的面貌。

博物馆中的石碑

二、古船映照运河盛景

在代表运河文化的"运河史话"展厅中，一阵阵高亢有力的运河号子声响彻大厅。北京是运河上漂来的城市，曾经的几百年间，清澈响亮的运河号子在运河两岸绵延不绝。随之而来的木料、石料建起了京城的宫殿城墙、雕梁画栋。运河号子作为北京的"非物质文化遗产"，作为通州漕运历史曾经辉煌的见证，经过几百年的传承，成为历史留下的珍贵民间音乐，也成了标志性的运河文化符号。

一艘被张家湾博物馆视为"镇馆之宝"的运河古船，成为大运河漕运兴盛繁荣的见证。它出土自张家湾镇苍头村，横卧在陈列室的入口处，是一艘清代古船。船体由杉木所制，长6.4米，宽1.6米，共3个大仓，1个小仓。经专家鉴定，这是一艘清代用于小宗货物从河岸到河港大船之间的漕运驳船。这种类型的船只，木材纹理通直，结构均匀，质轻而富有弹性，强度高也较耐腐蚀，此类型的船只在明清时期的通州使用较为普遍。在漕

博物馆中的古船

运时代，通州运河两岸聚集了以水为生的渔民，以及靠货运为生的百姓，小船是这些家庭的必要财产。张家湾博物馆的运河古船周围的墙壁都饰以白色的水波纹，展示通州与大运河水的深厚渊源。

　　除此之外，展厅内还收藏着许多老物件，如铁锚等船用工具、方形浅耳验粮盘等验粮工具、古城墙城砖，以及元代的黄釉汲水瓶、四系绛釉深腹汲水瓶、鸡腿瓶，清代的青花折枝花小碗、金边豆青釉碗、紫口铁足青花炉、侈口圈足折枝花青花碗等众多的瓷器展品；还有很多

船锚

老照片，展现的是清代时张家湾的盐厂、花板石场、皇木厂、砖厂以及通州城与张家湾兴盛及衰败时的场景，诉说着明清张家湾附近万舟骈集的运河盛景与历史沧桑。

三、墓石追忆红楼一梦

曹雪芹的先辈在江宁任织造长达65年，曹家祖孙三代人，以江苏为中心，通过大运河来往于江苏、浙江、北京之间，对京杭大运河有着独特的感情。京杭大运河的沿途景致、人文、风俗、典故、语言等对曹雪芹的影响也集中反映在他的巨著《红楼梦》中。

据张家湾博物馆里珍藏的《曹𬱟奏报家产折》记载，曹家在张家湾有当铺和典地，这证明了曹雪芹、曹家一脉和张家湾有深厚的渊源。《红楼梦》中的部分地名以及生活场景也与张家湾相关联，像葫芦庙、馒头庵、小花枝巷等，都是张家湾附近的地名。张家湾博物馆里还陈列了三块古井砖，传说在小花枝巷南端西侧曾有一所院落，约有20来间房，这所院子曾是曹雪芹家的染坊，其东厢房北屋内有一眼砖井，馆藏的3块古井砖就出自这

与曹家有关的奏折

123

朱批奏折

曹雪芹墓石

口井。

　　1992 年，在张家湾发现的曹雪芹墓葬刻石，使张家湾获得了"红学文化之乡"的美誉。这块斑驳的石碑是博物馆最重要的文物之一，对红学文化的研究具有重要意义。石碑上面浅浅地刻着"曹公讳霑墓"五个大字，左下段依稀可见的"壬午"两字字迹潦草，石料也只是普通的台基石。据此推测，曹雪芹暮年潦倒穷困，去世后草草下葬，令人唏嘘。这块墓碑经著名文物专家和红学家冯其庸、鉴石专家傅大卣和史树青等鉴定为真品；但也有学者质疑。它吸引了众多红学专家和红学爱好者云集张家湾镇参观

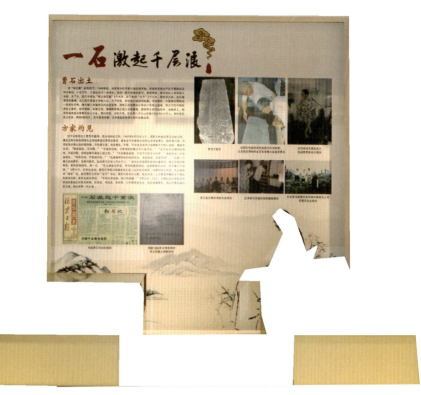

一石激起千层浪

考察。

　　在张家湾博物馆的"红楼追梦"展厅，展示了《新增批评绣像红楼梦（东观阁批本）》《新评绣像红楼梦全传（王希廉评本）》《脂砚斋重评石头记（己卯本）》《戚蓼生序本石头记（南图本）》等多种版本的《红楼梦》，以及《红楼梦新证》《辽东曹氏宗谱》等多种红学学术著作和研究手稿，还有《孙温绘画红楼梦》《红楼梦瓷绘本》《谭凤环红楼梦绘画插图》等红楼画本，甚至还有一套《红楼画屏》邮票，为前来参观的游客提供了全方位了解曹雪芹和《红楼梦》的途径。馆内还将科技与学术相融合，通过电子屏幕，滚动播放冯其庸在张家湾关于曹氏墓石的讲话、所撰写的文稿及他在张家湾里二泗举办的红学研究活动，让越来越多的人领略"红学之乡"的魅力，感知《红楼梦》这部巨著和现实的交融。

　　值得注意的是，除了众多真实的馆藏珍品外，张家湾博物馆引入了智

清代张家湾码头

能科技展陈平台开发技术。通过液晶拼接屏、多通道数字沉浸式投影、叙事性光影浮雕墙、非触式虚拟翻书、虚拟人物对话、三维全数字古城虚拟漫游、史海风云内投光影系统、红学文化互动 LED 墙等现代科技，在充分利用展馆空间的基础上，增加人机互动，带来了更加灵动的参观体验，最大化地体现了大运河文化的内涵。在张家湾博物馆中，参观者不仅可以用眼观察还可以动手体验。如非触式虚拟手翻书技术，通过红外感应，参观者可以翻页阅读曹雪芹墓葬石，使得参观者能够通过"动耳聆听、动手体验、动眼观察、动脑思考"的方式，沉浸式观展。

半壁店村史馆

乡史村语——朝阳区乡情村史馆

从 2013 年开始，北京市朝阳区就通过文物的收集整理、文脉的发掘梳理等方式，在全市率先建立了一批特色鲜明、内涵丰富的乡情村史馆。它们把散落在群众身边的运河文化元素很好地留存和传承下来，是记录村史沿革、文化遗产、民俗风情的重要载体，是留住乡愁、凝聚人心、传承文明的重要窗口。半壁店村史馆和高碑店村史博物馆就是这类乡情村史馆的代表。

一、半壁店村史馆

高碑店乡的半壁店村位于通惠河畔。在北京城周围，有十几处"半壁店"，多为郊区村落或城中社区。这个名字与北京厚重的历史文化相结合，共同积淀着这座古城的千年底蕴。2018年春，记录半壁店村历史文化的半壁店村史馆开馆。

半壁店村史馆占地面积932平方米，内设"序厅""千年古村""复兴之路""美好明天"四个篇章。不同于其他博物馆以文物展陈为主，该馆多以雕塑、造景等方式再现历史场景，半壁店村史馆还通过收集大量历史文物讲述半壁店村的历史，并运用光影视听的科技手段呈现半壁店村的发展历程和古村古韵，给参观者带来沉浸式体验。

（一）半壁光影讲历史

半壁店村史馆门前，是一条布满印章的文化长廊。上面用篆书、隶书等字体刻着"庄子""李白""仁义礼智信"等字样。另一侧是由村民方志新创作的描绘通惠河沿岸景象的北京历史民俗风情画卷——《通惠河览春图》。这幅近15米的长卷尽显古通惠河两岸的风土人情和生活场景。地面上刻有《道德经》中的名段，极具文化气息。

走进馆内，迎面就是"半壁店村史馆"牌匾。其下是一排五扇并立的木门，门两侧写有"通德愚公之智，惠泽半壁河山"的一副对联，它取自元世祖忽必烈为通惠河命名时"通泽惠民"四字的描述。门上雕刻着一幅形似蛟龙的半壁店村域图，象征着半壁店村"龙行天下"的美好寓意。两侧的观影技术呈现着半壁店村的过去、现在与未来。展厅中有一棵仿真的参天古树，古树四周有使用影像技术模拟的流淌着的通惠河水，这棵古树的原型是半壁店村的标志之一——七叶菩提。这棵菩提树种植于清代康熙年间，距今已有300余年。这是北京屈指可数的几棵菩提树之一，如今依然枝繁叶茂。

文化长廊

牌匾

相传，《红楼梦》的作者曹雪芹曾与友人在通惠河乘船游玩，并在这棵树下作诗。除了仿真的古树，展厅内还搭建了微缩版的普门寺、关公庙，一侧的墙壁上记述了逛娘娘庙庙会、放河灯、便舟古道、芦花古渡等民俗事项的由来。

浮雕和模型道具，生动展示了半壁店村先人沿大运河北上迁徙来此并扎根于此的历史，以及发生在此地的各种历史事件及人文景观，如辽代皇家贵族在半壁店村狩猎、修建郊亭古驿休憩游赏、小车会表演艺术、北京市唯一完整保留店堂历史原貌的老字号中药铺"德寿堂"、漕艘午渡等，并对元朝著名的水利专家郭守敬的生平及其督建修治通惠河的事迹进行了介绍。

（二）镇馆之宝诉峥嵘

半壁店村史馆的"复兴之路"展厅将 1949 年至今的历史阶段划分为激

"漕艘午渡"浮雕

保险柜

情燃烧的岁月（1949—1978年）、春天故事（1978—2005年）、逐梦路上（2005年至今）三个篇章。这一展厅收藏了不少富有年代感的老物件，但最引人关注的是一台通体黑色、曾装载过我国"两弹一星"研发资料的绝密保险柜。它见证了中国原子弹诞生的全过程，堪称村史馆的镇馆之宝。

这台绝密保险柜高约2米，总重1.5吨。保险柜设置的开锁程序复杂，需要三个人同时在，两个人用钥匙，一个人输入密码，才能打开。它的由来要追溯到1958年，我国在青海省创建了第一个核武器研制、试验和生产基地——二二一厂，周恩来总理特批两万元人民币，从德国购买来这台保险柜，用以存放"两弹一星"工作的绝密资料。1993年解密以后，原二二一厂副总工程师吴景云用自己近一年的工资买下了这台保险柜，并通过军列专车把它运回半壁店西店村的家中收藏起来。半壁店村史馆修建时，吴景云之子吴寄学将这台绝密保险柜无偿捐赠给村史馆，才让这一珍贵的

吴景云夫妇生活照

历史文物得以展现在公众面前。这台保险柜与其他藏品一起，静静地诉说着共和国那段峥嵘岁月，半壁店村这座运河边的小村庄，也与核工业结下了不解之缘，向人们讲述着艰难岁月里的红色足迹。

吴寄学还将当初吴景云研制原子弹时用过的手摇计算器、立体光学测长仪、示波器等仪器设备，以及吴氏夫妇生前用过的自行车、缝纫机、手表、收音机等近百余件具有收藏价值的生活起居用品也无偿捐赠给村史馆，这些老物件真实还原了 20 世纪 70 年代到 80 年代吴景云一家在半壁店居住时的生活起居场景，以此纪念这位曾为共和国国防事业做出重大贡献的先驱。

"美好明天"的展厅分为筑梦路上、红色党建、书写光荣、党建引领惠民生、笑脸墙等几个部分，展区内有多块显示屏、电子板等，通过图片文字、实物展陈、光影视听等多种方式全方位展示了半壁店村美丽乡村的建设历程。

半壁店村史馆浓缩了流淌千年的运河两岸村庄的勃勃生机，也记录着共和国发展史上光辉灿烂的篇章。依运河而兴的美丽传说，热忱不灭的燃

高碑店村史馆大门

情岁月，都让这座村史馆历久弥新。乡情村史的展示，活化了半壁店人的乡村记忆，继而增强了居民对自身文化的认同感、自豪感和归属感。

二、高碑店村史博物馆

高碑店村史博物馆是一座由高碑店村全体村民共谋共建的村级博物馆。它始建于 2009 年，馆址位于北京市朝阳区高碑店村一区 32 号（高碑店西社区居委会办公楼的地下一层），是高碑店村精心打造的集收藏、展示、教育与交流功能于一体的现代化村史博物馆，是高碑店村传承文化、留住乡愁、凝聚民心的重要窗口。

（一）村民"捐"出一个博物馆

村史博物馆室内总面积 850 平方米，分地上、地下两部分。地上部分为互动交流区，主要用于开展日常活动和临时展览；地下部分为展示陈列区，通过史料、文物、图片等集中展示高碑店村的历史文化。

馆内所藏实物 200 余件，大多数来自本村村民的无偿捐赠。这些藏品

展示了不同历史阶段高碑店村的政治、经济、文化、人民生活的面貌，体现了时代的巨变，高碑店村史博物馆设有"漕运时期""解放后"和"新村建设"三个不同历史时期和"五闸进京""繁华古村""沧桑变迁"及"古村新貌"四个部分的内容展示，以高碑店村历史文化的发展脉络为主线，通过场景复原、文物陈列、图文展示等，生动展示了高碑店村由辽代建村，到漕运码头的繁荣……直至改革开放后的今天，村落发展的历史脉络及村内教育、文化等各项事业的发展进程。

（二）实物图片唤醒村史记忆

走进高碑店村史博物馆，一艘仿制的运河古船映入眼帘，它是"漕运时期"的展区中一道亮丽的风景。此展区不断播放着用现代声光电多媒体

高碑店村史馆内部展区

环绕技术制作的运粮动画，通过VR技术重绘古代通惠河"漕运"繁荣盛景，巧妙地将高碑店村因漕运而生的来历作了说明。

穿过古船，映入眼帘的是仿照古代高碑店的商贸集镇而打造的繁华古村，彰显出深厚的古村历史文化底蕴。此展区墙上有对民俗活动场所——庙市和北京市非物质文化遗产——高碑店村高跷老会的介绍，以及高跷、锣鼓和锦旗等实物展示。"解放后"时期的展区通过大量的老照片展示了从中华人民共和国成立到改革开放这一时期，高碑店人民生产、教育、生活等方面的场景。其中，人民公社时期的一幅"国务院奖状"尤其引人瞩目。这幅被裱起来的奖状是1958年奖给"农业社会主义建设先进单位——北京市朝阳区幸福人民公社"的，落款为"总理周恩来"。

"新村建设"时期的展区主要展现21世纪以来，高碑店村全体村民在

中国共产党的领导下，大力推进文化产业发展，建设社会主义新农村的光辉历程。以此回顾村庄的发展史，树立高碑店人顽强拼搏，艰苦奋斗，勇于创新，干在当代、利在千秋的时代新形象。馆内也利用相当大的区域展示了近十几年来高碑店村的巨大发展变化。这其中包括村貌变迁、产业发展变化的影像、新农村发展成果等。

　　从昔日漕运码头的繁华，到20世纪的"三无村庄"的没落，再到今天的新农村建设典范，高碑店村史博物馆向社会展示了高碑店村的漕运历史和建设成就，展现了高碑店村的乡村文化和高碑店人勤劳奋斗、勠力同心的精神风貌，对于增强村民的凝聚力和向心力，提升村民们的文化素养，发挥了良好的作用。

高碑店村史博物馆古船

"运河风情"展厅中的老物件

137

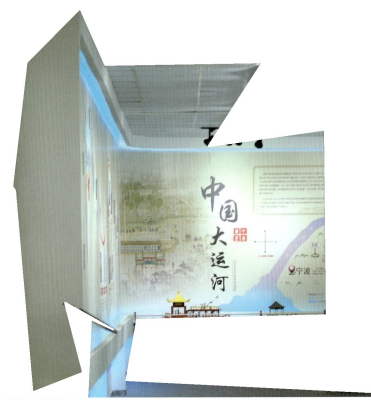

大运河瓷画艺术馆

沧海遗珠——通州区民间文博馆

在通州区民间有两家别具特色的博物馆——北京运河瓷画艺术馆和大运河翰林民俗博物馆。两个博物馆一家以瓷画为主题，另一家以民俗为主题，看似相差甚大，却都与北京大运河有着千丝万缕的联系，是民间自发保护与传承大运河文化的有益尝试。

一、运河瓷画艺术馆

北京运河瓷画艺术馆位于北京市通州区张家湾镇梁各庄村村委会西 300 米（大运河森林公园西门南侧），成立于 2016 年 6 月。作为北京民非 4A 级企业，建筑面积 6000 多

瓷画

平方米，是北京大运河非遗文化传承基地。

运河瓷画艺术馆是一座以京杭大运河的历史文化及红色文化为主体，以陶瓷艺术、非物质文化遗产为辅助，集展览、创作、收藏、实践体验、文创产品为一体的综合性和多样化的艺术实践场馆，也是目前北京瓷板画艺术作品及陶瓷艺术制作展示最大的艺术馆。场馆设有七大展厅，分别为：红色精神谱系展厅、大运河文脉图展厅、漕运历史展厅、农耕文明展厅、名家瓷板画展厅、高温瓷板画展厅和通州历史记忆展厅；六个实践区域，分别为：数字运河书院、学生实践教室、瓷画烧制车间、残疾人艺术创作区、运河泥塑沙盘展区和多媒体演播厅；另藏上万件瓷板画、陶瓷绘画、陶艺雕塑、书法国画等各类艺术品。

（一）图示运河

大运河文脉图展厅展示了由大运河瓷画艺术馆运河专班制作的《大运

《大运河文脉示意图》

文脉示意图上的泥塑

河文脉示意图》和《通州古运河文脉图》两幅巨作。《大运河文脉示意图》是展馆纪念中国大运河申遗成功八周年的献礼之作。画卷全长约 100 米，以大运河河道为主线，将运河沿线风景和历史文化巧妙结合，展示了运河沿岸的地域文化。

此图分为世界运河、中国大运河两部分；中国大运河版图涵盖了浙东运河、隋唐运河和京杭大运河整个河段走向、沿途的非遗项目等内容，通过图文并茂的形式呈现出运河的气魄。

为了让大运河风情更形象，画卷的下方还设有沙盘展区，用泥塑的形式展示运河风貌及沿岸百姓民生，描绘了如运输漕粮、打坷垃、烧砖、播种、收割等场景，形象地展示了运河沿岸的历史、人文与民俗风情。

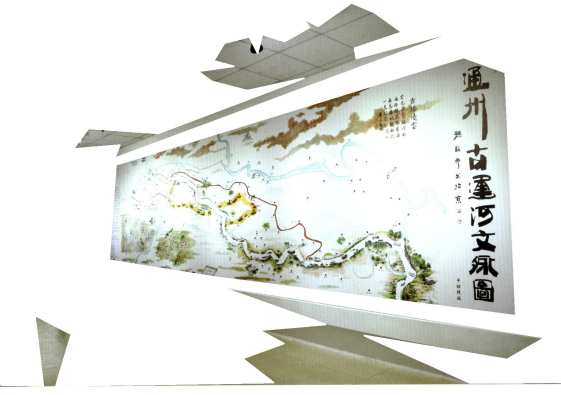

《通州古运河文脉图》

展厅中的另一幅《通州古运河文脉图》自称为运河版《清明上河图》。它全长 9.16 米，高 2.5 米，是由萧宝岐带领其艺术团队历时两年集体创作完成的。此图还原了古代通州段运河的面貌，以手绘的形式将通州段 42 千米沿线的 126 个村庄、9 条河流、16 个码头、58 艘船只、5 座庙宇、2 个驿站、7 个民间非遗艺术项目及多处名胜古迹呈现出来。

漕运历史展厅以图文并茂的形式，展示了 2000 多年来京杭大运河的历史和漕运文化。展厅中央有一幅近 10 米长的《潞河督运图》复印卷，描绘了古代运河的盛况。两边的展示墙上以图文并茂的形式记载了通州漕运的历史和京杭大运河的起源与变迁等，显示出悠远的运河文脉和深厚的运河文化底蕴。

（二）瓷画实践

瓷板画是指在平素瓷板上使用特殊的化工颜料手工绘画，上釉，再经高温烧制而成的一种平面陶瓷工艺品。可装裱或嵌入屏风中，作观赏用。瓷板画最早可追溯到秦汉时期，成熟于明代中期；从清中期开始，瓷板画的发展走向了兴盛。瓷板画既继承了中国传统绘画的特点，又兼容了中国陶瓷艺术的优点，是绘画艺术和陶瓷艺术的结合。2008年列入国家级非物质文化遗产名录。

名家瓷板画展厅展示的瓷板画皆出自瓷板画名家之手，作品精美。另一个高温瓷板画展厅展出的作品也颇有特色。高温瓷板画是科技和艺术的结合，将多种天然矿物料精心调配好，涂绘于瓷板之上，经过1300℃的高温烧制，釉料熔化流动，自然结合成画。制作工艺的繁琐以及成画的不确定性，使得这类作品的成功率只有20%，且每幅作品都是唯一的。瓷板画因其色彩长期保持鲜艳而被称为"永恒的艺术"。

另外，农耕文明展厅展示了不同年代的老物件。这里收集摆放了放映机、石磨、生活用品和南北方传统农耕工具等500余件，形象地展现了古运河边人们的生活状态。通州历史记忆展厅的墙上悬挂着一幅幅通州旧景

瓷盘上的绘画

老照片。数字运河书院是一家以陈列大运河文化类书籍为主体的综合性书院，书籍内容包含了大运河历史文化、漕运历史文化、运河三部曲、大运河文化带等多个方面共 5000 余本。

北京运河瓷画艺术馆的创立目标是弘扬瓷画艺术，讲述运河故事，传播大运河文化，力图成为集传承、体验、旅游等功能于一体的非物质文化遗产传承研学体验中心。

二、大运河翰林民俗博物馆

在北京市通州区台湖镇高古庄村东南侧的凉水河畔，有一座展示运河文化的民俗博物馆——大运河翰林民俗博物馆。它占地面积 15 亩，建筑面积近 10000 平方米，是一家民办非企业单位，主管单位为北京市通州区文化委员会。

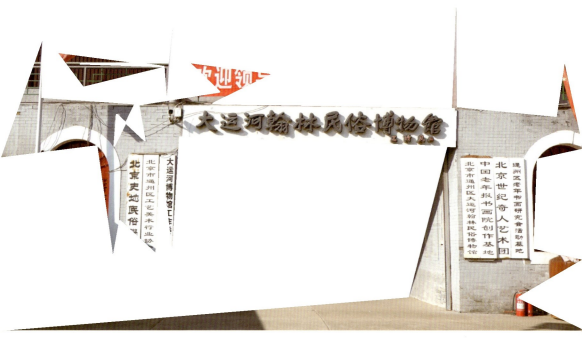

翰林民俗博物馆大门

大运河翰林民俗博物馆成立于 2010 年，是通州区爱国主义教育基地。博物馆创建人是当地的企业家。

博物馆的建筑风格古朴典雅，大门处题有一副对联：满室尽珍奇；层楼皆瑰宝。馆内整体彩绘设计，门楼和窗户涂着色彩明亮的红漆。曾任国家文物局局长、北京故宫博物院院长的文博专家吕济民为其书写匾额"大运河翰林民俗博物馆"。展馆设有运河风情展厅、玉器展厅、瓷器展厅、书画展厅等 26 个展厅。馆藏大运河文化遗存物品、明清家具、农耕器具、民俗特色的文化艺术品、现代工艺品、书画作品等，均为建馆者个人收藏。

（一）双图镇馆

博物馆内现有馆藏珍品达数万件，其中，两幅书画长卷——《京门九衢图》和《古运回望图》，是博物馆的镇馆之物。

《京门九衢图》的创作历时 3 年半，前后参与创作人数达 100 余人，于 2002 年 10 月完成。该图全长 182 米，由著名社会学家费孝通指导创作，著名书法家刘炳森、欧阳中石分别为其作卷首、卷尾题名，夏桐郁和史树青分别题写前言和后记，王明明、刘大为、林林、陈大章等著名书画家题词或题写城门诗。它采用中国传统绘画中"兼工带写"的技法，以项链串珠的形式把老北京城"内九外七皇城四"共20座城门以护城河为纽带联结起来，再现了清代老北京城的古韵风貌。它既反映了城门的特殊功能及其文化特点，又反映了康乾盛世时期的政治、军事、文化、建筑、市井、体育、民俗活动等社会百态，彰显了北京作为文化古都的"宏大、美丽、繁荣、安定"的景象，被誉为"当代清明上河图"。

如今，这幅长卷的真迹被存放于《京门九衢图》制作资料展厅中。此外，当年创作时搜集的城门老照片、古籍资料、明清时期的生活实物以及创作团队的手稿、书法家题字等珍贵史料也成为展厅里的收藏品。

另一幅书画长卷《古运回望图》的创作完成于 2005 年。全长 212 米，高 0.83 米，卷首、卷尾分别由著名书法家、美术评论家沈鹏，著名书法家郭雅君题名；著名诗人、书法家高占祥与著名书法家、美术史论家孙克分别为长卷书写下前言、后记。《古运回望图》是由数百位国家一级美术画师，其中数十位是当代"国宝级"美术大师，历时 5 年完成的，是一幅水墨工笔巨作。其创作灵感缘于"北京是运河漂来的"的俗语，历史背景为大运河鼎盛时期的明代中兴时期。长卷将中国画独特的散点透视手法与现代水墨画法融为一体，以翔实的历史资料为依据，以生动的历史故事、民间传

《京门九衢图》

《古运回望图》

说为题材，以反映大运河督运盛况为主线，精心刻画沿线著名人文景观、民风民俗，艺术地表现了绵延 1794 千米的京杭大运河，刻画了运河沿线的航运河道管理、农业、手工业、工商业、制造业、民俗文化等社会面貌和漕运盛景。

《古运回望图》的画面分为 25 个段落，共绘制两岸风景名胜 100 余处，南北贯通，起伏跌宕，风情各异，美景连珠。各类船只千余艘，官、宦、士、农、工、商、纤夫、船夫、搬运工，三教九流、五行八作，各类人物数万人。《古运回望图》涉及范围之广，刻画人物之多，足以反映京杭大运河的漕运盛况，真可谓"一条运河贯穿南北，半壁河山尽收画卷"。

在《古运回望图》创作资料展厅中，不仅展现了这幅长卷的真迹，还存有当年主创团队创作过程中所参考的采风照片和参考资料，京杭大运河沿线重要的文物古迹、长卷在各地展览时的照片。展厅还有一幅《重游运河图》，是翰林大运河集团为响应北京市通州区骑游协会举办的"沿《古运回望图》骑游京杭大运河"活动而制作的骑游路线示意图，图中共有66枚沿途所经运河沿岸地区的印章。展厅的尽头还有两座红色的展台，陈列着几十个锈迹斑斑的船锚，诉说着大运河的沧桑历史。

（二）民俗物件

大运河翰林民俗博物馆还收藏着较为丰富的北京大运河文化艺术品及民间遗存的生活用品。这些物件展示了北京运河沿岸百姓的生活场景及生计历史。

博物馆里收藏的物件各种各样，琳琅满目。如运河风情展厅陈列着明清漕运时期的古船、手摇扇车和马槽；石器展厅陈列着国家文物部门登记在册的两块宝光禅寺的碑座及一些残存碑刻和砖瓦。博物馆还收藏了通州

宋庄镇富豪村的鸽哨手艺人范刚创作的名为"十三太保""子母铃""骆驼骨联排"的鸽哨；还有木制的杆秤、盘秤米斗和升等粮食计量工具；木臼、箩床等粮食生产工具；手工织布机、民间纺线车等纺织机器；竹木食篮、柳条鱼篓、柳条酒篓、柳条针线篓、竹皮儿箱子等民间用具类器物；陆运马车、独轮手推车等运河沿线陆上交通运输工具；铜人、铜车马等青铜器仿制品；马鞍、马镫子、马铃铛、马鞭、马奶桶、马奶壶等游牧生计方式下的生产生活类器具……它们大多制作淳朴、用途广泛，承载着深厚的传统文化内涵和民俗底蕴，是劳动人民智慧的结晶。

大运河翰林民俗博物馆以史实和史料为依据，采取图文与实物相结合的形式，形象展示了绚烂多彩的运河文化，为热爱大运河文化的人们提供了欣赏、交流与研究的平台。

第七章

『游』在运河

公园与小镇

公园和特色小镇，是大运河给予人类的自然馈赠及文化资源。大运河流域的代表性公园与特色小镇是大运河所提供的现代生活公共空间，也是向世界展示中国文化的窗口。

一处游园，风情万种；一个小镇，特色鲜明。公园是改善生态环境、提高人民生活质量、推动城市和谐发展的重要载体；特色小镇是将特色产业与旅游产业融合发展、形成城乡一体化的功能聚集区，小镇形态上具备独特的风格、风貌、风尚与风情，是提升地域产业与文化旅游发展的创新模式。在北京运河沿线建设有运河风韵的公园与特色小镇，对维护运河景观，发掘与运河文化相关的历史文化与产业文化，弘扬和传承运河时代精神具有重要意义。

本章前半部分选取北京运河沿线具有代表性的6个公园进行重点描绘。它们跨越海淀、朝阳、通州等多个城区，包括国家5A级风景区、皇家园林、市级精品公园等。它们不仅可以保护运河沿岸的自然与人文资源，还可以为人们提供参观学习、放松身心、感受美丽景观的场所。这些公园分列在北京运河沿岸，我们按照从西北至东南的空间顺序分别描述。

本章后半部分主要介绍北运河沿岸的特色小镇。伴随城市副中心落户通州，北京大运河文化带建设持续推进，通州正经历着日新月异的变化，在特色小镇建设方面成效显著。2021年3月发布的《北京城市副中心（通州区）国民经济和社会发展第十四个五年规划和二〇三五年远景目标纲要》明确提出，按照功能主导、区块分工、轴带串联、多点支撑、城乡融合的思路，加快形成"一城一带一轴、四区三镇多点"的发展布局。其中，"三镇"皆在通州。张家湾通过"张家湾古镇""张家湾设计小镇"的建设，尝试以深厚的文化积淀打造"古今交汇"的城镇风貌；台湖依托运河带来的生态资源与演艺传统尝试建设集生态、艺术、演艺为一体的"演艺小镇"，打造"湖中舞台"；宋庄依靠聚集于此的艺术家建设"艺术小镇"，发展"宋庄模式"，试图"建设世界文化名镇，打造中国文化硅谷"。这些特色小镇正为北京运河文化带建设、为通州的文化及经济发展带来勃勃生机。

颐和园

皇家行宫御苑——颐和园

　　北京西郊的颐和园是我国四大名园之一，全园总面积达 300 公顷，其中水面占四分之三。颐和园的前身是乾隆年间修建的清漪园，在第二次鸦片战争中被焚毁，光绪年间重建后改名为颐和园，是目前保存最为完整的皇家行宫御苑。1998年颐和园被列入世界文化遗产名录，2014 年中国大运河被列入世界文化遗产名录。颐和园和大运河有着深厚的历史渊源。

颐和园
全国重点文物保护单位

一、牛郎织女隔湖望

昆明湖原名翁山泊、西湖，是地下水溢出汇积而成的淀泊。商以前，这里是古永定河和古高梁河流经的河道。金迁都北京后，开凿了从翁山泊至高梁河的引水渠道，这条渠道是长河的前身。元至元二十八年（1291）至二十九年（1292），督水监郭守敬兴修通惠河。郭守敬从昌平白浮泉引水，在上游"西折南转"流注翁山泊，并与高梁河相连。清乾隆年间，为蓄积昆明湖的水源，开拓了汇集西山、香山、卧佛寺等处的山泉水的石槽工程。清乾隆十五年（1750）后，昆明湖开挖定型，水深及湖面都扩大了一倍多，形成了"香山玉泉山—昆明湖—长河—护城河—通惠河—大运河"的立体水系。

位于昆明湖东堤、十七孔桥东侧的铜牛，是现存最大的镀金铜牛。铜牛铸造于清乾隆二十年（1755），牛背上刻有乾隆撰写的八十字篆体铭文——《金牛铭》。它的大小与真牛相似，两角耸立，双耳竖起，目光炯炯，蜷卧于湖畔青石座上，遥望西堤。铜牛属于镇水兽的一种，传说夏禹治水时，每治好一处都铸一铁牛沉入水底，以镇水患。后人延续着铸造镇水兽的习俗，不过不再投入河中，而是置于岸边。除镇水外，铜牛还起到检测昆明湖水

远眺昆明湖的铜牛

铜牛标牌

位的作用。数百年来，铜牛静卧于此，风雨不变，安稳如山，守护着颐和园的山山水水。

　　与铜牛隔湖相望的，是位于颐和园西北部的耕织图景区。始建于乾隆十五年（1750）的耕织图，是中国古代重农思想的集中体现。造园者借用昆明湖水形成的湿地，建造出一片以河湖、稻田、桑蚕等自然景观为主，具有浓郁江南水乡情趣的景区，包含有延赏斋、织染局、蚕神庙、耕织图石碑、水村居等建筑。1860 年，耕织图景区被英法联军焚毁；1886年，慈禧在此处废墟上兴办昆明湖水操学堂；2004年，耕织图景区重建，整体面积25平方千米。"玉带桥西耕织图，织云耕雨学东吴。"这首乾隆皇帝吟咏耕织图景观的诗，反映了中国自古以来对于农桑的重视。

关于耕织图与铜牛隔湖相望的缘由，还有一段传说：相传乾隆帝常常将自己比作天上的玉皇大帝，把昆明湖比作银河。一天，乾隆帝望着昆明湖想：银河两侧应有牛郎、织女遥遥相望，如今昆明湖东堤已有了铜牛，西堤应有个织女与其呼应。于是，乾隆又命人在西堤建造耕织图景区，并放置了一块刻有耕织图的汉白玉石碑，作为织女与牛郎遥遥相望。昆明湖东西两岸由此形成了"左牵牛，右织女"的格局。

东堤的铜牛情态生动，体态优美；西堤的耕织图景区淳朴清幽，自然灵动。铜牛、耕织图、昆明湖景观的组合，将皇家园林的大气庄重与山野情趣、田野风光有机融合，将镇水思想和重农思想融入园林设计之中，为昆明湖增添了新的文化意蕴。

二、移天缩地仿江南

乾隆十六年（1751）至乾隆四十九年（1784），乾隆皇帝六次巡幸江南，沿运河而下，饱览江南湖光山色、胜景名园。回京后，乾隆将江南园林景色大量移植到皇家园林中。"谁道江南风景佳，移天缩地在君怀。"晚清诗人王闿运的诗，正是乾隆时期皇家园林大量模仿江南美景的写照。颐和园在设计建造中，也大量仿造了大运河沿线江南园林的景色。在此意义上说，颐和园是一座名副其实的"运河公园博览园"。

在整体设计中，颐和园以杭州西湖为蓝本。在颐和园佛香阁东侧的"万寿山昆明湖"石碑上，镌刻着乾隆十八年（1753）御制五言律诗。诗中写道："面水背山地，明湖仿浙西；琳琅三竺宇，花柳六桥堤。"说明昆明湖仿照西湖风景而建，西堤仿照的是西湖上的苏堤。十七孔桥上乾隆皇帝所书

颐和园西堤

匾联写道："烟景学潇湘，细雨轻航暮屿；晴光总明圣，软风新柳春堤。"
颐和园在云雾缭绕的时候，与潇湘八景颇为相似；而在天气晴朗的时候，
漫步于此仿佛来到杭州西湖。可见，颐和园的修建有意识地仿造了杭州西
湖美景，同时又因地制宜，取其意而不摹其形，将江南各地美景融为一体。

颐和园与杭州西湖有诸多相似之处。昆明湖形状与西湖相似，万寿山
位于昆明湖北面，形似杭州西湖孤山。苏堤由北至南横跨西湖，西堤曲折
蜿蜒，也由北至南将昆明湖分为内外湖；西湖上三岛鼎足而立，颐和园也
采用了"一池三山"的布局形式；位于颐和园万寿山南坡的大报恩延寿寺，
其位置与康熙皇帝南巡修建的孤山行宫位置相仿；万寿山西部长岛又名小
西泠，源出孤山西麓的西泠桥。

颐和园对于西湖的模仿，不是简单的挪用，而是在表意基础上的艺术再创造。以苏堤和西堤为例，苏堤笔直而西堤曲折，西堤顺昆明湖形势弯曲，更具天然情趣；苏堤"六桥烟柳"中的六桥都无亭，而西堤五座桥都设有形式多样的重檐桥亭，还有十余座楼阁亭房点缀其间。再说西湖"一池三山"的布局，是中国传统的山水造园布局，颐和园也进行了活用。西堤及其支堤将昆明湖分成三个水面：西湖、养水湖、南湖，在三个湖中各有一座岛屿。在水面宽阔的南湖，又增添了三个小岛，形成了全新的"一池三山"的布局。

除西湖外，颐和园还模仿了许多运河沿线的名园名景。南湖三小岛之一的凤凰墩，模仿了无锡城西北面惠山脚下大运河中的小岛黄埠墩。大运河水流至黄埠墩附近，河面骤广，风景佳丽，成为游客寻访的胜地。此外，颐和园西北的柳桥、半壁桥、荇桥、曲桥四座桥梁的布局，与扬州瘦西湖的四桥烟雨景色相似；颐和园东北角的园中之园——谐趣园，仿照了无锡惠山之麓的寄畅园，巧妙利用地形高差，增加了水面层次感。

乾隆六下江南，一路沿运河而下，在江南一带更以运河航船为主要的出行方式。他巧借昆明湖一带美丽的自然景色，将江南运河美景移植到颐和园这座皇家园林之中。其间佳景虽由人作，但宛如天开，是领略运河文化的胜地。

三、南北园林相交融

作为中国古典园林的典范，颐和园中的一花一草、一亭一阁都有着极其丰富的文化韵味。它在摹仿江南园林的基础上融入了北方皇家建筑的恢宏庄严，在因地制宜描摹山水的过程中实现了人与自然的和谐统一，体现了极高的审美标准与高超的建筑工艺，展示了劳动人民

十七孔桥

十七孔桥上的石狮子

十七孔桥两侧的狻猊

的聪明才智。

　　颐和园的造园思想，根植于传统的儒释道哲学思想。"仁""礼"是儒家思想的两个核心。从颐和园的正门东宫门进入，映入眼帘的第一座建筑就是仁寿殿。"仁寿"二字出自《论语·雍也》。"知者乐，仁者寿"，传达的是儒家的人生修行理想。150多米长的十七孔桥，是我国皇家园林中现存最长的桥，因有17个桥洞而得

仁寿殿

名。十七孔桥的 17 孔，正是儒家礼制思想的体现。按照礼制文化，"九"被称为极阳数，象征天、天子或帝王。十七以"九"中分，即从桥东西两端算起，第九孔是中央的大桥孔，符合礼制文化的要求。

"一池三山"整体布局是对道家思想的集中体现。老子以"道"为最高范畴，认为道是万物的本源而生万物。"道生一，一生二，二生三，三生万物。""一池三山"的设计布局正是道家自然观的体现，治景阁岛、藻鉴堂岛、南湖岛在湖面上呈鼎足而峙的布列，象征着中国古老传说中的东海三神山——蓬莱、方丈、瀛洲。除此之外，谐趣园中的知鱼桥，引自庄子和惠子"秋水濠上"的辩论典故，取意知鱼不知乐，传递了道家思想中出世豁达的哲理。

颐和园中的主体建筑以佛香阁为中心，另有智慧海、四大部洲等建筑，充分体现了佛教文化在颐和园设计中的重要地位。佛香阁阁名"佛香"二

万寿山上的佛香阁

字，来源于佛教对佛的歌颂。走进佛香阁，正中石雕须弥座上伫立一尊佛像，铜佛背后悬巨幅《无量寿尊佛》。位于颐和园最高处的智慧海，也是一处佛教建筑。"智慧海"一词为佛教用语，赞扬佛的智慧如海，佛法无边。

颐和园建筑气魄宏大，文化意蕴深厚。老百姓还创作了许多有关颐和园的传说故事，由此民间文化也成为颐和园文化中的重要组成部分。传说乾隆要求颐和园的总设计师"样式雷"设计园林时，必须体现祝寿主题。在"样式雷"一筹莫展之时，一位白胡子老者送来了一个桃子，蝙蝠在上飞舞，由此昆明湖被设计成一个寿桃的形状，万寿山是一只蝙蝠的形状，两者在我国传统文化之中都是福寿的象征。这位白胡子老者正是民间工匠鲁班的化身，这表明颐和园的建造是民间智慧的结果。

颐和园中的一砖一瓦、一景一物，都是中华先民智慧与精神的结晶。它兼有南北园林的艺术特色，融汇儒释道三家文化，气象万千而又和谐统一，

颐和园长廊

是中国古典园林艺术的顶峰之作，是北京大运河
文化带"活"的文化遗产。

颐和园风景

紫竹院大门

三环以内小江南——紫竹院公园

紫竹院公园位于北京西直门外白石桥以西，西三环东侧。始建于1953年，因园内西北部有明清时期庙宇"福荫紫竹院"而得名。紫竹院一带，曾是高粱河的发源地，是北京重要水源之一。如今的紫竹院，是一座以竹为景、以竹取胜的自然式山水园，园内艺术生活气息浓厚。

一、水竹相伴历史悠长

紫竹院公园占地47.35公顷，其中水面占三分之一。紫竹院公园的水与北京城的水系布局有着悠久的历史联系，是通惠河几次修建必经的水道。古时这里原是一片低洼的湿地，因水底有泉眼，积水成泊。

　　公元 250 年，刘靖建车箱渠时曾引永定河水经过此地。金代大定二十七年（1187），因此处水量有限，漕运不利，故开通了从昆明湖到紫竹院的渠道，引水入高梁河。元大都时，水利专家郭守敬修建通惠河。郭守敬引昌平白浮泉水到昆明湖，再引水经昆明湖到紫竹院的金时故道，直至积水潭。北起昆明湖绣漪桥，南至北护城河三岔口，中途流经紫竹院公园的这段河流，被称为南长河，是通惠河的上游河道。紫竹院公园附近的广源闸，是通惠河上游的头闸。元明清三代，皇室成员曾多次途经、驻留紫竹院附近，影响了后来紫竹院公园的格局。元《析津志》载："肃清门

南长河

紫竹院公园内景色

广源闸别港有英宗、文宗二帝龙舟。"元代皇帝已有西郊泛舟之举，紫竹院湖是其停泊、存放龙舟的地方。明代万历五年（1577），在湖北岸兴建庙宇，为万寿寺的下院，主要用来承办帝后水路出游换船事宜。为使帝后龙舟不受广源闸所阻，又在南长河的南岸开凿了一条河汊子，紫竹院园址就在这绕行御舟的河汊子上。

　　紫竹院公园是北京著名的竹林公园，然而紫竹院最初并无竹，其得名也与竹无关。清乾隆年间，当时的紫竹院附近还是一大片河滩。乾隆帝在清漪园（今颐和园）内修建苏州街，又仿照苏州城葑门外天桥港汊"芦苇深处"的水乡风光，在紫竹院一带遍种芦苇，用形态各异的太湖石做布景，取名"芦花荡"，俗称"小苏州芦花荡"。此处的芦苇产自南方，名"马尾兼"，北京俗称"江南铁杆荻"。"马尾兼"长得挺拔粗壮，每年秋末冬初经霜打后，苇杆呈紫黑色，放眼望去，宛似一片茂盛的紫竹林；又因此处寺庙供奉观音菩萨，而观世音的道场恰是普陀山的紫竹林，景意相映成趣，"紫竹"的名称在北京民间不胫而走。万寿寺下院因此更名为"紫竹禅院"。乾隆年间，另在紫竹禅院西侧修建行宫，为"福荫紫竹院"。紫竹院在1900年遭八国联军洗劫，景观基本荒废。中华人民共和国成立后，对紫竹院进行全面修整。1954年，建成公园，定名为紫竹院公园。如今的紫竹院公园引入了50万株竹子，其中有大量紫竹，已是名副其实的"紫竹院"了。

2006年7月1日起，紫竹院这座皇家园林免费对外开放。公园内水波荡漾，竹林葱郁，曲折幽静，别有江南水乡的韵味，被誉为"北京三环的小江南"。

二、竹荷相映风景如画

中华人民共和国成立后，紫竹院几经修缮：挖湖堆山、修闸、筑环湖路、开辟第二水源"双紫渠"，到1987年"筠石苑"等景区建成，紫竹院公园现有格局基本形成。如今的紫竹院公园，澄鲜湖、北小湖、南小湖波光潋滟，明月岛、青莲岛建于其上，南长河、双紫渠穿园而过，五座拱桥将湖、岛、岸连在了一起，形成了"三湖两岛一堤一河一渠"的基本格局。走在园中，一步一景，移步换景。既可欣赏蜀南竹海的竹园别致，又能领略兔耳岭的灵石草甸景观，水上红莲与岸上青竹交相辉映，风景如画。

竹是紫竹院公园最大的特色。在建造时，从四川、福建、江苏、南京和苏州等南方省市引种青竹、紫竹、寿星竹、金镶玉竹、早园竹、箬竹、斑竹、云竹、锦竹、石竹、巴山木竹、金银碧玉、碧玉金银等54个竹子品种，达50万株。公园以竹造景，形成了多个以竹为特色的景区。自南门而入，走过双紫渠上的小桥，第一个映入眼帘的竹林景区是"翠筠烟雨"景区。

"竹深荷静"石雕

这里汇聚了20余种特色竹，石板路两侧竹林葱郁，颇有曲径通幽的意趣。沿长河而行，位于长河以北的"筠石苑"景区，是一处以欣赏松、竹、石为主的小园。园中山环水抱，亭廊轩榭与翠竹流水相依相衬，仿佛南国竹乡。"筠石苑"东边就是"明月岛"景区，岛上翠竹、紫薇、桃花竞相开放，"玉女弄箫"雕塑掩映其中。在公园北面的"斑竹麓"景区位于两山之间的幽谷，池中丛状栽植斑竹，高低错落，疏密相间，与假山相映成趣。在斑竹麓南端的"竹深荷静"景区，平台上矗立着两尊抽象石雕，远看像"竹"字；近看是两位女子头戴斗笠，相互凝视。这背后还有一段与斑竹相关的凄美爱情故事。

相传上古时期，五帝之一的舜帝去南方治理水患，很长时间没有音讯。他的两位妃子——娥皇和女英因牵挂他的安危，跋山涉水到湘江去寻找她们的丈夫。当走到洞庭湖畔时，二人得知舜帝因治水劳累而死，伤心欲绝，双双跳入洞庭湖中，化身"湘水神"。洞庭湖畔的竹竿被她们的泪水打湿，出现了点点紫色的泪斑。后人为了纪念她们，就将此竹命名为"湘妃竹"，又叫"斑竹"。"竹深荷静"景区的石雕，正是娥皇和女英二人的雕像。

竹、荷在中国古文化中都有高洁之意。紫竹院公园栽种荷花的历史已有40余年，现种植荷花40余种。南小湖东岸的荷花渡景区有着悠久的历史，早在明代这里就是一片荷塘，游人于此观荷赏莲。"荷叶五寸荷花娇，贴波不碍画船摇。"游客坐在荷花渡景区的摇橹小木船上，与池中的荷花擦肩而过，大有"兴尽晚回舟，误入藕花深处"之趣。南小湖西岸的"青莲岛"景区也是欣赏竹荷美景的好地方。岛上松竹滴翠，环岛水面上荷叶田田。游客登上揽翠亭，可一赏全园竹荷秀色；闲坐八宜轩，可细品松竹佳画。岛上的在菡萏亭，悬刻着以竹喻劲节，以荷喻清品的楹联，为景色平添了一份雅致与底蕴。

荷花亭亭玉立水面，翠竹节节倒映水中，紫竹院的竹荷美景让人流连忘返，"竹径通幽·荷香满园"成为紫竹院公园的特色文化。

三、如意紫竹文艺乐园

作为一座免费对外开放的皇家园林，紫竹院公园一直是北京城市记忆的重要组成部分，是周边市民休闲娱乐的好地方。从20世纪50年代建园起，郭沫若、北岛等诗人都曾多次光顾紫竹院公园。如今紫竹院公园里，人们唱歌跳舞、健身漫步，热闹非凡，这座运河边上的公园，已成为市民生活不可或缺的组成部分。

在紫竹院公园东门入口处的景石上，题刻着郭沫若写的"紫竹院"三个大字。郭沫若与紫竹院公园感情深厚，曾多次来紫竹院公园游览。1960年6月，郭沫若与家人一起逛游紫竹院。当时紫竹院公园的活鱼食堂十分有名，郭沫若参观了活鱼食堂后，应朋友邀请现场题写"紫竹院活鱼食堂"匾额。这几个大字笔力遒劲，结构疏朗。1973年，郭沫若还将自家院中20株枣树苗送给公园。诗人北岛在《三不老胡同1号》中也记载了有关紫

郭沫若题写的
"紫竹院"

竹院活鱼食堂的记忆。在经济困难时期，北岛全家人苦中作乐，星期天一起到紫竹院游玩。"一咬牙在紫竹院活鱼食堂吃了一顿鱼……盘中剩下鱼骨头，我们兄妹仨咂着嘴，大眼瞪小眼。"历史上的紫竹院公园，留给京城百姓许多美好的回忆。

在紫竹院湖北岸的跨海征东景区，是一组以中国象棋文化为底蕴的园林雕塑。这组雕塑1994年建成，占地面积750平方米，由中央美术学院教授时宜设计。"跨海征东"是象棋八大难解棋局之一，以唐王李世民出海亲征的故事命名。以大海的波澜壮阔形容此局的风云多变，以出海东征形容此局的严峻紧张。走到这里，四周松竹环绕，风吹树动，发出"萧萧"的声响。地面石砖上雕刻有棋盘，相、帅、车、兵的立体雕塑立于棋盘之上，摆成"跨海征东"的棋局。以这一立体棋局为中心，周围配以其他七个小型平面棋局及棋盘。象棋爱好者游走于棋盘之上，仿佛进入厮杀的战场，刀光剑影，豪情万丈。

紫竹院公园文艺活动丰富，水平一流，在北京公园里自成一派。它地

"跨海征东"雕塑

处北京西三环内，周围学校众多：北京舞蹈学院、国防大学军事文化学院（原解放军艺术学院）、中央民族大学、北京外国语大学、北京理工大学等，这些高校潜移默化中影响了公园的文艺气氛。漫步公园之中，河对岸的凉亭里歌声袅袅，竹林后的广场上舞姿曼妙。蓝天白云、碧水悠悠的美景之中，拉二胡的、走模特步的、打太极的、舞彩带的、唱越剧的、打快板的……公园里洋溢着喜庆和乐的气氛。

"如意紫竹哟岁岁都安康，这里是平安祥和的好地方；说古论今都有好故事，老百姓的日子幸福万年长。"优美的歌声在竹林中回荡。翠竹碧水、亭台轩榭，这片通惠河必经的福水宝地，展示着新时代生活的美好。

北京动物园大门

长河穿行的乐园——北京动物园

　　北京市属公园有三个在大运河文化带上，即颐和园、紫竹院公园和北京动物园。北京动物园位于西城区西直门外大街，始建于清光绪三十二年（1906），占地面积约 86 公顷，其中水域面积 8.6 公顷。作为北京运河重要组成部分的长河，流淌穿过动物园，将动物园分为北园和南园；与长河相连的池塘、湖泊里栖息着各色水禽。园内还保存着丰富的运河历史遗迹。北京动物园是中国最早对公众开放的动物园，是国家 4A 级景区。

一、百年建园史

　　清朝末年，为振兴农业，农工商部奉旨筹建"农事试验场"，

北京动物园景色

选址在西直门外乐善园、继园和广善寺、惠安寺旧址之上。这一地区自明代即为皇家庄园，清初成为大学士傅恒第三子的私人园邸。1906 年整修建成"农事试验场"，占地面积约 71 公顷。农事试验场设有实验室、农器室、温室、咖啡馆、照相馆等场所，对各类农作物分五大宗进行试验，并附设有动物园和植物园。

农事试验场时期的动物园名为"万牲园"，位于现在动物园的东南角，占地 1.5 公顷。当时养在万牲园的动物主要来自两个途径：一是南洋大臣兼两江总督端方自德国购回的动物，二是各地抚督送献清朝政府的动物，总共有 80 余种 700 多只。1908 年，农事试验场开放接待游人，参观动物园和植物园需另外购票。因农事试验场是北京第一座集中展览动物、植物的园地，而且临近西直门，靠近长河，交通十分便利，一时间人流熙攘，热闹非凡。

辛亥革命后，农事试验场几易其名，从"中央农事试验场""国立北平天然博物馆"到"实业总署园艺试验场"，再到"北平市园艺试验场"。受连年战乱、民生凋敝的影响，农事试验场大部分动物因种种原因死亡。

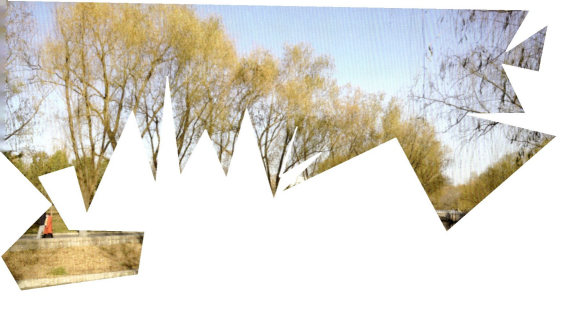

长河穿过动物园

　　1949 年，北京市人民政府接管了当时的 "北平市农林实验所"，对其进行整修、改造和绿化，于同年 9 月 1 日更名为"西郊公园"。1951 年 5 月，北京市人民政府薛子正秘书长做出指示：西郊公园有发展前途，宜建设为大规模的动物园。1955 年 4 月 1 日，西郊公园正式改名为"北京动物园"。园内有国家领导人转送的亚洲象、长臂猿、印度犀牛等珍贵动物，有毛泽东、朱德、任弼时在战争年代骑过的"菊花青""大红骠""铁青马"三匹战马，有与苏联、波兰、匈牙利等国家交换来的白熊、美洲狮等动物。这些曾饲养于北京动物园的动物，是历史的特殊载体，为北京动物园增添了历史厚度。

　　"地邻长河岸，来往泛烟航"，乾隆皇帝的诗表明了北京动物园的地理位置与长河之间的关系。流经北京动物园的长河，是北京运河的重要组成部分。它从西山山麓流经昆明湖，一路向东，经紫竹院北侧、过动物园，直至积水潭。这条三十多里长的河流，是明清时期北京城内著名的御用河道。新中国成立后，政府在这条河流河道及沿岸进行了修复和建设工程，其标志性的成果有：整修开放了颐和园、动物园，新建了紫竹院公园、北京展览馆、首都体育馆、中国国家图书馆等。经过约七十年的建设，长河沿线形成了一条新的文化景观线，动物园是这条景观线上的明珠。

二、"最后的皇家行宫"

从动物园正门进入，沿着林荫大道一路向西，到头向北转，映入眼帘的是一座欧洲巴洛克风格的二层西式小楼。这座小楼就是畅观楼，建成于1908年，由法国建筑师设计建设，是独具特色的皇室长河行宫。相传慈禧曾在游园时登上这座行宫，远眺大好河山，心情舒畅，因而将之命名为"畅观楼"。畅观楼是北京现存唯一一座保存完整的皇家西式夏日行宫，被誉为"最后的皇家行宫"。

畅观楼总面积1700多平方米，楼身暗红，廊柱雪白。楼的东西两侧不对称，东边为圆柱形三层，西边为八角形二层，屋顶为西式盔顶。楼的正面中间有一凸出带廊柱的雨篷，雨篷的顶部为二层室外平台。楼正门处曾有珐琅镶嵌匾额曰"畅观楼"，是从乾隆御笔诗文中选出的，于1993年卸下保存于动物园管理处。

畅观楼内部装饰华丽。据镜虚《重游万牲园记》记载："楼纯洋式，布置分三层，下层陈列几榻屏帐及玩好之物，中层亦然，唯小房较多，房中各设一榻，帷幔均用黄色，穷奢极丽"。畅观楼内的陈设、器具都是当时最新式样。据

北京动物园景色

北京市方志馆相关报道:"畅观楼内有特制的各式沙发,椅垫等大部分是农工商部绣工科特别制造的,花卉禽鱼五彩灿烂。地板、楼梯皆铺地毯,五彩织绒,铜条饰边。楼内四壁悬挂螺钿屏、钿绣屏,绣屏上有款识。西边二层两室，各置铜床，黄色帐褥，为慈禧、光绪来场时休息之处。"

畅观楼周围栽种着松柏，青松翠柏与暗红色小楼交相辉映，显得格外雅致。畅观楼三面环水，在楼南数十米处有一座汉白玉小拱桥，名曰南熏桥。在桥头两侧，东有一铜狮，西有一麒麟，旧时皆能喷水。据《京华游览记》载："闻此狮于开筑园场时得之土中，……口能喷水"。登上畅观楼顶层，西可远眺西山景色，东可俯瞰北京城。往下望去，两侧铜狮、麒麟口吐飞泉，池内金鱼游动，可谓一处奇景。

畅观楼见证了时代的变迁。清代的帝王后妃，常沿长河乘舟前往颐和园，于是在沿线修建了多处行宫，动物园内的畅观楼就是皇家修建的最后一座西洋式离宫。与畅观楼隔河相望的是鬯春堂，是当年慈禧和光绪的随行官吏休憩场所。鬯春堂是传统的中式建筑，飞檐翘角，与畅观楼相映成趣。辛亥革命的先驱孙中山来京时曾在畅观楼居住。中华人民共和国成立后，北京市的第一个规划方案就诞生在畅观楼，称为"畅观楼方案"。畅观楼在 1990 年代被改为"北京皇家俱乐部"。由于其风格独特，许多影视节目在这里取景拍摄。

三、多彩的动物世界

"天坛看松，长河观柳"。长河沿线，自明清时期就是闲适静谧的游玩之地。据《旧都文物略》记载："由高梁桥起，直入昆明湖。河水清涟，两岸密植杨柳，夏日浓荫如盖，炎款净洗。游人一舸徜徉，或溪头缓步，于此中得少佳趣。"北京动物园依托长河穿过的山水布局，将 7000 余只动物安排在长河两侧，每年接待游人千万人次，在闲适中别有一番热闹。

北京动物园正门建筑采用巴洛克风格，为中西合璧的建筑风格。始建于清光绪三十二年的"万牲园"传承自清农工商部农事试验场，是动物园的前身。这个试验场是在原乐善园、继园和广善寺、惠安寺旧址上建造而成的。该砖雕大门始建于 1906 年，为砖雕西洋式。新中国成立后，中间的"农事试验场"匾额改为双狮戏珠图案。如今动物园正门，依然可以看到当年的模样，只可惜当年的砖雕早已经被砸毁，20 世纪 80 年代，北京动物园依据照片对大门的砖雕部分进行复原。

北京动物园的大门是北京市的地标式建筑之一。这是一座仿巴洛克风格的西洋式三拱门，中拱门刻有龙形图案，东、西拱门分别刻有"日""月"两字，寓意"日出而作，日入而息"。现在大门上图案繁复的砖雕是 1987 年北京动物园根据老照片修复的，上面有"双狮抱龙"、蝙蝠、祥云、花卉等多种中国文化元素。

从动物园正门进入，大熊猫馆最先吸引着游人的目光。大熊猫馆由亚运熊猫馆和奥运熊猫馆两个展区组成。大熊猫们在这里时而抱着竹子啃食，时而在地上撒娇打滚，它们憨态可掬的样子常引来游客的阵阵欢笑。离开熊猫馆向东走，雉鸡苑、犬科动物区、夜行动物馆都各具特色。猴山位于动物园东南角，是现存的唯一一个兴建于 1949 年之前的馆舍。在约 1000 平方米的下沉式馆舍中，猴子们在假山、软梯、轮胎中游荡。离开猴山向北出发，动物园的标志性建筑狮虎山便映入眼帘。北京动物园狮虎山建于 1956 年，狮虎山内饲养了包括非洲狮、白狮、孟加拉白虎、东北虎在内的多种大型猫科动物。翻开老照片，许多人在动物园的纪念照都是以狮虎山为背景的。2009 年，雕塑艺术大师袁熙坤先生历时两年创作而成的雕塑《山君》建成，这座铜雕老虎长 19.48 米、高 9.18 米、重 30 吨，是北京动物园里第一座大型动物雕塑。

跨过长河，进入动物园的北区，这里有犀牛河马馆、象馆、海洋馆……远远望去，北京海洋馆犹如一只蓝色的海螺躺在沙滩上。建筑整体以蓝色和橘红色为基本色调，蓝色代表着神秘浩瀚的海洋，橘红色代表着海洋生物无穷无尽的生命力。馆内雨林奇观、鲸豚湾、风情海滩等展区，将游客

海洋馆

带入蔚蓝色的海洋世界。在动物园的西区有金丝猴馆、猩猩馆、长颈鹿馆、鹿苑、火烈鸟馆等。在这里，可以看到中国珍稀特产动物金丝猴和白头叶猴、来自非洲的黑猩猩和大猩猩、悠闲漫步的长颈鹿等。而在水禽湖，天鹅、鹈鹕、针尾鸭、绿头鸭、鸳鸯以及大雁等多种水鸟悠闲自得畅游湖中。

在北京动物园的百年历史上，曾开创了多项城市动物园"之最"。中国开放最早的动物园、全世界参观游览人数最多的动物园、"礼品动物"最多的动物园。北京动物园的志愿者也是中国大陆最早的动物园志愿者组织。悠悠长河两岸，来自世界各地的动物栖息于此。百年历史古建筑见证着时代变迁，现代科学研究揭示生命世界的奥秘，北京动物园是大运河文化带上的一颗璀璨的明珠。

庆丰公园 / 杨赫 摄

都市后花园——庆丰公园

庆丰公园导览图

　　庆丰公园因坐落于此的庆丰闸遗址而得名，2009 年 9 月建成，面积 26.7 万平方米。庆丰公园地处通惠河的西端，东三环朝阳区国贸桥的两侧。公园内，有着八百年历史的漕运古河穿园而过、碧波荡漾；公园周边是北京的商务中心区，高楼林立，车流如梭，传统与现代在这里交相辉映。

庆丰闸遗址

庆丰闸遗址

一、庆丰园里说二闸

通惠河开凿于元代，为"节水行舟"，沿途每十里设闸一处。庆丰闸原名籍东闸，是通惠河主干线上二十四座水闸之一。从东便门到通州，河上建有五座闸，庆丰闸是第二座闸，因此老百姓称它为二闸。

"劳您驾，道您乏，赶明儿请您逛二闸，两岸风光美如画……"这是旧时流传在北京城内的一段歌谣。"逛二闸""二闸泛舟"，是当时都市流行的消闲风尚。清完颜麟庆在《鸿雪因缘图记·二闸修禊》里记载："其二闸一带，清流萦碧，杂树连清，间以公主山林濒染逸致，故以春秋佳日都人士每往游焉，或泛小舟，或循曲岸，或流觞而列坐水次，或踏青而径入山林，日永风和，川晴野媚，觉高情爽气各任其天，是都人游幸之一。"当时京城的昆明湖、长河都禁止泛舟游玩，什刹海的船只又较小，游赏不能尽兴。庆丰闸附近水面宽阔，绿树成荫，芦苇白萍、渔笛晚舟的美景让人流连忘返。

庆丰闸一带清雅秀丽的景色吸引着游人的目光，漕舟千渡的繁华热闹孕育着多彩的民俗文化。明清时期，随着漕运的兴起，许多人来到通惠河岸谋生，打鱼、经商、撑船、拉纤……他们聚在一起形成了一个个村落。当时，庆丰闸北的村庄叫"二闸村"，庆丰闸南的村庄叫"庆丰闸村"。两个村落店铺林立，人来人往，车水马龙。酒楼、饭馆、茶肆、旅店一应俱全，舞狮、高跷、唱大鼓、说评书、唱二黄、莲花落等民俗表演此起彼伏，热闹非凡。无论是泛舟听曲，还是郊游踏青，二闸都是时人推崇的消闲胜地。

传说在清朝末年的某一天，二闸的一艘游船上上演着一档精彩的舞狮会。在表演过程中，演员不慎跌入水中，竟然凭着良好的水性，在水里继续表演。从游船上看过去，一对装扮辉煌的狮子在水中上下舞动，水花四溅，甚是好看。老北京因此流传着一句歇后语："二闸的狮子——会浮水。"这个传说反映了当时二闸的繁华热闹。

光绪末年，随着火车、汽车等新型交通工具的兴起，运河漕运逐渐被废弃，庆丰闸风光日渐衰落。作为城市记忆的重要组成部分，二闸的旧时风情留在了文人墨客的记载和人们的口口相传中。

如今的二闸有了新的景致。1998年，北京市政府对庆丰闸遗址进行了保护和维护。在被淹没的庆丰闸上修建了一座汉白玉雕刻拱桥。拱桥的结构、栏杆、板柱均采用元代建筑模式；在桥两岸坡上安置重5吨的元代镇水兽、石刻青龙和泗马吉祥物。在闸区北岸仿元代屋脊式艺术壁画，修建了一条长达20米、高约2米的纪念刻石。2009年9月，又建成庆丰公园。庆丰

庆丰闸遗址及镇水兽

镇水兽

公园分东西二园，西园有长达千米的景观绿化带，各色花卉点缀在树林之间，错落有致；东园建有"京畿秦淮""文槐忆故""大通帆涌"等八个景区，用现代雕塑的形式展示着庆丰闸的历史。

二、神木漂来建北京

位于庆丰公园的神木厂历史景观，是运河历史遗迹的重要组成部分。神木厂原位于通惠河庆丰闸南，即如今的双井皇木厂附近，是明清时期储存皇家用木的场所。明成祖朱棣即位后，将都城由南京迁至北平，改北平为北京。明永乐四年（1406），明成祖下诏书营建北京的皇宫和长陵，需从全国各地征集大量木料。这些木料大多来自云南、贵州、四川等地的原始森林，需顺江河转

皇木廊

入运河，由运河北上运到北京通州张家湾码头，再出水由陆路转运至神木厂储存。神木厂见证了北京皇宫营建的历史，见证了"漂来的北京城"与运河之间不可分割的密切关系。昔日的神木厂已消失不见，如今，朝阳区将遗留下来的文物保存在庆丰公园内，对神木厂历史景观进行了复建。

储存在神木厂的木料为何被称为"神木"？其中还有一段历史故事：当时工部尚书宋礼在四川监督采木，他惊喜地在山上发现了一批特大的木料。然而出乎意料的是，在他准备转运这些大木下山的前一天晚上，听闻雷声大作。翌日早起一看，这批巨木自行滚入了江中，省去了官兵转运的劳累。宋礼将此事奏报朝廷，明成祖高兴地将这批特大的金丝楠木命名为"神木"，认为"此乃祥瑞之兆，天助我也"。这些特大木料因此有了"神木"的称呼。《明史·食货志》记载："礼言，有数大木，一夕自浮大谷达于江。天子以为神，名其山曰神木山，遣官祭祀。"据嘉靖年间营缮司主事龚辉的叙述，这批大木应是天降大雨、顺山洪漂流而下，阴差阳错中成就了一段美谈。

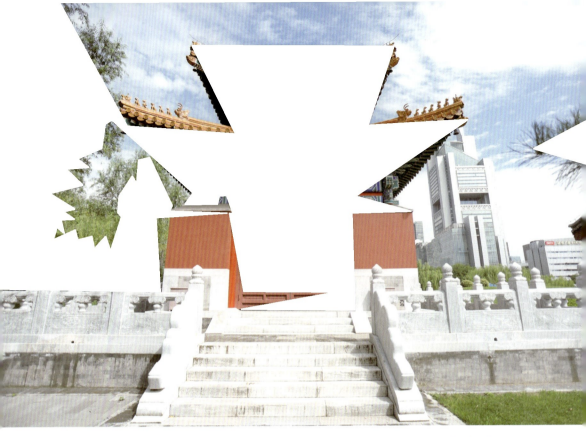

《神木谣》碑

明永乐十八年（1420），气势恢宏的皇宫建成。建筑剩下的几株大木被保存在崇文门外的神木厂中，享受供奉。据《春明梦余录》记载，这批神木中最为高大粗壮的是一根金丝楠木，"围二丈外，卧四丈余，骑而过其下，高可隐身"。也就是说，两个人骑在马上隔木而立，互相都望不见对方。清朝建立后，这几株神木被转移到广渠门外二里许之地，另立新厂，即双井皇木厂。乾隆二十三年（1758）春三月，乾隆皇帝亲临皇木厂视察，触景生情，书《神木谣》一首并立碑，将诗刻在碑的阳面，将他所作的另一首诗刻在碑的阴面。

20 世纪中期，仅余的一棵神木被毁，《神木谣》碑因埋于地下而得以保存完好。乾隆皇帝所作的《神木谣》碑，是记录明清皇宫建筑历史的一件富有价值的文物，如今保存在庆丰公园内一座新建的重檐六角攒尖亭内。亭子坐落在汉白玉石阶上，黄琉璃瓦顶在阳光下熠熠生辉。在碑亭东侧，是神木保护廊坊，存放着一棵顶级金丝楠沉木，长 13 米，直径 0.93 米，

《神木谣》碑

身披红布，横卧在展厅内供游人欣赏。

三、现代雕塑讲运河

　　商务中心区是一个现代大都市最繁华的区域。现如今庆丰公园通惠河畔，两岸高楼林立，中国尊、国贸大厦、中央电视台等现代化的建筑，与公园融为一体，成为公园的华丽背景。庆丰公园中也有大量现代艺术风格的雕塑。这些风格迥异的雕塑如同一个个定格的符号，既延续了运河历史记忆，又满足了现代都市生活的需求。

　　在庆丰公园东园门口，有一座"京畿秦淮"雕塑。在一座高6米、宽1.5米的花岗岩上，刻着满载漕粮的漕船抵达京城的热闹景象，再现了昔日庆丰闸附近漕船千渡的繁盛场面。旧时通惠河周边风景旖旎，河道内帆樯林立，两岸游人如织，与南京的秦淮河美景不相上下，故有"北方秦淮"的美称。庆丰闸一带因风景优美、水面宽阔，是都城百姓踏青游赏的首选之地。人

183

文槐忆故

们在此处泛舟游船，尽享"京畿秦淮"的美景。清震钧在《天咫偶闻》中记载："二闸为游人荟萃之所。自五月朔至七月望，青帘画舫，酒肆歌台，令人疑在秦淮河上。"清得硕亭所作《竹枝词》写道："乘舟二闸欲幽探，食小鱼汤味亦甘。最是往东楼上好，桅樯烟雨似江南。"这座"京畿秦淮"的雕塑是二闸往昔繁华的缩影。

　　庆丰闸附近不仅是平民百姓的消闲胜地，也是文人墨客相聚之所。传说曹雪芹晚年居住在北京，多次到庆丰闸一带游玩。他与朋友常常坐在一棵老槐树下，吹着通惠河的凉风品茶赋诗。曹雪芹的好友敦敏有一首《二闸迟敬亭不至》诗，记录了当时的场景："临风一棹趁扁舟，芦岸村帘分外幽。满平涛声流不尽，夕阳独立小桥头。"庆丰东园有一棵五百多年树龄的古槐树，据说当年曹雪芹曾在此槐树下乘凉，老百姓称之为"文槐"。在老槐树附近，砌有汉白玉雕的五个大酒坛，其旁又置石桌石凳一具。坐于石凳之上，置身于历史与现代的交界处，仿佛回到了往昔，与曹公面对面交谈。

走到公园中部的滨水景观区，"大通帆涌"雕塑群映入眼帘。这组雕塑采用硬质白色金属材质、钢架结构，密集的几何镂空设计非常具有现代艺术特色，与城市中心商务区的国际化都市气息巧妙融合。紧挨着"大通帆涌"雕塑群的是"印象之舟"雕塑群：一艘石舟扬着石帆行驶在运河上，水中石刻的小鱼和小乌龟绕船环游，栩栩如生。几个石雕的童男童女穿着肚兜，在水中玩耍摸鱼，煞有情趣，此雕塑群形象地展现了古时二闸浓浓的生活情趣。除了几个大的雕塑群，公园中随处可见由石块搭成的休息椅，这些石块似凳非凳地摆着，给公园增添了几分灵动的现代之美。

两岸是繁华的都市，中间是悠悠的古运河，庆丰公园将传统与现代充分融合，打造出了一片城市绿地空间。在这里，可以将繁忙的都市生活按下暂停键，品味古运河的独特韵味。

印象之舟

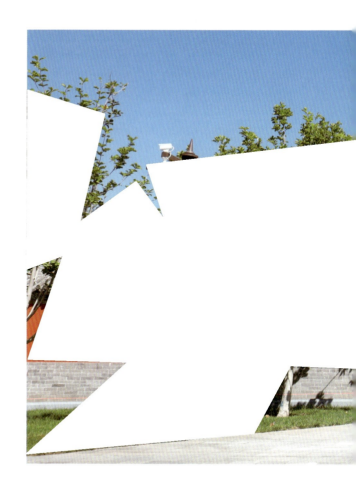

塔影下的园林——西海子公园

西海子公园古称"碧湖"，位于北京市通州区西海子西街，京杭大运河北端西侧。公园始建于1936年，扩建于1985年，再次改扩建于2016年，于2020年完成改造。占地面积14公顷，其中水面近5公顷。

西海子公园

一、西海子与葫芦湖

西海子公园导览图

"海子"是辽金元时期对湖泊的称呼。通州旧城之北，有东西两个湖泊。西海子靠近西城墙，东海子挨着东城墙。东海子后被填平，只留下了西海子。西海子的来历与通州地标性建筑燃灯塔有关。

据传，建造燃灯塔时，为抬升塔基的高度，在旁边掘土垫基，所以形成一片湖泊，这就是西海子。20 世纪 30 年代公园初建时建桥修亭，种植花草，但后来逐渐荒芜。中华人民共和国成立后，整修了湖面，在湖中筑堤腰，将水分为南北二湖，建石桥一座，

燃灯塔

桥下可通小船，并在四周种植垂柳。2016年至2020年间，西海子公园连续启动了两期改扩建工程，面貌大为改观。改造后的公园北扩至通惠河，东扩至北运河，葫芦湖亦被纳入其中。葫芦湖与西海子、通惠河、北运河形成了"四水相连"的格局，并建设了水质净化工程以维持水体的清澈。

葫芦湖是古通惠河的末端，因其水面宽阔、形似葫芦故名"葫芦湖"，曾是大运河与通惠河之间的转运枢纽。元朝时期郭守敬先后开造坝河、通惠河，实现了通州到京城的通航。明初因朱元璋将都城定在金陵，通惠河淤浅废运；直至明嘉靖年间，吴仲才重修通惠河。当时，永通桥至张家湾的原元代通惠河下游河道两岸，人烟繁盛，不利通航；吴仲利用金代闸河故道，将通惠河与北运河的交接处移至通州城北。出于保护明代帝陵风水的考虑，不再将白浮泉水引入通惠河，通惠河水源不足，无法直接与北运河汇流。因距离较近，吴仲决定用人力搬运过闸。沿运河北上的船只停靠

西海子公园内景色

在石坝处卸货，之后将货物用人力搬运至葫芦湖，装上停泊在葫芦湖内的小船，由通惠河逐级运送至京城。直至20世纪80年代，葫芦湖内还可行船。

西海子公园充分展现了葫芦湖在运河漕运中的重要地位。葫芦湖边修建了一段石质码头，以壁画的形式展现当年的漕运盛景。葫芦湖东侧的敞轩，象征着曾位于此的验粮楼。明清两朝，朝廷户部官员都会在验粮楼内验收漕粮。葫芦湖附近的土坝、石坝遗址，则是当年验收、转运漕粮等物品的专用码头，其每天转运的漕运货物以万石计。

几经改造的西海子公园以"中国传统山水园林"为设计主题，保存了旧有的文物古迹，如李卓吾墓、通州城北垣遗址、土坝遗址等，同时新建亭、台、楼、阁、廊、桥、榭等具有浓厚北京风格的建筑。公园之中，高耸的燃灯塔、庄严的李卓吾墓以及穿公园而过的通惠河与北运河，诉说着通州发展的故事；绘有127幅苏式彩画的百米仿古长廊、京郊第一座水上世界，以及随处可见的风景亭，展示着新时代通州人的幸福生活。一步一景，步移景异，西海子公园里的青山绿水与文物古迹相映相称，形成一条连续不断的视觉走廊。

二、神奇的"塔榆"

"一枝塔影认通州"出自清代诗人王维珍所作《古塔凌云》一诗，形象地描绘了燃灯塔在通州及运河线上的独特意义；通州学者周良的"枝枯叶淡终不死"，则是对生长在燃灯塔上的塔榆顽强生命力的赞扬。

"塔榆"这个称呼，专属于这棵生长在燃灯塔塔顶上的榆树。燃灯塔始建于南北朝后期北周时，后几经重修，其中在清康熙三十七年（1698）还进行过一次较大规模的修缮。或许是建筑工人无意中将榆钱拌在了泥浆

塔榆

塔榆石牌

中，抑或是飞来的小鸟将榆钱撒落在砖瓦之间，在燃灯塔十三层西北角，有棵榆树悄悄地长了出来。因燃灯塔塔身与垂脊均以江米汤和石灰膏所砌，塔榆无法将根茎扎进坚硬的砖瓦泥垄之间，仅靠着石灰瓦上的一层薄土，在十三层塔顶生长了近 300 年，其生命力之强让人震撼。1987 年，公园重修古塔，塔榆被移植到西海子公园内。三百年间，塔榆历经沧桑、饱经风雨。初移植下来时，它的主干只有 17 厘米，树高 2.5 米，树冠 4.2 米，大部分枝杈干枯。经园艺工人精心呵护，如今的塔榆枝干遒劲，两层树冠枝叶茂密，成为西海子公园一道亮丽的风景线，是通州人顽强拼搏性格的典型象征。

关于塔榆的来历，有许多美丽的传说。

其中一则传说收录于汪林、张骥所著的《大运河的传说》一书：

传说燃灯佛曾派塔鹰和金鸡共同镇守燃灯塔。后来塔鹰被召回西天，金鸡不舍塔鹰多年的陪伴，忧伤地说："你走后，我将形只影单，连给我遮阳光的都没有了。"塔鹰听后衔来了一颗榆钱种在燃灯塔上，长成塔榆陪伴着金鸡。

这些美丽的传说故事，蕴含着通州人民对燃灯塔与塔榆的美好想象。

被誉为"通州通"的周良先生，在为塔榆所作的碑文中写道："塔顶上，曾把三百年严寒酷暑尝尽，枝枯叶淡终不死，为纵谈潞县曩日兴亡，多少桑田变沧海；湖滨旁，又将十余载细雨和风沐足，干壮冠荣毕其生，要长阅通州今天进退，几何旷野生乐园。" 三百多年来，塔榆与燃灯塔一起仁立于运河河畔，见证着船只来往运河变迁，见证着通州城的历史发展，成为通州历史记忆的重要载体。

三、先哲安眠地

在葫芦湖东北岸，是明代著名思想家李贽先生的墓。李贽，号卓吾，1527年生于泉州，1602年于北京逝世。李贽思想有着极强的开拓性，他以"颠倒千万世之是非"的气概，反对封建伦理说教，追求个性解放，成为近代启蒙思想的先导者。这样一代思想大师，为何会选择安葬在通州？

李卓吾一生曾四次来到北京。前两次进京时，其生活窘迫、人生屡遭挫折，困顿失意。痛苦的生活体验刺激了思想的萌芽，文人的交流激发了思考的深度，从这个意义上来讲，北京是他"闻道""悟道"之地。其后，李卓吾学术名望大增，在南京、姚安、麻城等地为官、著述、交友、论学。李卓吾第三次来到北京已是20年后。时年71岁的李卓吾，与通州名士马经纶结为知己。马经纶是万历十七年（1589）进士，官至监察御史，其府邸在通州回民聚集区占地近30亩，可见马经纶当时的豪富。其后，李卓吾寓居山东济宁时，与马经纶再次相遇，二人脾气相投、性趣相似，游山玩水、谈经论道，结下了生死情谊。

李卓吾墓介绍

李卓吾生前为自己选好了安葬地址——湖北麻城芝佛院，他曾长期在这里著书讲学。然因其思想超前、性格耿直，得罪了一些人，他的反对者竟一把火烧掉了芝佛院。在困窘之时，马经纶

李卓吾墓

仗义相救,"冒雪三千里,南下楚地"。之后,李卓吾随马经纶北上通州,继续研讨学问,读书著述,此时其思想臻于完善。从这一角度来说,北京是其最终"得道"之地。李卓吾在北京"闻道""悟道""得道",安葬于北京有其必然性;而芝佛院意外被毁,与通州名门马经纶之谊,是其最后安葬通州的客观条件。1602年,李卓吾被迫害入狱,他自刎死于狱中。马经纶按其生前遗嘱,将其葬于通州北门外马厂村迎福寺侧,周围百棵白杨环绕。万历四十年(1612),马经纶之子协助李卓吾好友詹轸光为李卓吾立碑,其碑为青石材质,方首、方座,通高2.51米,碑阳刻李卓吾挚友、明代知名学者焦竑手书"李卓吾先生墓"几个大字,其字遒劲悲壮。1953年,李卓吾墓地附近田地被征用,其墓迁至通惠河北岸大悲林村南。1983年,为便于祭扫和免遭亵渎,李卓吾墓再迁至通州西海子公园内。

李卓吾墓位于西海子公园西北角,坐北朝南,占地面积约360平方米,冢内安置李卓吾骨坛。墓前三级台阶下立原墓断碑，冢、碑东西北三面围砌十字花墙。苍松翠柏、湖光水色之中，一代思想大师的遗骨安于此地。李卓吾将血肉与精神都融入了通州这片土地，与这座运河名城融为一体。

大运河森林公园

长河百景连通州
——北京大运河文化旅游景区

　　北京大运河文化旅游景区位于通州区北运河两侧，整合"三庙一塔"、运河公园、大运河森林公园三大核心景点，辐射城市绿心森林公园、环球影城主题公园、潞县故城、通州古城、张家湾古镇、西海子公园等文旅资源，通过北运河形成水路大环线。北京大运河文化旅游景区2018年启动建设，2022年建成，是北京城市副中心首个5A级景区。

一、北运明珠

　　国家 5A 级景区，是中国旅游景区质量等级划分的最高级别，代表着世界级精品的旅游风景区等级。在北京中轴线上及中轴线以西，共有 8 家 5A 级景区；北京大运河文化旅游景区的建成，将成为北京中轴线以东、城市副中心的首家 5A 级景区。

　　北京大运河文化旅游景区北至源头岛，南至甘棠大桥，面积 7.23 平方千米，其中水域面积 2.56 平方千米，河道长 12.1 千米。景区主要包括 4 个区域，分别是大运河森林公园、运河公园、西海子公园葫芦湖景点片区、燃灯塔和周边古建筑群。千年的漕运历史为通州留下了众多文物古迹和美景；随着景区的建设，往昔帆樯林立、舳舻蔽日的运河盛景有望以崭新的

大运河森林公园自然风景

石舫船与运河全景

面貌重现。

　　作为景区核心景点之一的大运河森林公园坐落在通州新城，北起六环路潞阳桥，南至武窑桥，河道全长约 8.6 千米，总建设面积 713 公顷，是北京市第一个万亩滨河森林公园。园中有潞河桃柳、月岛闻莺、银枫秋实、活力丛林、明镜移舟、高台平林六大景区，还有 18 处以历史典故为依托的美景。大运河森林公园以"一河、两岸、六园、十八景"的整体布局，展现出新时代运河之美。

　　另一核心景点是通州运河公园。通州运河公园是在运河文化广场、运河奥体公园、生态公园的基础上整合改建而成的一个大型公园，是京东地区面积最大的城市公园。位于通州运河文化广场内的一号码头，是千里京杭大运河的北起点。在这里，温榆河、通惠河、运潮减河、小中河、北运河五河汇流，景象壮观。在这里不仅可以看到新晋网红桥——千荷泻露大桥，还可以在"漂"在运河上的石舫船上吃南门涮肉。在运河文化广场的中轴线上，千年步道如巨龙盘桓于运河边，14个运河历史故事刻于其上，展示出运河的历史风貌。这些石雕全长226米，全部采用15厘米厚的花岗岩制成，并镶嵌青铜。广场内立有《东方》主题雕塑，整座雕塑由一条巨龙和三尊麒麟组成，其中龙高10米，麒麟高3.5米，气势雄伟，表达吉祥、升腾之意。

"三庙一塔"景区也是北京大运河文化景区的核心组成部分，是罕见的三教合一的建筑群。三庙分别是指文庙、紫清宫、佑胜教寺。文庙是儒家学府，又称学宫；紫清宫是道教建筑，俗称红孩儿庙；佑胜教寺则是一座汉传佛教寺院。三座独立存在的建筑近距离成"品"字形，已共存400余年。一塔则是指"一枝塔影认通州"的燃灯塔。"三庙一塔"景区

大运河遗产水道石碑

大运河森林公园湖泊与木桥

共有建筑 37 栋，总占地面积 1.5 万余平方米，总建筑面积近 3000 平方米。

北京大运河文化旅游景区整合周边旅游资源，深入挖掘大运河文化内涵，是大运河文化带建设和大运河国家文化公园建设的重要组成部分。2017 年 2 月 24 日，习近平总书记视察北京大运河森林公园时强调，"通州有不少历史文化遗产，要古为今用，要深入挖掘以大运河为核心的历史文化资源"。北京大运河文化旅游景区中，悠悠运河的历史古韵与城市副

大运河森林公园游船码头

中心的现代繁华交相辉映，千年文化根脉与两岸青树共生，为城市副中心的发展注入了独具魅力的文化内涵。

二、长河百景

　　根据空间特色不同，北京大运河文化旅游景区可分为北区、中区和南区三部分。北区以"三庙一塔"、葫芦湖、大光楼为核心，是大运河历史文化重要承载地；中区是古今文韵衔接地带；南区为森林生态体验区，主要以大运河森林公园为主，绿化率达到80%，是通州特有的运河生态天然大氧吧。

　　大运河森林公园的设计理念是："以绿为体，以水为魂，林水相依。"长达十千米的运河水碧波荡漾，40余万株树木遍植两岸。滔滔运河自西北流向东南，公园沿运河、依四时设计了不同的游赏园区，整体呈现出由城市景观进入田园景观，再过渡至郊野景观的布局。在大运河森林公园里，无论游客是步行、骑车，还是乘船游览，都能感受到悠悠大运河的四季美景。

自公园西北方出发，第一个景区是"潞河桃柳"。北运河古称潞水、潞河，通州古称潞县，所谓"潞河桃柳"是指这一段运河沿岸种植了大量春季开花的植物。每逢万物复苏的时节，桃花、杏花、梨花竞相开放，倒映在运河水中，绵延数千米。

沿河向东南走，映入眼帘的是"月岛闻莺"景区。月岛是北运河河道整治过程中形成的小土丘。因其四面环水、形似月牙，故名月岛。月岛最高处达13米，建有3层的闻莺阁，在阁中可赏森林公园全景。月岛闻莺景区以乔木林为主，还种植了灌、花、草、地被、湿生等各类植物百余种，是集中展示北方植物品种的科普示范基地。夏日炎炎之时，月岛四面环水、乔木林高大静谧、百亩荷花亭亭玉立，是拍照游赏的好去处。

河对岸是"银枫秋实"景区。银枫秋实景区以漕粮囤贮为主题，在漕运码头周边设计了粮仓形式的温室大棚，种植四季植物；周边栽种了银杏、元宝枫等秋叶植物。待到秋风送爽的季节，这里枫叶叠嶂，硕果满枝，可再现运河两岸漕粮满囤的喜悦景象。

临河眺望，能看到河对面湿地观赏区。这里芦花萧萧，有白鹭漫步其中，亦有上千只水鸟盘旋在运河之上……人与自然和谐共生的画面，不时地引发人们无尽的遐想。这是"活力丛林"景区的"风行芦荡"景点，是大运河森林公园十八景之一，是北京市区最大的芦花观赏。"两岸芦花一钓船""叶声如雨絮如烟""舫依芦荻千层白""芦花滩里钓鱼舟"，此情此景仿佛看到了旧日运河岸边的芦花荡之美。

向南而行，一大片宽阔的水域展现在眼前。这里是"明镜移舟"景区，是北京水上游运河的终点，也是大运河森林公园中水面最宽阔的地方，最宽处达360米。水面平静如镜，宽阔如湖，游船移舟至此，可望《潞河督运图》景墙，探运河千年漕运历史。

漕运码头

　　位于公园最南边的是"高台平林"景区。成片高大的乔木林沿河生长，以大色块、大景观的设计理念实现景色由田野向郊野的过渡。六个景区错落分布在两岸，共同组成了这条运河沿岸的绿色长廊。

三、文蕴悠长

　　北运河是京杭大运河的北端段，保存着丰厚的大运河文化遗产。北京运河文化融合了古都文化、京味文化、漕运文化，是北京文化的组成部分，具有重要的历史意义和文化价值。在清末漕运走向衰落后，北运河一带也失去了往昔的繁荣。如今，北京大运河文化旅游景区深入挖掘运河文化内涵，用景观讲述动人的运河故事。

　　民间有一句俗语："漂来的北京城"，形象说明了北京城的修建离不

大运河森林公园自然风景

开运河漕运。大运河森林公园中的"皇木古渡"景点，正是这一段历史最生动的代表。据《通州文物志》记载，明永乐年间修建北京城，从云贵、巴蜀、湖广、浙赣等南方地区采办了许多珍贵木材，用来修缮宫殿、王府、学府等重要建筑。明万历三十五年（1607），通州运河洪水暴发，将岸上堆积的皇家珍贵木材冲入运河。4个世纪后，这些木材被发掘。因其被埋入河底，隔绝了与氧气的接触，出土时这些木料竟还保持着原貌。此地至今仍有几根古皇木沉在河底，为了纪念这段故事，特在此打造景点，名曰"皇木古渡"。

古迹、古景、古文化，行走在景区中，那些曾生长于运河人家屋前院后的古树，也是一段段生活史的见证者。城市拆迁过程中被迫移除的大枣树、大国槐、大榆树，又被重新移植在景区中，为运河儿女留下了过去生活的点点滴滴的记忆。北京大运河文化旅游景区与运河水一起，彻底融入新时代运河儿女的生活之中。

2022年2月4日下午，北京冬奥会火炬在大运河森林公园传递，"古今通衢"是这一点位的主题。126名火炬手沿运河传递火炬，全长约8.8千米，随着奥运火炬的不断向前，源远流长的大运河文化向人们展示着它的魅力。自强不息的奥运精神，也是每一位运河儿女的精神。

走在大运河文化旅游景区，虽不见往日运河漕运盛景，但两岸桃柳成荫、河滩芦苇飘荡。昔日漕粮转运、商船往来的繁忙景象已化作雕塑，伫立在运河岸边。静静的运河水流淌过大运河森林公园，见证着通州作为北京城市副中心的崛起。从一枝塔影到高楼林立，千里通波的运河给子孙后代留下了宝贵的生态资源和精神财富。

太平寺（行宫庙） 上码头 瓜场 三官庙 曹家典地 验花店 曹家花园 小花杉香

张家湾古城

设计小镇——张家湾

通州的张家湾曾是运河沿线重要的水陆交汇和物流集散中心，有"大运河第一码头"之称。运河停漕后，张家湾的经济与社会发展趋缓。中华人民共和国成立后，张家湾地区开始出现手工业合作社，包括铁业生产合作社、料器社、服装社等，当地的工业也有了长足的发展，这段历史为当地留下了丰富的公社文化与部分工业厂房。伴随城市副中心落户通州，张家湾规划建设以"古镇"与"设计小镇"为主体的特色小镇。

"古镇"与"设计小镇"分别代表了张家湾地方文化的传统与现代方向。在此背景下，当地人民深入挖掘运河文化、工业文化底蕴，尝试以深厚的文化积淀打造"古今交汇"的小镇风貌。

一、张家湾建设规划

张家湾特色小镇的建设规划是以改善北京城市空间布局、推动城市副中心建设为目标制定的。这个规划不仅为张家湾未来的发展方向提供了指导，还将张家湾的发展融入了城市副中心的建设布局之中。

在通州"十四五"规划中，城市副中心建设的整体布局为"一城一带一轴、四区三镇多点"，张家湾设计小镇就属于"三镇"之一。张家湾被赋予了重要的使命，即疏解北京的"非首都"功能，聚焦创新设计和城市科技产业，打造成为北京设计之都、数字之都的平台；同时，张家湾还承担了建设古镇，以"留住城市文化基因，讲好千年大运河故事，塑造千年运河文化品牌"的重任。

张家湾古镇与设计小镇的建设规划涵盖了其在古代、近代与现代形成的丰富地方文化。其中，古镇主要涉及对张家湾古城遗址的保护与修缮，设计小镇主要涉及对工业区旧址的开发与再利用。

张家湾古镇位于城市绿心以南，张家湾设计小镇以西，与环球影城主题公园相距不远，是大运河故道与城市副中心发展轴的交汇处，也是最能展现运河文化风貌的区域。张家湾古镇的发展目标，是打造"古今记忆交汇地区、漕运文化展示窗口、文化功能融合节点、文化旅游休闲胜地"。张家湾古镇将"漕运古镇""红学载体""京郊集镇""公社典范"作为推动当地文化保护的关键词，强调将与运河文化紧密相连的漕运文化、红学文化及集镇文化作为古镇建设的抓手。此外，张家湾古镇还遵循"一动一静、错位互补"的发展格局，将传统的运河文化与环球影城所代表的现

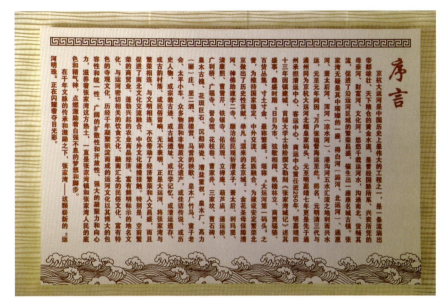

张家湾博物馆中序言对张家湾的介绍

代娱乐产业相连接，为张家湾古镇注入新的活力。

　　相较于张家湾古镇悠久的历史文化底蕴，张家湾设计小镇依托当地的工业遗产，强调的是在有限的空间内探索工业文化的资源转换、产业升级路径。遵循"尊重历史、延续肌理、织补新旧"的基本原则，张家湾设计小镇通过对北泡、铜牛等地块进行开发，将传统工业厂房改造为独具特色的建筑群，推动旅游业与第三产业的发展。

　　随着张家湾古镇与设计小镇建设的持续推进，张家湾正探索着使传统文化服务当下区域建设的路径，力求在保护地方文化记忆的同时打造具有国际视野、国际水平的现代城镇。

二、古镇：运河文化的新发展

　　运河带来张家湾历史上的繁荣。正如明代首辅徐阶在《张家湾城记》

张家湾的漕运文化

张家湾出土瓷器

中提到的："张家湾，凡四方之贡赋与士大夫之造朝者，舟至于此，则市马僦车以达都下，故其地水陆之会而百物之所聚也。"这是一块经历了繁华的土地。

在张家湾古镇建设的过程中，"一带，两轴，三区"的建设规划格局是对张家湾古镇物质文化与非物质文化遗存的全面概括。其中，"一带"指的是依托玉带河、萧太后河、凉水河等历史上的漕运河道，形成大运河滨水文化带；"两轴"是指依托长店街与张梁路，形成漕运文化展示轴和近现代文化展示轴；"三区"则指依托自然河道水网，结合历史空间格局，形成古城遗址片区、张湾镇村片区、产居融合片区三个片区。这一建设格局也反映出运河对张家湾地方文化的深远影响。

张家湾古镇发展的资源优势在于"漕运古镇""红学载体""京郊集镇"与"公社典范"，其所反映的是因运河而产生的漕运文化、红学文化、集镇文化，及中华人民共和国成立后形成的公社文化。

"漕运古镇"强调了张家湾因运河而成为漕粮的转运地，并因此所获得的长久繁荣。自1271年元朝定都大都（北京）以来，张家湾就是漕运的中心码头，发挥了运粮、仓储、守卫三大历史作用。正如光绪年间的《通州志》所记载："历元明，漕运粮艘均驶至张家湾起卸运京。"即便在清嘉庆六年（1801）北运河"裁弯取直"不再经过张家湾，但由于天津长卢盐场食盐运输的需要，张家湾仍然维持着其作为"北京地区的食盐中转码头"的地位，被称为"小盐河"。因此，借助张家湾古城中的漕运遗存，挖掘、保护当地的漕运文化，是展示张家湾古镇历史风貌的重要窗口。

"红学载体"强调的是张家湾与曹雪芹、《红楼梦》小说创作之间的联系，具体表现为作家文学、民间文学与地方景观叙事的相互影响。自1992年"曹

张家湾的红学文化

张家湾的红学文化

"霑墓石"出土后，张家湾的红学文化就成为学术界与民间共同关注的话题。尽管目前学术界对曹雪芹墓石的真实性仍存在着一定的论争，但民间已产生了诸多与红学文化相关的故事传说。有当地居民指出，张家湾当铺其实就是曹家当铺，曹雪芹走水路南去北归，应该在这里住过一段时间。张家湾还有一块约600亩的无主坟茔，被认为是曹家坟。《红楼梦》中的花枝巷、葫芦庙、铁槛寺也被认为是曹雪芹根据张家湾古城进行的艺术创作。如今的张家湾博物馆中还专门开辟了与红学文化相关的展区，可见红学文化对张家湾影响之深。

　　"京郊集镇"是对张家湾商业传统与未来发展方向的概括。"船到张家湾，舵在里二泗。"明清时期，张家湾是沿运河往来的商人进京的重要关口。当地的食盐、布匹、酒曲等商品的交易都较为繁盛，此地还曾设有宣课分司（明朝）、坐粮厅分税口（清朝）负责税收事宜，以晋商为代表的商人也在张家湾开办了会馆。张家湾古镇正致力于恢复其在商业上的繁荣，以旅游业与文化产业的结合综合展示张家湾深厚的商业文化、运河文化传统。

"公社典范"强调的是张家湾在中华人民共和国成立后形成的公社文化。作为"人民公社时期的先进代表"，张家湾古镇是北京地区公社时期建筑遗存最为完整的地区之一。

张家湾古镇的开发虽然才起步不久，但其未来的发展将不只局限于对古代建筑遗迹的挖掘、保护，更要在挖掘地方文化的基础上探索资源转换的新路径。依靠城市副中心建设的发展机会，张家湾古镇将依托当地多种

建设中的张家湾古镇

文化资源优势，打造文旅古镇，推动产业转型与升级。

三、古今交汇：传统工业的新生

在运河停漕后，张家湾较为发达的工业也曾一度延续着当地的辉煌，并留存了包括厂房在内的丰富工业遗存。但是，彼时的工业大多存在着缺乏支柱产业、低端产业集聚、转型升级压力大等缺陷。在北京城市副中心落户通州的大背景下，张家湾势必要对传统工业进行改造，推动当地的产业升级与转型，铜牛、北泡、创新中心、经开智汇园和珠江等"五大地块"是张家湾设计小镇建设的重点。

北泡轻钢厂（以下简称"北泡厂"）是张家湾设计小镇建设过程中进行的有益实践。该企业创立于改革开放之初，曾从事新型节能环保建筑材料——夹芯板的生产，并在建造冷库的过程中开始向轻钢结构工程建设转变。近年来，由于张家湾设计小镇建设的需要，北泡厂也随着周边企业一起开始腾退和转型，其所在的工业厂房也被赋予了新的使命。

北泡厂原有的道路、主厂房、红砖楼（包括办公楼、宿舍、锅炉房、变电所等建筑）作为有形的资产，正被逐步改造为文化活动核心展区、公共服务体验区。目前推进的北泡地块一期工程就计划将部分老厂房用于建设"北京国际设计周"的永久会址：其地下一层主要为车库与设备机房，地上三层则为展厅、全球发布大厅、设计中心和艺术商店等。改造后的"北京国际设计周"永久会址在保留老厂房原有建筑结构的基础上，将具有工业风的钢梁、钢柱外露，设计者既希望以此展示独特的工业建筑风格，也想留住北泡厂昔日机械轰鸣的盛况。一期工程会址的"外立面"是用手工陶土红砖制作的，公共大厅内的采光天井外侧也是用不同类型的砖块砌筑的：上半部分用手工陶土砖，下半部分则用透明玻璃，既保障了厂房的采光，又营造出了一种红砖幕墙悬空的效果，看起来颇为独特。北泡厂一期厂房内还计划开办一批具有复古特色的咖啡店、餐厅与书店，以此进一步推动北泡厂的转型。在北泡厂一期建设推进的同时，位于其北侧的北泡厂二期被规划建设为家园中心，为整个设计小镇提供配套服务；三期项目则位于南侧，计划建成综合研发中心；四期项目计划对一期的下沉广场和综合研发中心的东侧大楼进行进一步开发。

设计小镇的建设过程中，也是张家湾探索，完成产业迭代、高端人才引进的有效路径。张家湾正尝试深入挖掘当地工业文化传统，并使之服务于城市副中心建设的需要。

在未来的发展中，张家湾特色小镇将坚持"特色产业是基础，特色文化是内核，特色生态是重点，特色生活是旨归"的基本理念。张家湾正探索将漕运文化、红学文化、集镇文化、公社文化及工业文化进行资源转化的路径，建设成以运河文化为主线、古今交汇的特色小镇。

台湖演艺小镇

演艺小镇——台湖

台湖镇位于北京市东南部，通州区西南部，与梨园镇、张家湾镇、马驹桥镇相邻。历史上的台湖三面地势低洼，湖泊湿地众多，湖周围有多处方形土岗，这些岗称为"台"，"台湖"也因此得名。由于当地河流、湖泊、湿地众多，台湖受到辽代帝后的喜爱。后因辽金时期凉水河的泛滥、金口河的开凿，致使台湖区域的"台"与"湖"逐渐消失，只留下"台湖"之名。

在北京城市副中心落户通州的背景下，台湖被规划为建设集生态、艺术、演艺为一体的演艺小镇，堪称"湖中舞台"。当地充分挖掘文化传统，着力打造以创意创作、展演交流为核心功能，以艺术推广、文化旅游为衍生功能的活力小镇，致力于服务北京城市副中心建设。

一、台湖兴衰赖运河

历史上，台湖的兴衰与运河有着密切的联系，运河滋养下形成的湿地、湖泊是当地发展的重要资源。由于湖泊众多，台湖地区有着适合人类生产、生活的自然条件。当地的周家坡岗子汉墓群、垛子汉墓群、永隆屯汉墓群等诸多墓葬群，证明此地较早就有了人类活动的身影。

辽代史书中正式出现"台湖"之名。据《辽史》记载，统和八年（990）、九年（991）、十年（992）辽圣宗都曾"入台湖"，在这里办公、射猎。统和十年（992），辽圣宗还下令将台湖改名为"望幸里"，并组织群臣比赛射猎。台湖之所以受到重视，主要是因为辽代统治者过惯了渔猎生活，并为此创制了"四时捺钵"制度。《辽史·营卫志》中提到，"辽主秋冬违寒，春夏避暑，随水草就畋渔，岁以为常。四时各有行在之所，谓之捺钵。""捺钵"在契丹语中有牙帐、行宫之意。"四时捺钵"就是指辽代统治者在一年四季中去不同的地方射猎、休养，并在那里处理公务。辽圣宗时，皇帝每年射猎的四个地点被基本固定下来，即鸭子河（今松花江）、长春河（今洮儿河）、鱼儿泺（长春河附近）与鸳鸯泺（今河北省张北县）。据《乐和台湖》记载，统和八年（990），辽圣宗因军事需要驻扎北京，难以动身前往遥远的四处射猎地点，大臣们便在北京一带为他寻找合适的猎场。台湖因丰富的水草、优美的自然风光而被选中。辽圣宗命人在此修建庭馆，设役使，萧太后还在此地修建了阅台，以便观赏皇家子弟的渔猎和军队演武。

台湖一带"台"与"湖"的消逝同样与运河有关。由于凉水河的多次泛滥，加之至正二年（1342）再开金口河，永定河水水流不稳，河道有淤塞的危险。这一时期，大量泥沙涌入台湖，导致湖底升高，水面干涸，台湖的湖水因此逐渐消失。乾隆四十八年（1783），台湖还曾改名为"台户"，民国二年（1913）才又被改为台湖。

辽代通州

依托良好的自然生态条件，台湖的种植业较为发达。此地曾以小麦、水稻和莲藕为主要种植物，并在中华人民共和国成立后陆续建立起金属制品、普通机械制造等工业产业。随着北京城市副中心落户通州，台湖被赋予了演艺小镇的发展方向。为此，台湖计划打造以青年社区为主的艺术家孵化基地、以知名艺术家工作室为主的文化基地、原创歌舞剧目产业孵化地、版权机构及交易中心聚集地，建设一站式文化产业小镇。台湖本地的演艺文化传统也为其未来发展注入了动力。

二、台湖演艺历百载

在百余年的历史发展中，台湖形成了较为丰富的演艺文化，可谓"运河中的舞台"。这些演艺传统能够为当下台湖演艺小镇的建设提供助力。台湖具有丰富的演艺民俗文化，包括药王庙庙会、安定营皮影戏、蹦蹦戏等，其中最具代表性的当属单琴大鼓、胡家垡村高跷老会与次一小车会。这些传承多年的民间演艺活动承载着运河民众的生活记忆，是台湖的宝贵文化资源。

单琴大鼓是通州区区级非物质文化遗产。它发源于北京通州，一度传播至天津，受到北运河沿线民众的认可与欢迎。单琴大鼓的创始人翟青山是通州马驹桥镇人，他幼年家境贫寒，因一次偶然的机会跟随刘玉昆、李德全学习西河大鼓，并展示出艺术天赋。20世纪二三十年代，在李德全的帮助下，翟青山按"落腔调"的调式创造了"凤调大鼓"，意思是此调源于凤河畔。以凤调大鼓为基础，翟青山又吸收多家剧种之精华，不断加工、提高，最终于1933年创造出了新的曲种，因其伴奏以扬琴为主，故名"单琴大鼓"。翟青山为单琴大鼓创编了多个曲目，如《杨家将》《呼家将》《蓝桥会》等。在演出时，他以甜润宽厚、微有沙音的嗓音获得"云遮月"的美誉，一度红遍京津两地，天津仁昌电台等媒体竞相播放他的作品。如今，单琴大鼓已传承至第四代。台湖镇的张宝增是该艺术的第三代传承人，他于2002年拜师沈长禄，之后就频繁在马驹桥一带的红白喜事上组织表演单琴大鼓，并搜集了许多与单琴大鼓有关的资料。2016年，通州区举办"隔不断的记忆"主题演出，单琴大鼓第二代、第三代、第四代传承人同台献艺，为人们展示了单琴大鼓的独特魅力。

小车会别名"太平车"，是清河太平的民间花会艺术。小车会演员众多，表演场面宏大，剧情富有喜剧色彩，深得当地民众的喜爱。台湖地区的次一小车会源于次渠的郑庄小车会，兴起于清同治年间，有"云车老会"

的称号。据当地人说，郑庄小车会曾进宫为贵妃表演，因其能演出车在不平整的道路上行动的样态，贵妃便脱口直言："瞧，这车'云'起来了！"会首便请贵妃赐下名称——"郑庄云车圣会"。此后，郑庄小车会便得到了宫廷的赏识，还曾为慈禧太后表演。民国时期，小车会因战乱而终止，直至20世纪80年代才逐渐恢复。如今的次一小车会就是在继承郑庄小车会的基础上，与次一村原有的小车会融合后形成的演艺活动，是台湖逢年过节时必不可少的民俗活动，也是当地演艺传统的展现。

胡家垡村高跷老会与次一小车会同为民间常见的演艺活动，其始于明末清初，有着悠久的历史。胡家垡高跷会表演内容丰富，角色包括大头行、小头行、武扇、文扇、渔婆、渔樵等，颇受当地民众的欢迎。尽管高跷会存在传承难的问题，但台湖镇政府一直在为其传承与发展提供帮助，试图让古老的非遗在当下焕发新的生机与活力。

台湖丰富的演艺文化传统是演艺小镇建设的重要文化资源。如何让古老的艺术传统与当代社会的审美相契合需要不断的探索与研究。在台湖演艺小镇建设的过程中，诸多新的文艺资源被引入台湖，如何引导当地传统文化资源与之相互配合便成为了小镇发展的新命题。

三、文化生态铸辉煌

随着北京城市副中心落户通州，通州以"北有宋庄原创艺术、南有台湖演艺小镇、东邻张家湾与城市绿心、中有北京环球度假区"为目标着力构建"大文旅"产业发展格局。台湖作为演艺小镇，将通过推进演艺文化与生态建设，以文化舞"台"、"湖"映林簌为方向，再现当地"湖中舞台"的辉煌。

在艺术建设方面，台湖引进了国家大剧院台湖舞美艺术中心，这是当地发展演艺文化的重要基础。该中心位于台湖镇台湖西路，包括国家大剧

国家大剧院台湖舞美艺术中心

院台湖剧场、国家大剧院台湖露天剧场、住宿楼、艺术交流楼、舞美设计用房、散装库房、制作车间、集装箱库等配套设施，致力于打造集设计、排练于一体，兼顾服装道具制作与展示、艺术创作与交流于一身的综合演艺平台。台湖舞美艺术中心已承担了国家大剧院舞剧《天路》、话剧《暴风雨》、歌剧《唐璜》等剧目的排练合成工作，并且为国家话剧院、中国歌剧舞剧院、中国东方歌舞团等机构提供了排演服务，也为台湖吸引了一定的文化资源。此外，台湖舞美中心还为北京交响乐团大型京剧交响套曲《京城大运河》提供了排练综合服务，为传承、发展当地的运河文化做出了贡献。作为著名的"国字招牌"，国家大剧院的到来对台湖地区发展的推动作用是不言自明的，但是，如何将新引入的文化资源与台湖的地方文化传统相结合仍是值得探讨的问题。

在生态建设方面，台湖致力于打造"艺术轴，小组团，水文脉，大观园"的空间结构，将地方文化资源与生态资源相融合。其中，"艺术轴"指的是台湖演艺小镇要与通州其他文化资源相结合，串联演艺小镇、张家湾古镇与环球影城，打造区域融合发展格局；"小组团"主要指打造两条绿廊，将田园风光、沿线绿化融入小镇空间建设；"水文脉"关注当地的运河文化，台湖计划将萧太后河引入小镇，与台湖公园水系贯通，打造自然亲水、运河文化底蕴深厚的特色小镇；"大观园"则是综合的目标，标志着台湖希望将承载自然生态理念的郊野公园、凸显运河记忆的码头、代表演艺文化的剧院相结合，打造独具魅力的生态"大观园"。

台湖的演艺小镇建设兼具演艺文化与生态发展两方面的内容。面对良好的发展机遇，台湖引入了新的文化资源，获得新的发展机会。但只有深入挖掘当地的运河文化、演艺文化，台湖才能在特色小镇建设的过程中突出地域文化特色，加快发展步伐，更好地为城市副中心建设服务。

台湖景色

北京环球影城

四、"环球影城"谱新篇

2021年9月20日，北京环球度假区正式开园。度假区包括北京环球影城主题乐园及与之配套的两家度假酒店、北京环球城市大道。度假区的建造与运营为通州的经济与社会发展注入了新的活力。其中，环球影城是其核心建构。

环球影城发端于20世纪60年代，当时环球制片公司将好莱坞部分摄影棚改建成"环球影视城"并对外开放。此后，通过为游客提供参观电影制作过程、回顾经典影片片段、在电影拍摄现场亲身体验电影的拍摄过程等服务，环球影城逐渐成了好莱坞最吸引人的去处。经过多年的实践，环球影城在整合优势文化资源、打造经典主题文化等方面进行了有益的探索，并形成了较为成熟的，能带给游客立体感、代入感体验的路径。因此，环球影城也获得了世界各地游客的认可，并成为当下最知名的主题乐园品牌之一。美国、日本、新加坡、中国都先后启动了环球影城的建设工程。

北京环球影城

作为全球第五座、亚洲规模最大的环球影城主题乐园，北京环球影城的启动对通州的区域建设有着不可忽视的推动作用。北京环球影城包括哈利·波特、变形金刚、功夫熊猫、好莱坞、未来水世界、小黄人乐园、侏罗纪世界等已对外开放的七大主题景区，未来其还计划引入孙悟空等带有中国文化的IP并建设水上乐园。有学者预测，凭借多样的主题园区、丰富的游乐设施，环球影城每年将为通州带来800万至1000万人次游客，为通州文旅产业的发展奠定良好的基础。2021年中秋节期间，环球影城周边酒店入住量较2019年上涨超过了15倍，并为周边小镇民宿产业的发展创造了契机。与此同时，环球影城还创造了10万余个就业岗位，推动了通州地区的产业升级与转型。

北京环球影城处于梨园镇、张家湾镇、台湖镇三镇交汇处，毗邻东六环与京哈高速，是台湖等特色小镇建设的重要动力源。为了更好地利用环球影城推动大运河文化带、台湖演艺小镇与张家湾古镇建设，通州各地都进行了相关规划与设计。如台湖设计了一条旅游路线，尝试将演艺小镇的生态、文化建设成果与环球影城相关联。在这条路线规划中，游客可在离开环球影城后到台湖公园享受"天然氧吧"的自然风光，于乐书屋中品尝精美糕点，至台湖演艺车间欣赏北京曲剧《茶馆》等体现地方演艺文化的剧目，或去双益发文化创意园欣赏玉雕技艺。此外，张家湾古镇则秉承"一动一静、错位互补"的原则，以不拆真、不作旧的方式展示张家湾的历史文化底蕴，希望游客既能在通州感受现代文化的繁华热闹，也能体验古典文化的厚重沉静。西集则借助便利的交通，希望依靠环球影城吸引的庞大客源推动本地民宿建设，令游客在感受环球影城所代表的都市文化的同时，也能体验到通州质朴、自然的乡村文化。

环球影城的开业为通州文旅产业的发展带来了新的契机。为了更好地利用环球影城带来的资源，通州各地正规划着各具特色的旅游路线，希望能使人们在通州切身感受当地文化的丰富与精彩。

北京环球影城

宋庄开放式艺术公园

艺术小镇——宋庄

　　宋庄位于北京市通州区北部，靠近首都机场空港区与河北省三河市。温榆河、潮白河分别从宋庄两侧流过，使当地成为适合生产与生活的"两河之地"。宋庄境内村落众多、历史悠久，当地发展与运河有着密切的联系。20 世纪 90 年代以来，随着艺术家的聚集，宋庄形成了以艺术带动当地发展的"宋庄模式"。近年来，随着城市副中心落户通州，宋庄被规划建设为艺术小镇，充分发挥"宋庄模式"的资源优势，试图在本地深厚的艺术传统基础上，"建设世界文化名镇，打造中国文化硅谷"。

一、两河哺育下的小城镇

宋庄位于通州区北部，受潮白河、温榆河的滋养，较早便有了人类活动的踪迹。据考古资料显示，宋庄曾出土过新石器晚期的文物。1998 年的考古行动则在当地发现了一座辽塔地宫，据《北京考古集成》记载，宋庄出土的辽塔约建造于辽圣宗年间。此外当地还出土了唐代的"开元通宝"与北宋铜钱，证明了其往昔的繁荣。

宋庄境内村落众多，大多形成于元代和明代，部分村落还因运河而形成了独特的地方文化特征。白庙村就与河流有着密切的联系。该村形成于元代，得名于潮白河畔的一座白马关帝庙。据当地人说，明成祖亲征时曾遇到黄沙漫天，多亏一位形似关公、骑着白马的仙人为他指路，这才得以胜利回京。回京后，明成祖便下令在潮白河畔修建一座关帝庙，庙中的关公要骑白马，庙旁的村子也就叫白庙村了。潮白河在白庙村一带拐了一个弯，这使得白庙村成为水路进京的重要通道。因此，当地民众能够以摆渡、船运为谋生手段，在务农之余赚取额外的收入。但是，白庙村人的生活却并不富裕，这一方面是因为潮白河的泛滥会影响人们的日常生活；另一方面则是因为此地往来客商多，出现过多次械斗事件，使得白庙村的名声不大好。白庙村还流传着这样一个传说，据说当地有一个年轻人独自远行，路过一所房屋想找屋主人讨口水喝，但屋主人一听这个人是白庙的，便关上门不再搭理他了。后来，白庙的人出去常说自己是"黑寺"的，以免人家不待见自己。通过这则颇具自嘲色彩的传说，能略窥运河给白庙村民众带来的双重影响。

宋庄境内还有一个村落，名为瞳里，其发展也与运河有着密切的联系。瞳里最初为一个渔家村落，俗称网户村，是运河为当地民众提供了谋生途径。明代有山西洪洞县韩姓兄弟迁至瞳里定居，逐渐发展为大户，他们曾将村落更名为韩家瞳，1913 年后又改回了瞳里。

晚清时期，潮白河的东摆也影响了宋庄的发展，当地人都对洪涝灾害心有余悸。此后，清代屡次修筑潮白河大堤，堵塞决口，将潮白河水引入北运河，这才使宋庄的水患灾害有所控制。中华人民共和国成立后，随着潮白河治理工程的不断推进，宋庄镇的民众终于不用再受洪涝灾害之苦，能够安心享受运河所孕育的生态与文化资源。

新时代的宋庄先后获得"首都文明乡镇""全国创建文明村镇活动示范点"和"全国创建文明村镇工作先进单位"等荣誉称号，在文化艺术建设与地方社会发展等方向积累了经验，并逐步探索出了区域发展的"宋庄经验"。

二、大师云集的"宋庄模式"

"宋庄模式"指的是艺术家自发聚集、引发地方乡村在居住、生活、生产等方面发生相应变化，形成一种文化创意产业聚居区，从而改变了乡村原有的空间格局、发展模式和文化生态。这一发展模式概括了 20 世纪 90 年代以来宋庄区域发展的方式，也为宋庄艺术小镇的建设奠定了基础。

宋庄熊氏珐琅／王晴 摄

熊氏珐琅展品／王晴　摄

　　宋庄模式的形成得益于圆明园画家村的发展。1990 年左右，一批艺术家从全国各地来到位于圆明园东南角的福缘门村一带，自发形成了一个聚集地。曾在圆明园画家村居住两年多的杨卫在《历史的后花园：圆明园画家村逸事》中提到，他们之所以集合在圆明园是"将圆明园废墟作为某种象征，包含了文化复兴的宏愿。废墟中夹着历史的沧桑，往往也孕育着重建的冲动"。在这些艺术家看来，圆明园"见证了近代以来中华民族受屈辱的沉痛历史。所以，也就作为一种凭吊，成了我们痛定思痛，百废俱兴的象征"。他们认为中国现代文化、现代艺术的进程与圆明园废墟间有着密切的联系，因此他们才会在 20 世纪 90 年代聚集于圆明园，形成一个"画家村"，令当地出现摩拳接踵、熙来攘往的热闹景象。在杨卫的回忆里，彼时的圆明园画家村是一个世外桃源，那里是艺术家的天堂、文化人的圣地。

1995 年左右，圆明园画家村拆除，部分艺术家来到宋庄，使宋庄成为大师云集的新艺术之乡。张天羽在他的博士论文《北京宋庄艺术群落生态研究》中指出，宋庄是作为被取缔的圆明园画家村的延续而登上历史舞台，其实质就是"角儿"换地儿了。根据栗宪庭的回忆，他们去宋庄是因为听说黄永玉老师去了那里，而且张惠平的学生对村子的情况比较了解——当地很穷，很多人外出打工，空房子特别多，所以去那里买房子对他们而言是十分实惠的。当方力均、张惠平、岳敏君等人搬到宋庄后，一批画家便陆陆续续搬了过去，使宋庄镇小堡村等地成了"画家之乡"。

来到宋庄的艺术家们为当地注入了新的活力。《中国当代艺术史》中就记载了艺术家与村民的相处模式：艺术家们绝不会和邻居"老死不相往来"。他们喜欢串门、聊天、打牌，也十分满足于这里的无拘无束。大部分人过着毫无规律的生活，基本不看表，也很少惋惜时间的流逝。有人认为宋庄的艺术家是对城市、现代社会的不适应而产生的逃逸，呈现出一种消极的生活态度，但宋庄的艺术家们却逐渐意识到自身与宋庄地方建设间的联系。栗宪庭就指出，"艺术商业化和艺术之间有点像水和舟的关系。……艺术家尤其是自由艺术家的生存和创作，在很大程度上得依赖艺术商品化的途径"。因此，他也致力于和当地政府合作，努力建立一个良好的艺术创业环境。

宋庄镇政府的管理者也依靠艺术家聚集所带来的文化资源进一步探索着"宋庄模式"的发展道路。较早获得"画家村"美誉的小堡村就总结出了当地的四条发展经验，即房租低且有特色、村民广泛接纳且尊重艺术家、艺术家自身的群居特点及村里主动为艺术家提供工作、生活场所。由于艺术家的到来，宋庄小堡村的经济与文化建设也有了显著的发展，当地也将发展文化创意产业、优化文化创意产业发展环境作为其未来的建设重点。

宋庄吉兔坊

三、艺术小镇的规划建设

在北京城市副中心落户通州的大背景下，宋庄也以建设艺术小镇为目标开始了发展的新探索。2018 年，北京市委书记蔡奇在视察宋庄创意小镇时就对当地发展做出了指示："突出主体功能，围绕艺术创意定位，有所为有所不为。加强城市设计与风貌管控，塑造'水清岸绿、城乡交融、田园艺韵'的风貌。做足艺术创意小镇文章，在小而特、小而精、小而美上下足功夫。"

为此，宋庄首先对艺术家聚集的小堡村进行了较大规模的改造升级，希望在保留原有艺术功能区的基础上提升公共服务配套设施，新建艺术场馆设施，优化艺术区整体环境。作为艺术家聚集区的小堡村北区规划建设一条"共享社区环"，为艺术家们建设集艺术市集、体育设施、精品酒店、大师工坊于一体的公共空间。小堡村中区曾是工业区，近年来进行了一定的疏解、腾退工作，部分厂房陆续拆除，这部分场地将用于绿化带建设、艺术场馆建设，呈现出更具艺术气息的生活社区。

为了推动宋庄的文化与旅游业融合发展，小堡村还于 2021 年建设了占地上万平方米的开放式线性艺术公园，打造出集生态与艺术于一身的艺术空间。宋庄的艺术公园是艺术创意小镇南区中轴线上的重要节点，富有层次感的设计是其最大的亮点。通过灰砖与暖黄铺装的结合，公园整体呈现出了温暖、明朗的色调，加之园内的梧桐、银杏树，公园便拥有了自然、传统与现代艺术交融的感觉，以秋日的金色景象给人以美的享受。

宋庄艺术节是当地文旅发展的一个平台。艺术集市是艺术节上的重要活动，这一活动给宋庄的新人艺术家提供了崭露头角的机会，也对城市文化氛围的建设起到了推动作用。

近年来，随着短视频直播行业发展，宋庄的经营方式也日益多元化。中国宋庄书画直播基地就是在互联网背景下进行的创新尝试。2021年6月，直播基地揭牌。该基地计划建设"艺创云阶"文化产业园，试图打造服务艺术家、链条完整的艺术创业产业，形成艺术小镇的新亮点。

依靠"宋庄模式"所积累的文化资源，宋庄艺术小镇的建设取得了卓越的成绩。但是，如何留下这些艺术家、为艺术家创造更适合发挥其艺术水平的平台，仍然是当地发展的重要话题。此外，运河是宋庄历史发展的重要资源，如何挖掘当地的运河文化，使之与艺术小镇的建设相结合，也是未来发展的新论题。

第八章 『乐』在运河

手工技艺与饮食

运河两岸的人民勤劳聪慧、热爱生活，他们以各种方式维持生计并创造出生活中的乐趣。不论是精巧的手工技艺，还是创新发展的各类饮食，无不显示出大运河滋养下的生活图景，丰富而充满魅力。

运河在促进人口流动和文化传播的过程中，促生了新的谋生理念，并为手工艺产品提供了原料、销售场所、运输途径等各种条件，为民众带来新的谋生方式。这些传统工艺和美食，现在仍然活跃在运河两岸，连接着运河人们远去的记忆，丰富着运河人们现在的生活。本章选取通州大风车、掐丝珐琅、团花剪纸、空竹、兔儿爷等 5 个具有代表性的非物质文化遗产项目进行介绍。这些民间手工艺品制作精良，或古朴稚拙，或精雕细琢，或工艺考究。这些手工艺既可以传递家的欢乐祥和，也能够彰显国礼的隆重精致，这些手工艺体现了民间手工艺匠人的艺术追求、民众的审美情趣和对生活的无限热爱。

饮食文化的形成反映了运河对沿途区域的多重影响。运河哺育着两岸的生态环境，带来了经济的繁荣与文化的交融。以运河带来的商业繁荣为基础，顺义的酿酒业有了长足的发展，并形成了驰名中外的佳酿品牌；得益于良好的自然生态条件，运河沿线的果蔬种植业不断发展，并形成了地理地标；人们也从运河中获取原料，制作出一道道美味佳肴。运河促进了南北文化、民族文化的交流，南北方的物质与文化交流推动了北京烤鸭的形成，而民族文化的交融则促进了"通州三宝"的诞生。这些与运河相关的饮食文化代代传承，反映了运河对区域发展深远且持久的影响。

"风车王"梁俊的大风车作品

运河边的童年玩具——通州大风车

大风车是许多老北京人童年的玩具，逢年过节孩子们举起风车玩耍，传递着吉祥好运的美好愿望和天真快乐。现在，风车是代表中国优秀传统文化的民间工艺品、强身健体的"运动道具"；而在非物质文化遗产项目"通州大风车"代表性传承人梁俊的创新中，风车还成为向世界展示民族文化的"中国符号"。

一、"风转福到"

"大风车"常常特指源于北京的花轮带鼓风车，是北京

非物质文化遗产项目"通州大风车"

地区风车的代表制品。大风车的构造比较复杂，风车轮用秫秸片或细竹篾、细铅丝做成；用竹签或秋秸秆做轴，再将裁剪好的彩色纸条的一端钉在轴心，另一端呈放射状糊在风车轮上。制作风车轮的彩色纸条是经过多层晕染的，静止的时候红蓝间有黄色过渡，转动起来就闪现出七彩的光晕，颜色明艳，层次丰富。大风车少则三轮、五轮，多则三四十轮，所有风轮都安在用秫秸扎成的框架上，在轴的延伸处还装有一个铁皮做的小拨片，轴下方有用线绞住的两根小鼓棒，再下方是泥的小鼓，风轮转动时拨片拨动鼓棒，小鼓就会呼呼作响。舞动起来风轮翻转，煞为壮观。风车的种类还有很多，也有一部分被作为风筝和走马灯的附件。

　　非物质文化遗产项目"通州大风车"代表性传承人梁俊的家中存放着许多他亲手制作的大风车，这里也是他的工作室。在这里，他为我们讲述了风车由来的故事。风车的出现距今已有2000多年的历史，最早叫"八卦风轮"。据说在很早以前，天上有一只十头鸟，它是王母娘娘出行时的上方侍卫，因偷吃了天宫里的米，触犯了天规，被王母娘娘责令砍下一个头并罚下界，让它戴罪立功，为天下百姓效劳。但是，只剩下九个头的鸟来到人间之后，仍为非作歹，到处害人。由于被砍头的伤口不愈合，总流血，血滴到哪里，哪里的百姓就遭殃。此事惊动了周文王，便责令姜子牙除掉此妖，拯救百姓。姜太公临危受命，回禀周文王说只有用乾坤杆和八卦风轮方能奏效。于是便立刻请来工匠进行制作。乾坤杆高 3 丈 6 尺 5 寸，八卦风轮内有一个中心轴和 12 根黄色棱条按八卦组成。风轮外圆代表一年，12 根条代表 12 个月，12 根条有 24 个头，代表 24 个节气。做好后固定在支架上再安装在乾坤杆上。降妖驱魔时再在八卦风轮杆上贴上四道符，风一吹风轮就开始转动，天天不停，每时每刻都在驱魔降妖，从此当地天下太平。

后来这个故事传播开来，百姓们纷纷仿效。将乾坤杆改叫天地杆，并在杆上加上芝麻秸，挂上了红灯；把八卦风轮改叫风车，并在上面加了泥鼓，风轮上贴了红、黄、绿的三色纸条，风一吹，发出清脆的响声，更增加了喜庆和吉祥的色彩。后来也就有了"风吹风车转，车转幸福来"之说。风车转动寓意家庭幸福，人丁兴旺，四季保平安。从此，人们将丰年富足、海晏河清的美好愿望，融入这一只只精巧又轻巧的风轮之上。

二、运河边的童年记忆

通州大运河森林公园里，有许多以大风车形象为原型的五彩高大的风车雕塑。它们与北运河沿岸的美好风光相映成趣，为人们的休闲悠游时光，增添了一份童真童趣。这个具有地方特色的文化景观，曾是许多老北京人的童年记忆。

风车的流行与商业文化的发展息息相关。昔日卖风车的小贩多集中在庙会、天桥或者集市，悦耳的风车声在人流攒动的街头巷尾此起彼伏，清脆而富有节律，响彻整个北京城，这些场景深深留在了人们的记忆之中。阳光照耀下的彩色晕环，迎风作响的哒哒鼓声，给老北京人留下了美妙而

小庙会尽显北京味儿

《北京晚报》对梁俊的报道

难忘的印象。每逢岁时节庆，北京人还会把大风车插在屋檐下，以渲染节日的欢乐气氛。

梁俊是西集镇武辛庄村人，这个小镇毗邻大运河畔，土质肥沃，物产丰富，商业发展繁盛，于是自古便以集市为名也因市集闻名。梁俊是 1933 年生人，他自小时就跟随爷爷和父亲学习风车制作技艺，迄今已有 80 多年的时间了。梁俊的爷爷是裱糊匠，兼做风筝、花灯和大风车。梁俊就是从他那里熟悉了扎制、裱糊的手艺，是风车制作技艺的第三代传人。梁俊年轻时当过木匠，木匠活做得十分精巧。他还在村办铸造厂里从事模型制作，这段工作经历让他学会了机械制图和看图。他虽然从事过许多不同的职业，但始终没有离开手工制作这一行业，始终是靠手工劳作创造价值。梁俊工作之余，并没有完全放弃自己儿时的爱好，逢年过节仍要做几个大风车分送给亲友、邻居的孩子们。改革开放以后，他重拾童年的记忆，全身心地投入大风车的设计制作中。20 世纪 80 年代时，北京第一个小商品市场在红桥成立，他便在那里摆了个卖风车的摊子，那时便有人专门去找他买"咱老北京小时候的大风车"。

2003 年 12 月，由于卓越的风车制作技艺，梁俊被北京玩具协会评为"民间玩具工艺大师"。2009 年 3 月，北京工艺美术行业协会、北京民间文艺家协会和北京玩具协会共同誉名他为"风车梁"。2007 年，"通州大风车"被认定为北京市级非物质文化遗产项目。梁俊一家都会做风车，现在做风车的主力是他的儿子和儿媳，孙子工作之余，还会将爷爷的风车挂在网上

梁俊做大风车的部分工具和材料 / 孙佳丰 摄

售卖，让更多人看到这个北京传统的民间手工艺品。

　　梁俊说，风车好学好做，从前村里有四五家都做过风车，但创新很难，目前坚持做风车的只有他一家了。这条创新之路，其实是一条让大风车在不同的时代都能精彩转动的路，是一条让非物质文化遗产既顺应社会发展又传承传统文化的路，也是一条民间手工艺者发家致富的路。几十年来，梁俊走过了曲折的风车制作之路，付出了辛勤的劳动，却也享受到了创作的快乐。

三、"风车梁"的创新路

　　在保持北京传统大风车梁架结构和基本造型的基础上，梁俊对风车的材料、结构、应用场景进行了大胆的革新，使古老的大风车成为符合时代

2007 年，"通州大风车"被列入北京市第二批市级非物质文化遗产代表性项目名录
／孙佳丰 摄

要求、经久耐用、便于携带的新型民间工艺品。

老式大风车的骨架和风轮中心都是用粗高粱秆制作，秆粗、节大、粗糙、笨拙，拆装几次就会损坏。为了解决这个问题，梁俊陆续尝试了许多品种的高粱，还在自家田地里亲手种植了河南的"满地红"，在多个品种中选择最好的种类。他试验给高粱秆染色，达到了不褪色、不掉色、无污染的效果。他自己为这种高粱秆取名为"科技秆"，油光锃亮，非常好看。后来他还把自行车条的螺丝帽固定在风轮的中心，增强了轮轴的牢固度、耐用度和拆装简易度，且更为轻巧、美观。

梁俊还研制出了更多轮数的大风车。这不是简单地改变风车精致小巧的外形，而是要攻克风车结构的技术难题。年轻时积攒的木工基础和他常年的不懈钻研，为他改进风车组装方式，创新结构打下了深厚的基础。依靠以往的技术风车最多能做到 10 个轮，梁俊曾受委托做过一个百轮"大风车"，但在当时如何运输、舞动、组装成了难题。梁俊从整体结构考虑，将大风车的轮数定为 289 这个吉祥的数字，整个风车阵长 3 米，宽 2.4 米。他说，2 代表你我，8 是"发发"，9 则是单数中最大的数字，289 即"你发我发咱俩一直发"之意。这个大风车高 5 米，宽 2.4 米，是他制作过的最大风车。梁俊改进的新的拆装、运输方式顺应了新时代的购物习惯，也让通州大风车

民盟民间艺术学校给梁俊颁发的
教师聘书 / 徐睿凝 摄

拥有了更多展示的机会。

梁俊的大风车获得过许多奖项，他的风车作品记录了许多历史发展的光辉时刻。香港回归时，梁俊曾做过风车风筝在天安门广场放飞以示庆贺，报纸上有《百米长龙迎空飞，庆香港回归》的报道；新中国成立50周年时，他特意设计了50只轮的风车以庆华诞，该风车现在被北京民俗博物馆收藏；他制作的奥运五环风车，也深受国际奥委会好评；新中国成立60周年时，他设计了60只轮的风车，为祖国庆生。他还为这个作品编了句顺口溜："手举风车六十铃，迎接国庆在北京。全国人民齐欢唱，祖国昌盛永长青。"这个60只轮的风车，参加了北京市文化局在鸟巢举办的民间工艺活动，并荣获二等奖。

梁俊的风车曾代表中国的民间工艺多次走出国门。他到过美国、德国、新加坡等国家参加比赛、展览，进行教学，还到日本参加过世界博览会。2000年，梁俊到新西兰参加亚洲艺术节，艺术节邀请了17个国家的艺术家，由中国的大风车做领队。梁俊在那里给中小学生上了12节课讲解如何做风车，第一课便从中国民俗文化的历史讲起。学生们在课程结束后给梁俊写了感谢信，都被他找人翻译后仔细珍藏起来。

"艺好学，精难得，创新难。"是梁俊反复挂在嘴边上的话，他将传统民间手工艺与现代生活方式结合起来，顺应时代的变迁，在传承中创新，充分体现了一位民间老艺人锐意改革、勇于创新的时代精神。

精致细腻的
掐丝珐琅
/ 徐睿凝 摄

从皇家到民间——掐丝珐琅

掐丝珐琅的技艺在世界上流传已久，最早可以追溯到公元前 12 世纪。希腊普鲁斯岛出土的六枚戒指和双鹰权杖首，被公认为是最原始的掐丝珐琅。中国掐丝珐琅盛行于明朝景泰年间，使用的珐琅釉多以蓝色为主，故惯称"景泰蓝"。2006 年，掐丝珐琅被国务院列为第一批国家级非物质文化遗产保护名录。

一、追溯千年的掐丝珐琅技艺

掐丝珐琅是一种特种金属工艺品，俗名珐蓝，又称嵌珐琅，

掐丝珐琅器上花团锦簇

惯称景泰蓝，是一种在金属质的胎型上，用柔软的扁铜丝掐成各种花纹，然后把珐琅质的色釉通过多重焙烧工序镀色填充在花纹内烧制而成的器物。掐丝珐琅最早诞生于希腊，随着东西贸易的兴起，人口开始流动，文化技艺也开始频繁地互动。掐丝珐琅工艺从古埃及、东罗马、阿拉伯地区一路向东传播，先后影响了东罗马文化以及阿拉伯地区文化。阿拉伯地区的掐丝珐琅器以及掐丝珐琅技艺经丝绸之路与中国产生交流。

掐丝珐琅的初盛时期是在元末明初。现在北京故宫博物院、承德避暑山庄、沈阳故宫博物院、西藏布达拉宫等都保存了不少明清时期的景泰蓝器物。明代时掐丝珐琅工艺被宫廷所喜爱。景泰年间，掐丝珐琅工艺得到了极大发展，无论从制作技术、艺术风格等方面都有了新的提高。景泰年间，掐丝珐琅作品的装饰题材除番莲、蕉叶外，还见梅、菊、牡丹、月季等四季花卉以及龙凤、云鹤、山水、楼台、人物等装饰纹样。器型样式多样，有与人等高

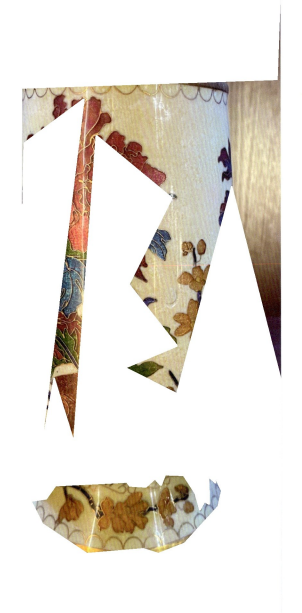

的大花瓶，两三尺高的鼎、彝、尊之类的大型器物，还有花瓶、花插、盘盒、熏炉、烛台、灯台、壶、碗碟器皿等实用的器具。在工艺上，景泰时期的掐丝珐琅作品更加纯熟，釉料更加丰富和鲜亮，除原有的天蓝、鸡血红、深浅绿、深浅黄、秋梨白以外，又增加了葡萄紫、翠蓝等几种颜色的釉料。单是蓝釉，就有钴蓝、天蓝、宝蓝、粉青、透明状的普蓝等，其纯度与亮度超过以往任何一个时期。由于蓝色珐琅釉使用较多，"景泰蓝"逐渐成为铜胎掐丝珐琅技艺和器具的"代言人"。

同时中国化的掐丝珐琅在生产规模上不断扩大，在制作工艺上也更加精致，在造型风格上趋于本土化，同时融入了浓郁的中国风格和北京地方特色。可以说，掐丝珐琅是宫廷艺术的典型代表，也是北京传统工艺美术中最为突出的技艺。

在结合中国本土特色后掐

掐丝珐琅工艺品

丝珐琅器成了具有我国独特民族风格和艺术传统的工艺品。它以悠久的历史、典雅优美的造型、鲜艳夺目的色彩、华丽多姿的图案、繁多的品种造型著名。我国的掐丝珐琅有宫廷艺术的特点，给人以"圆润结实、金光灿烂"的艺术感受，具有很高的艺术价值和收藏价值。

清代康熙、乾隆年间，社会稳定，经济繁荣，再加上受到皇室的偏爱，掐丝珐琅工艺达到了历史最高水平。同时出现了一些新的制作技艺，如画珐琅、透明珐琅等。在扬州、广州等地也涌现出不同于宫廷样式的新颖作品。这些工艺品作为中国工艺水平的代表，多次参加国内外重要展览，还曾经被作为国礼馈赠给外宾。清朝晚期，市场的需要使掐丝珐琅器物逐渐走出宫门，从昔日的皇家贡品走进了寻常百姓家。

二、走入寻常百姓家的景泰蓝

明代早期景泰蓝由宫廷造办御用，民间作坊一律不得私制。到嘉靖、万历年间，开始出现民间作坊的作品。民间景泰蓝制品受材料所限，掐丝及胎体露铜处不镀金，釉色较少，釉层也不丰润，制作细节上与宫廷所制相较甚远。

光绪二十六年（1900），景泰蓝开始向国外大量出口，民间也开始成立了许多作坊。北京当时有名的字号有老天利、杨天利、德兴成等，它们制作的景泰蓝并不逊于宫内的制品。景泰蓝制作工艺繁复，由制胎、掐丝、烧焊、点蓝、烧蓝、磨光、镀金等十余道主要工序制作完成，大大小小的制作工序加起来共有108道，全部靠手工精制而成。铜胎是拿锤子一锤一锤纯手工敲制出来的，而不是直接烧制而成的。最让人叫绝的技法是掐丝和点蓝。掐丝时要将铜丝一根根地弯折，还要用拓印在铜胎上的草稿当参考，每一根铜丝都要和草稿严丝合缝，不能有一点误差。点蓝，其实就是上釉料的过程，不仅要上色均匀，还要光滑平整与铜丝高度一致，这些都是慢工才能出的细活儿。但古代工匠们发现，珐琅釉料有一个致命缺点，就是如果铜丝之间的间距太宽，图案的空白面积过大，烧制出来的珐琅上面容易出现像玻璃炸裂一样的碎纹，因此掐丝珐琅的纹路必须细密成了约定俗成的行业规矩，这也是景泰蓝的纹样多繁密的原因。但随着技术的越发成熟和革新，当代的景泰蓝技术已能制作出一些大面积的单色块景泰蓝，具有很高的欣赏价值和艺术价值。

现代掐丝珐琅首饰制品

中华人民共和国成立初期，著名建筑学家林徽因偶然得知景泰蓝制作技艺面临着濒临消失的困境，便不禁为这种传统工艺的命运惋惜和担忧起来。她决定要筹备景泰蓝工艺的恢复和传承工作。1950年，一个致力于抢救濒于灭绝的景泰蓝的美术小组在清华大学营建系成立，钱美华、常沙娜便是这个美术小组中的成员。1956年1月，由42家私营珐琅厂和曾经专门服务于皇宫的造办处合并组成的北京市珐琅厂成立。在许多掐丝珐琅工艺美术大师的共同努力下，掐丝珐琅精美的制作技艺才得以传承下来。

20世纪七八十年代，这一技艺迎来了全面的复兴，北京也再次成为"景泰蓝之乡"。其实掐丝珐琅无形之中已经与人们的日常生活产生了许多联系，如在北京市南二环，有一座名为"景泰桥"的立交桥；桥南有一条繁华的马路，名为"景泰路"；路西坐落着一所小学，名为"景泰小学"；而马路西侧为景泰西里，东侧为景泰东里。这些地名均与附近的北京市珐琅厂相关。

三、艺术创意小镇中的"熊氏珐琅"

中国的掐丝珐琅，经过数百年的传承、发展与创新，经过了时代变迁的种种考验。掐丝珐琅技艺在工艺美术从业者的手中代代相传，现代迎来了新的发展契机。在通州区漷县镇靛庄村坐落着一间靛庄花丝厂。这间工厂于1969 年始建，熊氏珐琅的第三代传人熊松涛从小就生活在这个大院里，这里也是他祖辈、父辈以及他本人的"工作室"。如同很多传统工艺一样，熊氏珐琅也曾历经坎坷。曾以出口小物件为主要业务的花丝厂也曾因市场需求减少等问题一度没落。"舶来品"的冲击让许多传统工艺手艺人纷纷改行，许多技艺就此失传。熊松涛原本也不打算承接父亲的手艺，但他想着"不能让老祖宗的技艺在咱们手里断送"，于是最终选择回归花丝厂，让熊氏珐琅工艺继续传承下去。

除了传承传统的掐丝珐琅技艺，熊松涛更注重创新。现在熊氏珐琅在通州区宋庄也安了家。作为以艺术创意闻名的特色小镇，宋庄汇聚了现代艺术、古老的民间手工艺等多种艺术形式。熊氏珐琅因其精致做工、与时俱进的工艺和追随时代的创新精神而声名鹊起。

在位于宋庄镇小堡的熊氏珐琅工作室中，第一层摆放、展示着传统艺术风格的掐丝珐琅器，胎体厚重，釉料色彩古典。而第二层所展览的掐丝珐琅制品风格就有所不同，这就是熊氏珐琅多年来研制的新风格。这些掐丝珐琅器釉料清透，甚至能够看到金属胎体上规律而整齐的锤痕。同时艺术手法更为多元，色料的过渡自然而绚丽，采用了大量独有的釉料以及特有的上釉技法。器型更为丰富，除了常见的摆件、日用品、装饰物，还有首饰甚至手表这类精密器具，这意味着掐丝珐琅技艺在表盘方寸之间的操作要求将更为苛

正在介绍掐丝珐琅制作流程的熊松涛 / 王晴 摄

刻，本就工艺繁杂、出品率低的掐丝珐琅在表盘制作中废品率可达90%甚至更高。珐琅表盘的制作工艺，是熊松涛从材质到技艺摸索、研制五年的成果。这项工艺，填补了国内珐琅腕表一项空白，以其独特的"中国风"备受世界名表青睐。在珐琅表盘上勾勒图案，金丝越细加工难度就越高，效果也越好。目前，瑞士制造的掐丝珐琅表盘的金丝厚度是 0.07 毫米，而熊氏珐琅表盘采用的金丝厚度仅有 0.04 毫米。他多次参与国家重大外事活动的国礼制作。对"中国制造"，熊松涛充满信心，他说："只要坚持守正创新，'中国制造'必定会成为高品质的代名词。"

技术的突破和品牌意识的崛起，给传统行业的现代新生提供了契机。作为北京城市副中心建设中重点打造的艺术创意特色小镇，宋庄镇依托艺术家资源和浓厚的文化艺术氛围，吸引了众多文创企业入驻，在丰富艺术产业结构的同时，彰显了城市副中心的文化底蕴和艺术内涵。以掐丝珐琅为代表的非物质文化遗产在这样的时代浪潮中正在生机勃勃地向前奔涌，传承久远的中国传统手工技艺扎根在宋庄这片艺术的土地上，将继续绽放其特有的文化魅力。

王文敏的剪纸

巧手剪出一方天地——团花剪纸

　　团花剪纸是中国剪纸艺术的一种古老类型。它注重外轮廓的美，并以此来表现人物、动物和植物的形象。这种技艺需要先折叠纸张，再进行裁剪而成图案，有时也辅之刀刻、拼贴等技法。通州有位团花剪纸的民间艺术家王文敏，通过他的作品我们能看到传统文化元素在新时代焕发的光彩。

一、剪纸中的团花艺术

　　中国是纸的发源地，最先受惠于纸的应用。从东汉蔡伦发明造纸术开始，纸就成为中国文化中不可或缺的一部分。

花卉是团花剪纸
中的常见题材

在文化传承传播的过程中，纸张是载体也是客体。它能够承载墨迹颜料，也可以剪裁成各种形状，是艺术家们创作的理想材料。在我国广大的农村中，每逢岁时节日或是喜庆的仪式，人们都会在窗上或者是门上面贴上漂亮的喜字、窗花或挂钱儿等，把生活环境布置得喜气洋洋，以烘托隆重祥和的气氛。而这些窗花等都是人们在劳动之余凭借自己的主观感受、审美习惯和对周围事物的理解想象创作出来的。

团花剪纸是民间剪纸中一种常见的剪纸艺术样式，也称"顶棚花"，是圆形剪纸的总称。一般是把一张方形纸对折成二折、四折、八折等多种方式，以正方形纸的中心点为辐射点，将其折叠成若干等份，折叠之后进行剪制图形，再将纸张展开，方可看出效果。每个图形相互连接，展开后便呈现出圆或椭圆的形状，形成或是对称或是连续不断的图案，图案的四周还装饰着复杂的花边。团花剪纸有绝对均齐、相对均齐和交叉均齐等多种形式，可以剪出整齐、对称、平稳和庄重的效果，在剪纸艺术中，具有很强的统一性和规律性。团花剪纸，重在一个"团"字，作为折叠剪纸，其最能体现剪纸多次折叠、重复造型的优势。

通州地区广泛流传的民间剪纸技艺可追溯到清代，距今已有200余年的历史；且境域内分布较广，尤以张家湾、永乐店、于家务、西集为代表。西集镇王庄村的王文敏是通州区区级非物质文化遗产项目"通州团花剪纸制作技艺"的代表性传承人。多年来，王文敏一直致力于团花剪纸作品，传承剪纸这项非物质文化遗产，创新剪纸技艺，留存剪纸记忆。他的团花剪纸作品具有古朴独特、写实创新、构图多变、生活气息浓郁的特点。他不仅继承了老一辈的精湛技艺，而且创造出自己独特的风格。

二、源自童年的剪纸技艺

王文敏出生于1948年。在他小时候的记忆里，农闲时节，妇女们都做针线活：剪鞋样子、绣花、缝缝补补……读过私塾的母亲，有时会在白布上画样子，再进行刺绣。家中的枕头花、肚兜花、绣花鞋上的图案都是她自己绣的。小孩们的娱乐方式不多，就照着大人们剪下的印迹剪纸玩。母亲、外祖母会教给他一些剪纸的方法，他自己也常常反复琢磨某一种花纹图案的剪法。

1969年中学毕业后，王文敏入伍参了军。作为当时军营中为数不多"读过书"的北京青年，他一直负责所在单位的文化宣传工作。他发挥自己善于手工技艺的专长，绣过五角星、伟人像，主要负责出板报、画宣传画等。军旅生活的经历成为他艺术创作的灵感源泉，红色故事一直是他艺术创作的重要主题。退伍离开部队后，王文敏陆续做过几份不同的工作，还承接父亲的技艺，做了一段做首饰盒的副业。尽管从事着不同的职业，他一直

伟人像是出身军旅的王文敏擅长的创作主题

没有间断对手工技艺的练习和探索。他所从事过的不同职业，也对他提升团花剪纸技艺有很深的启发。就像他说的那样："很多艺术都是相通的。"一有时间，他就潜心钻研剪纸技艺，创作出许多富有生活情趣的艺术作品。他的心中，一直希望将剪纸手艺传承下去和发扬光大。

王文敏专心研究团花剪纸技艺。他结合现代人的审美观念和生活习惯，对团花剪纸有了进一步的思考并对传统的团花剪纸作了总结：从剪纸规模来说，从前剪的窗花都是小型的，没有特别明显的形象和主题，创作素材常常是古已有之的传统纹样；从剪纸材质来说，剪纸所用的大红纸时间久了就会褪色，质地很脆无法长期收藏；而从剪纸结构和功能的角度，过去的团花剪纸大多是大约四十厘米的糊棚顶花，四角有角花，只有在过年或者婚礼的时候才会使用。

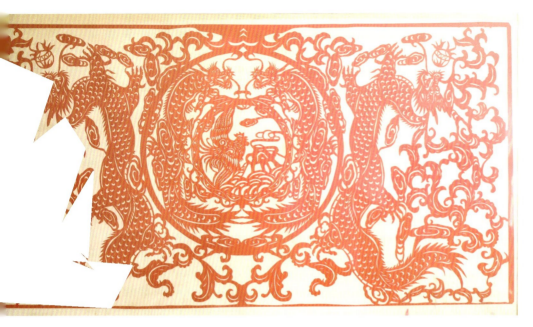

王文敏对团花剪纸进行了创新

王文敏针对这些思考对团花剪纸技术进行了革新，拓宽了团花剪纸的适用场景，延长了这一手工艺术品的保存时间。他将尺寸增大到四尺，采用了不易褪色的红宣纸，造型构思则与书画相结合。他还在红锦缎、布团花等材质上尝试了团花剪纸。这些创新方式拓宽了团花剪纸的适用场景和延长了保存时间，使它不拘泥于原来的用途，发挥了更广泛的功能。同时在题材上，王文敏既将花鸟鱼虫、山川河流纳入作品，也将人物或是动态的场景融入其中，相对于传统剪纸，表达方式更为多元。

三、团花剪纸的传承发展

王文敏的团花剪纸技艺得到了业界和民间的认可和赞誉。2007年，王文敏被中国民间文艺家协会评定为"民间文化品牌艺术家"。2008年，他

王文敏正在讲解如何剪出吉祥纹图案　　　　非遗文化的代代传承

的作品《五十六个民族五十六朵花》和《托起明天的太阳》先后被中国农业博物馆收藏，并荣获中国民间文艺家协会铜奖。2009 年，"通州团花剪纸制作技艺"被通州区政府列入区级非物质文化遗产代表性项目加以保护。

王文敏也曾代表北京到德国参加文化节，将中国的剪纸艺术和传统文化展示到国外去。他在取材上善于创新，如作品《燃灯塔》，就是以燃灯塔为素材，通过团花剪纸的方式将运河记忆表现出来，他说："我想永远留住这一古老的历史"。这类题材得到大家的共鸣和共情，广受好评。

王文敏的团花剪纸构思巧妙、工艺精湛、技艺娴熟、形象逼真、题材多样。在剪纸布局上，他运用多种剪法呈现不同的艺术效果，融合丰富的艺术表现形式，闲暇之余他还练习书法和国画，并将这些艺术形式融通到剪纸中。因此他的剪纸在保留团花剪纸核心艺术魅力的同时，还能够呈现其他民间文艺类型的观感。

王文敏说："团花剪纸讲究一次成型，不能修改，需要有足够强的对折叠的反向思维能力。"在他演示剪纸的过程中，有时他也会停下来，用铅笔在折纸上细细地勾画出动物或花卉的轮廓，然后再剪。多年来，因为精湛的剪纸技艺，不断有人向他拜师学艺。每当有人求教，他都亲切地将自己的艺术心得和剪纸技法倾囊相授，他希望有更多的人传承和发扬这项民间手工艺。近些年来，他带着自己的技艺走进学校，在郎府中学、晓雾中学等中小学校开展校本课程，让孩子们在认识非遗、学习非遗中体验手工技艺的魅力，加深对中国传统文化的了解和热爱。

王文敏也提到了团花剪纸作为非物质文化遗产项目传承难的问题。如何能让年轻一代的传承人依靠这项技能养家糊口？如何在经济效益和艺术追求的问题上进行平衡？传承不能一蹴而就。目前市场上出售的团花剪纸多数是机器制作的产品，能够真正掌握手工剪法的人已经不多了。团花剪纸作品最大的特点是不可复制性，每一次的剪裁都是独一无二的。团圆在中国传统文化中是永恒的追求，也是团花剪纸的艺术内核。团花剪纸花中有意，花中有花，象征着团团圆圆，吉祥平安，表达了人们对于美好生活的深切渴望。愿团花剪纸技法能够流传后世，让更多的人能够有机会与我们一同珍赏这一宝贵的文化财富。

通州区大运河森林公园内的"空竹张"门店

从市井到世界的手工艺——"空竹张"

空竹是一种在我国流传已久的民间手工艺制品，广受欢迎，老少皆宜。空竹既是孩童喜欢的童年玩具，也是人们进行体育竞技的道具。抖空竹、空竹制作技艺在近些年陆续被列为非物质文化遗产项目，并逐渐走出国门走向世界，在新领域和新空间中焕发光彩。国家级非物质文化遗产项目的代表性传承人"空竹张"张国良就是这个领域的杰出代表。

一、家族传承"空竹张"

空竹一般为木质或竹质，是一种用线绳抖动使其高速旋

正在接受访谈的张国良

转而发出响声的玩具，古称"胡敲"，也叫"地铃""空钟""风葫芦""抖嗡""抖地铃""扯铃"等。空竹在我国有悠久的历史，根据明代古籍的记录和明定陵出土文物的辅助考证，"抖空竹"在民间流行的历史至少有600年。

在北京，抖空竹是民间流行广泛的游艺活动。北京西城区广安门内是空竹发展较为繁盛的地区。据记载，下斜街都土地庙在民国年间每月逢初三、十三、二十三都会举办庙会和集市，那时表演空竹和出售空竹就是庙会的特色，尤其是春节和二月二龙抬头时场面更加热烈。受其影响，广安门内地区历史上就有许多以"抖空竹"为重要游艺活动的居民，其中不乏世家传人。北京竹木空竹的制作者、人称"空竹张"的张国良就祖居宣南，他的空竹制作已经历了三代人的传承与发展。

张国良出身空竹世家，从小跟随祖父张瑞如、父亲张宝全学习空竹、根雕、烟斗等手工艺制作。他所学习的传统竹木空竹皆由手工制作，可分为双轮空竹、单轮空竹、双轴空竹、双轮多层空竹和异型空竹等，一般的空竹约重 200—300 克，直径 15 厘米左右。张国良在空竹制作传统的基础上对制作方法、取材用料进行改进，充分发挥自己擅长的木雕技艺。他将雕刻、烫花、剪贴等手法融入空竹制作中，使空竹兼具实用性、健身性、娱乐性、收藏性等特点。

1994 年，张国良的"实用新型空竹制作工艺"成功申报了专利。多年的钻研结出硕果，从张国良手中诞生出一件又一件竹木空竹精品，成为海内外空竹爱好者和收藏家的珍宝。他制作的特艺空竹种类繁多，精美绝伦。代表作有"中国象棋空竹""福娃空竹""龙凤空竹""八仙过海""八仙童子""奥运空竹""奥运福娃组合空竹"等。他说，他觉得空竹的历史已有上千年，但现在想拿出个几十年前的空竹都很难，于是他一直想做一种既能玩，又能收藏流传、具有保存价值的空竹。张国良于 1985 年入住通州宋庄镇六合村，为了继续传承空竹制作技艺，1990 年他在这里开办了空竹制作作坊，使空竹成为通州区宋庄镇特色民俗文化中的代表之一。

2006 年，"抖空竹"被列为第一批国家级非物质文化遗产名录，张国良被认定为该项目的代表性传承人。2011 年"空竹制作技艺"被评定为通州区区级非物质文化遗产保护项目，张国良也是此项非物质文化遗产项目的代表性传承人之一。他在通州大运河森林公园里开设了一间"空竹张"店铺，在北运河畔向游人展示不同材

张国良曾获"首届通州工匠"荣誉称号

质和造型的空竹，这间店铺仿佛是一间小小的空竹博物馆。制作空竹之余，他受邀到几个中小学校向学生授课，将空竹的文化传统讲授给孩子们。在每年举行的通州运河文化庙会上，他和徒弟郭晓霞都教游人学抖空竹，每年都有人学会。此外，他还多次参加国际活动，让世界感受中国空竹的魅力，使空竹和空竹制作技艺得到了越来越多人的关注与喜爱。

二、高手云集抖四方

空竹在古时候有胡敲、空钟、空筝的说法，所以抖空竹也叫作"放空钟"。明代中期，每当杨柳青起来，就到了儿童们围拢在一起抖空竹的时候了。空竹是北方春节庙会上必备的传统玩具之一，也是杂技演员表演绝活儿的道具。民间传唱着一首童谣：

杨柳儿活，抽陀螺；
杨柳儿青，放空钟；
杨柳儿枯，踢毽子；
杨柳儿发芽，打板儿。

在充满童真童趣的歌谣中，包含着孩童对于认知世界的直观表达，是好奇心和想象力的共同舞蹈。有着悠久历史的儿童游戏即便到了今天，还是同样有灵性。宋代《武林旧事》《东京梦华录》等书中都对空竹有所提及，当时空竹被叫作"弄斗"。明代刘侗、于奕正合著的《帝京景物略》一书中记载了空竹的具体制作方法和玩法："空钟者，木中空，旁口，荡以沥青，卓地如仰钟，而柄其上之平。别一绳绕其柄，别一竹尺有孔，度其绳而抵格空钟，绳勒右却，竹勒左却。一勒，空钟轰而疾转，大者声钟，小亦蝴蝶飞声，一钟声歇时乃已。制径寸至八九寸，其放之，一人至三人。"制作空竹时，一般选取一截圆筒状的木头或竹子，将中心挖空，两端用薄薄的木板和沥青封严。木段或竹段上开出小孔，以便转起来的时候可以发

奥运题材的空竹 / 徐睿凝 摄　　展示运河文化元素的空竹 / 徐睿凝 摄

出嗡鸣声。一根木棒往中间横向穿过，作为转轴。另有一根带孔的竹尺，用粗线绳绕在上面，绳子一拉，空竹就会快速旋转起来。转起来的时候，就会发出嗡嗡的声音，因此各地空竹爱好者互称"嗡友"。如果是形状较大的空竹，发出的声音就像洪钟一样；而小空竹则会发出如同小昆虫、蝴蝶飞舞时的细小声音。

玩者要"眼观六路，耳听八方"，四肢协调分工，兼顾平衡和技巧。用上肢做提、拉、抖、盘、抛、接；下肢做走、跳、绕、骗、落、蹬；眼做瞄、追；腰做扭、随；头做俯仰、转等动作，来确保在最有利的一刹那间控制它，在空中完成各种动作，过早过晚都会失败。而且转动空竹的声音还要悦耳好听。抖空竹是一项技巧性很强且玩法多样的运动，要想玩好可不简单，可谓"小空竹，大智慧"。

如今还能时常在风景秀丽的公园或空间开阔的广场上看到人们玩空竹的身影，抖空竹不仅姿态多变、形体优美而且抖空竹的声音可以传播得很远，这给城市增添了一些悠闲的况味，成为都市生活的一道风景线。

三、书写非遗新篇章

2006 年，抖空竹被评定为首批国家级非物质文化遗产项目，从此空竹、

抖空竹入选
第一批国家级非物质文
化遗产项目

空竹制作和抖空竹运动都有了欣欣向荣的发展态势。

　　西城区广安门内街道是国家级非物质文化遗产项目抖空竹申报、保护和传承单位。2006 年西城区的空竹文化广场落成，一座全国最大的巨型铜质空竹雕塑被树于广场之上，非常醒目，这座空竹雕塑已成为西城区广安门内街道的文化符号。多年来，广内街道发挥社区特色，围绕空竹举办了多次主题活动，以发展和传承空竹文化。从 2011 年至 2021 年，广内街道已经连续 10 年成功申报"中国民间文化艺术之乡"。2022 年中秋时节，广内街道成功举办了"第十三届中国北京广内空竹文化节海峡两岸暨香港地区文化交流活动"，与海峡两岸的同胞们共襄盛举，邀请各地"嗡友"一同交流空竹技艺、探讨空竹文化理念、传播空竹文化。活动期间还会有空竹邀请赛，目前该空竹邀请赛的相关赛事也已经成为国内迄今为止最高水平的空竹竞技比赛，受到了空竹爱好者的欢迎。

　　值得一提的是，广内街道在北京报国寺南广场西侧小星胡同的一座小四合院内开辟了一间北京空竹博物馆，这座以空竹为主题的社区博物馆可谓"麻雀虽小，五脏俱全"，收藏和展出空竹及相关展品 400 余件。要知道，这种民间玩具极易遗失或损毁，因此收集藏品并不是件容易的事。这里每一件藏品都有着一个生动的故事。比如有一个展品就是末代皇帝溥仪

空竹

曾玩过的空竹的复制品，这件展品是由故宫特别授权、张国良亲手复制的，这件展品的展出让京城百姓得以见到末代皇帝的玩具。博物馆同时还展出了山西晋祠的一幅表现儿童抖空竹的壁画，这幅壁画让人们以另外一种视角跨越了时空界限来了解抖空竹这项传统活动。此外，博物馆还展出了不同国家、不同时代、不同类型的空竹。

北京还有专门的空竹民间组织"北京玩具协会空竹专业委员会"，各区爱好者众多，仅通州区就有 12 个空竹活动站。其中既有抖空竹的能手，也有制作空竹的高手。抖空竹这项活动集娱乐性、游戏性、健身性、竞技性和表演性于一身，技法多样达 100 多种，还有双人、多人等集体花样。抖空竹的技术技巧在继承中又有创新，如"金鸡上架""翻山越岭""织女纺线""夜观银河""二郎担山""抬头望月""鲤鱼摆尾""童子拜月""鸭子翻身""彩云追月""海底捞月""青云直上"等招式，既有传统文化的寓意，也有现代高超技艺的融入。其中"蚂蚁上树"系将长绳一端系于树梢，一端手持，另有一人抖动一只空竹，迅速将飞转的空竹抛向长绳，持绳者用力拉动长绳，将空竹抖向五六十米高的空中，待空竹落下时，抖空竹者将其稳稳接住，这样的表演每每令观者惊叹不已。

在鼓励全民参与运动的时代潮流中，抖空竹这一中国传统民间游戏以其易参与、不受场地约束、能满足社交需求，以及兼具竞技感和休闲感的特点，吸引着越来越多的民众参与其中。在生活中传承非遗文化，在非遗发展中享受生活，这就是祖先传递给我们的宝贵财富。

以北京冬奥会为主题的
兔儿爷雕塑／王晴　摄

老北京的节令物——兔儿爷

　　兔儿爷源自北京中秋佳节的拜月习俗，陪伴
着一代又一代孩童的成长。经过长时间的传承和
发展，历久弥新，成为深受民众喜爱的文化符号。
2019 年 11 月，泥塑（北京兔儿爷）被列入国家
级非物质文化遗产代表性项目保护名录。

经典的兔儿爷形象／徐睿凝 摄

一、京城中秋敬兔神

兔儿爷是北京地区泥塑彩绘的经典形象，也是老北京生活中的吉祥物。有关兔儿爷的较早记载见于明代纪坤的《花王阁剩稿》："京师中秋节多以泥抟兔形，衣冠踞坐如人状，儿女祀而拜之。"可知明代兔儿爷已经形成，到了清代极为盛行，成为老北京中秋节的节令物品。每逢中秋节前夕，城坊街巷多设兔儿爷货摊，专卖兔儿爷泥塑。文人笔记、诗歌中也多有记述。

兔儿爷一般兔面人身，手持捣药杵，衣着华丽威武，身穿金甲，脚蹬朝靴，背插靠旗；多以神兽为坐骑。富察敦崇在《燕京岁时记》中描述了兔儿爷的形象："每届中秋，市人之巧者，用黄土抟成蟾兔之像以出售，谓之兔儿爷。有衣冠而张盖者，有甲胄而带蠹旗者，有骑虎者，默坐者。大者三尺，小者尺有余。其余匠艺工人无美不备，盖亦谑而店矣。"这说明清代兔儿爷形制花色已经十分丰富了，大的约三尺，小的不足一寸，姿态各异，制作精美。

兔儿爷的形象经典，服饰、配件、装饰则丰富多样，富有生活情趣，颇具审美意趣。兔儿爷的造型为兔首人身，模印成型，遍施彩绘，面目五官的神情，通常二目直视，三瓣嘴紧闭，脸蛋上施淡淡的胭脂，俊秀中含威武；衣着华丽端庄，不失稚气童趣；耳朵较小，似是有意遮掩以防惊异众人。兔儿爷常常是一副武将的装扮，装饰有莲花座、云气纹、卷草纹等，或高洁雅致，或生机勃勃，或繁复多彩。配件有靠旗、伞盖等，式样丰富。扎大靠明显是受到了京剧艺术的影响，据说光绪年间有两个看守太庙的差役，借供职清闲之便，用太庙里的黏土融制胶泥，仿照戏曲里的扎靠扮相，塑制成金甲红袍的兔儿爷，利市三倍，从此扎大靠便成为兔儿爷的经典形象流传下来。

兔儿爷的坐骑均是猛虎、狮子、大象、白鹿、麒麟等珍奇猛兽。其中最为常见的是猛虎，传统文化中，老虎是百兽之王，有"虎镇百毒"的寓意；狮子在中国传统文化中为祥瑞之兽，为文殊菩萨的坐骑，同时"狮"与"事"谐音，有事事如意的寓意；骑象除了代表普贤菩萨贤明理德之外，"象"还与"祥"同音，寓意祈求万事吉祥。兔儿爷就是骑着这些瑞兽为人们送去平安、吉祥和希望的，于是更显得它英明神武、神通广大。兔儿爷表达着民间手艺人对艺术创作的大胆想象、北京百姓们面对生活时的热情四溢、中华民族应对危机时的乐观豁达。

中秋节临近，孩童们早早就挑选好自己中意的兔儿爷，提前两天供奉起来。中秋节当天中午，男人们忙着糊窗户，据说这样能把"老爷儿"（太阳光）封在屋子里，之后冬天的日子里就暖暖和和了。妇人们则准备鸡冠花、毛豆和其他祭月供品。鸡冠花象征月宫中的婆娑树，毛豆则是兔儿爷最喜欢吃的食物。到了夜晚，妇人们张贴好月光马儿，并将供品、兔儿爷

融合中国文化元素与现代雕塑技艺的兔儿爷 / 王晴 摄

摆在供桌上，在院子中间朝着月亮而拜。月光马儿就是绘有太阴星君、菩萨、月宫及玉兔的纸张，焚香祭月之后，人们会将月光马儿与元宝一起烧掉。而由于"男不拜月，女不祭灶"的民间禁忌，那时候的祭月仪式主要由妇女和儿童参与，请兔儿爷、给亲朋送兔儿爷是其中重要而温馨的部分。

与之相关的习俗就这样沿袭下来，兔儿爷也就成了吉祥平安的象征，成了人们心中老北京城的保护神。

二、兔儿爷下凡除病瘟

兔儿爷的原型是神话中与嫦娥同住月宫的玉兔，因此无论什么身份装扮，都会在姿态上明确其捣药者的身份。究其根源，兔儿爷产生的社会基础是对月神的崇拜和关于月亮的神话传说，表达着中国古人的宇宙观、自然观及对美好生活的向往。

早在隋唐以前，古籍中就有将白兔称为月德的记载，并将其作为具有神迹的仙灵加以尊敬。唐代诗人李白那首脍炙人口的诗《古朗月行》展示了唐代人心目中白兔与月亮之间密不可分的关联："小时不识月，呼作白玉盘。又疑瑶台镜，飞在青云端。仙人垂两足，桂树何团团。白兔捣药成，问言谁与餐。"明代民间社会普遍举行中秋祭月仪式，清代延续了这一习俗。郭冬杉编的《中国民间故事》中有关于兔儿爷来历的故事：

传说有一年，北京地区发生了瘟疫。这次瘟疫很严重，几乎每家都不能幸免，很多人因此而死去。每一天都能听到人们的哭泣声，任凭多好的医生也无能为力。月亮上的嫦娥仙子看到了这样凄惨的景象，心中不忍，善良的她想要救这些百姓，于是便对身边正在捣药的玉兔说："地上的人们饱受瘟疫折磨，你带点儿药去人间给他们治病吧！"玉兔听了嫦娥仙子的话，来到了人间，挨家挨户给人看病。

人们见了嫦娥仙子派来的玉兔，都欣喜万分，心想这下总算是有救了，对着月亮拜了又拜。

生病的人吃了玉兔带来的药，果然药到病除，很快就恢复了健康；没病的人吃了玉兔带来的药，也能强身健体。人们商量着要感谢玉兔，各自拿出了家里最值钱的东西，想不到都被玉兔拒绝了。玉兔说："我只喜爱人间的衣服和坐骑，只要你们每户人家给我准备一身衣服，一个坐骑，我就很高兴了。"于是人们便为玉兔准备了很多衣服和坐骑，玉兔每到一处

吉兔坊开发的兔儿爷文创产品广受好评 / 徐睿凝 摄

就换一身衣服，一会儿穿着男人的衣服，一会儿又穿着女人的衣服，一会儿骑着马，一会儿骑着鹿，走遍了京城的每一个角落。

人们感念玉兔的恩德，使用泥塑了玉兔的形象，因为清楚玉兔的喜好，还为玉兔塑上了各种各样的衣服，为玉兔制作了各种各样的坐骑。每到中秋月圆之夜，老北京人都要供奉玉兔。人们亲切地称玉兔为"兔儿爷"，感谢玉兔给人间带来了健康和吉祥。

一般在中秋节前，东安市场、前门、东四、西单等繁华地带，或是庙会市集，都有售卖兔儿爷的摊子。这些摊子会架设数层楼梯式的木架，上面摆满大大小小的兔儿爷，人称"兔儿爷山"。

三、非遗文创在小镇

吉兔坊是一家以北京兔儿爷为主要形象，进行泥彩塑类制作的文创企业。2009 年，吉兔坊入驻通州区宋庄。宋庄是北京城市副中心重点打造的三个特色小镇之一。吉兔坊在此寻找进一步发展的平台。

在继承兔儿爷传统形象的基础上，吉兔坊从适应现代人的审美观念、购物方式等方面出发，改进创新产品形象、表现形式、工艺、色彩、销售渠道等，制作摆件、书签、非遗手工盲盒、与冬奥体育运动等结合的特色文创产品。在传承传统技艺、传统文化的同时，打造潮流 IP，助力"大运河礼物""北京礼物"等文化品牌，让传统的中国文化元素通过更多传播路径传递下去，让更多的人认识到中国传统文化的丰富性与多样性。

吉兔坊的创始人胡鹏飞是来自陕西的手工艺艺术从业者。他最初学做的是凤翔泥塑，后来到北京地区学习兔儿爷的传统工艺，并注册了"吉兔坊"商标，专门用于开发兔儿爷主题的产品。

兔儿爷在北京流传，至少有 400 年的历史，它的造型风格和表现形式都较为传统，且深入人心，有很坚实的群众基础。胡鹏飞注意到兔儿爷身上的文化传承，以及饱含中国文化特质的色彩表达和造型理念，他认为这是兔儿爷能够广受欢迎的根源所在。吉兔坊在保留传统兔儿爷核心要素的基础上，在色彩和神韵方面进行了大胆的改良，并添加了现代的潮流艺术表现形式。

吉兔坊创作的兔儿爷可分为两大类，一类是继承老北京传统风格的经典兔儿爷，这能令人记起旧日的中秋节。传统的兔儿爷表情端庄，保持着月神的矜持。另一类兔儿爷则是借鉴现当代艺术风格和雕塑创作方式创作的卡通式的新兔爷儿，它们表情丰富，两只大耳朵紧贴在头上而不再装小耳朵。它们的容颜喜庆，笑意不禁，风格多样。这种设计收到了两种截然相反的评价，有些人认为这种"兔儿爷"已经不是兔儿爷了；另一些人却十分喜欢这种风格，他们认为，这就是 21 世纪的兔儿爷的样子。

吉兔坊现在每年要生产几千尊兔儿爷。每年的八月十五，北京的东岳

兔儿爷

庙都会按照老北京的风俗摆一座高高的兔儿爷山，成百上千尊兔儿爷形态各异，大小不一，承载着老北京几百年的民俗风情。胡鹏飞的创造结合了岁时节日的仪式感、传统工艺美术的审美感和中国风的潮流感。他经常做市场调查，在庙会上、展览会上与不同身份、不同年龄的人们交流，把这些信息作为创作的参考。他还把兔儿爷的形象引入了"摇鼓"，将摇鼓做成了兔儿爷的形状。吉兔坊还与妙应白塔寺合作展览，尝试进一步地开发产品，进一步拓展非遗的展示空间、提高非遗的文化参与度。

　　老舍先生对兔儿爷颇为青睐，在著作中经常提及兔儿爷。《四世同堂》里有一个情节，祁老爷子想到他的子孙"将要住在一个没有兔儿爷的北平，随着兔儿爷的消灭，许多许多可爱的、北平特有的东西，也必定绝了根"，遗憾与失落难以言表。老舍借书中人物传达出对传统手工艺的态度及其发展前景的担忧。

兔儿爷的形象在不同阶段有着细微的差异 / 徐睿凝 摄

　　新一代民间艺人的创作观念与创新性发展的非遗传承思路，也许能让传统手工艺艺术在新的时代潮流中不断焕发光彩，让兔儿爷持久散发生机，继续陪伴着这座城市的孩子们。

酿造牛栏山白酒

潮白河畔佳酿美

运河对沿线酿酒产业的发展有积极的推动作用，处于潮白河畔的顺义区便因运河而逐步形成了代表性的佳酿——牛栏山二锅头。牛栏山二锅头有着悠久的历史，自清代起当地民众便以潮白河带来的优质水源为原料，借助运河为酿酒行业带来的发展机遇，创造了广受北京民众欢迎的烧酒品牌。中华人民共和国成立后，顺义的几家烧锅被合并为北京牛栏山酒厂，在传承原有技艺的基础上开始了规模化的酿酒生产。2008 年，以牛栏山二锅头为代表的北京二锅头酒传统酿造技艺入选第二批国家级非物质文化遗产代表性项目名录。

近年来，顺义区重视推进运河文化带建设，牛栏山酒厂也积极参与其中，为顺义地区运河文化的挖掘、保护与传承做出了贡献。

一、运河带来酿酒香

贯通南北的大运河为沿线市镇酿酒产业的兴盛奠定了良好的基础。运河不仅以便利的交通为酿酒行业提供了广阔的市场，更以优质的水源、河上的漕粮为酿酒行业提供了充足的原料。人们提到北京漕运通常会先想到通州，但顺义的牛栏山也是漕运的重要节点，当地酿酒行业的发展也与运河有着密切的联系。根据密云区委党史研究室的考证，明嘉靖三十四年（1555），蓟辽总督杨博就发现"自牛栏山而下，白河潮河二水交汇，水势深广，舟行无阻。自牛栏山而上，白河潮河水源既分，支流自弱"。可见彼时顺义区的牛栏山正是潮河、白河的交汇处，堪称漕运的关键节点。杨博提道："近水者必饶富，远河者必贫瘠。"正是目睹了牛栏山一带商业的发展与物资的充足，他才进一步建议朝廷将潮河与白河的交汇点移至密云城内，通过运河来保障密云驻守官兵的物资供应。

由于牛栏山一度作为漕运的节点，当地的酿酒行业便因此有了良好的发展契机。酿酒业的发展需要三个条件：充足的原料、良好的生态、发达的交通。独特的潮白河水系不仅为牛栏山酿酒业提供了优质的水源，也为当地微生物的生长繁育提供了适宜的生态环境，确保了牛栏山二锅头的爽净、甘洌；在交通方面，《北京文化创意产业研究报告》指出，运河的便利交通对牛栏山酿酒业具有推动作用。该报告强调，牛栏山地处运河进京、货物集散地，同时又是京北方向入京城的交通要道，这些因素使牛栏山地区酿酒烧锅业有了广阔的发展前景。此外，在运河漕运繁盛时，进京的漕粮因各种原因也会有部分流入附近的酿酒行业，成为酿酒原料，这在一定程度上为酿酒业提供了原料保障。

牛栏山白酒的展区

民国时期的《顺义县志》中也记载了牛栏山一带酿酒行业的发达。其中提到，"做是工（造酒工）者约百余人（受雇于治内十一家烧锅）。所酿之酒甘洌异常，为平北特产，销售邻县或平市，颇脍炙人口，而尤以牛栏山之酒为最著"。

凭借运河带来的发展机遇，顺义牛栏山一带的酿酒行业发展迅速，并在北京有了较高的知名度。

二、情牵牛栏山二锅头

牛栏山二锅头是北京颇具代表性的酿酒技艺。"二锅头"就是原材料在经过第二锅烧制时的"锅头酒"，所谓"锅头"，指的是每烧一锅酒最开始流出的部分，这部分酒浓度高、数量少，品质较高，而"二锅头"则是指酿酒者只取第二次换入冷却器（即锡锅）流出的液体，这部分酒最为纯净，味道也最醇厚。

牛栏山二锅头得以风靡京城与牛栏山酒厂的成立密不可分。根据《顺义县志》记载，1951 年河北省人民政府工业厅酒业生产管理局接收牛栏山镇两家私营烧锅"富顺成"和"洪义"，组建了牛栏山制酒分厂，1952 年10 月改称"牛栏山制酒厂"，这便是牛栏山酒厂的前身。牛栏山酒厂的主导产品一度为散装白酒。20 世纪 70 年代以后，酒厂先后研制出了以"潮白河"牌为代表的二锅头系列清香白酒和以"华灯"牌北京特曲为代表的浓香型曲酒系列白酒，进一步扩大了牛栏山佳酿的影响力。酒厂将二锅头命名为"潮白河"，也可见该河对当地酿酒产业的影响。

牛栏山酒厂研制出了一系列高品质佳酿品牌，该企业也因此得以快速发展。"潮白河"牌二锅头于 1972 年获国务院品酒会金牌，于 1994 年获河北省评选的市场十大畅销产品；北京二锅头于 1995 年获国际新技术展览会金奖。1995 年，"华灯"牌北京醇、北京二锅头、精制二锅头与"潮白河"牌二锅头共四个品种的白酒还通过了中国方圆标志认证委员会的 ISO 9002质量认证。凭借上述佳酿品牌，牛栏山酒厂于 1993 年晋升中型企业，于1994 年被县（区）政府评选为"十佳企业"。如今，占地 300 多亩的牛栏山酒厂拥有 1500 余名员工，是北京地区保持自主酿造规模最大的白酒生产企业。

牛栏山二锅头不仅是北京人心中的佳品，也是运河沿线最具标志性的佳酿品牌。徐则臣在小说《耶路撒冷》中曾写道有关牛栏山二锅头的情节：初平阳从北京回到运河畔的老家"花街"，他在与母亲一起看望儿时伙伴易长安的父亲易培卿时就带了"一桶牛栏山二锅头和两只全聚德烤鸭"。小说中特别讲道："易培卿好酒，喝了一辈子酒，最后发现最好喝的不是茅台、剑南春和五粮液，而是牛栏山二锅头……有事没事在儿子面前提，电话里也说。他知道儿子不喜欢他，也知道儿子更不喜欢他喝酒，但他还是说，过嘴瘾也得过。"易培卿表现出的牛栏山二锅头情结虽掺杂着对儿子的复杂情感，但也能反映出白酒牛栏山二锅头的质量之好。何亦聪在《灯

顺义大运河景区

下谈吃》中描写了一个场景：他在火车上看到一个中年汉子，那个男子他拿出一瓶牛栏山二锅头、一只烧鸡，且吃且饮，之后呼呼大睡，一路睡到了苏州。牛栏山二锅头是北京的特产，烧鸡是山东的特产，火车的目的地在苏州，三地都是大运河上的重要地域，由此可见牛栏山二锅头已成为运河沿线的标志性饮食品牌之一。

清代吴延祁诗曰："自古人才人千载恨，至今甘醴二锅头"，将二锅头比作"甘醴"。如今，牛栏山二锅头正伴随着悠悠千载的运河不断提高着自己的知名度，日益成为受运河沿线民众甚至全国人民欢迎的北京佳酿品牌。

三、顺义酒香兴运河

近年来，顺义将大运河文化带建设作为当地文化发展的重要环节，牛栏山二锅头也在其中发挥了重要作用。2020年9月，牛栏山酒厂支持的"'千年运河·诗书酒画'中国大运河文化南北对话"在北京顺义牛栏山举行，论坛作为中国大运河文化带"京杭对话"系列活动之一，聚焦诗、书、酒、画四种文艺形式，从文化保护、传承和利用的角度，解读京杭运河文化流变，希望以此推动京杭运河沿线的文化交流与合作。在这次会议中，牛栏山酒厂负责人表示，二锅头根植于百姓之家，寄托了民众长寿、富贵、康宁等美好追求；牛栏山二锅头将在传承、发展、创新京味文化的同时，为大运河文化带建设贡献自己的力量。

牛栏山二锅头是大运河文化的重要组成部分，也是顺义区发掘本地特色运河文化的重要支撑。2022 年 8 月，顺义区文化和旅游局多举并施，致力于推进大运河文化带（潮白河文化带）建设，其措施包括深挖大运河文化内涵、尊重史实还原文化风貌、深耕细作原创文艺精品等多个层面。按顺义区文旅局的设想，大运河顺义段要形成独具特色的五大文化，包括蓝绿交织的生态文化、厚重自强的农耕文化、多元交融的古道古城文化、传承创新的民俗文化，及京味浓郁的酒文化。其中，酒文化便与牛栏山二锅头有着密切的联系。

在打造原创文艺精品的过程中，顺义区也十分重视挖掘牛栏山二锅头的文化内涵。2019 年，顺义区大型原创评剧《老烧锅》在区影院成功首演，该剧目就是以"牛栏山二锅头传统酿制技艺"为创作核心，真实再现了烧锅酒坊的辉煌及其在国家危难时的壮举，表达了民族企业心系家国的爱国情怀。这一剧目的上演不仅体现了淳朴厚重的潮白精神，也阶段性展现了顺义区运河文化带建设的成果。

顺义区正致力于推动运河文化的传承与保护，牛栏山二锅头将作为独具特色的文化符号为当地的运河文化传承、研究与保护起到推动作用。

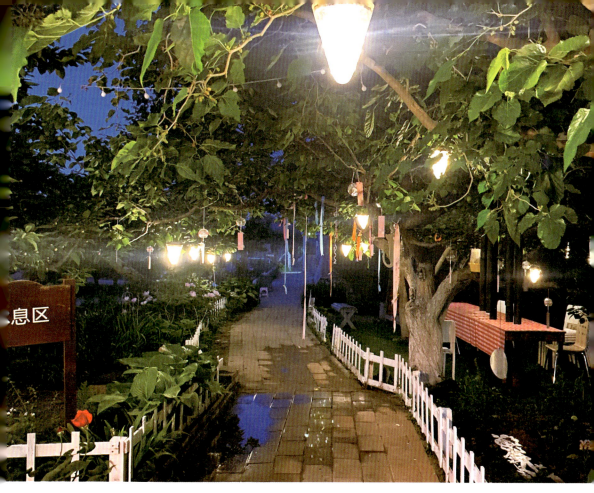

辛集沙古堆的农场 / 曹女 摄

地理标志果蔬鲜

　　大运河不仅丰富了通州的历史文化积淀，还改善了通州的
自然资源禀赋，促进了当地农业生产的发展。作为大运河畔的
重要区县，通州的农业经营经历了繁华下的隐匿、贫困时的生
计、运河畔的佳品三个发展阶段，见证了运河岸边民众生活水
平的变迁。近些年，通州运河沿线的果蔬秉承新的发展理念，
在创新经营方式的同时，还打造了诸多知名果蔬品牌，如通州
大樱桃、张家湾葡萄等，其产品受到北京市民的欢迎。

一、农耕生计运河边

通州果蔬种植业的变迁与运河密切相关。在漕运通达时，通州以其商业的繁华闻名全国。那时的通州"日日为市，弦歌相闻"，其"舳舻蔽水"的盛景受到各地关注。朝鲜贡使朴趾源在出使清朝时便目睹了通州一带的漕运盛景，在他回国后写成的《热河日记》中，通州被描绘为"舟楫之盛可抵长城之雄，巨舶十万皆画龙"之地，他也感叹"不见潞河之舟楫，则不识帝都之壮"。正是因为通州商业的繁盛，当地的农业发展并未受到时人的关注。传统农业虽也是当地民众的重要谋生方式，但人们的讨论与关注却不多，堪称"繁华下的隐匿"。

清末民初北运河停漕，通州商业的繁荣逐渐落幕，当地多数民众只能通过辛勤的农业耕种以换取微薄的收入，维持生活，这时的农业堪称"贫困时的生计"。这一时期，通州的传统农业由于失去了商业的遮掩而逐步浮出历史地表，但此地的农业却远不能达到昔日商业的发达，尽管有着运河带来的灌溉水源，但频发的水患也影响着收成。孙连庆在《京华通览》丛书《张家湾》一册中对通州运河旁的民众生活有如下描述：

这里的人们年复一年，不断重复着一样的耕作，一样的辛劳，一样微薄的收入。"吃不饱"和"穷困"如影随形，挣不脱，甩不掉，就像套在孙悟空头上的"紧箍咒"，一直跟随着这里的人们。

由此可见，尽管运河沿岸的农民不断地辛勤付出，但这一时期他们所能获得的收入却十分有限，只能在温饱线上挣扎。

中华人民共和国成立后，随着土地改革、合作化、人民公社等一些政策的推行，通州运河沿线的农业机械化、现代化进程有所加快，当地民众终于解决了温饱问题。依靠果蔬种植过上相对富裕的生活则是改革开放之后了。由于改革开放以来北京市民的收入大幅提高，他们对农作物品质的要求逐渐提升。通州的果蔬被视为运河哺育的高品质作物，其产品附加值有所增加，堪称"运河上的佳品"。近年来，随着北京大运河文化带建设的不断推进，城市副中心落户通州，运河旁的果蔬种植业受到更多人的关注，当地的农产品质量也得到了北京市民的认可。

通州运河两岸的果蔬种植业发展是当地民众生活水平变迁的见证，深入挖掘大运河文化，注重发展高品质果蔬则是当地果蔬种植业未来发展的方向。随着经营理念的不断革新，如今通州运河畔已涌现出一批经营方式新颖的果蔬种植企业，发展起以张家湾葡萄、通州大樱桃为代表的果蔬品牌，进一步改善了两岸农民的生活质量。

二、农产分享新理念

传统农业具有天然的脆弱性，尤其是面对突如其来的自然灾害时，农民一年的辛勤劳作往往会付诸东流。为了充分发挥运河文化的作用，提升当地民众收入，通州运河沿线也涌现出一批经营理念先进，经营方式新颖，将果蔬种植业与旅游业相结合的产业。

清华大学博士后石嫣创立的"分享收获"社会生态农业项目就是一个致力于研究、推广社区食品安全的项目。其经营理念先进、经营方式新颖，于 2012 年落户于通州区西集镇马坊村。石嫣创立的项目以起源于瑞士的社会生态农业（CSA）经营理念为指导，即在一定区域内，消费者和农民提前签订合约，为来年的农作物预先付费，农民则定时为签约的消费者提供安全、新鲜、有机的农产品。这种由农业生产者与消费者共同分担风险、共享收益的经营理念期望达到这样的目标：重建人与人的信任，共担健康农业的风险与收益，进而恢复人与自然和谐关系。"促成安全食物社区的构建与发展"是石嫣创立该项目的初心。经过近十年的发展，如今大运河畔、西集镇中的"分享收获"已拥有约 60 亩的菜地，4 个大棚，1 个配菜棚，能满足三四百名会员的果蔬配送需求。除新鲜有机的高品质果蔬外，该项

"分享收获"官方网站截图

目还生产林地下散养的跑步鸡、大真猪，这些家禽家畜日常主要喂饲玉米、麸子以及青饲料等，实行纯粮食喂养，是高品质的农副产品。依托新的经营理念与高品质的果蔬产品，运河畔的"分享收获"项目在推广果蔬品牌的同时，也增加了其所在区域农民的收入，充分证明了运河流域的高品质果蔬在北京地区的影响力。

　　以新近开业的"农心童趣"为代表的共享农场也是运河畔涌现出的新型果蔬产业。秉承"农旅结合"的经营策略，"农心童趣"推出了一系列旅游项目，为游客提供农耕、采摘、喂养小动物等多种活动，以此推广了当地的果蔬品牌。"农心童趣"目前拥有共享菜园 240 个，蔬菜大棚 10 个，将农业与旅游业有效地结合起来，在运河畔为人们体验果蔬种植的辛劳与丰收的喜悦提供了平台。此外，通州还有发挥科技优势培育高品质果蔬的中农富通科技园。该企业集结了一批研发、管理人才，用精准的培育方法与现代的科技手段保障果蔬品质。科技园在育种、育苗、配方施肥、精准灌溉、蔬菜高效栽培、设施栽培、农业温室工程等方面都运用了创新管理技术，提高了果蔬的品质，得到了众多北京市民的欢迎。

在北京市民对高品质果蔬需求不断上升的背景下，运河两岸的企业纷纷创新经营方式，以新的经营理念发展当地的果蔬种植业。这些高品质果蔬不仅诠释了大运河带来的生态资源对当地社会发展所起的推动作用，也见证了运河两岸民众生活水平的日益提升。

三、樱桃、葡萄成标志

在培育高品质农作物的过程中，通州大运河畔也涌现出一批知名果蔬品牌，通州大樱桃与张家湾葡萄就是其中的代表。通州大樱桃于 2010 年被农业部登记为"农产品地理标志"；张家湾葡萄则经国家质检总局批准，于 2014 年入选"中国国家地理标志产品"。上述两个品牌的打造都是地方政府与运河两岸农民共同努力的成果。当地农民将服务首都市民需要作为

辛集沙古堆的樱桃果园／曹女 摄

自身发展的途径，他们紧盯市场变化，致力于改善经营方式，培育高品质果蔬。

张家湾葡萄产业的发展，体现了出经营方式转变对果蔬产业发展的推动作用。张家湾的葡萄种植业历史悠久，但原来只有农家传统品种，产量不高，直到 20 世纪 80 年代中期才走向大面积生产。随着北京市民对高品质果蔬的需求上升，张家湾葡萄产业迅速发展。1994 年，张家湾镇葡萄种植面积 2000 余亩。1997 年，张家湾葡萄协会在民政部门注册登记。张家湾葡萄协会在市场调研、新品种引进、新技术推广等方面发挥了重要作用。2002 年，为了适应市场变化和农民发展生产的需求，张家湾兴建了现代都市型葡萄主题园区——葡萄大观园。在种植名优葡萄品种的同时，提供观光采摘、科普教育、会议培训等多种服务。以葡萄大观园为代表的张家湾的葡萄产业与科学研究、文化旅游相融合，推动着当地果蔬产业的升级。

以西集为主产区的通州大樱桃同样通过新型经营理念与经营方式打响了其品牌名声。通州大樱桃以千年运河水浇灌，以现代技术保障果蔬品质，其所产的樱桃具有果型大、甜味浓、肉质脆、色泽艳的特点，主要品种包括早大果、红灯、雷尼等。西集镇的通州大樱桃种植面积达六百公顷以上，平均树龄十年以上，其产品在京东地区广受好评。2005 年，通州举办了樱桃节以提升通州大樱桃的知名度，如今这一节日已举办 17 届。2022 年的樱桃节打破空间壁垒，以"互联网 +"的云上模式与大家见面，云上开幕式、直播带货、线上探园、限时团购等多种活动同时上线。此外，西集镇

西集沙古堆农场里的农作物 / 曹女 摄

依托通州大樱桃打造的"春回运河，乐游西集"活动，成功入选 2022 中国美丽乡村休闲旅游行精品景点路线。通过此路线，人们在西集"体验诗野运河、品尝农鲜民肴、邂逅芳华美景"，这进一步扩大了通州大樱桃的知名度。

通州的果蔬产业发展是运河两岸民众生活质量的反映。通州居民利用新经营理念、新经营方式发展运河两岸的果蔬产业不仅提高了自身收入，还打造出了诸多知名果蔬品牌。这些广受北京市民欢迎的果蔬品牌不仅带动了当地现代农业的发展，还进一步促进了农旅结合，带动了当地旅游业的发展。

运河的家乡味

运河岸边家乡味

       饮食是运河两岸民众生活中的重要组成部分。运河孕育的河鲜、果蔬是人们餐桌上的重要食材。从饮食习俗到一道道带有烟火气的菜肴，饮食承载着运河民众的"家乡之味"，是他们宝贵的生活记忆。

       通州是北京推进大运河文化带建设的关键区域。当地民众的饮食生活是北京运河流域"家乡之味"的代表。从日常生活的柴米油盐，到家宴里的美味佳肴，再到承载童年记忆的榆钱饭，这些由宏观到具体的美食都寄托了运河民众真切、质朴的生活记忆，也是人们生活水平变迁的生动反映。

一、饮食多样到通州

通州地区不同群体的生活水平曾有明显的差距。此地一度因水而兴、因漕而兴，因此聚集了一批比较富裕的商人；也有一些家境一般的人家，他们以耕种、捕鱼或打零工为生，收入不高。富裕人家以细粮为主食，大米、洋面、鸡鸭鱼肉常上餐桌；家境差的人家则主要吃粗粮，棒子面、谷糠或野菜经常作为果腹的食物。无论贫穷还是富有，运河两岸的民众都善于烹饪，能够用简单的原料制作出多样的饮食。

首先说以白面为主的细粮。通州人爱好吃面，王文续在《通州民俗》里就提到，通州的劳动者总觉得吃米饭没有吃面经饿。通州人爱吃面，也善于制作面点，他们用发面制作馒头、花卷，这些馒头、花卷稍加改良，就又是另一道美食，如抹上一层芝麻酱、红糖就变成了糖花卷，加入肉馅蒸熟再切就是肉龙（也称懒龙），他们还用发面制作包子、豆包、枣儿合叶、糖三角等。所谓"软面饽饽硬面'面'"，通州人也善于用没有发酵的面团制作美食，如水饺、锅贴、馄饨等；还有一些更简单的面食，是"硬面"做的，比如用筷子往开水里拨小面疙瘩做成的拨鱼儿，用开水和面烙成的单片或双片的薄饼，也就是春饼。

再说粗粮的吃法。人们或将粗、细粮混合制作食物，或只吃粗粮，虽然食材简陋，但运河边上的人们也能制作出多样的美食。通州人给粗、细粮混合烹饪的美食起了个好听的名字——金裹银，"金"指的是作为粗粮的棒子面，而"银"则指作为细粮的白面。白面与棒子面加入碱水混合经人们的巧手就变成丝糕，放入一些红枣就成了有名的小吃——枣儿丝糕。只用棒子面烹饪也能做出好吃的食物，比如玉米面窝头、糊饼、菜团子。

通州的点心

困难时期，将碾米簸出的糠皮或磨麦子筛出的麸皮加入棒子面中，也能制作出饱腹的食品。还有一些有地域特色的菜肴，如用豆腐渣制作的麻豆腐，用河边挖的野菜、树上摘的榆钱做的杂粮饭。

北京有首歌谣："高高山上一棵蒿，什么人打水什么人浇。浇来浇去成棵树，树根底下搭盐桥。盐桥底下一溜沟，曲里拐弯到通州。通州的买卖真不错，烧饼馃子豆汁粥。"这也是在称赞通州饮食的丰富。如今，这些原料、烹饪方法各异的饮食都被端上了饭店的餐桌，为人们感受运河岸边民众的生活提供了窗口。

二、文化名片是家宴

家宴是通州大运河沿线的代表性美食，是传递运河两岸民众家乡之味的文化名片。家宴通常不以奢华的原料、复杂的工艺或悠久的历史传承见长，最突出的特点是那份属于家乡的质朴风味。西集家宴作为运河沿线家宴的代表被打造成一张推动地方旅游业发展的名片，而近年来声名鹊起的"通武廊"家宴则是运河文化、非遗文化与美食文化创造性融合和创新性转化的最新成果，展示了通州、武清、廊坊三地因运河产生的密切文化交流，也是京津冀协同发展的体现。

以"品味乡愁，留住念想"为主题的西集家宴是西集生态休闲小城镇建设过程中推出的地方文化名片。这一家宴以 2016 年西集镇提出的"慢生活"发展理念为指导，希望用一道道美食让人们留住念想，常来西集走走看看。2017 年 5 月 5 日，西集精选了当地最具代表性的 16 道家宴菜品，将其分为 A、B 两种菜单，邀请网民选取自己心中的"西集家宴"菜单。其中，A 组菜单包括铁饼黄鱼、家宴丸子、绿豆咯吱盒、时蔬果园柴鸡蛋、咕嘟豆腐和珍珠翡翠白玉汤；B 组菜单则包括铁锅炖柴鸡、盖碗蒸肉、西集小鲍鱼、西集大丰收、家宴菜团子、丝窝豆腐与时蔬咯吱盒汤。

西集家宴传递的是运河两岸民众的生活之味。其使用的原料中既有因运河水而茁壮生长的山珍，也有运河中生长的河鲜。值得一提的是，西集家宴里的"西集小鲍鱼"中的小鲍鱼是指当地河中的田螺，由于其个头大、味道鲜美故有"小鲍鱼"之称，这便是运河水所孕育的河中珍馐了。2017年 5 月 21 日，第一届"西集家宴"活动在通州区盛世园林主题餐厅华丽开席，百余名"家乡味道"的喜爱者参与了这次活动。手艺精湛的厨师用承载运河之味的家乡菜打出了"西集家宴"的招牌，扩大了运河家宴的知名度。

2022 年，"通武廊家宴"又作为运河沿线家宴的代表成为京津冀（通武廊）文化旅游交流季的系列活动之一在西集开宴。这一家宴是大运河旁农家味的代表，也反映出运河对三地文化交往、交流、交融的推动作用。在此次家宴中，"西集家宴"菜单中的菜团子、打焯饼作为"大运河边最地道的家常味"，与取材大运河中时令河鲜的津门铁锅炖鱼头、传承百年令人"忘却天下珍"的香河肉饼一同被纳入"承载运河文化及地域符号的'通

西集家宴

武廊家宴'菜单"。

大运河水脉与文脉的交织不仅体现在沿线宏观的经济与文化交流之中，也反映在一道道承载着家乡味道的家宴菜肴之中。从"西集家宴"到"通武廊家宴"，运河在文化交流中的作用正日益凸显。

三、"运河之子"话榆钱

通州有道时令特色食品：榆钱饭。榆钱是榆树的翅果，因其外形圆薄如钱币而得名，民间因"榆钱"与"余钱"谐音，故有吃榆钱可有"余钱"的说法。由榆钱做成的榆钱饭是北京、河北、山西一带的知名地方小吃，北京通州地区做榆钱饭时一般以九成的榆钱与一成的玉米面混合后蒸制，待面熟后盛进碗里，再放一把切碎的碧绿白嫩的青葱，泡上隔年的老腌汤，一道春日的美食便就此出炉。榆钱不仅是运河人童年记忆中的美味，也是文学艺术家们艺术创作的对象。

被誉为"运河之子"的作家刘绍棠就写了一篇散文《榆钱饭》，讲述了他对榆钱饭的喜爱。刘绍棠的童年生活并不富裕，榆钱是他记忆中"穷苦人的救命粮"。"青黄不接春三月"，每年的春天，刘绍棠都要和他的伙伴一起采摘榆钱、制作榆钱饭，他觉得榆钱比杨芽、柳叶都要美味，榆钱饭不仅能用于充饥，还吃着顺口。改革开放后，刘绍棠与妹妹住在一起，当时人们的生活水平提高了，可以不必再摘榆钱充饥，可刘绍棠却开始想念儿时榆钱饭的味道了。但是，在家家以富贵为荣的背景下，要是妹妹用榆钱饭招待自己就会被邻居笑话，刘绍棠也只好作罢。等终于找到机会向妹妹提出做榆钱饭的请求，妹妹又说家里只有白面，没有玉米面，这顿刘绍棠期待已久的榆钱饭便又与他无缘了。最后，刘绍棠也只能感叹"我要跟榆钱饭做最后的告别了"，并希望未来的某一天，"榆钱饭由于极其难得，将进入北京的几大饭店，成为别有风味的珍馐佳肴"。

榆钱不仅是作家刘绍棠记忆中的童年美味，也与运河边老百姓的生活密切相关。潞县的榆林庄村便是因村旁种植的榆树而得名。刘绍棠希望榆

民间美食榆钱饭

钱饭能作为别具风味的珍馐进入饭店，而榆林庄村也利用当地的榆钱开发了多样的美食，打造了以榆钱为中心的文化名片，用亲身实践实现了刘绍棠的期待。2021 年 4 月，榆林庄村举办了首届"榆钱美食节"并推出了桃山榆钱果、榆钱五仁酥、榆钱饭、榆钱窝头等 13 道以当地种植的鲜嫩榆钱为原料的美食。其中，炭烤的榆钱酥是以榆钱、豆沙、赤豆炒在一起做馅料包制而成的。仅这一道菜就需要制作两个多小时。这些以榆钱为原料的色味俱佳的美食吸引了大量游客，推动了榆林庄村旅游业的发展。

从宏观的饮食生活到具体的日常菜肴，从家宴中的文化交流到榆钱里的文艺生活，运河旁的农家味反映了两岸民众质朴的生活，并在当下成为吸引人们前来旅游的珍馐。品运河旁的农家味，不仅能令游客体验记忆中的家乡味，还能使他们更深入地感受运河对沿岸人们的润泽之情。

运河漂来烤鸭香

运河漂来烤鸭香

　　烤鸭是北京菜的代表之一，其以"皮脆、肉嫩、色艳、味香"的特点得到了"天下第一美味"的称号。地道的烤鸭要经过多道工序，从鸭子的饲养到烤制的过程处处都有讲究。在大厨用娴熟的技艺将烤熟的鸭子片成薄片后，人们又蘸甜面酱、加葱白段，用荷叶饼卷着吃，味道鲜美异常。其实，这道闻名中外的菜肴也与运河有着密切的关系，无论是烤鸭的形成过程、烤鸭的原料与佐料，还是烤鸭的品牌与技艺，都与大运河有着密切的联系。

一、北京烤鸭赖运河

北京人好吃鸭，也喜欢研究烹饪鸭子的方法。在部分学者看来，北京人爱吃鸭的传统也与运河有着密切的联系。单霁翔就提到，（大运河）这条水路交通要道是美食走红的一大要素，"一旦运河沿线的某个城市有了口味较佳的美食，就会因运河的便利而迅速传遍全国，成为全国闻名的名吃"。比如"德州扒鸡"本是一位烧鸡店的贾姓老板无意间做出的美食，但就因大运河取道德州，"德州扒鸡"遂在运河沿线的码头、水路驿站旁流行开来。烤鸭的声名远播也与运河有关。

北京烤鸭是如何产生的？民间对此众说纷纭，其中以"北京本土说""杭州说"与"南京说"三种流传度最广。上述三种说法对北京烤鸭形成的时间、空间都持不同意见，"南京说"是最被民众所认可的说法，其所强调的便是烤鸭与运河之间的关系。

坚持"北京本土说"的人认为烤鸭源于金朝。彼时的北京还有着大片的山林，其中生长着肥美的鸡鸭，而善于射猎的女真人常常进林打猎，把猎到的鸭子烤制食用。后来金朝定都于北京，宫廷的厨师改进了烤鸭的方法，这就是北京烤鸭最初的由来。

"杭州说"的支持者认为烤鸭起源于元代。这是因为南宋时首都临安就流行吃"炙鸭"，这道"市食"中的佳品不仅在民间有一定的声誉，也得到了士大夫的喜爱。当元军攻破临安后，他们也俘虏了一批杭州的大厨来北京为宫廷服务，这便使烤鸭的技术与食烤鸭的传统一并传到了北京。直至明、清两代，烤鸭仍然是宫廷中的美味。尽管北京烤鸭的"杭州说"没有明确提到运河对食鸭传统的影响，但来自杭州的"市食"能在北京发展为京菜的代表，也从侧面反映了北京烤鸭是南北饮食交融的产物。

持"南京说"的人认为北京烤鸭起源于明代，其在北京的流行与南京人喜食鸭的传统密切相关。常有人戏谑说："没有一只鸭子能活着走出南京。"这就是在形容南京人对吃鸭子的喜爱。盐水鸭、板鸭、烤鸭、鸭血粉丝汤，南京以鸭为原料的美食数不胜数。不仅南京的百姓喜欢吃鸭子，明太祖朱元璋在定都南京后也对鸭子表现出了很大的兴趣，以鸭子为食材的菜肴频频出现于宫廷宴席之上。随着明成祖朱棣定都北京，疏浚了大运河，南北方经济与文化的交流日益频繁，北上的明代官员便将食鸭的传统、烤鸭的技艺一并带到了北京，此后烤鸭就在北京生根发芽了。

按"南京说"的描述，北京烤鸭与大运河关系匪浅。大运河中漕运的通畅是明代定都北京的重要条件之一，明成祖朱棣迁都北京也使运河沿线的文化交融速度进一步加快，因此南京的食鸭传统与烤鸭技术能在北京产生深远影响。当然，北京烤鸭与运河的关系也不局限于饮食偏好，烤鸭的原料与佐料也与运河有着不可分割的联系。

二、河上漂来北京鸭

成书于清代的《燕京杂记》记载："京师美馔，莫妙于鸭，而炙者尤佳，其贵至有千余钱一头。鸡之味不及南方，价颇贱，极肥者亦百余钱耳。"这段记载在证明北京烤鸭（即炙鸭）在民间有较高知名度的同时也不禁令人思考，为什么北京的鸡不如南方味道鲜美，而鸭子却似乎更胜一筹呢？这是因为北京烤鸭的原料——北京鸭汇集了南北的精华，而且运河也为北京地区鸭子的饲养提供了良好的生态环境。

北京民众认可北京烤鸭"南京说"的一个重要原因就是民间流传着一则传说，讲述了明成祖朱棣迁都与北京鸭的关系。据说，在明成祖朱棣迁都北上后，大批的漕船也沿运河北上，运粮进京。在北上的途中，船上的粮米撒落在运河中，南方的鸭子便吃着这些粮食，随漕船一路北上，一直来到北京。因此，人们说北京鸭是南方鸭一步步游过来的，北京烤鸭是大运河漂来的美食。

国家博物馆展示的烤鸭来自运河的示意图 / 王晴 摄

　　运河不仅使南方鸭一路北上，还为北京鸭的饲养提供了良好的自然条件。梁实秋在《人间有味是清欢》中就提道："北平苦旱，不是产鸭盛地，唯近在咫尺之通州得运河之便，渠塘交错，特宜畜鸭。佳种皆纯白，野鸭花鸭则非上选。"由此可见，运河为北京烤鸭原料的生长提供了适宜的环境，尤其是河流众多、水草丰美的通州更成为北京鸭的重要饲养区。

　　北京鸭不仅需要适宜的环境以供其生长，更要辅之以特殊的喂养方式，北京人称之为或"填肥"。据说，"填鸭"时，养鸭的师傅要抓过一只鸭，夹在两腿间，用手掰开鸭嘴，把高粱及其他饲料搓成的圆条塞入鸭口中，反复几次，直到鸭吃饱。此后日日重复这一行为，并将鸭关进一间小棚子，防止鸭子过度运动。若干天后，鸭子自然肥美，烤制之后更是鲜香扑鼻。梁实秋回忆，抗战时期曾经有一家餐馆尝试过填鸭，但受制于时代因素鸭子填得不太肥，烤起来也就不嫩，味道差了些。可见烤鸭用肥鸭子做才好吃。

　　烤鸭的美味不仅在于原料的讲究、工艺的精致，更在于佐料的丰富。刚刚出炉的烤鸭在师傅手中被片成有皮、有油、有肉的薄片，附带蒸好的荷叶饼，佐以葱、黄瓜与酱料，一道色香味俱全的烤鸭才能被端上餐桌。南京也做烤鸭，称作"金陵烤鸭"，讲究皮酥肉嫩，不追求鸭子的肥硕，并且佐料也只用红卤，并不以荷叶饼、甜面酱等物为烤鸭增添滋味。如果北京烤鸭确实源于南京的"金陵烤鸭"，那么其在沿运河北上的过程中应当吸收了沿线诸多美食的精华，这才能形成北京烤鸭的样貌。有人认为，北京烤鸭的荷叶饼、葱丝等佐料应来源于运河沿线的又一重要区域——山东，因为山东的美食正是以饼、葱、酱而闻名的。

贯通南北运河的水脉为北京饲养鸭子提供了适宜的环境，又推动了沿线城市的文化交流与融合进程，最终塑造出集南北精华于一体的佳肴——北京烤鸭。

三、烤鸭大牌冀宁来

持北京烤鸭"南京说"的人认为烤鸭的源头是金陵的"金陵片皮烤鸭"。这道菜肴随明成祖迁都来到北京后，在一代代名厨的不断改进下，发展出北京烤鸭的挂炉与焖炉两大技艺流派。全聚德与便宜坊是这两种烤鸭技艺的代表。这两个历史悠久、颇负盛名的烤鸭品牌也与运河有关。

全聚德是挂炉烤鸭流派的代表。它吸收了宫廷烤鸭的手艺，注重使用高品质的鸭子作为原料。全聚德烤鸭是清同治三年（1864）由河北冀县人杨寿山创立的。杨寿山曾于前门外大街摆摊贩卖生鸡生鸭，在赚到一定的本金后收购了一个由山西人经营的铺子"德聚全"，并将其改造为一间"挂炉铺子"，名号也改为"全聚德"，取"以德聚全，以德取财"之意。杨寿山十分注意烤鸭的品质，烤鸭的原料一定要选择北京鸭，而运河中生长的、羽毛洁白的北京鸭自然能得到他的青睐。全聚德还继承、发展了宫廷的烤鸭技术，其第一代烤鸭技师孙师傅就曾在清朝宫廷里的御膳房当差，负责烤鸭、烤猪，还曾在金华馆、东海坊做过掌柜。全聚德的挂炉烤鸭以果木

烧旺火烤制鸭子，烤出的鸭子色泽鲜亮，无皱纹，红褐色的外皮让人看着便食欲大增。凭借上好的原料与精湛的手艺，全聚德的烤鸭得到国内外人士的普遍赞誉，经营规模也越来越大。2019 年 9 月，中国全聚德集团还联合通州区运河小学共同举办了"大运河载千年传统文化·全聚德承百年经典技艺"的主题活动，为传承传统饮食文化与运河文化起到了推动作用。

便宜坊是焖炉烤鸭流派的代表，创立于明永乐十四年（1416）。老便宜坊的烤鸭手艺与运河有着密切的联系。民间有传说认为老便宜坊是一位从南京迁到北京的商人开办的店铺，他最初在北京南城经营，卖的是金陵片皮鸭。《京华通览》丛书的《老字号》一册则指出，便宜坊烤鸭的声名远播是因为清光绪初年一名叫孙子久的山东籍小伙计。他不辞辛劳，又头脑灵活，因此老掌柜在自己的独子重病后就把老便宜坊店让给孙子久经营了。此后，孙子久又从山东招来了一批伙计给他帮忙，在伙计的帮助下便宜坊很快走向繁荣。孙子久的故乡山东同样是运河上的重要区域。便宜坊烤鸭用的是焖炉技术，不用明火，在鸭子放入烤炉前就将炉子加热到很高

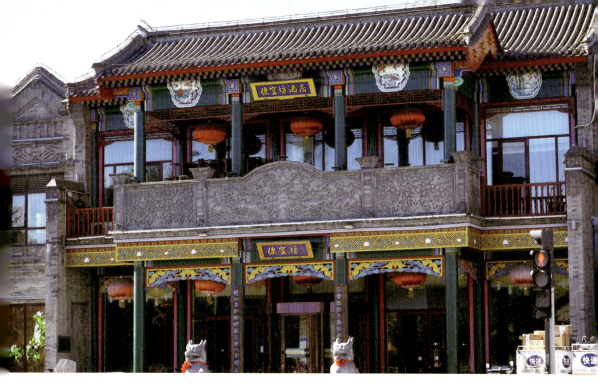

便宜坊

的温度，然后将火灭掉，用炉内残存的炭火和炉壁的温度将烤鸭"焖"熟。经过这一手法烹饪，便宜坊的鸭子体态丰满，外皮油亮酥脆，清香不油腻，堪称京城一绝。

凭借深厚的文化底蕴与良好的品牌信誉，北京烤鸭在以全聚德、便宜坊为代表的品牌推动下走出国门，享誉世界。烤鸭，这道承载运河文化，集南北精华于一身的京菜代表不仅展示了北京文化的多元交融，更体现出运河对北京民众生活的深远影响。

小楼饭店

"通州三宝"运河育

大顺斋糖火烧、小楼烧鲇鱼与万通酱豆腐并称"通州三宝",是通州饮食文化的代表。这三种美食都由运河孕育而出,其中蕴藏着通州文化的多民族特质、通州民众对运河资源的运用及通州频繁的南北文化交流,反映出运河在通州地方文化发展中产生的重要影响。

一、民族交融"大顺斋"

"通州城,尽是宝,开口就说大顺斋的糖火烧。一杯浓茶就美味,不夸几句受不了。"这首由刘祥、常富尧创作的歌谣表达了通州人对大顺斋糖火烧的赞誉。作为"通州三宝"之一，大顺斋的糖火烧有着悠久的历史，它的形成过程与运河有着紧密的联系，通州的多民族文化是其产生和发展的基础。

明崇祯年间，大顺斋的创始人刘大顺随运河上的运粮船来到通州定居，以做小买卖为生。面对通州舟车辐辏、冠盖交驰的繁盛景象，刘大顺决定在这里闯出一片天地。他用自带的麻酱与红糖和面，做出顶饱又温肚止泻的糖火烧，受到了通州民众的欢迎。随着赚到的钱越来越多，刘大顺就买下了两间门脸，把自己的店铺称作"大顺斋"，这个名字既强调了糖火烧是他刘大顺的手艺，又寄托了他希望买卖顺顺当当、一直红火的愿望。

清乾隆年间，大顺斋传到了第八代传人刘岗手中，他在回民胡同买了五间房，前店后厂，使大顺斋糖火烧发展到了一个高峰。这一时期，大顺斋糖火烧每天可赚取百余吊钱，这样的收入在通州的众多店铺中首屈一指。晚清至民国，由于时局的动荡，大顺斋日益萧条。中华人民共和国成立后，大顺斋在党和政府的扶持下得到了再度发展的机会。1955 年，大顺斋实现

大顺斋

了公私合营。改革开放后，大顺斋糖火烧继续受到地方政府的重视与扶持，发展速度日益加快。如今的大顺斋已拥有 20 余个销售点，仅通州就有 9 个销售点，其日产量可达 1000 斤以上，供不应求。

　　大顺斋糖火烧之所以能得到通州民众的欢迎，不仅是因为其用料讲究、香甜适口，还因为通州回民对糖火烧的喜爱。据通州区大顺斋总店内悬挂的《大顺斋简介》记载，大顺斋在几百年间创造了 40 余种清真糕点，颇受当地回民喜爱，而糖火烧是大顺斋历史最悠久、声名最响亮的食品。20 世纪 20 年代，北京回民阿訇张迁去圣地麦加朝觐，当时交通不便，这一趟旅程十分艰辛，当同去的人携带的干粮大多已变质变味时，张迁携带的糖火烧却始终香甜如初，这令同行者羡慕不已。此后，大顺斋的糖火烧便在通

大顺斋简介

州回民中立起了自己的口碑。之所以张迁会选择携带糖火烧前去朝圣，是因为他对糖火烧的特点十分了解。大顺斋的糖火烧含糖量、香油量都比较高，本就不容易发霉变质，冬季在保存良好的状态下放两个月都不会变质，即便是在夏天，只要保证通风良好，这些糖火烧也能放两三周不坏。此外，大顺斋的糖火烧用料讲究，面粉是自家磨制的白面，麻酱与香油也是用纯净的白芝麻磨制的，红糖用的是广西梧州的"篓赤"或台湾的"惠盆"，桂花则使用了江南的"张长丰"，各种原料皆是上品，制作火烧时也绝不偷工减料。如此制作的糖火烧糖分足、味道好，不仅令人食欲大增，更能为人们提供充足的热量，帮助食用者完成高强度的运动。

大顺斋的糖火烧形成得益于大运河带来的南北文化交流，因受通州回民的喜爱而发展迅速。通州回民较多，漕运的通达、商贾的贸易与安定的环境使回民愿意在通州定居，而回、汉人民的和谐相处也为"通州三宝"的形成、通州地方文化的塑造发挥了重要作用。

二、运河出来"烧鲇鱼"

小楼饭店原名"义和轩"，是通州最有名的清真饭店之一，"烧鲇鱼"是小楼饭店的标志性菜肴。在小楼刚刚推出"烧鲇鱼"的时候人们并不在意，大运河哪里没有鲇鱼呢？烹饪鲇鱼又怎么能吸引见惯了山珍海味的老饕们？然而，就是因为善于烹饪运河中最常见的食材，小楼饭店才越来越发达，并延续至今。

"义和轩"为何会改名小楼？这还与另一家号称"南楼"的老字号清真餐馆"庆筵楼"（即庆安楼）有关。小楼饭店创建于清光绪二十六年（1900），

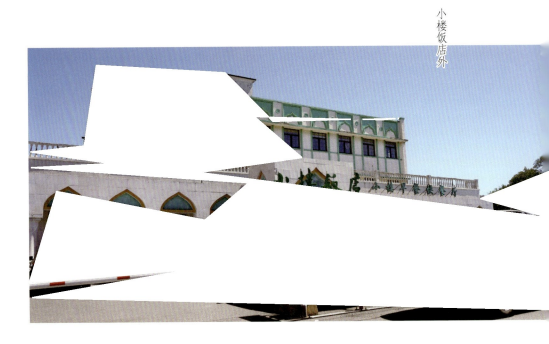

小楼饭店外

小楼饭店内

由李振均、李振荣、李振富、李振宗四兄弟共同经营。开始只有一间门脸，出售简单的炒菜、水饺等菜肴。李振荣被称为"厨子李"，是兄弟几人中手艺最好的。他在选材料、配佐料、烹饪加工等方面都是行家。因为手艺精湛又薄利多销，小楼的生意越来越好，门店也不断扩展，李氏兄弟还盖了一间两层小楼便于晚上休息。小楼饭店的旁边就是创立于明朝的老字号庆筵楼，其也是三间门脸、上下两层楼房，还曾得严嵩题写匾额，上写"南楼"二字。彼时的通州民众看到义和轩比南楼要小得多，便都称呼其为"小楼"，从此这个称号渐渐叫开，本名义和轩反倒没人提及了。店家也遵从了民众的叫法，同样称自己的店为"小楼"。

为了进一步扩大经营规模，李振荣决定用北运河孕育的河鲜做几道招牌菜，河中的鲇鱼便得到了他的青睐。他将新鲜鲇鱼用纯绿豆淀粉裹衣，用香油红烧，又经过"三炖三烤"，即用急火、微火反复过油，再拌入辅料，溜炒勾芡。其成品色泽金黄，味道鲜美，外焦里嫩。由于这道菜是烧溜而成，李振荣便将其命名为"烧鲇鱼"。这道取材于大运河的美食一经做成便受到了通州民众的欢迎，又因李振荣坚持薄利多销，因此平民百姓与达官显贵都慕名来此，品尝烧鲇鱼的鲜美。

其实，运河盛产鲇鱼本就是人尽皆知的事实。通州民间就流传着运河内有鲇鱼精兴风作浪的传说。据说，鲇鱼精不仅要把往来的船只掀翻，还经常导致河水泛滥，危害百姓。还有传说认为燃灯塔下其实有一眼深井，井中有一条大铁链，铁链就是用来锁鲇鱼精的。这些与鲇鱼精有关的传说从一个侧面说明，运河盛产鲇鱼。但只有小楼饭店的李振荣将这味人尽皆知的河鲜做成了不亚于山珍海味的珍馐。时过境迁，昔日红火的南楼已然

小楼饭店的荣誉

落败，连"庆筵楼"原址都卖给了小楼饭店，"小楼"反而成了"大楼"。

运河是一座宝库，它不仅推动着通州文化的发展，还为通州的民众孕育了丰富的生态资源。小楼饭店之所以能靠河中的鲇鱼发展起来，便是充分利用了运河资源的结果，它保留的这份运河中的河鲜之味使其屹立百年而不倒。正如郑建山所说："没有烧鲇鱼，小楼还是现在的小楼吗？没有小楼，那还叫烧鲇鱼吗？"

三、南北交流"万通酱"

万通酱豆腐是万通酱园的代表性商品，其质地细腻、芳香扑鼻，不仅畅销京东八县，连行走运河上、途经通州的官民商旅也对万通酱豆腐十分喜爱。万通酱豆腐之所以如此畅销，不仅因为经营者的高明策略，还是商家充分利用运河带来的便利交通，集南北精华于一身的结果。

万通酱园是民国七年（1918）由马兆丰创办的企业。马兆丰不仅乐善好施，在通州回民中很高的声望，还善于抓住时代机遇，又知人善任，先后聘请了三位有头脑、有才干的掌柜，使万通酱园逐步走向繁荣。在通州，马兆丰是有名的开明士绅，他忙于社会公益，十分乐于接济当地的穷苦回族同胞，深得人们敬重。他开办的万通酱园开业后，大量回民都来此购买酱菜，成为酱园的固定消费群体。民国时期，马兆丰先后为吴佩孚与冯玉祥部张芝江的第 7 旅提供酱菜和调料，基本包揽了第 7 旅的酱菜需求，这便为万通酱园找到了一个"铁饭碗"。1956 年公私合营时，万通酱园已由最初的大小缸 170 口的小作坊发展为拥有 780 口缸、35 名雇员的企业，可见其发展速度之快。此外，马兆丰还聘请了杨善卿、从寿臣与高振生三位掌柜，在他们的帮助下，万通酱园发展迅速，短短几十年间便使自家的"万通酱豆腐"跻身"通州三宝"之一。公私合营之后，万通酱园并入酿造厂，其酱豆腐改名"仙源腐乳"，吸收了"通风制曲"的新工艺与"仙源腐乳"1

号汤料，色泽、味道都有所发展，至今仍在通州占据着一定的市场。

无论经营者有多么巧妙的商业策略，产品的质量才是其能走向辉煌的根本保障。万通酱豆腐是南北文化交融的产物，酱豆腐所用的坯料源自南方，其在绍兴装坛，运至杭州码头装船，一路北上，沿运河抵达通州。彼时交通手段尚不发达，就算船家昼夜兼程也需月余才能把豆腐送到通州，此时的坯料已在运河上浸润了河水的灵气，堪称"南材北味"。坯料到通州后，万通酱园的伙计就会立刻加入红曲、黄酒，按照北京人的口味加入佐料并封坛，待成熟后入库放置一年，然后才制造出别具风味的酱豆腐。

运河的兴衰也影响着酱园的经营道路。20 世纪初期，运河虽已停漕，但仍有船户靠驶船为生，万通酱园便乘船到浙江绍兴惟和腐乳厂采购原料，制作腐乳。20 世纪二三十年代，万通酱豆腐声名远播，需求量大幅提高，但运河冬季封冻，浙江的原料供不应求，因此万通酱园又从北京万康、天津南开腐乳厂进货。1939 年后，由于运河上游山洪暴发，北运河泥沙淤塞，航路受阻，万通酱园只好专营京津两地的成品，其经营受到了严重影响。

"试玉要烧三日满，辨材须待七年期"，运河的通畅保障了万通酱豆腐原料的高品质，使其成为南北风味嫁接之精品。但也因运河的停漕，万通酱豆腐失去了原料品质的保障，导致其经营艰难。

贯通南北的运河水脉不仅推动了沿线的经济、文化交流，还孕育了美味的地方特产，塑造了通州的多民族文化特质。通州民众依托运河带来的丰富资源，创造了享誉京东的"通州三宝"，这一道道的美食直观体现了通州的地方文化与运河文化的密切联系。

大运河水之旅

第一站
白浮泉
运河探源游

白浮泉遗址在昌平区化庄村的东龙山东麓，紧邻昌平滨河森林公园。目前，以"一泉三庙一楼、两山两水两村"为基本布局的大运河源头遗址公园正于此修建，并预计于2022年底对外开放。届时，大运河源头遗址公园将串联长流惠泽、龙泉漱玉、山水清音等景观节点，与昌平滨河森林公园融为一体。公园内植被众多，柳树、元宝树、枫树等乔木错落其间、枝繁叶茂，是夏季乘凉的好去处。当秋季来临时，树木将与水面交相辉映，构成一幅层林尽染、叠翠流金的绝美画面。旅客们不仅可以于此感受九龙池、都龙王庙等历史古迹的盛时辉煌，还能欣赏此地的自然风光，于云水相照间遥望昌平地标南环大桥，近观白鹭、野鸭于河中嬉戏。公园北接京郊著名的露营胜地——十三陵水库，沿着水库继续北行就是国家5A级景区明十三陵，继续往北还有以"险"著称的居庸关长城。这条旅游线路上不仅有丰富的旅游资源，也是购物者的天堂，八达岭奥特莱斯、北京乐多港万达广场皆在附近。

第二站

颐和园
皇家园林游

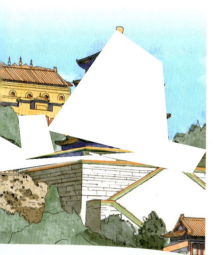

　　元代，郭守敬开挖通惠河，自西北引白浮泉，并汇集西山诸泉水，经白浮瓮山河注入瓮山泊，这就是今日颐和园昆明湖的前身。昆明湖与万寿山是颐和园的主要组成部分，其中昆明湖占园区总面积的四分之三。游客观赏昆明湖时可从南如意门入园，先参观有"湖口东南第一桥"之称的绣漪桥，再从绣漪桥码头乘船游览昆明湖，并北上直抵南湖心岛。泛舟湖上时，游客不仅能将昆明湖的景色尽收眼底，还可远眺矗立在万寿山上的佛香阁，近观横跨碧波的十七孔桥。湖波浩渺、远山相迎，每逢傍晚，泛舟湖上，大有"远山衔落日，平野入夕云"之感。从南湖岛步行跨过十七孔桥便可来到东堤，此处有一只神态生动、栩栩如生的镀金铜牛，这是颐和园的标志性景观，乾隆将它安置于此，以期它能"永镇悠水"。沿着昆明湖畔继续步行，游客还能依次看到仁寿殿、乐寿堂、排云殿、长廊、石舫等景点，亲身感受颐和园何以被称为"皇家园林博物馆"。需要注意的是，颐和园的最佳游览时间集中于每年的3月中下旬至11月中旬，彼时的码头不仅自然景色宜人，还有手划船、脚踏船、普通电动船、仿古电动船等多种船型供游客选择。

第三站

南长河
皇家御河游

　　沿着大运河的水脉，过绣漪桥后继续南下便要进入南长河了。明清时期，南长河是皇家往返西郊的御用河道。因慈禧常经水道前往颐和园，民间又将之称为"慈禧水道"。目前南长河开通了"皇家御河游"的旅游项目，该旅游路线设有北京展览馆皇家船码头、动物园码头、紫竹院紫御湾码头、万寿寺码头等节点，游客在任意码头乘船，皆可经水路到达颐和园南如意门。此河道历史悠久、景色优美，沿途经过五塔寺、动物园、紫竹院、麦钟桥、广源闸、万寿寺（现为北京艺术博物馆）等众多景点。其中，有"京西小故宫"之称的万寿寺经过数年的修缮，已于 2022 年 10 月重新面向公众开放，其所展示的 350 余件馆藏文物中有七成是首次被展示。"皇家御河游"沿途的自然风光也十分秀美，如紫竹院便是以竹取胜的自然式山水园，其曾为皇家行宫，如今园内凤尾森森、龙吟细细、芳草蔓蔓，石路曲径通幽，水面千亩荷花绽放、碧波流水环绕而行，是游客避暑休闲的好去处。此外南长河沿岸还广植柳树，老北京有"泛舟长河、沿河观柳"的习俗。需要注意的是，由于运河水量的变化，南长河"皇家御河游"的开放时间为每年的 4 月 1 日至 10 月 31 日，码头的开放时间不一，游客需提前做好攻略。

第四站

什刹海
北京风情游

　　沿着北京大运河的水脉继续向南，便来到了什刹海、积水潭一带。元代的积水潭涵盖如今的什刹海一带，是大运河漕运的北端点，也是北京最为繁华的地区之一。如今的什刹海又称"后三海"，由前海、后海与西海共同构成，其中的西海便是积水潭。什刹海紧靠中轴线，北邻钟鼓楼，古刹寺庙环水而建，京味儿美食散布其中，游客不仅可以漫步柳荫下，还可以泛舟湖上赏西山之景。因此，什刹海又被称作"最具京味儿的开放式街心景区""北方的水乡"。什刹海景区历史文化底蕴深厚，有文物保护单位40余处，其中包括郭守敬纪念馆（汇通祠）、恭王府及花园、宋庆龄故居及醇王府、郭沫若纪念馆、火神庙、广化寺、会贤堂、银锭桥等知名景点。什刹海是北京著名的旅游胜地，其冬、夏两季的景色各不相同。夏日的什刹海微风阵阵、杨柳依依，又有荷香丝丝沁人心脾。游人可前往前海的好梦江南码头、荷花市场码头，后海的野鸭岛码头、柳荫争渡等地泛舟，不仅能乘坐普通游船，还可乘摇橹船，在观赏美景的同时听船夫讲有关大运河的故事。冬天万物休止，但什刹海的冰场却热闹非凡，老北京"冰雪绝活儿"齐在此登场：溜冰、冰蹴球、冰捶丸、冰车、冰出溜、冰滑梯、冰上龙舟、冰陀螺、冰嬉、堆雪人……好不热闹。春天的什刹海万物复苏、花红柳绿，秋季的什刹海晴空万里、叠翠流金，更是美不胜收。夜幕降临后，什刹海沿岸华灯亮起，灯光星星点点地缀满水面，当游船划过荡起片片涟漪……此时后海的酒吧也会陆续营业，歌声顺着水面传得很远很远……什刹海景区四季景色不同、昼夜皆美，是北京必看的景区之一。

通惠河
古今交汇游

　　沿着北京大运河继续南行，便能看到处于万宁桥与东不压桥之间的玉河了。作为通惠河的重要河段，玉河曾因明代北京城的扩建而被改为暗河，直至2009年才得以恢复。如今，顺着万宁桥下的镇水兽，我们可以看到玉河两岸宛若江南水乡的"桃花源"景象。在玉河沿岸，两排明清时期的建筑沿着河道排布，岸边栽种着垂柳、玉兰，水中点缀着芦苇、睡莲，水榭、曲桥、栈道曲曲折折地串联起整个河道……这条风光秀美的河道最初只有480余米，随着通惠河玉河遗址第二期工程的推进，玉河沿线的景观建设已经延伸到北沿河大街，紧接东皇城根公园。玉河上有座东不压桥，是大运河的世界遗产点。桥头有座玉河庵，现为春风书院，游客可在此读书、喝咖啡。玉河遗址附近还有南锣鼓巷、中法大学原址、北大红楼等文化旅游景点，周边还有许多名人故居，是一条人文底蕴深厚的游览路线。提到通惠河还不得不提庆丰闸和平津上闸，目前老闸虽已无存，但人们在其遗址处分别修建了庆丰公园、高碑店漕运历史文化游览区。庆丰公园背靠CBD，以船和帆为元素，展现了悠久的大运河文化，游客站在园中可看到远处的中国尊、中央电视台等高楼大厦，游园时会有一种站在古今时空交界线上的恍惚感。高碑店漕运历史文化游览区的夜景有口皆碑，此地的环湖景观光染色带、萤火虫灯、同心桥、滕王阁、龙船坊、将军庙等景观与夜晚的音乐融为一体，在流光溢彩中向游客展现着大运河的风情。从高碑店沿着通惠河往通州方向走，会看到一座古桥横跨在运河之上，那就是昔日通州八景之一"长桥映月"的所在地——八里桥，著名的"八里桥之战"便发生在此处。

第六站

北运河
副中心公园游

　　通州是北京大运河文化带建设的重点区县，包括通惠河在内的四条河流于通州汇入北运河。提到通州就不得不提燃灯佛舍利塔，所谓"一枝塔影认通州"，燃灯塔坐落在西海子公园中，与文庙、佑胜教寺、紫清宫组成"三庙一塔"景区。西海子公园以水为魂，结合燃灯塔、葫芦湖、李卓吾墓等丰富的历史遗存，形成了"一塔、两湖、四区、八景"的景观架构，是游客休闲、娱乐的好去处。参观完"三庙一塔"，游客可穿过葫芦湖，沿着运河东行，直达大光楼。大光楼在通惠河与北运河的交界处，登楼可观赏两河胜景。大观楼的北侧是北关新闸桥，南侧则是新晋网红桥——千荷泻露桥，游客步行通过二桥可直达对岸的通州运河公园。运河公园北起北运河源水岛南端，南至六环路，沿河而建，规划全线总长4600米，宽600—800米，水面绿化率达95%，园区内有1号码头、《东方》雕塑、千年步道等景点。1号码头附近有一座石舫，是南门涮肉所在地，游客可在石舫中观赏运河美景，品尝北京美食。沿着运河公园向下游走便是大运河森林公园了，园区内有潞河桃柳、月岛闻莺、银枫秋实、丛林活力、明镜移舟、高台平林等六个景区，又有桃柳映岸、榆桥春色、皇木古渡、风行芦荡、丛林欢歌等18个景点，河岸总长约8.6千米，是集观光、游乐、健身为一体的开放式公园。大运河森林公园内还建有通州新地标——观景台，站在台上，远可眺望北京市行政办公区，近可将园内美景尽收眼底。上述三个公园间不仅有陆路相通，未来也将有水路贯通三地。此外，5A级旅游区大运河文化旅游景区也在建设之中，景区会对1号码头、2号码头、漕运码头、柳荫码头等地进行改造，并在大光楼增设停靠点，届时，大运河文化旅游景区会形成连着三个公园，全长12.1千米的水上大环线。每逢节假日以及大运河通航日，五河交汇处与甘棠闸之间还会有五彩缤纷的大运河灯光秀，在古今交织中为游客展示大运河之美。

后记

"编辑出版北京市大运河文化带非遗主题书籍项目"是北京文化艺术传承发展中心 2022 年重点项目之一，该项目委托团结出版社组织实施，我和团队成员作为学术项目组负责书稿撰写。2022 年 7 月项目正式启动，8 月至 9 月项目组成员在北京大运河流域进行了全面调查，细致考察了北京运河沿线的水道、建筑物等遗址、遗迹，并访谈了多位非物质文化遗产的传承人、地方文化工作者等运河文化相关人员。我们集思广益，思考"运河"对北京城市建设的影响，回顾历史，立足当下，结合运河沿线物质与非物质文化遗产状况，运用田野调查与文献整理相结合的方法，于 10 月底完成书稿撰写。

我和我的团队在 2018 年初参与中共北京市委宣传部全国文化中心建设重点项目"北运河流域民俗文化普查活动及民俗志编纂"，至今已有 5 年。对运河文化了解越多，越发认识到运河在中华民族历史发展上的重要性，越发认识到当下运河文化带建设的重要意义。本次北京文化艺术传承发展中心的北京市大运河文化带非遗主题书籍编写计划，目的是挖掘北京运河文化内涵，展现大运河遗存承载的文化，聚焦时代风貌，讲好北京运河故事，坚定文化自信；其要求是用通俗易懂的文字传递丰富的北京运河信息，让更多人了解北京运河文化。相对于学术书籍，本书具有科普性质。通常认为，京杭大运河的北端点在通州，对北运河的研究亦以通州段为主，但实际上运河水系贯穿北京 7 个区，且横穿北京核心城区。运河沿线的很多景观都是现在北京居民或来京旅游的人们流连忘返之地，但人们可能并没有意识到这些景观与大运河的关系，如颐和园、紫竹院公园、北京动物园等；有些运河遗迹我们常常路过，但可能也不会想到它与运河的联系，如广源闸桥、高粱桥等。我认为，编写一本向普通民众讲述北京运河遗迹分布、历史功能、文化传承等内容的书籍是非常有现实意义的，所以欣然接受了项目组织者的邀请，撰写本书稿。

我的团队成员主要是年轻的研究生，他们充满朝气，才思敏捷又受过专业训练，对民俗文化、大运河文化充满热情；工作中配合默契，勇于担当，且满怀创新意识。正是他们的努力才使得本书稿按时完成。他们是中央民族大学民俗学专业博士研究生徐睿凝、孙佳丰、杨赫、路迪雨婴、孙宇飞；文艺学专业硕士研究生张雁飞、赵莎。

项目的顺利完成离不开北京文化艺术传承发展中心的组织与领导、离不开团结出版社领导的重视及其编辑出版工作的高效。本书的完成还要特别感谢北京运河沿线的非物质文化遗产传承人、地方文化学者、文旅部门工作人员以及村干部。他们热情支持项目工作，尽其所能地提供帮助，展现了对运河文化的满腔热爱。

由于时间和能力所限，本书可能存在疏漏或欠妥之处，敬请各位同仁指正。我们希望借助本书，引起更多人对北京运河文化的了解和关注，立足当下、着眼未来，保护好、传承好、利用好大运河留给我们的宝贵遗产。

王卫华

2022 年 11 月

潮白河

拍丝坊

通州大风车

通州运河龙灯

团花剪纸

空竹张

燃灯塔

北关闸

佑民观

北运河

温榆河

坝河

永通桥

汇通祠

火神庙

银锭桥

通惠河

什刹海

玉河

澄清上闸

万宁桥

东不压桥

兔儿爷

坝河

永通桥

通惠河

玉河

东不压桥

兔儿爷

白浮泉

北沙河

南沙河

清河

温榆河

万寿寺

广源闸桥

汇通祠

火神庙

银锭桥

什刹海

澄清上闸

万宁桥